普 通 高 等 学 校 师 范 专 业 规 划 教 材

现代教育技术

主　编　周全林　陈建军
副主编　史先红　刘雪锋
参　编　史进玲　冯建成　张　虎　忽海娜

WUHAN UNIVERSITY PRESS
武汉大学出版社

图书在版编目(CIP)数据

现代教育技术/周全林，陈建军主编. —武汉：武汉大学出版社，2014.1(2015.8 重印)
普通高等学校师范专业规划教材
ISBN 978-7-307-11717-4

Ⅰ.现…　Ⅱ.①周…　②陈…　Ⅲ.教育技术学—师范大学—教材　Ⅳ.G40－057

中国版本图书馆 CIP 数据核字(2013)第 221646 号

责任编辑:林　莉　　　责任校对:鄢春梅　　　版式设计:马　佳

出版发行:**武汉大学出版社**　(430072　武昌　珞珈山)
(电子邮件:cbs22@whu.edu.cn　网址:www.wdp.com.cn)
印刷:黄石市华光彩色印务有限公司
开本:787×1092　1/16　印张:20　字数:507 千字　插页:1
版次:2014 年 1 月第 1 版　　2015 年 8 月第 3 次印刷
ISBN 978-7-307-11717-4　　定价:45.00 元

前　言

随着教育信息化和基础教育课程改革进程的不断深入，教育技术已日益成为教师所必需的一项重要素质和能力。我国《中小学教师教育技术能力标准（试行）》中明确指出：教学人员要能够认识到教育技术能力是教师专业素质的必要组成部分。为了适应教师职业发展的实际需要，我们在总结多年教育技术公共课教学和在职教师教育技术能力培训实践经验的基础上，组织编写了此书。在编写过程中，本书力求体现教育技术发展的最新内容，满足信息化环境中教师对现代教学技能的需要，突出实用性。本书主要有以下几个方面的特点：

（1）内容实用化。

本教材以 “理解教育技术、体会现代教学理论、使用现代教学环境、开发数字化教学资源、优化教学过程设计、实施信息化教学模式”为指导思想，以“利用教育技术进行教学能力的培养”为核心，在内容设计和组织上进行了系统规划、筛选和结构重组，突出了实用性，并把其主要思想、理论隐含于相关的学习活动、教学资源开发、教学过程设计与评价等内容之中；关于教学设计的内容，我们从“如何利用教学设计完成教学活动设计”的视角出发，突出了教学过程设计与评价能力的培养，而不是向读者全面地介绍教学设计的理论；关于“常用多媒体软件使用”的内容也出现在教材中，一方面考虑到学生来源于不同的省份和地区，另一方面则是由于不同的学科可能有不同的需要，为此，我们把这些内容放在教材中，突出“学以致用”的原则。

（2）突出新颖性。

本教材结合当前信息化发展的趋势和目前中小学的实际情况，努力体现时代感，并把当前的现代教育技术和信息化教育的最新理论、技术、方法和模式融入本书。例如，本书没有介绍幻灯、投影、电视机、录像机等有关原理性的内容，没有对常规媒体的特性、分类等进行系统介绍，而是把“数字化教学资源”加入进来，在一定程度上体现了从“媒体辅助教师讲授”到“资源支持学习”思路的转变。同时信息化教学设计、探究式学习等内容也有机地组织在本教程之中。

（3）强调重点、难点。

全书在每章前都有学习目标，这样不但能激发学习者的学习兴趣，还能明确学习重点。采用“学习目标→学习内容→思考题”的编排结构，试图实现“激发兴趣、明确重点→系统、深入学习→参与、体验或思考”的学习过程。

（4）使用面广。

本书不仅适合作为高等院校师范专业现代教育技术公共课教学教材、教师继续教育（教师培训）的教材使用，而且也可作为教师教学及广大教育工作者使用的参考书。

本书由周全林、陈建军担任主编并策划全书结构与内容要点，具体编写人员和任务分配如下：第 1 章由周全林编写、第 2 章由史进玲编写、第 3 章由周全林编写、第 4 章由史先红编写、第 5 章由陈建军编写、第 6 章由冯建成编写、第 7 章由刘雪锋编写、第 8 章由张虎、忽海娜编写、第 9 章由陈建军编写、第 10 章由史先红编写、第 11 章由张虎、忽海娜编写。

本书是围绕精品课程建设编写的，可以说是全体参编人员集体智慧的结晶。本书全体参编人员多次讨论，反复修改，数易其稿，取得共识。但由于现代教育技术内涵丰富，教育媒体技术日新月异，教育理论观念更新很快，而我们对现代教育技术理论和实践的理解和把握还有待于进一步提高和深入，书中失误和不足在所难免，恳请读者给予指正。

编 者

2013 年 12 月

目　录

第1章　教育技术概述

【学习目标】

- 理解教育技术的概念
- 简要阐明教育技术的发展过程
- 知道教育技术的主要应用领域
- 阐述与“学习”、“教学”相关的理论
- 阐述当代教师为什么要掌握和应用现代教育技术
- 了解信息时代教育的特点
- 理解教育信息化的含义、特征、内容及发展前景
- 把握教育信息化与教育改革的关系等

【内容结构】

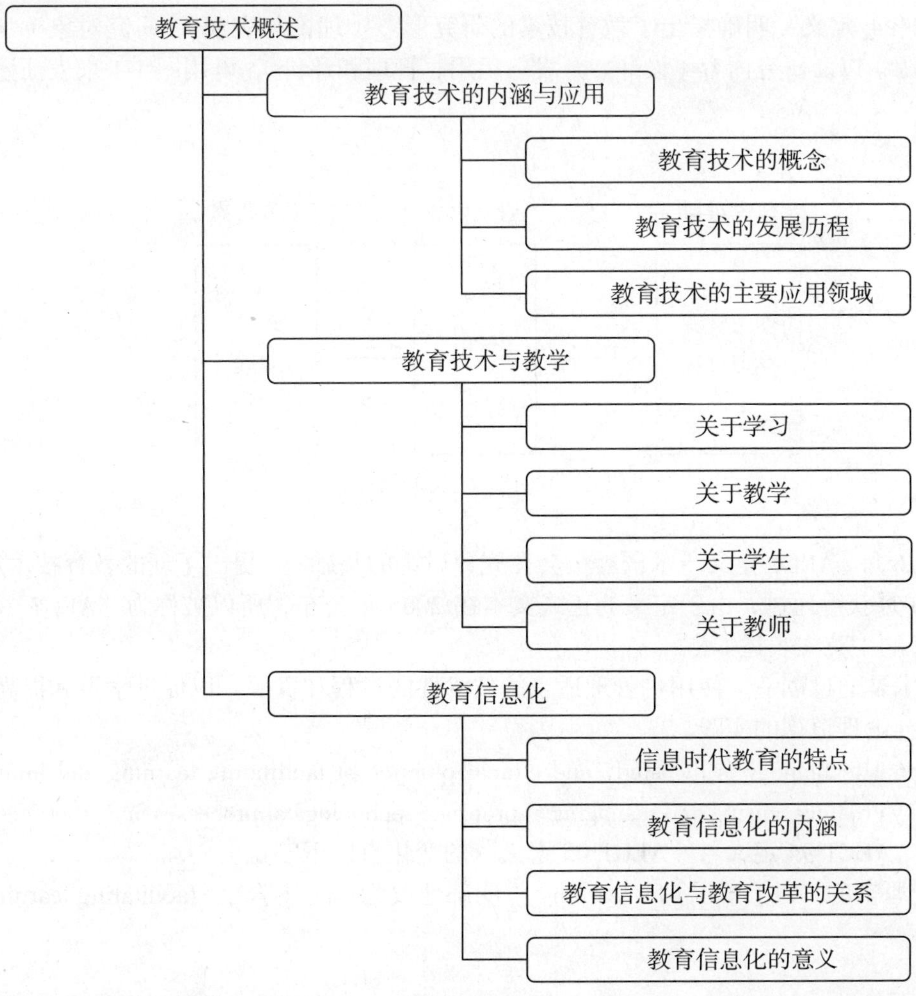

1.1 教育技术的内涵与应用

1.1.1 教育技术的概念

技术是人们在解决问题过程中所采用的各种手段和方法的总和，包括有形的工具手段和无形的智能方法两个方面。因此，从技术的角度看，教育技术是在教育教学活动过程中所运用的一切物质工具和方法技能的综合体。有形的教育技术主要是指教育教学活动中所运用的物质工具，如各种媒体、教具、实验器材等。无形的教育技术包括在解决教育教学问题过程中所运用的技巧、策略、方法等，如教学过程的设计方法、多媒体课件的设计与开发技巧、利用教学媒体开展教学的方法以及各种教学策略等。

1994 年，美国教育传播与技术协会（Association for Educational Communication and Technology，AECT）出版了西尔斯（Seels）和里奇（Richey）合著的《教学技术：领域的定义与范畴》一书，书中对教育技术概念做出了一个影响较大的定义，国内通常将该定义简称为“AECT'94 定义”。“AECT'94 定义”的中英文表述如下：

教育技术是关于学习过程和学习资源的设计、开发、运用、管理和评价的理论与实践。

Instructional technology is the theory and practice of design，development，utilization，management，and evaluation of processes and resources for learning.

“AECT'94 定义”明确指出了教育技术的研究形态（理论与实践）、研究对象（学习过程和学习资源）以及研究内容（设计、开发、运用、管理和评价），可用图 1-1 来表征该定义的结构。

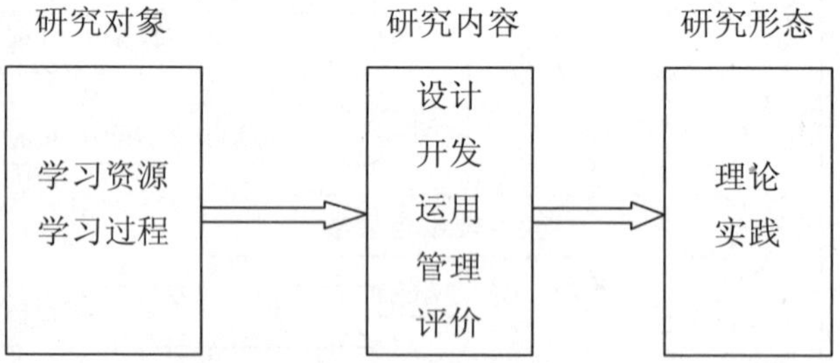

图 1-1 AECT'94 定义的结构

2004 年 6 月，AECT 定义与术语委员会在充分讨论的基础上，提出了新的教育技术定义，并与当年 10 月获得通过，由于定义的正式文本在 2005 年公布，所以被称为“AECT' 05 定义”。该定义的中英文表述如下：

教育技术是通过创造、使用、管理适当的技术性的过程和资源，以促进学习和提高绩效的研究与符合伦理道德的实践。

Educational technology is the study and ethical practice of facilitating learning and improving performance by creating，using and managing appropriate technological processes and resources.

相对于“AECT'94 定义”，“AECT'05 定义”的变化有以下三点。

（1）把原来的“为了学习（for learning）”明确地改为“促进学习（facilitating learning）”。

（2）把“学习过程和学习资源”变换为“用以促进学习和提高绩效的、适当技术（支持）的过程和资源”。

（3）除了强调相关过程和资源要促进学习之外，还强调要提高绩效。

对于学习者来说，绩效是指有目的、有计划的行为倾向和结果（即学习者的能力及其在新环境中的迁移能力）；对企业来说，绩效则是指该企业组织预期的、符合总体目标的业绩。第三点变化，除了表明教育技术既关注学习过程也关注学习结果，还表明通过培训来提高企业绩效也是教育技术重要的研究与应用领域。前两点变化明显地体现了混合学习（blending learning）的思想——从原来强调的只是“学”转变为“促进学习”，既强调“学”，也重视“教”。

另外，“AECT’05 定义”还用“研究（study）”取代了“理论（theory）”。从学术的角度讲，该变化值得商榷。美国伊利（Donald P. Ely）认为：以“研究”取代“理论”在一定程度上造成了“教育技术内涵的游移不定，对澄清领域内的一些问题并没有任何帮助”，“把基于直觉与经验的批判性反思作为一种重要研究方法的同时，也消解了教育技术作为一个专门研究领域致力于理论创建的努力，不利于教育技术的学科建设。”

在我国教育技术领域，目前广泛使用的是“AECT’94 定义”。不过，由于教育技术这门学科比较年轻，各方面工作都在进行广泛的研究，也因此带动了对教育技术内涵理解的不断深入。下面对教育技术概念的本土化做必要的诠释，供学习过程中参考。

“AECT’94 定义”的显著优点是指出了教育技术的研究对象和研究内容，但也存在着以下一些不足之处。

（1）定义中“学习”一词的概念是把教育技术研究对象定位在“学习的过程和资源”方面，实践中可能会导致弱化教师“教”的方面。事实上，教师的“教”依然是我国当前教育理论和实践中的重要方面。

（2）没有强调“学科”属性，这既不符合我国教育技术的实际，也不适合作为学科的核心定义。

（3）虽明确指出教育技术的研究对象和研究内容，但缺乏对教育技术学科的本质属性的规定，同时显得重应用、轻基础，在一定程度上导致了教育技术研究的模糊性和狭隘性。

与当前教师教学活动直接相关的主要现代教育技术有以下几种。

（1）现代教学环境的建设、管理与应用。现代教学环境主要包括多媒体教室、网络教室、校园网、数字化图书馆等。现代教育技术首先要研究如何设计符合教学需求的现代化教学环境，如何在教育教学中使用这些环境，以及如何管理等问题。管理包括硬件设备、软件资料和相关人力资源的管理。

（2）数字化教学资源的开发理论与技术，如各种媒体素材、多媒体教学课件和网络课程的设计、制作、评价与使用，以及教育资源的检索等技术。

（3）教学系统的设计与开发理论，包括教学系统的设计原理、开发方法、实施步骤、评价过程等研究内容，尤其是以“讲授”为主和以“探究”为主的信息化教学系统的设计与开发。

（4）信息化教学环境下的教学理论、教学方法和教学模式，如各种媒体教学法、信息技术与课程整合、探究型教学模式、讲授型教学模式等内容。

在实践中人们经常把教育技术和现代教育技术混用，所以在本教程中也不详细区分，可以把教育技术与现代教育技术二者等同看待。

1.1.2 教育技术的发展历程

1. 四次教育革命与教育技术

英国教育学家阿什比认为：历史学家已经确定了教育曾发生了三次重大变革。目前，第四次教育革命正发生于西方国家，尤其是美国，其标志就是教育技术研究的兴起与快速发展。

第一次教育革命是专职教师的出现。其主要特征是“儿童被集中起来，由专人进行教育”改变了先前“教育是由原始社会的大家族负责”的现象。教育技术中的一个重要资源得到了根本性开发——教师劳动的职业化。这次分工大大提高了教育活动的效率，为后来以“教师中心”的教学模式奠定了基础。

第二次教育革命是文字体系的出现。把书写作为与口语同等重要的教育工具，引起了教育方式的又一次变化，既有口耳相传，又有书写训练。改变了口耳相传的单一信息传播方式，这给教师的教和学生的学都带来了极大的便利，教育活动的效率自然又大大提高了一步。

第三次教育革命是教科书的普遍使用，引起教育方式的再一次变化。人们不仅可以向教师学习，也可以向书本学习，极大地扩大了教育对象，使知识传播的速度和广度大大提升，传得更久更远。班级授课制也随之产生。该次革命使教育活动方式进入到一个“大生产”阶段，教师和教科书的作用得到了充分的发挥，教学活动的效率和质量无疑又上了一个台阶。这次教育革命则为后来的“课堂中心”为数学模式带来了契机。

第四次教育革命是现代教育技术学科的形成与快速发展。从某种意义上讲，正是教育的前三次重大变革，奠定了近现代的以“三中心（教师中心、书本中心和课堂中心）”为基础的学校教育工作模式。现代教育技术所追求的目标就是在充分发挥任课教师主导作用的同时，开拓更多的教育信息来源，使学生有较大的学习自主权和主动性，真正发挥他们的学习主体作用。在认真组织班级面授的同时，采取灵活多变的教学形式和方法，使教学体制符合“教育大众化和终身化”，以及“学习自主化和创新化”的需要，增强教育对信息社会发展的适应性。

2. 美国教育技术的产生与发展

在美国，教育技术从一场教学改革实践中的运动（20 世纪 20 年代的“视觉教学运动”）到形成一个专门的实践领域（20 世纪 60 年代，运用教育技术解决教学问题），总体的发展脉络有以下三条。

（1）视听教学的发展，推动了各种视听设备在教学中的应用，进而形成了依靠教学资源来解决教学问题的思想和方法。20 世纪初，无声电影和唱片开始在教学中应用。20 世纪 20 年代，无线电广播运用于教育教学中。30 年代初，有声电影被用于教育教学中。40 年代，录音和电视开始进入到教学领域。50 年代到 60 年代，程序教学机和电子计算机也被用于教育教学过程中。70 年代，微型计算机、卫星电视、激光视盘等媒体进入教育领域。

（2）程序教学的发展，推动了学习理论（斯金纳的强化理论）在教学中的具体应用，进而形成了以学习者为中心的个别化教学思想和方法。在 20 世纪 50 年代末 60 年代初，出现了一场对世界各国教学改革都产生深刻影响的“程序教学运动”，为后来计算机进入教学领域奠定了基础。从 20 世纪 70 年代开始，人们开始将电子计算机与相关的学习理论研究成果相结合，推动了计算机辅助教学的出现。20 世纪 90 年代，伴随着多媒体计算机和网络技术的发展，信息化教育的概念开始出现，并逐步从理念走向实践。

（3）系统化设计教学的发展，推动了系统理论的整体论方法在教学中的应用，进而形成了对教学过程系统设计、实施与评价的思想和方法。将以教学系统优化为核心目标的教学系统设计理论和方法引入教学，使教学系统设计成为教育技术理论体系的主要内容之一。

这三条教育技术发展脉络大体在 20 世纪初开始，先后各自独立发展，到五六十年代逐渐相互影响和借鉴，到 60 年代末 70 年代初融为一体并形成教育技术整体领域。这一历史演化过程如图 1-2 所示。

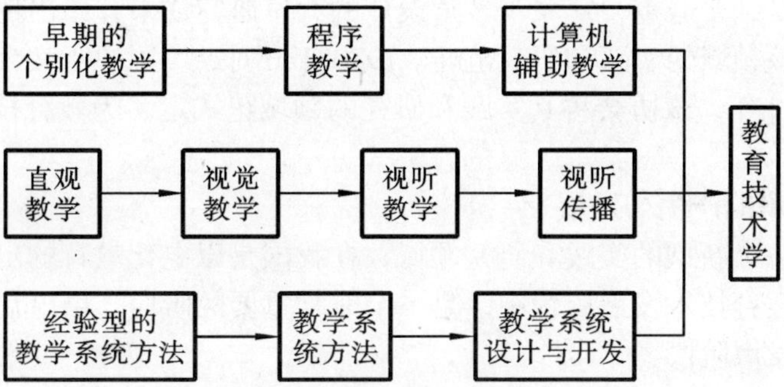

图 1-2　美国教育技术发展历史演变

在这个发展过程中，教育技术的名称发生了多次变化：视觉教育→视听教育→视听传播→教育技术。

① 视觉教育。

17 世纪，夸美纽斯（J. A. Comenius）和裴斯泰洛齐（J. H. Pesstalozzi）等人倡导的直观教学，主张采用图片、实物、模型等直观教具来辅助教学。20 世纪初，随着科学技术的长足进步，出现了许多机械的、电动的信息传播媒体，如照相机、幻灯机和无声电影等，它们可以向学生提供生动的视觉形象，于是产生了视觉教育的概念。视觉教育倡导者强调的是利用视觉教材作为辅助，使学习活动更为具体化，主张在学校课程中组合运用各种视觉教材，将抽象的概念具体化呈现。最早使用视觉教育术语的是美国宾夕法尼亚州的一家出版公司，1906 年，它出版了一本介绍如何拍摄照片、如何制作和利用幻灯片的书，书名就是《视觉教育》。1923 年，美国教育协会建立了视觉教育分会。

② 视听教育。

20 世纪 30 年代后半期，无线电广播、有声电影、录音机先后在教育中获得运用，人们感到视觉教育这个名称已经概括不了当时的教育实践活动，“视听教育”术语开始出现。1941 年，美国教育协会的视觉教育分会改名为视听教学分会。在诸多关于视听教育的研究中，至今仍具有重要影响的理论是戴尔于 1946 年在《教学中的视听方法》一书中提出的“经验之塔”理论，成了当时以及后来视听教育的主要理论根据。

③ 视听传播。

进入 20 世纪 50 年代以后，随着教育电视由实验阶段迈入实用阶段，程序教学和教学机器风靡一时，计算机辅助教育开始了实验研究，这些新的媒体手段的开发和推广使用给视听教育注入了新的血液。同时，由拉斯威尔（H.D.Lasswell）等人在 20 世纪 40 年代创立的传播学开始向教育领域渗透，视听传播的概念被提出，并引发了对视听教育研究范畴的重新定位。传播的概念和原理引入视听教学领域后，使广大视听教育工作者的研究眼光从静态、单一的物质手段方面转向动态的、多维的教学过程方面。这从根本上改变了视听教育的实践范畴和理论框架，即由仅仅重视“教具教材的使用”转为“充分关注教学信息怎样从发送者（教师等），经由各种渠道（媒体等），传递到接收者（学生）”的整个传播过程。美国视听教育协会组成特别委员会，研讨什么是视听教育。1963 年 2 月，该委员会提出报告，建议将视听教育的名称改为视听传播。

④ 教育技术。

20 世纪 60 年代末到 70 年代初，运用系统方法对教学过程进行系统设计的思想和实践模式在视听传播领域受到普遍重视，关于教学设计的大量研究成果开始出现，使得原有视听传播的名称不能代表该领域的实践和研究范畴。1970 年 6 月，美国视听教育协会改名为教育传播和技术协会。1972 年，该协会将其实践和研究的领域正式定名为教育技术，并一直沿用至今。

3. 我国教育技术的产生与发展

教育技术作为一个新型的实践和研究领域，在我国是以电化教育的出现为标志的。电化教育的发展在中国教育技术发展历程中，是一个非常重要的阶段。由电化教育到教育技术大致经历了以下四个发展阶段。

（1）萌芽阶段：20 世纪 20 年代到 40 年代末。1919 年开始的幻灯教学实验揭开了中国电化教育发展的序幕，这一阶段主要是运用幻灯、播音、电影等媒体进行社会教育和学校教育活动。

（2）初步发展阶段：20 世纪 50 年代到 70 年代。新中国成立后，我国政府非常重视电化教育的发展，成立了专门的电化教育处，负责全国的电教工作。鼓励学校在积极转变思想观念的同时，积极采用新的教育教学工具。不少学校开始购置和自制各种电教设备，开展电化教学。但在文化大革命期间，电化教育工作基本处于停顿状态。

（3）迅速发展阶段：20 世纪 70 年代末到 80 年代。1978 年党的十一届三中全会后，党中央召开了全国教育工作会议，确立了新时期发展教育的方针政策，这给我国电化教育的发展指明了方向。教育部正式成立了领导全国开展电化教育工作的电化教育局、中央电教馆。国家对发展电化教育进行了重点投资，我国许多院校得到了电教设备补充和更新。不仅建立健全了全国性的电教工作结构网络，而且还形成了一支专职、兼职的电教队伍，配备了相应的电教设备和器材，编制了相当数量的电教教材，并开展了电教理论研究和相关的实验研究。

（4）系统发展阶段：进入到 20 世纪 90 年代以来，我国电化教育领域积极吸收了美国教育技术中的教学系统设计的理论与发展，开始迈入系统发展阶段。经过 80 年代领域内出现的名称之争，大家逐渐地对电化教育和教育技术的认识趋于一致。从本质上看，教育技术和电化教育是差不多的，可以等同看待。为了更有效地开展国际交流和合作，在学术界开始使用“教育技术”的名称。中国电化教育协会也于 2002 年 11 月正式更名为中国教育技术协会（China Association for Educational Technology）。

1.1.3 教育技术的主要应用领域

在长期的教育技术实践和应用中，教育技术理论与实践之间的不断相互作用，使得教育技术应用领域不断扩大。此外，随着信息技术，尤其是多媒体计算机和网络技术的逐渐普及，以及可供选择的教学资源和教学系统的日益增多，教育技术的实践范围得到了进一步扩大，形成了三个相对独立的主要应用领域。

1. 课堂教学领域

课堂教学一直是学校教学活动的主要形式，是一种非常有效的培养人才的教学领域，也是教育技术最重要的应用领域之一。教育技术在课堂教学领域中的应用，促进了技术在教学中的整合，丰富了教学信息的表现形式，深化了教学过程中的探究性教学活动的实践，提升了学习者在学习过程中的主体地位。另外，教育技术还促进了课堂教学环境的现代化，建立了校园网、多媒体教室、网络教室、数字图书馆等。教育技术在课堂教学领域的典型应用模式主要有以下几方面。

（1）以视听技术为基础的集体教学。

这种模式主要是指在学校班级教学的基础上引入视听教学媒体（如幻灯、投影、视听设备、语言实验室、多媒体教室等）而形成的一种教育技术教学应用模式。典型特征是以教师为中心的集体授课方式，教师的工作基本上是根据既定的教学目标和学生的特征来设计教学目标，建立评价标准，安排教学活动，研究和采用适当的方法，选择使用和开发视听媒体。基本教学过程主要是由教师以视听媒体作为辅助手段或传播手段把教学内容有效地传递给学生，并通过相应的评价方法来检验学生的学习结果是否达到预期的目标，从而使学生通过考试获得成绩或证书。以视听技术为基础的集体教学是当前教育技术应用的主要模式，应给予足够重视。

（2）以计算机多媒体技术为基础的个别化教学。

个别化教学指的是以学生为中心、适合满足个别学生需要的教学。为了满足学生的需要，可能要通过一种或多种专门的教学技术，这些技术包括允许学生在通过一个教学序列的时候可以设定他们自己的学习步伐；根据个人特点为每个学习者选择学习方法、媒体和材料，并允许每个学生选择想要达到的目标。随着具有高性能的计算机技术的迅速发展，程序教学方法广泛应用于计算机辅助教学，计算机成了实现程序教学思想的最高级的程序教学机。由于多媒体系统能够处理和展示多种信息形式，能使同一内容的信息以不同的方式同时进行处理和展示，从不同侧面来揭示同一概念、原理、过程，符合人类认知、思维的过程和特征，它将给组织（学校、企业、职业培训中心等）、个别化教学、学习过程与组织形式等带来新的思路。尤其是虚拟现实技术的发展，对于模拟实际过程、实际情境都将产生深刻的影响。

计算机多媒体技术应用于个别化教学，具有常规教学媒体（如幻灯、投影、视听设备、语言实验室等）所无法比拟的优点，它可以为学生的学习提供多种感官刺激；使交互方式更加多样化；提供资源更丰富的教学环境；有助于发展学生的高级思维能力；与网络结合，在教育教学中的发展潜力将更加强大。所以，以计算机多媒体技术为基础的个别化教学模式是当今教育技术应用的主要发展趋势之一。

（3）以过程技术为基础的小组学习。

过程技术指的是引导学生主动投入学习，并且能够适应学生个别差异的教与学的模式和方法。这里所说的技术，不是指计算机、卫星电视等媒体硬技术，而是指思考问题的过程和方式等“软技术”，如程序教学、合作学习、讨论、游戏和模拟等。过程技术的应用必须由经过仔细设计的框架来提供教与学的整体系统，必须经过测试证明它的应用是成功的，必须具有有效的结构以便在教学中重复使用，因此有效性和可靠性是系统应用的关键因素。所以，过程技术就是经过仔细设计的，具有可靠性的，能促进有效学习的，学生主动参与的教与学的模式与方法。过程技术具有受到多种学习理论支持的特点，因为每一种理论都有它的长处和局限性，并且有相互重复之处。无论是行为主义理论，还是认知主义理论、建构主义理论或社会心理理论，它们都只是从一定的角度揭示了学习过程的规律，有着各自不同的侧重点。因此，在以过程技术为基础的小组教学模式的设计中，对这些理论应采用一种折中的、包容的、整合的态度，对它们进行分析、比较、选择，然后用于适当的、相应的教学情境中去。

小组学习方法在教育或训练中是否恰当，首先应该考虑学习目标。如果在所期望的目标中包括发展口头传播技能、人际关系技能、解决问题技能、做出决定技能、缜密思考技能以及良好的态度性格等，那么对于为实现这些目标的教学来说，小组学习方法就要比前面介绍过的集体教学方法和个别化教学方法更为合适。

目前，随着新型教学理论、思想的涌现，现代教学环境的逐步形成，数字化教学资源的广泛应用，该领域正在掀起以“素质教育、创新教育”为核心的教学改革，以“学生主体、教师主导”为特征的探究性教学活动正逐步地渗入和改变着原有的教学过程和方法，信息化的课程体系和教学模式正在形成。

2. 远程教学领域

远程教育是教师和学生在时空上处于相对分离状态下，利用各种通信系统和教学资源完成教育教学活动，是一种新型的教育方式。远程教育能够满足在信息社会中人类终身学习的多元需求，现代远程教育已经成为各国政府实现终身教育的第一选择，从而使远程教育在高等教育体系中的地位已经上升为大众教育和终身教育的主力军。

通常认为远程教育起源于19世纪中期英国的函授教育，经历了三代发展过程。第一代远程教育是函授教育（Correspondence Education），函授教育以印刷材料为主要学习资源、以邮政传递递交和批改作业为主要通信手段，以一定时间的面授辅导为辅助教学手段。第二代远程教育是多种媒体教学的远程教育（Multi-media Instruction Distance Education），简称远程教育，除了使用印刷教材外，还使用广播电视等大众媒体以及录音、录像、个人微机等媒体，与函授教育相比，具有规模大的特点。第一代、第二代信息技术都是单向传播的技术，因此，第一代、第二代远程教育在师生、生生之间的双向通信和交流存在明显欠缺。为了弥补其不足，利用定期或者不定期的面授辅导和答疑、短期住宿学校等方法加强学习支持。第三代远程教育称为开放灵活的远程学习（Open and Flexible Distance Learning），在我国也叫现代远程教育或网络远程教育，是建立在应用双向交互电子信息技术基础上的新一代远程教育，主要是电子通信技术（Telecommunication）和计算机技术（Computing）的应用。在计算机技术中主要是以多媒体技术（Multimedia）和网络技术（Network）为核心。现代远程教育的特征和优势是具有双向交流，包括人际和人机之间的相互作用和相互交流。第三代信息技术可以实现同步（实时）和非同步（非实时）通信，为远程教育提供了更有利于学生知识构建的学习资源和学习环境，使教和学更加灵活，更加个性化。

教育技术在远程教育中的应用，促进了各种实用远程教学通信系统（如网络教学系统、卫星远程教学系统、远程视频会议系统等）的建设和丰富多样的教学资源开发，有效地支持了远程教学的开展。下面以网络远程教学为例，分析其常用的教学方式。

（1）群体讲授方式。

群体讲授方式分为同步讲授和异步讲授两种情况。同步讲授是指分布在不同地点的教师和学生在同一时间登录到相应的网络上，进行网络教学。基本的教学程序是：诱导学习动机→感知理解教材→巩固知识→运用知识→检查反馈。

在这种教学中，教师在远程授课教室中通过直观演示、口头讲解、文字阅读等手段向学生传递教学信息，网络将这些信息传递到学生所在的远程学习教室，学生通过观察感知、理解教材、练习巩固、领会运用等过程进行学习，通过一定的设备可允许学生和教师进行互动，最后由教师对学习结果进行及时检查。

异步讲授通常借助于网络课程和流媒体技术来实现，学生通过访问存储在 Web 服务器上事先编制好的网络课程进行学习。网络课程通常包含课程结构、课程内容、教学要求、教学评测、授课视频等。当学生在学习过程中遇到疑难问题时，可以通过 E-mail、BBS、在线论坛等方式向教师、专家或同学等进行咨询和讨论。

（2）小组讨论教学方式。

基于网络的小组讨论分为在线讨论和异步讨论。在线讨论类似于传统课堂教学中的小组讨论，由教师提出问题，学生分成小组进行讨论。教师通过网络“倾听”学生的发言，并对讨论的话题进行正确的引导，最后对整个讨论过程做总结，对讨论组中不同成员的表现要进行点评。

异步讨论是借助 BBS 系统进行的，学生和教师也可以就某些问题展开热烈讨论。与在线讨论方式不同的是，异步讨论不是所有学习者同时在线、及时应答，学习者可以随时登录发表评论，其他学习者也可以在不同时间阅读或发表评论。因此，在线讨论由于受时间限制，讲话要言简意赅，而异步讨论发表的言论通常是经过深思熟虑的，以文章的形式发表。

（3）合作学习方式。

合作学习是学生以小组形式参与，为促进学习，由学生协作完成某个给定学习目标的教学方式。在合作学习过程中，个人学习的成功与他人的成功密不可分，学习者之间以融洽的关系、相互合作的态度，共享信息和资源，共同负担学习责任。利用计算机网络支持的合作学习（Computer Supported Cooperative Learning，CSCL）。

（4）自主学习方式。

自主学习方式是远程教育中比较重要的学习方式。教师首先向学生阐明学习任务和要求，并提供相关的学习资料，学生利用各种学习资源自主完成学习任务，提交相关作业，教师对学生的作业及时进行评价，给学生明确的反馈。学生在学习的过程中，可以通过 E-mail、BBS、在线论坛等向教师进行咨询、讨论，教师给予讲解、启发、提示和鼓励等。

3. 企业员工培训领域

与课堂教学和远程教育相比，教育技术在企业员工培训领域的应用思路和方法有很大差别。教育技术应用于企业员工培训，需要按照企业的需要来运作和控制，要让受培训的员工立足本职岗位，以最经济、最有效的手段去掌握有用的、可用于完成实际任务的知识与技能，追求企业员工的工作业绩，并且员工的学习目标和所需技能是由企业发展的需求决定的。在我国，还需要促进教育技术尽快地进入到企业培训领域中，更好地为我国的经济建设服务。

1.2　教育技术与教学

1.2.1　关于学习

学习是在教师指导下，以掌握间接经验为主的一种有目的、有计划地获得知识，形成技能，发展智力、体力，并形成思想品德的过程。美国心理学家奥苏贝尔（D. P. Ausubel）依据学习的内容和方法把学习分为有意义学习和机械学习；依据学习的方式把学习分为接受学习和发现学习。奥苏贝尔认为，有意义学习的实质是以符号为代表的新知识和学习者认知结构中已有的适当观念建立起实质的、非人为的联系。实质性联系指新旧知识间内在的有意义联系，非人为性联系指新旧知识间存在的观念的一致性；机械学习是以符号所代表的新知识与学习者认知结构中的知识经验建立起非实质性的、人为的联系。接受学习是教师指导学生掌握现成的或已成定论的知识的学习；发现学习是教师启发学生独立地探索解决问题的原则和方法，进而获得知识的学习。下面来理解一些重要的学习理论。

1. 行为主义学习理论（刺激–反应理论）

华生（John Broadus Watson）和斯金纳（B. F. Skinner）提出的“刺激–反应”理论是行为主义学习理论的主要代表。华生认为，学习的过程在于形成一定的联结，即某情境仅能引起某些反应，而不能唤起其他反应的倾向。他用S和R表示刺激和反应，从而得出联结学习的公式为：S–R。学习有如下三条定律：

（1）准备律：联结的增强或减弱取决于学习者的心理准备。例如，学习者如果求知欲很强，学习效果就好。

（2）练习律：指刺激与反应之间的联结会因为练习得到加强。

（3）效果律：指奖惩对联结效果有重要影响，奖励会使联结增强，惩罚则使联结削弱。

20 世纪 30 年代，美国心理学家斯金纳又提出操作性条件反射学说及学习的强化理论。斯金纳认为，强化是学习的必要条件，行为的发生和改变都是强化的结果，所以要控制动物和人的行为，就必须控制强化。为此斯金纳提出了程序教学的思想、原则，并设计了程序教学。

“刺激–反应”理论以猫、白鼠等动物学习的实验为基础，对学习的实质、过程及规律进行了系统研究，对教育心理学的发展有开创性的贡献。当然，这一理论也有许多缺点和观点上的错误，如不加区分地将人的学习和动物的学习等同起来，使其理论带有明显的生物学化倾向。

2. 认知主义学习理论

（1）认知发现学习理论。

布鲁纳（Jerome S. Bruner）是认知发现学习理论的代表性人物。他认为，学生的学习是积极主动的信息加工，是通过主动地对信息进行选择、转换、存储和应用，向环境学习、适应以至改造环境的过程。学习的实质在于主动地形成认知结构。学习者运用已有经验与新的信息发生同化或顺应作用，是其主动学习的表现，动机的产生和发展是主动学习的标志，其中最好的学习动机是对新材料本身的兴趣。布鲁纳倡导“发现学习”，主张学生通过自己的头脑去获得知识，让学生在学习中自己去发现和探索，教师最好不要给学生现成的结论。

布鲁纳理论强调了学生在学习中的积极性，强调学生的认知结构和独立思考。但他的理论存在一定的片面性，如忽视教师的主导作用和学生自身的特点等。

（2）信息加工理论。

信息加工理论是伴随着计算机科学技术和人工智能科学迅速崛起，加之信息论、控制论和系统论的积极影响而形成的关于人类学习的理论。它强调要对人的各种认知过程进行研究，并且要根据研究成果提出相应的认知模型或信息加工模型。学习的信息加工模型，如图 1–3 所示。

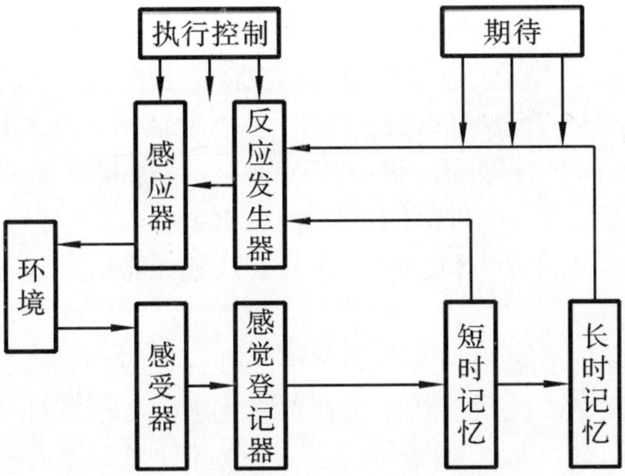

图 1-3　学习的信息加工模型

在信息流程中，学习者的环境刺激作为输入刺激，它作用于感受器，经过感觉登记器进入神经系统，形成表象。信息进入短时记忆后再次经过编码，便形成概念。经过复述和练习，信息进入长时记忆。从短时记忆和长时记忆中提取的信息经过反应发生器转换为动作，从而激活效应器，产生作用于环境的行为。

在控制过程中，控制和期望指导着学习的操作和反馈，一方面，其发出的信号可以激活和改变信息的流程；另一方面，学习者在了解学习目的（期望）的情况下，反过来影响选择性的知觉、记忆中的编码及其向行为的转换。

信息加工理论重视学习的内部条件与外部环境的相互作用，强调认知结构在学习中的作用等，具有重要的实践意义。但它把教学目标仅仅归结为掌握知识是不全面的。

（3）建构主义学习理论。

随着认知理论的深入发展，人们又提出了建构主义学习理论。建构主义学习理论认为知识不是被动接受的，而是认知主体积极建构的；学习不是被动接受，而是学习者主动的行为，是以先前建构的知识为基础的，是把学习者已有的知识作为新知识的生长点，是知识的处理和转化；由于每个个体都具有自己的独特性，因而学习者是基于自己与外部世界相互作用的独特经验以及赋予这些经验的意义，来建构自己的知识。

建构主义学习理论提倡的学习方法是在教师的指导下，以学生为中心，利用情境、合作、会话等学习环境要素充分发挥学生的主动性、积极性和首创精神，最终使学生达到有效地实现对所学知识的意义建构的目的。学生是知识意义的主动建构者；教师是教学过程的组织者、指导者、意义建构的帮助者和促进者；教材所提供的知识不再是教师传授的内容，而是学生主动建构意义的对象；媒体也不再是帮助教师传授知识的手段和方法，而是用来创设情境、进行合作学习和会话交流，即作为学生主动学习、合作式探索的认知工具。

3. 人本主义学习理论

人本主义学习理论的代表人物是罗杰斯（C. R. Rogers）。人本主义学习理论认为，学习是个人自主发起的、使个人整体投入其中并产生全面变化的活动。其理论要点如下：

（1）学习不仅是对知识的掌握，更要促进人的心智、道德和情感等方面的发展。因而学习不仅仅涉及认知领域，还要涉及情感、道德和动作等领域。教学就是培养在心智、体魄等方面都要发展完整的人。

（2）学习是个人主动发起的（不是被动地等待外界刺激）。学习者内在的思维和情感活动对学习有极为重要的影响。人类的学习是一种自发的、有目的的、有选择的过程，所以，强调教学要以学习者为中心。学生是学习活动的主体，必须受到尊重。

（3）最有用的学习是要学会如何进行学习。罗杰斯认为，很多有意义的知识或经验不是从现成的知识中学到的，而是在做的过程中获得的。学生通过参加实际活动，进行自我发现、自我评价和自我改造，从而获得有价值的、有意义的经验。在学习过程中不仅仅要得到知识，而且更重要的是要获得学习的方法和经验。这些方法和经验可以运用到以后的学习中去，所以最有用的学习是学会学习。

以上学习理论是教育技术应用和发展的重要基础，在应用教育技术设计和实施教学时，必须要遵循学习的基本规律，从而不断地改善和优化学习。但需要指出的是，各种学习理论有其合理性，也有其片面性。如“刺激–反应”理论过分强调学习的机械性，忽视了人类学习的社会性和能动性；认知学习理论强调学习靠人的内在智慧和领悟，忽视了外在条件的重要作用；建构主义容易忽视教师指导作用的发挥，从而引起教学目标的偏离等。在教育技术实践中，要汲取各种学习理论之长，以多种学习理论为基础，综合考虑学习过程中的各种因素。

1.2.2 关于教学

“教学”一词在这里的含义侧重于“教”，是指教师指导学生进行学习的行为和活动。目前，我国正在深化教学改革，提出了“以教育的信息化带动教育的现代化”的教育发展战略。关于教学的理解将会对教育技术在教学中的应用产生重要的影响。下面将列举一些对当前教学影响较大的理论或思想。

1. 赞可夫的发展教学理论

赞可夫认为，首先要把一般发展作为教学出发点和归宿，“以最好的教学效果，来促进学生的一般发展”。其次要把教学目标确定在学生的“最近发展区”之内，也就是教学要有一定的难度，他认为“只有当学生走在发展前面的时候，这才是最好的教学”。基于此，赞可夫提出了发展教学理论的教学原则：以高难度进行教学、以高速度进行教学、理论知识起主导作用、使学生理解学习过程、使全班学生包括后进生都得到发展。

2. 布鲁纳的结构——发现教学理论

布鲁纳认为发现教学法能帮助学生对自己的学习负责，记住重要的信息。它强调高度的思维，注重内在而非外在的动机。其基本原则如下。

（1）动机原则。教师先解说学习情境及教材性质，然后让学生在学习情境中通过主动发现而获得知识。

（2）结构原则。教师在从事知识教学时，必须先结合学生学习的经验，将对所讲授的教材做适当的安排。

（3）启发原则。对于教材的难度与逻辑上的先后顺序，必须针对学生的心智发展水平及认知表征方式做适当的安排。

（4）反馈原则。在教材安排上，必须考虑学生学习动机的维持，而学习动机的维持需要教师对学生学习效果进行适当反馈。

3. 巴班斯基的教学最优化理论

“最优化”就是从某一特定的角度和标准来看，是最优的方案。巴班斯基认为，最优化教学是在全面考虑教学规律、原则、形式、方法以及外部条件的基础上，用最少的时间和精力，取得最大的效果。

教学过程是否达到最优化有两个基本标准：一是效率与质量标准，指在具体的条件下，尽可能提高学习效率，使学生获得最大的发展；二是时间标准，指教师必须在尽可能少的时间内去完成教学的要求。为了满足这两个标准，应遵守以下原则：

（1）所选择的方案要完整地包括教学过程的所有基本成分；

（2）选择方案时要依据教学论的全部原则；

（3）选择方案时要循序渐进地考虑教学目标、教学任务、内容的特点及教学的组织形式；

（4）要注意到每一种教学的手段与策略都有其优缺点；

（5）为了尽可能实现全部教学任务，选择教学方法时，应有合理的多样化考虑；

（6）要以动态的观点来看待方案，应随着学生学业成就的变化来改善方案。

4. 多元智能理论

20 世纪 80 年代，美国发展心理学家加德纳（Howard Gardner）对“神童”、天才、脑损伤病人、有特殊技能而心智不全者、各领域专家和正常人进行了分析研究，并在此基础上提出了多元智能理论。该理论指出，人的智能有八种：语言智能、数理逻辑智能、空间智能、肢体运动智能、音乐智能、人际关系智能、内省智能和自然观察智能。这八种智能都有其独特的遗传基础，由于每一种智能所使用的个人资源不同，所以其信息加工的过程也不同。多元智能理论的基本观点如下：

（1）每个人都具备至少八种智能。智能主要是一种生理心理潜能，每个人都具备，可以靠环境的影响和教育来开发。

（2）大多数人可以使每种智能达到很高的水准。如果给以适当的鼓励、培养和指导，那么，事实上每个人都有能力使八种智能达到很高的水平。

（3）解决问题需要多种智能组合，把智能划分成八种，并不意味着一个人只有某一种。另外，多元智能论所包含的八种智能模式是暂时性的，除了上述八种智能之外，仍可能有其他智能存在。

（4）每一种智能都有多种表现形式。例如，音乐智能包含了演奏、歌唱、写谱、指挥、批评与鉴赏等次类智能，所以一个人可能歌唱得不好却很会作曲，不会演奏却善于批评与鉴赏。

多元智能理论的重要价值如下。

（1）教学目标应着眼于人的全面发展与个性发展的有机结合。

（2）教学要为理解而“教”。所谓理解是指个体不仅掌握了静态信息，即他记住了什么，而且还指其可以运用信息做事情、解决问题。换句话说，当学生理解事物时，他可以用自己的话来解释概念；当面临新情境时，他能够适当地运用信息，作出创新和推论。

（3）教学评价功能应从甄别选拔转向促进学生的发展；评价的主体要从教师一元转向师生多元；评价的内容要从单一评价学生学习成绩转向评价学生各方面的素质；评价的方式要从单纯打分或划分等级转向定性评价、量化评价等多种方式；评价的过程要从静态评价结果转向动态评价整个过程。

1.2.3　关于学生

教育技术在教学中的应用，正在努力地促进学生地位的转变——由学习的被动地位变为学习的主体。从学生角度看，应用现代教育技术在培养学生科学文化知识素质的同时，要注意以下几方面。

1. 培养学生的自主探究性学习能力

现代教育技术是现代科技发展的产物，其本身就是科技创新的结果。它们走进课堂，走进学生生活，既吸引了学生的注意力，又有利于激发学生的好奇心和求知欲。学生不仅希望教师运用多种教学媒体辅助课堂教学，增强学习效果，提高教学质量，也希望利用现代教育技术进行实践，去感受、体验和探究。各种教育软件和学习资源的不断系统化建设和完善，给学生提供了丰富多彩的学习材料。学生除了课堂学到的知识外，还可走出课堂，走进社会。

2. 培养学生获取、处理知识和信息的能力

当今社会，知识经济初见端倪，信息技术飞速发展，社会信息化程度越来越高。在某种意义上讲，知识经济时代就是信息时代，准确、迅速地获取和处理信息是未来社会劳动者的必备素质。现代教育技术，特别是计算机及网络技术在教学中的应用，为学生信息素养的培养打下了坚实的物质基础。2000年，美国教育部颁布了《美国国家教育技术标准学生标准》，明确规定各年级的中小学学生在各个学科的学习中，除了达到学科课程标准外，还必须学会利用所掌握的信息技术进行学科学习，达到"教育技术标准"的要求。如果学生只达到课程标准的要求而未达到"教育技术标准"，那么仍不能算是一名合格的毕业生。教师在课堂上利用现代教育技术实施教学过程中，是有效培养学生信息能力的途径。例如，通过开展探究性学习，学生利用网络查找收集资料、用多媒体软件表现探究过程和成果，从而在实践应用中不断提高自己的信息能力。

3. 因材施教，实施个性化教学

传统的大班教学，学习进度和步调统一，学生虽处于同一年龄段，知识水平相近，但在智力上却存在个别差异，这种差异会对学生的学习产生影响。课堂教学中，教师很难照顾这种差异，达到因材施教的要求。应用现代教育技术，则可以改善这种状况。在网络教室中，学生虽同处一个教室，但教师可通过播放系统同时传送几套教材，从而为学生提供不同程度的教学内容，学生根据自己的实际情况去选择学习，决定学习的进度。同时，教师也可通过监听，了解和掌握每个学生的学习情况，进行个别指导。学生有了疑问可通过呼叫与教师联系，获得教师的帮助。计算机辅助教学还可适应不同层次学生学习的需要，进行因材施教。学生利用计算机人机交互的优点，与计算机进行对话，按着自己的进度进行学习和练习，不懂的地方可向教师请教。这些现代教学手段，方便了教师因材施教，进行个别化教学，学生各自的能力、特长都得到了提高与发展。

4. 培养学生的合作能力

在未来社会里，学会与他人合作，就意味着事业的发展与成功。"以学生为主体"不仅要体现在他们个体的自主学习、自主探索上，还应体现在与他人的合作上。教师应鼓励学生与他人合作互助，集思广益，依靠集体的力量来主动积极地获取知识，培养合作精神。现代教育技术在教育教学领域的应用，突破了传统单一的"小组讨论"合作方式，出现了角色扮演、竞争、协同和伙伴等多种合作学习方式，同学之间可通过合作，自制多媒体小课件等，共同探索新知识，解决新问题，提高了学习效果，更重要的是锻炼了社交能力，培养了合作意识、合作态度和合作能力。

1.2.4 关于教师

在教学过程中，学生的活动——学与教师的活动——教，构成了教学的两个并行且统一的活动体系。其中，教师是教学活动的组织者，教师的职业素质将直接影响教学的效果和质量。那么，作为信息时代的合格教师，应该具备哪些教育技术的基本知识、技能和素养，哪些运用信息技术开发教学的知识和技能呢?早在 1993 年，国际教育技术联合会（International Society for Technology in Education，ISTE）就制定了《美国国家教师教育技术标准》（*National Educational Technology Standard for Teachers*，NETS–T），具体说明了教师在教学中有效运用计算机和其他电子设备所必需的技能和知识。美国国家教师教育认证委员会（The National Council for Accreditation of Teacher Education，NCATE）将这个标准作为审核教师认证、培训相关项目的依据。2004 年 12 月，为提高中小学教师教育技术能力水平，促进教师专业发展，我国颁布了《中小学教师教育技术能力标准（试行）》。该标准分别对教学人员、管理人员和技术人员应具有的教育技术素质和能力从以下四个维度进行了规定。

维度 1：应用教育技术的意识与态度，包括信息需求意识、信息应用与创新意识、对信息的敏感性与洞察力、对信息的兴趣与态度等。

维度 2：教育技术的知识与技能，包括教育技术的基本理论与方法，基本操作技能，信息的检索、加工与表达，信息安全与评价等。

维度 3：教育技术的应用与创新，包括教学设计、教学实践、信息技术与课程整合、自主学习与合作学习等。

维度 4：应用教育技术的社会责任，包括与信息利用及传播有关的道德、法律、人文关怀等。

教学人员的教育技术能力子标准的体系结构与基本内容如图 1-4 所示。

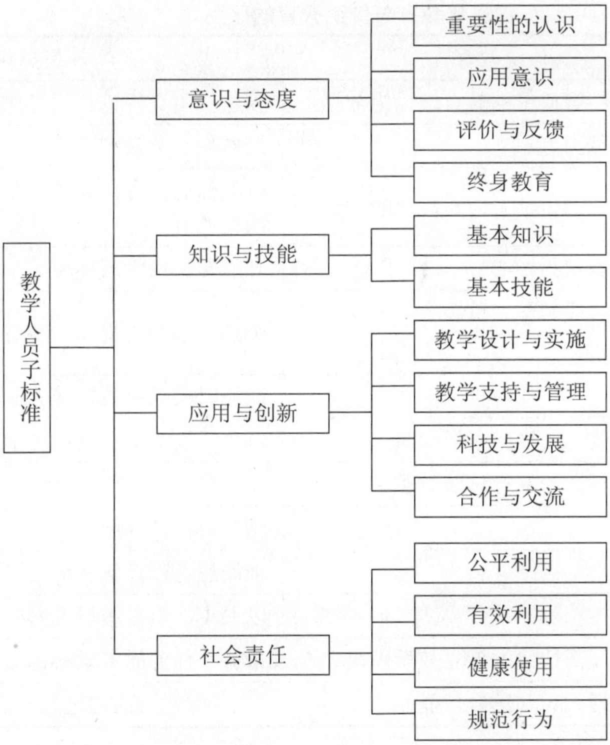

图 1-4　教学人员的教育技术能力子标准体系

在该标准的"意识与态度"部分对教学人员的基本要求是：要能够认识到教育技术能力是教师专业素质的必要组成部分，具有在教学中应用教育技术的意识；能够认识到教育技术的有效应用对于优化教学过程、培养创新型人才的重要作用，具有在教学中开展信息技术与课程整合、进行教学改革研究的意识。

在“知识与技能”和“应用与创新”部分对教学人员提出的基本要求是：教师要掌握教育技术理论的基本内容，掌握常见教学媒体选择与开发的方法和教学系统设计的一般方法；能够正确地描述教学目标，分析教学内容，并能根据学生特点和教学条件设计有效的教学活动，积极开展信息技术与课程的整合，探索信息技术与课程整合的有效途径。

在“社会责任”部分，要求教学人员努力使不同性别、不同经济状况的学生在学习资源的利用上享有均等的机会；努力使不同背景、不同性格和能力的学生均能利用学习资源得到良好的发展；促进学生正确地使用学习资源，以营造良好的学习环境；向学生示范并传授与技术利用有关的法律法规知识和伦理道德观念。

1.3 教育信息化

1.3.1 信息时代教育的特点

人类社会已步入 21 世纪，21 世纪的社会称为信息化社会，21 世纪的教育又称为信息化教育。信息化教育与传统教育的区别如表 1-1 所示。

表 1-1 信息化教育与传统教育的区别

	传统教育	信息化教育
教育理论	以赫尔巴特等提出的教育理论为依据	以建构主义理论、信息化教学设计理论等为主
教育目标	知识型、能力型	创造型、革新型
教师地位	教师是知识的传播者，是教育的主体	以教师为主导，学生为主体，教师是学生学习知识的帮助者、辅导者，是知识的领航员
学习环境	以学校、教室为中心	凡能够提供学习环境、学习资源的地方
教学方式	按年级分阶段教学、班级统一教学、说教性的讲授	个别化学习、持续的终身学习、交互性指导
教学内容	很少改变	能即时根据科技发展、社会需要不断调整教学内容
教学过程	以“教”为主，以教学经验为主	以“学”为主，重视教学设计
教学手段	仅依靠黑板、粉笔等传统教学手段	充分利用现代信息技术开展教学
学生关系	相互竞争	相互协作、互助
学习方式	注重记忆	强调思考、理解和解决问题的能力
教学资源	以书本为主	以书本、电教教材、网络学习资源等为主
教学设计	单学科、脱离情境的孤立教学模块	带务实任务的多学科延伸模块
教学评价	针对事实性知识和离散技能的评价	基于绩效　（面向过程）的评价

信息时代的教育相对于传统教育表现出以下鲜明的特点。

（1）信息时代教育的特点首先体现在终身持续学习目标的确定。研究结果表明，20 世纪 60 年代以前，人们在大学里学到的知识可以使用 20 年，20 世纪 80 年代以后知识的平均寿命已缩短到了 13 年左右。因此，持续学习和终身学习能力的培养就成为新世纪教育中至关重要的问题。

（2）信息时代教育强调的是学生的学习效果，注重学习者学习之后能够做什么，能够具备什么样的能力，即学习效果导向问题。效果导向是指把改善教学效果放在首要地位，内容是可以改变的。因此，在教学中只有引入科学的效果导向才有可能打破传统的教学体系，吸收新鲜的教学内容，执行少而精的教学原则。

（3）在传统教学中，教师是教学的主体，是知识的传播者，而信息时代的教师应该是学生学习的"向导和辅导员"，教师的作用是及时而有效地对学生的学习过程给予帮助。学生所需要的帮助不只是简单地传递和获得信息，而是要把所获得的信息转化为自己能够运用的知识和能力。信息技术的最新成果使得学生与老师能够同时获得多种最新的教学信息。比如，基于网络的远程学习，学习者只要具备上网条件，就可以与教师一起选择学习。教师的主要任务除了要研究如何传输自己掌握的知识外，更多的是要持续更新和扩展自己的知识，分析和研究学习者可能发生的种种学习困难，思考和设计出有助于学习者学习的系统科学方法。

（4）传统教育偏重于记忆和考试，而信息时代教育更多地强调思考、理解和通过解决实际问题来获得知识。

（5）教育的整体结构将越来越不强调层次，而会越来越强调交叉和网络。比如学校与社区的结合、不同背景学校的结合、乡村与都市的结合、社区与社区的结合等。

1.3.2　教育信息化的内涵

1. 关于教育信息化的概念

教育信息化的概念是在 20 世纪 90 年代伴随着信息高速公路的兴建而提出来的。美国克林顿政府于 1993 年 9 月正式提出建设"国家信息基础设施"（National Information Infrastructure，NII），俗称"信息高速公路"（Information Superhighway）的计划，其核心是发展以 Internet 为核心的综合化信息服务体系和推进信息技术（Information Technology，IT）在社会各领域的广泛应用，特别是把 IT 在教育中的应用作为实施面向 21 世纪教育改革的重要途径。美国的这一举动引起世界各国的积极响应，许多国家的政府相继制订了推进本国教育信息化的计划。

所谓教育信息化，是指在国家及教育部门的统一规划和组织下，在教育系统的各个领域全面深入地应用现代信息技术（如多媒体计算机技术、网络技术、远程通信技术等），加速实现教育现代化的过程。

该定义包含了以下六层含义：

（1）教育信息化的范围：教育与教学的各个方面。

（2）教育信息化的指导思想：先进的教育思想、教育观念。

（3）教育信息化的手段：现代信息技术。

（4）教育信息化的重点：深入开发、广泛利用信息资源。

（5）教育信息化的目的：培养适应信息社会要求的创新型人才。

（6）教育信息化的性质：加速实现教育现代化的系统工程。

2. 教育信息化的基本要素及相互关系

（1）现代信息技术在教育中的广泛应用，这是教育信息化的核心任务。教育信息化的实质，就是现代信息技术在教育与教学的各个方面的广泛应用。

（2）建设教育信息资源，这是教育信息化顺利发展的关键。

（3）建设教育信息网络系统，这是教育信息化快速发展的基础。

（4）建设教育信息技术及应用的人才队伍，这是教育信息化的成功之本。

（5）形成教育信息产业，这是教育信息化健康发展的支柱。

（6）制定教育信息化政策和规划，这是教育信息化健康发展的保障。

（7）提高全民的信息素养，这是教育信息化的必然结果。

3. 教育信息化的特征

教育信息化的特征是什么？我们可以从技术层面和教育层面分别加以考查。从技术上看，教育信息化的基本特点是数字化、网络化、智能化和多媒体化。

数字化使得教育信息技术系统的设备简单、性能可靠和标准统一。

多媒体化使得信息设备一体化、信息表征多元化、复杂现象虚拟化。

网络化使得信息资源可共享、活动时空限制少、人际合作易实现。

智能化使得系统能够做到教学行为人性化、人机通信自然化、繁杂任务代理化。

我们把教育信息化看做是一个追求信息化教育的过程。信息化教育具有以下显著特点。

（1）教材多媒体化：就是利用多媒体，特别是超媒体技术，建立教学内容的结构化、动态化、形象化表示。已经有越来越多的教材和工具书变成多媒体化，它们不但包含文字和图形，还能呈现声音、动画、录像以及模拟的三维景象。

（2）资源全球化：利用网络，特别是 Internet，可以使全世界的教育资源联成一个信息海洋，供广大教育用户共享。网上的教育资源有许多类型，包括教育网站、电子书刊、虚拟图书馆、虚拟软件库、新闻组等。

（3）教学个性化：利用人工智能技术构建的智能导师系统能够根据学生的不同个性特点和需求进行教学和提供帮助。为了做到这一点，学生个性的测定，特别是认知方式的检测，将成为教育研究的重要研究课题。

（4）学习自主化：由于以学生为主体的教育思想日益得到认同，利用信息技术支持自主学习成为必然发展趋向。事实上，超文本/超媒体之类的电子教材已经为自主学习提供了极其便利的条件。

（5）活动合作化：通过合作方式进行学习活动也是当前国际教育的发展方向。信息技术在支持合作学习方面可以起到重要作用，其形式包括通过计算机合作（网上合作学习）、在计算机面前合作（如小组作业）、与计算机合作（计算机扮演学生同伴角色）。

（6）管理自动化：利用计算机管理教学过程的系统称为 CMI（计算机管理教学）系统，包括计算机化测试与评分、学习问题诊断、学习任务分配等功能。最近的发展趋向是在网络上建立电子学档（Learning Portfolio），其中包含学生身份信息、活动记录、评价信息、电子作品等。利用电子学档可以支持教学评价的改革，实现面向学习过程的评价。

（7）环境虚拟化：教育环境虚拟化意味着教学活动可以在很大程度上脱离物理空间的限制，这是电子网络化教育的重要特征。现在已经涌现出一系列虚拟化的教育环境，如虚拟教室、虚拟实验室、虚拟校园、虚拟学社、虚拟图书馆等，由此带来的必然是虚拟教育。

4. 教育信息化的具体内容

信息技术在教育中的使用将从根本上改变教与学的理论与实践，它们将改变课程结构与表现、学习目标、学习方法、教学方法、评价手段等。在新时代的教育大变革中，现代信息技术具有至关重要的意义，这不仅是因为信息社会的文化基础包含信息方面的知识与能力，而信息知识与能力的培养显然有赖于现代化的信息技术手段，而且还因为各个学科教学的深化改革都离不开信息技术理论的指导和以计算机为基础的教学环境的支持。

（1）多媒体的交互性有利于激发学生的学习兴趣和认知主体作用的发挥。

人机交互是计算机的显著特点，是其他媒体所没有的。多媒体计算机进一步把电视机所具有的视听合一功能与计算机的交互功能结合在一起，产生出一种新的图文并茂的、丰富多彩的人机交互方式，而且可以立即反馈。这样一种交互方式对于教学过程具有重要意义，它能有效地激发学生的学习兴趣，使学生产生强烈的学习欲望，从而形成学习动机。

（2）多媒体系统的超文本特性可实现对教学信息最有效的组织与管理。

超文本（Hypertext）是按照人脑的联想思维方式，用网状结构非线性地组织管理信息的一种先进技术。如果所管理的信息不仅是文字，而且还包含图形、动画、图像、声音、视频等其他媒体信息，就成为一个超媒体系统，换句话说，超媒体就是多媒体加超文本。事实上，目前几乎所有的多媒体系统都采用超文本方式对信息进行组织与管理。因此，通常也可以对超媒体系统与多媒体系统不加区分，即把超文本看做是多媒体系统的一种固有特性。

（3）计算机网络有利于实现协作式学习。

传统 CAI 只是强调个别化教学。个别化教学策略对于发挥学生的主动性和进行因人而异的指导无疑是有好处的，但是随着认知学习理论研究的发展，人们发现只强调个别化是不够的。在学习高级认知能力（例如，对疑难问题求解或是要求对复杂问题进行分析、综合、评价）的场合，采用协作（Collaboration）式教学策略往往能取得事半功倍的效果，因而更能奏效。

（4）超文本与网络的结合有利于实现发现学习。

创新能力和信息能力（包括信息获取、信息分析与信息加工能力）是信息社会所需新型人才必备的两种重要能力素质。这两种能力素质的培养需要特定的、有较高的教学环境支持，多媒体的超文本特性与网络特性结合，正好可以为这两种能力素质的培养营造最理想的环境。Internet 是世界上最大的知识库、资源库，它拥有最丰富的信息资源，而且这些知识库和资源库都是按照符合人类联想思维特点的超文本结构组织起来的，因而特别适合于学生进行“自主发现、自主探索”式学习，这样就为学生发散性思维、创造性思维的发展和创新能力的孕育提供了肥沃的土壤。如果学生从小就有机会在 Internet 上的信息海洋中自由探索、发现，并对所获取的大量信息进行分析、评价、优选和进一步的加工，然后再根据自身的需要加以充分利用，这将使学生在信息能力方面得到最好的学习与锻炼，从而能较快地成长为既有高度创新精神，又有很强信息能力的符合 21 世纪需求的新型人才。

（5）知识媒体的综合性、智能性改变着知识的传递途径。

以印刷为主的传统媒介有不少优点，如持久、便携、相对便宜。书本控制了学校教育，教育主要是学习书本知识。新的媒介，尤其是数字化媒介，在许多方面不同于传统的媒介。这种不同主要表现为数字化媒介的弹性和可转换性。新的媒介（包括数字化文本、数字化图像、数字化声音、数字化录像、数字化多媒体和网络环境）不但具备传统媒介的优点，而且具有可塑性，可以从一种形式转换为另一种形式，并以多种形式展现同一概念。

（6）海量数据存储与数据挖掘技术将变革教育评价。

随着信息时代与知识经济的来临，关注学生创新思维和创新能力培养的教学观念正在深入一线教师的思想。今天的课堂已经发生了很大的变化，尤其是计算机网络走入学校和课堂之后，给课堂带来了新的活力。学生的发展空间拓展了，学生有了更好的发展平台和空间。

传统的教育评价是考查学生的学习结果：记住了多少科学事实，能正确拼写多少单词。新技术的交互能力让我们不但能评价学习结果，还能对学习过程进行评估。新技术为双向评价提供了可能，我们能运用新技术创造一个不仅能教还能学的环境。课程能跟踪学生的学习过程，了解自身的成功与失败。其结果是课程越来越巧妙，而不会变得过时。

5. 教育信息化内涵演变

以信息技术的教育应用为核心的教育信息化发展将随着整个教育观念的发展而发生比较重大的转变。信息技术教育观念正在经历从媒体观到生命环境观的重大变化。这个变化有如下四个发展阶段。

媒体观：认为信息技术是教师传递教育信息的媒体。基本观点是：没有一种万能的媒体，各种媒体应该综合应用，发挥各自的长处。

认知工具观：认为信息技术是学生学习活动的认知工具。基本观点是：信息技术可以作为提高学生和教师工作效率的工具，教学中认知情景创设的工具，要充分利用信息技术作为学生高级思维训练工具，教育信息化的发展将从目前大家更多关注计算机和网络转向关注人脑和高级思维训练。

资源观：认为信息技术为学生学习提供了无尽的资源。基本观点是：教育资源建设是教育信息化的关键，要充分利用全球信息资源改变学生的学习方式，教育资源的建设要从静态的“库”的建设发展到动态的“流”的平台建设，归根到底，人力资源开发是资源库建设的核心。

生命环境观：认为信息技术是为学生和教师创造一个现代化的生存环境。基本观点是：我们所从事的教育技术、信息技术教育、教育信息化的发展要从关注于“物”的技术环境的思考方式上升到关注于“人”的生存和全面发展的思考方式。从生命环境观来看教育信息化，将涉及教育信息化的价值观、学生观、课程教材观、教学过程观、资源建设观、教育评价观、教育技术服务观、教师教育信息化培训观等一系列问题的反思和重构。

1.3.3 教育信息化与教育改革的关系

信息技术正以惊人的速度改变着人们的工作方式、学习方式、思维方式、交往方式乃至生活方式。推动教育信息化的发展，必然引起教育领域的全面改革和发展。教育信息化对教育改革的促进作用主要表现在以下几个方面。

1. 文化思维层次裂变

信息技术的快速发展引起了教育的文化基础发生深刻变革，对人们传统教育的三大基石：阅读、写作和计算发生了裂变。

（1）使阅读方式发生变革。

① 从文本阅读走向超文本阅读；

② 从单纯的阅读文字发展到多媒体电子读物；

③ 与电子资料库对话中的高效检索式阅读。

（2）使写作方式发生变革。

① 从手写走向键盘输入、鼠标输入、扫描输入、语音输入；

② 图文并茂、声形并茂的写作方式；

③ 超文本结构的构思与写作；

④ 电子阅读与写作的一体化。

（3）使计算方式发生变革。

① 数字化高速运算的数值运算；

② 数字化文字的表示与运算；

③ 数字化多媒体的表示与运算。

当文化教育的基石发生裂变后，传统的教育体制必然要发生深刻的变化。

2. 思想观念与体制模式的理论层次的更新

信息化对传统教育思想、观念与教育体制模式带来了冲击：在人才培养观念上，要从应试教育向素质教育改革发展；在教育体制上，要从学校教育体制向终身教育体制改革发展；在教育结构上，要从以“教”为主的教学结构向以“学”为主的教学结构改革发展。

1.3.4 教育信息化的意义

教育信息化对教育和教育的发展具有重要的意义，主要表现在以下几方面。

（1）教育信息化是教育现代化的必由之路，也是教育现代化的重要内容和主要标志。

江泽民同志在北师大 100 周年校庆大会上指出：进行教育创新，必须充分利用现代科学技术手段，大力提高教育的现代化水平。要通过积极利用现代信息和传播技术，大力推动教育信息化，促进教育现代化。教育现代化包括教育思想现代化、教育内容现代化、教育方法现代化、教育技术手段现代化、教育设施现代化、教育管理现代化等。在教育现代化的诸多要素中，哪一种现代化都离不开教育信息化，教育信息化一方面为教育现代化提供了方法、途径和前提；另一方面，在教育信息化的过程中必然会出现许多新问题，需要我们去认识、去解决，这些问题的解决，不仅会极大地丰富教育信息化的内容，同时其对教育思想、教育内容、教育方法、教育手段、教育管理等诸多方面所产生的深刻变革，将成为教育现代化研究的重要内容，也将成为实现教育现代化的主要标志。因此，没有教育的信息化，就不可能实现教育的现代化。教育信息化是实现教育现代化的重要步骤，是教育现代化的重要内容和主要标志。

（2）教育信息化有利于缩小地区间的教育差距，是实现建设学习型社会、构建终身教育体系、提高全体国民素质的有效途径。

在包括现阶段在内的相当长的一段时期内，我国各类人才的培养主要依赖于学校。由于各地教育规模、教育水平和经济条件的差异，使得以学校教育为中心的教育体系无法从根本上消除地区间的教育差距，更无法实现党的十六大提出的“建设学习型社会、构建终身教育体系”的宏伟目标。从现阶段来看，我国教育信息化的重点主要是学校和专门的教育机构，主要内容包括在中小学普及信息技术教育，中小学“校校通”工程和高校“数字化校园”建设以及现代远程教育等。从长远看，教育信息化的领域必然会延伸到家庭和社会的各个方面。其中家庭教育信息化和现代远程教育的实施，将为全体国民提供更多的接受教育的机会，使受教育者的学习不受时间、空间的限制，真正实现学习型社会和终身教育的内涵——人人学习、处处学习、时时学习，保障每一国民接受教育的平等性，并有利于从根本上消除由于地区之间经济发展的不平衡所产生的教育水平的差距，使全体国民的综合素质普遍提高。

（3）教育信息化有利于素质教育的实施和创新人才的培养。

创新人才的基本特征是具有个性特色，善于独立思考，具有广博的知识，富有创新精神和创造能力，具有高尚的理想和道德情操，是全面发展与个性发展完满结合的人。

培养创新人才是素质教育的根本目标，教育信息化有利于素质教育的实施和创新人才的培养。

首先，教育信息化为素质教育的实施创造了良好的环境，使因材施教和个性化教学得以更好地体现。利用教育信息化的优良环境，可实现个别化教学、小组协作学习、远程实时交互的多媒体教学、在线学习、在线讨论等，使学生从过强的共性制约中解放出来，有利于发展学生个人志趣，培养其个性特色。

其次，在信息技术环境下，一方面学生可根据个人志趣与个性差异对所学的知识和学习进程在一定程度上进行自主选择；另一方面，学生可对某一专题的相关内容通过信息检索、收集和处理，实现问题解决学习和发现学习，有利于丰富学生的知识面，培养其独立思考能力和创新能力。

最后，利用教育信息化提供的网络资源可将抽象的道理形象化，通过鲜明的形象感化和对比，帮助学生识别假、恶、丑，树立真、善、美的情感，使学生将高尚的理想内化为自己的言行，直至形成良好的思想品德。

思　考　题

1. 简述对教育技术定义的理解。
2. 简述教育史上的四次革命。
3. 简述我国教育技术发展经历的主要阶段。
4. 简述教育技术在课堂教学领域的典型应用模式。
5. 建构主义的核心观点是什么？
6. 人本主义学习理论的要点是什么？
7. 多元智能理论的重要价值是什么？
8. 谈谈你对教育信息化定义的理解。
9. 简述教育信息化的特征。
10. 简述教育信息化的具体内容和意义。

第2章　现代教学媒体

【学习目标】

- 掌握教学媒体的含义，了解一般媒体能成为教学媒体的条件
- 了解教学媒体发展的几个历史阶段和引起的教育变革
- 了解教学媒体几种常见的分类方法
- 掌握教学媒体的选择依据
- 掌握教学媒体设计的心理学原则
- 了解教学媒体编制的效果原理
- 了解教学媒体在教育变革中的作用

【内容结构】

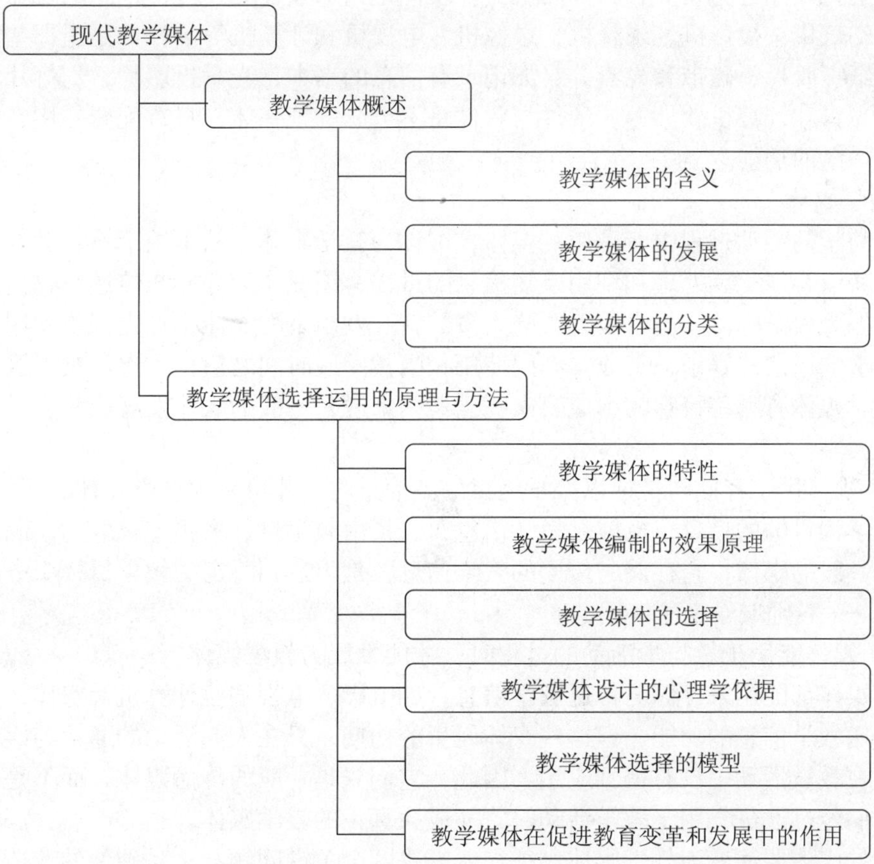

2.1 教学媒体概述

2.1.1 教学媒体的含义

1. 媒体

媒体一词来源于拉丁语“Medium”，音译为媒介，意为两者之间。它是指信息在传递过程中，从信息源到受信者之间承载并传递信息的载体或工具。也可以把媒体看做实现信息从信息源传递到受信者的一切技术手段。媒体有两层含义：一是承载信息的载体；二是指存储和传递信息的实体。

媒体是指载有信息的物体。没有承载信息的物体，如一张白纸、一张空白的透明胶片或一盒空白录音带，都不能说是媒体，而只能说是书写、印刷或录制用的材料。载有信息的纸张、胶片、磁带，才能称为媒体。

媒体是指存储和传递信息的实体，也可以看做实现信息从信息源传递到受信者的一切技术手段。从这一层含义上，媒体作为一种中介物，它的范围应广得多。它包含从信源物获取的信息符号要通过编码变为信号，信号在通道中传送，然后经译码将信号转换为符号，最后由受信者将符号解释为信息意义。因此，信源物信息传递至受信者，中间通过编码器、通道和解码器等一切技术手段工具，均被称为媒体。

习惯上把媒体分为硬件和软件两大类。硬件是指那些存储、传递信息的机器和设备，如照相机、幻灯机、投影机、录音机、录像机、电视机和计算机等。软件是指那些能存储与传递信息的纸、胶片、磁带和光盘等，如记录有信息的书本、光学投影片、幻灯片、录音带、录像带、光盘和计算机软件等。硬件与软件是不可分的统一体，只有配套使用，才能发挥存储与传递信息的功能。

2. 教学媒体

在教与学的活动过程中所采用的媒体，被称为教学媒体。从本质上看，教与学的活动过程是一种获取、加工、处理和利用事物信息的过程，因此作为存储与传递事物信息的任何媒体，都能作为教学媒体。但事实上，绝大多数新开发出来的媒体，首先都不是用在教学上，而是在军事、通信、娱乐、工业等部门使用相当长一段时间之后，才逐步被引进教学领域。那么，教学媒体有哪些特殊的组成要素呢？概括来说，一般的媒体发展成为教学媒体应具备两个基本要素。

（1）媒体用于存储与传递以教学为目的的信息时，才可称为教学媒体。

以教学为目的的信息，也就是教学信息，它是由教学目标去决定选取的。因此，教学媒体区别于一般的媒体，它存储与传递的教学信息，是为达到特定的教学目标服务的，是为特定的对象——教师或学生所使用的。

（2）媒体能用于教与学活动的过程时，才能发展为教学媒体。

任何媒体都能用来存储与传送教学信息，如电影、电视甚至计算机等媒体，它们都具有存储或传送教学信息的功能，但这些媒体诞生的初期，只在人们活动的通信与娱乐领域中获得应用，在教学活动中没有得到应用。因此，它们只是一般的传播媒体，而不是教学媒体，只有当它们经过改进，用于教学活动时，才成为真正的教学媒体。

一般的媒体要演变为教学媒体，往往要解决两个关键问题：一是硬件的改造，使它能满足教学活动要求，方便教师与学生使用，同时要使硬件的价格降下来，能为缺乏经费的教育部门所采用；二是软件的编制，使该媒体所存储与传递的信息是教学信息，并且编制的原则与方法要符合教学活动的要求。上述两大关键问题的解决是一个重大的教育研究领域。一旦这些关键问题获得解决，一种有效的新型教学媒体的出现，将在教育与教学领域引发一场根本的变革。

2.1.2 教学媒体的发展

教育史学家认为，教育史上曾经发生过三次重大的教育革命，现在是第四次革命。第一次革命是将教育青年人的责任从家族手中转移到专业教师手中。第二次革命是采用书写，作为与口语同样重要的教育工具。第三次革命是发明印刷术和普遍使用教科书。第四次革命就是近些年来电子学、通信技术和信息处理技术飞跃发展所带来的结果，使电子传播媒体在教育领域获得广泛应用。从媒体发展的历程可以看见，新型媒体的出现与应用，将导致教育史上的一场重大革命。这四场革命也确立了教学媒体的四个发展历史阶段。

1. 语言媒体阶段

人类由于社会劳动的需要，创造了语言。集居于某一地区的部落群体，约定用某种声音符号代表某种意义进行思想交流，这就是原始的语言。语言作为一种符号代表事物与现象，已成为人类最早使用的交流思想的传播媒体。人们通过语言可以把自己学会的东西有效地传授给家庭成员和社会中的其他成员，特别是年轻人。初始这一传授过程是在家庭成员中进行，随着社会生产发展的需要，人们推荐部落中有经验和有威望的年长者来教育年轻的一代，出现了专职教师的教育方式，这就是教育史上的第一次革命。

2. 文字媒体阶段

在语言诞生了几十万年之后，出现了另一个里程碑——文字。据考究，世界上最早出现的文字在公元前 3000 年左右。文字和纸的发明开创了人类信息传播的新篇章。文字媒体的出现，引起了教育方式的第二次重大变革，使教育将文字书写与口头语言作为同等重要的教育工具，人类除了口耳相传之外，还可以利用书写文字来传达信息，引起了教育史上的又一次重大革命。

3. 印刷媒体阶段

印刷媒体的出现，使得信息可以大量复制、存储并广泛流传，使知识传播的速度与广度都得到了很大的改善，对人类社会保存文化、传播思想和发展教育起了重大作用。印刷媒体引进教育领域，教科书成为学校教育的重要媒体。学生的知识信息不仅来自教师，也来自教科书。学生不仅向教师学习，也向书本学习。教师利用统一的教科书，可以面对一班学生开展有效的教学活动，导致 17 世纪产生了学校教育的班级授课制。由于班级授课制的出现，引起了教学方式和教学规模的又一次重大变革，产生了教育史上的第三次革命。

4. 电子传播媒体阶段

19 世纪末至今，以电子技术新成果为主发展起来的新传播媒体，在教育中愈发显得重要，人们把它们称为电子传播媒体，在我国用于教育领域后将它称为电化教育媒体或现代教育媒体，如幻灯、投影、广播、电视、计算机等。电子传播媒体的发展大大增进了人类的信息传播能力和传播效率，使教育方式与规模又产生了一个根本性的变革，产生了教育史上的第四次革命。

2.1.3 教学媒体的分类

教学媒体发展至今，已是品种繁多。当前教育学家与传播学家对媒体的分类也是众说纷纭。下面介绍几种常见的分类方法。

1. 按媒体发展先后分类

按教学媒体的发展先后，通常把过去传统教学中常用的媒体称为传统教学媒体，而将近一个世纪以来用科技成果发展起来的电子传播媒体称为现代教学媒体。

（1）传统教学媒体。

传统教学媒体通常指教学中常用的教科书、黑板、粉笔、挂图、标本、模型、实验演示装置等教学媒体。

（2）现代教学媒体。

现代教学媒体是指近一个世纪以来利用科技成果发展起来并被引入教学领域的电子传播媒体，在我国也称为电化教育媒体，主要包括幻灯、投影、广播、录音、电影、电视、录像、电子计算机等教学媒体。还包括它们组合成的教学媒体系统，如语言实验室、多媒体综合教室、计算机网络教室、视听阅览室、微格教学训练系统、闭路电视系统、校园计算机网络系统等。

2. 按媒体印刷与否分类

教学媒体按印刷与否分类可分为印刷媒体和非印刷媒体。

（1）印刷媒体。

印刷媒体指各种印刷出版的教学资料，如教科书、挂图、杂志、报纸等。

（2）非印刷媒体。

非印刷媒体泛指各类非印刷的电子传播媒体和部分非印刷的传统教学媒体。

3. 按感官分类

教学媒体按学习者使用媒体的感知器官分类，可分为以下四大类。

（1）听觉型媒体，如口头语言、广播录音。

（2）视觉型媒体，如教科书、板书、板画、挂图、模型、标本、幻灯、投影等。

（3）视听型媒体，如配录音的幻灯、电影、电视等。

（4）相互作用型媒体，如计算机辅助教学课件、语言实验室、双向教学系统、微格教学训练系统等。

4. 按媒体的物理性质分类

根据现代教学媒体的物理性质可分为以下四大类。

（1）光学投影教学媒体。

这类媒体主要通过光学投影，把小的透明或不透明的图片、标本、实物投射到银幕上，呈现所需的教学信息，包括静止图像和活动图像，包括幻灯机和幻灯片、投影器和投影片、电影机和电影片等。

（2）电声教学媒体。

这类媒体将教学信息以声音形式存储和播放传送，包括电唱机、扩音机、收音机、语言实验室以及唱片、录音带等。

（3）电视教学媒体。

这类媒体的主要特点是存储与传送活动的图像与声音信息，主要有电视机、录放像机、影碟机、录像带、学校闭路电视系统和微格教学训练系统等。

（4）计算机教学媒体。

这类媒体在各种教学活动中实现文字、图表、图像、视频等教学信息的传送、存储与加工处理，与学习者相互作用，开展有效的教学活动，包括计算机网络教室、计算机校园网等。

5. 按技术特点分类

教学按媒体的技术特点可分为数字媒体和非数字媒体。数字媒体有计算机和网络、DVD、数字摄录机、数字投影仪等；非数字媒体有胶片投影机、磁带录音/录像等。无论数字媒体或非数字媒体，都是信息化教学环境的构成要素。

2.2　教学媒体选择运用的原理与方法

2.2.1　教学媒体的特性

各类媒体运用了不同的符号去运载信息，去刺激受者不同的感官，使其所表现的教学功能与特性各不相同。因此，在编制与运用各类教学媒体时，应分析每种媒体的教学功能和特性，根据需要，取长补短，综合运用。

1. 呈现力

呈现力表明媒体呈现事物信息的能力。我们知道，信息是事物运动状态与规律的表征。信息不是事物本身而是事物的表征，它是用不同的符号去表征或描述的，从而决定了媒体有不同的呈现能力。呈现力由以下诸要素决定。

（1）空间特性：指事物的形状、大小、距离、方位等。

（2）时间特性：指事物出现的先后顺序、持续时间、出现频率、节奏快慢等。

（3）运动特性：指事物的运动形式、空间位移、形状变换等。

（4）颜色特性：指事物的颜色与色调属性。

各类媒体呈现事物的空间、时间、运动、颜色、声音等特征的能力是不同的，也表明了各类媒体去表征事物运动状态与规律的能力是不同的。

电影和电视能够以活动的、彩色的图像和同步的声音去呈现事物的运动状态与规律，它能全面呈现事物的空间、时间、运动、颜色与声音特征，因此，它具有极强的信息呈现力。但由于它瞬间即逝，不利于学生细心观察与思考。

幻灯、投影一类媒体，在呈现事物空间与颜色特征方面有较强的能力，而且能放映出更大和清晰的彩色图像，但在时间、运动特征方面就比不上电影和电视。然而正因为它是静止的图像，才能够让学生详细地、有分析地观察事物的细微部分。

无线电广播与录音是借助语言、音乐对事物实际音响来呈现事物运的动状态与规律，它具有声音与时间的特征。对用语言描述的空间与颜色特性，是不具体、抽象的。

2. 重现力

媒体的另一重要特性是对信息的重现能力。现场的无线电广播与电视广播瞬间即逝，难以重现；录音、录像与电影媒体能将信息记录存储，反复重放；幻灯、投影也能按教学需要反复重放；计算机课件存储的信息也能按学习者需求重现。

3. 传送能力

传送能力是指媒体把信息同时传送到接受者的空间范围。无线电与电视广播能传送到无限广阔的范围；计算机网络系统和有线电视播放系统，也能把信息传至所有终端，有很强的传送能力；至于幻灯、投影、电影、录音、录像等只能在有限的教室和教学场所进行传送。

4. 可控性

可控性是指使用者对媒体操纵控制的难易程度。幻灯、投影、录音、电子计算机都比较容易操纵，并适合用于个别化学习。电影放映则必须接受专门训练，才能操作使用。无线电和电视广播，使用者只能按电台播出的时间去视听，难以控制。

5. 参与性

参与性是指利用媒体开展教学活动时，学习者参与活动的机会。它可分为行为参与和感情参与。

交互式的计算机媒体，学习者能根据本人的需要与程度去控制学习的内容，是一种从行为与感情上参与程度高的媒体。

电影、电视、广播，有较强的表现力与感染力，容易引起学生情感上的反应，引起兴趣、注意，激发学生感情上的参与。

小组放映幻灯片时，师生能以面对面方式呈现材料和进行学习、讨论，使学生在行为上积极参与。教师可以一边了解学生反应，及时得到反馈信息，一边适应学生的学习进程逐步呈现资料，组织教学活动。

学生独立选择各类电教媒体进行自学时，是行为参与程度较高的一种学习活动。表 2-1 列出了各类媒体的不同教学特性，在教学活动中应根据教学内容、教学对象选择合适的媒体，充分发挥媒体的长处，才能取得良好的教学效果。

表 2-1　　　　教学媒体特性一览表

		教科书	板书	模型	无线电	录音	幻灯	电影	电视	录像	计算机
表现力	空间特性			✓			✓	✓	✓	✓	
	时间特性	✓	✓		✓	✓		✓	✓	✓	✓
	运动特性							✓	✓	✓	✓
重现力	即时重现		✓			✓				✓	✓
	事后重现	✓		✓		✓	✓	✓		✓	✓
接触面	无限接触	✓			✓				✓		
	有限接触		✓	✓		✓	✓	✓		✓	✓
参与性	感情参与				✓	✓		✓	✓	✓	
	行为参与	✓	✓	✓			✓				✓
受控性	易　控	✓	✓	✓		✓	✓			✓	✓
	难　控				✓				✓		

2.2.2　教学媒体编制的效果原理

教学媒体作为一种媒体用于教学传播活动，它是否能取得好的教学传播效果，决定于在编制时有否依据下面的几条传播效果原理。

1. 共同经验原理

在教育传播中，教师通过媒体向学生传送与交换教育信息，教师要与学生沟通，必须把沟通建立在双方共同经验的范围内。图 2-1 所示的两个圆圈各代表甲和乙的已有经验范围，其间重叠的地方是他们具有的共同经验，是可以沟通的地方。要学生了解一件事物，教师必须用学生经验范围能够理解的比喻，引导他们进入新的知识领域。

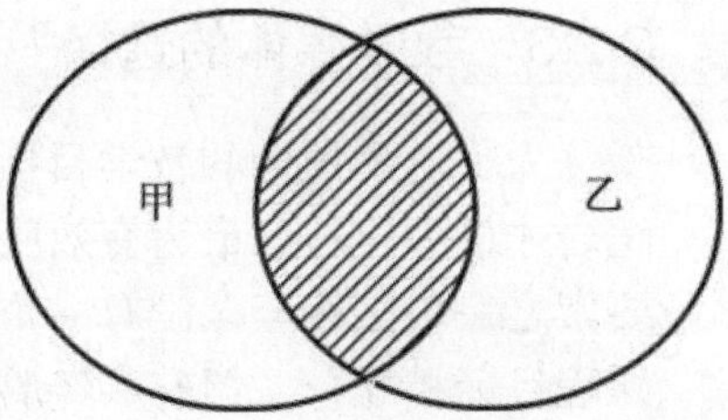

图 2-1　共同经验的模型

当甲和乙没有共同的直接经验时，可以通过媒体，如幻灯、电影、电视等媒体，用画面与声音去呈现事物的运动状态与规律，可以使学生获取间接的经验，在此基础上，引申到下一阶段高层次的知识介绍。可见，教学媒体的设计与编制必须充分考虑学生的经验与知识水平，才能取得良好的教学效果。

2. 抽象层次原理

抽象是把事物的个别特征去掉，取其共同点，去代表或说明同一类的事物。学生的学习必须从具体到抽象，只有形象，没有抽象，不能把学生获取的信息加工为知识与能力。因此，编制教学媒体时选取的素材必须在学生能明白的抽象范围内进行，并且在这个范围内的各个抽象层次上下移动。如果用文字或语言解说去把形象、现象上升为概念与原理，得出抽象的要点，再用具体的事物来支持。

3. 重复作用原理

重复作用是将一个概念在不同的场合或用不同的方式去重复呈现，以达到好的传播效果。这里讲的重复使用有两层含义：一是将一个概念在不同的场合重复呈现，有人做过这样的研究，学习外语要牢固掌握某个生词，必须在 8 个不同的场合下接触它，才能达到长时记忆，因此，编制教学媒体时，概念在不同场合的重复是必要的；第二层含义是将一个概念用不同的方式去重复呈现，比如，同时或先后由文字、声音或图像去呈现某一概念，用媒体中不同的符号去重复事物的特性，加强学生的理解，加深符号之间的联系，从而获得好的传播效果。

4. 信息来源原理

传播学研究证明了有信誉的和可靠的信息来源对人们有较佳的传播效果。因此在教学媒体编制中，选用的信息来源应该是有权威、有信誉、真实可靠的。例如，录音教材用权威人士或优秀教师的原音录制；幻灯教材选用典型的真实事物现场拍摄制作；电影、电视教材用著名优秀教师任编导和电视教师，素材尽可能采用典型可靠的真实事物现象，多采用长镜头拍摄，反映历史事实尽可能用历史资料素材等。

5. 最小代价原理

研究人类的语言，有一个法则叫“最小代价律”：“最常用的字笔画最少，最常用的文字能用最少字数去构成词组表达更多的意义，这就是以最小努力去达到最大的收获。”教学媒体的编制，同样要遵循这一原理。

根据“最小代价律”，可以得出一条教学媒体编制的选择率法则，用公式可以表示为

$$\frac{\text{可能得到的教学效果}}{\text{需要付出的代价}}=\text{媒体编制利用原则}$$

公式表示：若多种媒体都能达到同样的教学效果，要选择编制和使用成本低、付出努力

少的媒体。例如，投影片能胜任的教学内容和开展的教学活动，若使用多媒体计算机去实施，显然是一种浪费。

2.2.3 教学媒体的选择

为了达到预期的教学目标，在丰富多彩、功能各异的教学媒体中选择哪一种或哪几种的组合才最为合适、最为有效呢？这是教学日常工作中的一项基本考虑，也是教学设计的策略要素之一。虽然至今没有一个简单明了的公式或表格能用来将任何特定的媒体和某一具体的课程目标相配合，但有些经验还是可供参考的。

1. 依据教学目标

每个单元、课题、项目都有一定的教学目标，即具体的教学要求，比如要使学生知道某个概念，或明白某种原理，或掌握某项技能等。为达到不同的教学目标，经常需要使用不同的媒体去传输教学信息。以外语教学为例，让学生知道各种语法规则与使学生能就某个题材进行会话是两种不同的教学目标。前者往往采用教师讲解，辅以板书或投影材料，使学生在井井有条的内容安排中形成清晰的语法概念，后者往往采用角色扮演并辅以幻灯或录像资料，使学生在情景交融的沟通条件下掌握正确的言语技能。

2. 依据教学内容

各门学科的性质不同，适用的教学媒体会有所区别。同一学科内各章节内容不同，对教学媒体也有不同要求，如在语文学科中讲读那些带有文艺性的记叙文，最好配合再造形象，所以应通过能提供某些情景的媒体，使学生有身临其境的感受，以唤起他们对课文中的人物、景象和情节的想象，使之加深理解和体会。又如数学、物理等学科的概念、法则和公式都比较抽象，要经过分析、比较、综合等一系列复杂的思维过程才能理解，所以应通过媒体丰富的表现手法，帮助学生理解。

3. 依据教学对象

不同年龄阶段的学生对事物的接受能力是不一样的，选用教学媒体必须顾及他们的年龄特征。不同年龄阶段的学生其认知结构有很大差别，教学媒体的选择必须与教学对象的年龄特征相适应，否则不会有理想的教学效果。按照皮亚杰的儿童认知发展理论，小学生（6~12 岁）正好处于认知发展的第三阶段，即“具体运算阶段”，其认知结构属“直觉思维模式”；而初中学生（12~15 岁）则处于认知发展的第四阶段，即“形式运算阶段”，其认知结构属“运算思维图式”，处于这一阶段的学生思维能力有了较大发展，且抽象思维占优势地位。但是对初中学生来说，这种抽象思维仍属经验型，还需要感性经验的直接支持；而对高中学生（16~18 岁）来说，其抽象思维能力已得到进一步发展，逐渐由经验型过渡到理论型，即能在有关理论的指导下分析处理某些实际问题，并能通过对外部现象的观察归纳出关于客观世界的某些知识。

在进行教学媒体的选择时必须充分考虑上述不同年龄段的认知特点，绝不能用某种固定的模式。在小学低年级阶段，各学科媒体设计的重点应放在如何实施形象化教学以适应学生的直觉思维图式，因而应多采用图形、动画和音乐之类的媒体使图、文、声并茂；在小学高年级阶段，各学科媒体设计则要把重点放在如何帮助学生完成由直觉思维向抽象思维的过渡，因而这一阶段的形象化教学可适当减少；在中学阶段，各学科媒体设计则应着重引导学生学习抽象概念，学会运用语言符号去揭示事物的内在规律，逐步发展学生的逻辑思维能力。在初中阶段，尽管形象化教学仍不可缺少，但是只能作为一种帮助理解抽象概念的辅助手段，而不能像小学那样以形象化教学为主；否则将会喧宾夺主，达不到教学目标的要求，即从形式上看很生动、美观，而内容却无助于学生认知能力的发展。

4. 依据教学条件

教学中能否选用某种媒体，还要看当时当地的具体条件，其中包括资源状况、经济能力、师生技能、使用环境、管理水平等因素。录像教学具有视听结合、文理皆适的优点，但符合特定课题需要的录像片不是随手可得的。语言实验室是一种极其有效的外语教学媒体，但并非每个学校都有能力置备，因陋就简采用录音机代替也是可以的。使用计算机辅助教学前景看好，但除了需要资金购买计算机，还得培训使用人员。若教室不具备遮光设备，就连“价廉物美”的投影、幻灯都用不上。有的单位管理混乱，结果使不少已经置备的现代化教学媒体也无法选用。

2.2.4　教学媒体设计的心理学依据

与加涅的九段教学程序的每一步骤相对应，“学习者内部的心理过程”也包含九个阶段，这九个阶段所涉及的心理活动主要有注意、记忆、知觉和概念形成四种。而这四种心理活动与教学过程密切相关，当然也就与教学媒体的设计密切相关。按照教学媒体设计的心理学原则，设计与组织教学媒体，帮助学生开展有效学习。

1. 注意

认知心理学的研究指出，学习过程不是从外界刺激产生感觉开始，而是从个体的学习动机和由此产生的对于感觉信息的选择性注意开始。因此，没有注意就不可能产生学习。“注意”有以下几种特性：

（1）选择性：注意有高度的选择性，人们一次只能注意到环境中的一小部分，而且其中被看得清楚的只是视野中的部分。因此在用各种媒体呈现教学信息时，应当突出主题，突出其最主要的特征。

（2）新异性：刺激物的新异性容易成为注意的对象，据此媒体设计中为了引起学习者注意并不需要完全使用新的刺激，只要前后刺激有明确的对比和差异即可引起注意。如某段文字有闪烁或下画线；言语中改变音量或音调；屏幕中开窗口、画箭头、加边框等。但运用新异性手段时，切忌把学生的注意力引向新异性手段本身，而应设法引向学习内容。

（3）简洁性：简洁的呈现易于集中注意，为此，在画面中应尽量删除无关的背景和多余的细节。

（4）适中性：难易程度适中的刺激较易引起注意。太简单的内容，学习者往往不屑一顾；太困难的内容，学习者则倾向于回避，这两种情况均难以吸引注意。

（5）期望性：学习者的期望可以对注意产生强烈影响。在呈现要教的内容之前，先提出教学目标或提出亟待解决的问题，能使学习者对后来呈现的刺激产生期望，引起注意，并对后来呈现的刺激留下较深的印象。

2. 知觉

认知心理学的研究表明，知觉具有下列与教学媒体设计相关的特征：

（1）整体性。整体性是知觉的基本特征之一。知觉对象是由许多部分组成的，但学习者并不把对象感知为许多孤立的部分，而总是把它感知为一个统一的、有意义的整体。无组织的刺激是难以理解和记忆的，媒体设计者必须对呈现的内容加以精心组织以减轻学习者信息加工的负担。将欲呈现的一系列步骤标上序号，按照逻辑次序、因果关系或层级结构呈现复合对象的各个组成部分，都是组织呈现内容的常用方法。

（2）相对性。知觉不能用绝对值表示，只能通过比较来衡量。在设计媒体的呈现方式时必须考虑知觉的这种特性。例如，对大小的判断是相对的：学习者对画面上不了解的物体，如无熟悉物体作参考是不能判断其大小的。但是在画面上如把集成有上百万个门电路的半导体芯片放在手指上呈现，则可以使人们对芯片的集成度大小留下深刻印象。对运动的判断是相对的：画面上，一辆汽车在静止背景上移动或汽车不动而变换背景的位置，均可以被感知为动态。对亮度的判断是相对的：灰色的物体在黑色背景上显得亮些，在白色背景上则显得暗些。

（3）对比性。当两种事物的属性难以区分时，应将它们放在一起呈现，而不是分开，并在画面上用不同的颜色、字体或符号标出它们的不同点；或是将细微的差别加以放大，这些均有利于视觉的对比，从而能帮助学习者更好地辨别。

3. 记忆

认知心理学的研究表明，记忆具有下列与媒体设计有关的特性：

（1）组块性。组块是心理学家乔治·米勒提出的记忆单位，具有不同的认知结构的学习者在记忆同一事物时所用组块的内容不同。学习者总是把当前呈现的信息内容划分为适合自己记忆的组块。因此，教学媒体设计者应根据学习者特征分析预估出该学习者对当前教学内容的认知结构，并据此对欲呈现的媒体内容预先进行组块。这样做的结果可以大大减轻学习者的学习负担并提高学习质量。组块的方法可以是空间分组、时间分步或根据有关概念进行语义分类。

（2）有限性。大量的心理学实验研究证明，人类的短时记忆容量是 7±2 个组块，因而是有限的，但是同样的知识内容（如一组概念或规则）只要改变组块的形式就有可能大大扩充短时记忆的有限容量。记忆的这种特征对媒体设计的启示是：一次呈现的学习项目一般应限于 7±2 个，而 5 个项目是最可靠的（可适合所有学习者的记忆容量）；当遇到步骤繁多，如有 20 多个步骤（大大超过 7±2）的复杂过程，可将 20 个步骤依照其中的逻辑关系或内在联系将该过程先分为 4 个，分别包含 5 个相关步骤的组（即改变组块形式）。即把原来 20 个较小的组块变成 4 个较大的组块，每个较大的组块中由于只含 5 个步骤而且在语义上有某种关联，不会造成记忆上的困难。这样，通过改变组块的形式，就把原来超出短时记忆容量而很难记忆的问题，变成容易记忆的问题。

4. 概念形成

使学习者掌握概念是教学的主要任务之一。学习概念不仅要记住有关的名称和定义，而且要通过一系列实例来帮助理解事物的共同属性，以便从中引出概念。形成概念是较高层次的认知过程。与概念学习有关的知识是：概念的名称、概念的定义、概念的属性、实例（亦称正例）和非实例（亦称反例）。为了帮助学习者有效地形成概念，媒体设计者应考虑概念形成过程的下列规律：

（1）从实例出发而不是要从定义出发——在学术著作中关于概念的叙述一般是按名称→定义→属性→实例的顺序；但是在教材和教学软件中对概念的学习则应按相反的顺序，即按实例→属性→定义→名称的顺序，因为只有从实例出发才能从中确定共同属性，才有可能帮助学习者完成从感性到理性的飞跃。

（2）既要使用正例，也要使用反例——只有正例不能使学习者较深刻地了解概念的全部属性，只有通过正、反两方面经验的比较才能较完整地、确切地掌握一个概念。

（3）应使用与正例相近的反例——所谓与正例相近，是指反例中有某些属性和正例有相似之处，而这些正例是学习者难以辨别且容易引起混淆之处。使用与正例相近的反例，就可以有效地提高学生的辨别能力，使学习者获得确切的概念。

（4）列出属性表比直接用文字定义概念有效——由于属性表层次分明，因而能加深学习者的印象；而冗长的文字表达则容易使人感到厌烦而遗忘。

2.2.5　教学媒体选择的模型

人们为了使选择教学媒体时所作出的主观判断更为客观、准确，在大量的媒体应用实践中逐步总结和提出了一些选择媒体的方法、程式或模型，这里主要介绍问题表、矩阵式、算法型、流程图和戴尔的“经验之塔”五种模型。

1. 问题表

问题表实际上是列出一系列要求媒体选择者回答的问题，通过对这些问题的逐一回答，来比较清楚地发现适用于一定教学情景的媒体。

下面的一组问题便是例子。

所需媒体是用来提供感性材料还是提供练习条件？该媒体是用于辅助集体讲授还是用于个别化学习？

媒体材料与学生的认知水平相一致吗？

教学内容是否要作图解或图示的处理？

视觉内容是用静止图像还是活动图像来呈现？

活动图像要不要配音？是用电影还是录像来表达视听结合的活动图像？

有没有现成的电影或录像以及放映条件？

问题表列出的问题根据实际情况可多可少，可按逻辑排序，也可不按逻辑排序。这种模型出现较早，并为其他一些选择模型提供了基础。

2. 矩阵式

矩阵式通常是两维排列，如以媒体的种类为一维，教学功能和其他考虑因素为另一维，然后用某种评判尺度反映两者之间的关系。评判尺度可用“适宜”与否、“高、中、低”等文字表示，也可用数字和字母符号表示，如表2-2所示。

表2-2　　矩阵式媒体选择表

种类 功能	实物演示	口头传播	印刷媒体	静止图像	活动图像	有声电影	教学机器
呈现刺激	Y	Li	Li	Y	Y	Y	Y
引导注意和其他活动	N	Y	Y	N	N	Y	Y
提供所期望行为的规范	Li	Y	Y	Li	Li	Y	Y
提供外部刺激	Li	Y	Y	Li	Li	Y	Y
指导思维	N	Y	Y	N	N	Y	Y
产生迁移	Li	Y	Li	Li	Li	Li	Li
评定成绩	N	Y	Y	N	N	Y	Y
提供反馈	Li	Y	Y	N	Li	Y	Y

Y—有此功能；N—无此功能；Li—有限功能。

3. 算法型

算法型通过模糊的数值计算决定媒体的取舍。一般首先对备选媒体使用的代价、功能特征和管理上的可行性等诸因素各给予一个定值，然后按某些公式加以运算，比较备选媒体的效益指数，从而确定优选媒体。如在课堂教学中，为了提供事物形象，常有挂图、幻灯、电影和录像可供选择，这时我们既不应只考虑成本，也不能片面追求效果，而要以提高媒体的效益价值，即媒体所能达到的教学功能与所要付出的代价（经济成本、所用时间和努力程度）的较大比值为取向。若所需的事物形象不必要是活动的，上述四类媒体都能实现这一教学功能，而就所要付出的代价而言，挂图和幻灯将比电影和录像小，显然前者的效益价值超过后者，我们就应该选择挂图或幻灯。

4. 流程图

流程图建立在问题表模型的基础上。它将选择过程分解成一套按序排列的步骤，每一步骤都设有一个问题，由选择者回答"是"或"否"，然后按逻辑被引入不同的分支。回答完最后一个问题，就会有一种或一组媒体被认为是最适合于特定教学情景的媒体。

5. 戴尔的"经验之塔"

戴尔的"经验之塔"将教学媒体按其所能提供的经验，即教学信息的抽象程度作为分类标准，排列出三大类十一个层次。"塔"的最低层所提供的直接经验最为具体，逐层上升后直接感觉参与量越来越少，趋向抽象。其优点是能较快地作出抉择，但在媒体间进行相互比较的标准过于简单。

2.2.6 教学媒体在促进教育变革和发展中的作用

"媒体是人体的延伸"是对媒体本质的精辟分析，使我们能正确地认识教学媒介在教学活动中的地位与作用。还没有媒体时的古代人，只能用自身的器官去感知和认识周围的事物，正如井底之蛙，见识非常有限。出现了媒体，才能通过媒介去感知周围以外的事物，媒体越多越先进，也就使人们的器官能延伸至更远、更广的范围去认识事物，甚至是历史上发生的事情和星球上的事物。教育的目的是使人们去认识世界、适应与改造世界，促进社会与人类自身的发展。因此，媒体作为人体的延伸，将对教育产生多方面的重大影响。

1. 影响教师的作用

在语言媒体和文字媒体阶段，教师是教学信息的主要来源，教师由具有丰富生产与生活经验的年长者担任。他们是极少数拥有"知识"的人，在教学过程中具有绝对的权威，对学生的教育全面负责。印刷媒体出现后，教科书和教师一样是教学信息的主要来源，学生不仅能向教师学，也可以向书本学。电子媒体阶段的到来，众多现代教学媒体的诞生，为学习者提供了丰富的学习资源和众多的信息渠道，教师不必面对学生进行灌输教学，而是组织与指导学生去利用多种媒体资源进行有效的学习，或者编制高质量的课件和网上课程去教更大规模的"学生"。

2. 影响教学内容

媒体的发展影响了教学内容的变化。文字媒体出现，使书写成为重要的教学内容；教科书的出现，大大扩充与规范了教学内容。同样，现代教学媒体的出现与应用会在更大范围影响课程的开设与教学内容的更新。如我国当前中小学开设了信息技术课程，高等院校也增设了不少课程与专业，扩充、更新了课程的教学内容。

3. 影响教学方法

一定的教学媒体决定一定的教学方法，在语言媒体阶段，教学媒体是语言、实物和人体器官，那么教学方法就只能口耳相传、示范、模仿和联系。现代多种教学媒体进入课堂、计算机网络进入校园，因此能采用的教学方法越来越多。多种媒体既能辅助以教师为中心的课堂教学，也能为学生自学、小组协作学习、网上远程学习等方法的发展提供物质条件。

4. 影响教学组织形式

多种电化教育媒体进入教育领域，正在引起教育的重大变革。近年来，现代教学媒体被广泛运用于教与学的各个方面。

5. 辅助以教师为中心的课堂教学

当前，我国学校的教育大多数仍保留着以教师为中心的课堂教学方式。要彻底地改变这种教学方式，也许还需要相当长一段时间。但多种教学媒体进入课堂，利用多媒体优化组合配合教师的讲授，可以创建一种新型的教学模式，对解决教学重点、难点，提高教学质量，缩短教学时间，提高教学效率，将起重大作用。

6. 创建以学生为中心的课堂学习模式

多种多样媒体进入课堂，有利于将课堂教学转化为以学生为中心的学习模式。例如，利用多种媒体去设置一定的教学情境，采用发现和探究式的学习方法，在教师指导下，学生通过媒体进行学习，不断发现问题、解决问题，直至达到掌握教学目标要求的知识与能力。利用多种教学媒体提供的条件，依据一定的教学思想与理论，去创建有效的以学生为中心的学习模式，正在得到迅速发展。

7. 个别化学习

随着电化教育媒体的发展，特别是交互式计算机课件的开发与利用，为学生个别化自学提供了有利的条件。在个别化教学中，学生能自主去选择适合的媒体，媒体也能根据学生的知识水平和兴趣提供合适的内容，供学生去进行有效的自学。个别化学习的方式正在随着教学媒体的发展迅速发展起来。

8. 利用媒体进行学生技能的训练与实践教学

一些媒体特别适合于学生技能的训练与实践。例如，在语言实验中，可以利用录音带训练学生的口语听、说能力；在微格教学实践中，可以利用摄录像媒体训练师范生的教学技能。

9. 利用媒体实施远程教学

利用无线电与电视广播、计算机网络可以将教学信息传送很广、很远的范围，这些媒体为实施远程教学提供了有利的条件，近年远程教学正在蓬勃发展。

多种多样媒体的开发与利用，正在引起教育的重大变革，我们应该积极开展媒体教学试验，掌握媒体的特性与教学规律，创建多种有效的教学模式，促进教育改革与发展。

思 考 题

1. 什么是媒体和教学媒体？
2. 教学媒体的发展经历了哪几个阶段？

3. 常见的教学媒体分类方法有哪些?

4. 在教学中，如何选择教学媒体?

5. 教学媒体设计的过程中需要考虑哪些心理学原则?

6. 教学媒体在教育变革中有哪些积极的作用?教学媒体在教学中有无弊端?如果有，那么请列举。

第 3 章　教学过程设计与评价

【学习目标】

- 了解教学设计、信息化教学设计、教学目标、教学策略、教学方法、教学组织形式和教学评价的概念
- 理解教学过程设计的定义
- 能够用 ABCD 目标编写法编写教学目标
- 明确自主学习策略、合作学习策略的类型及实施步骤

【内容结构】

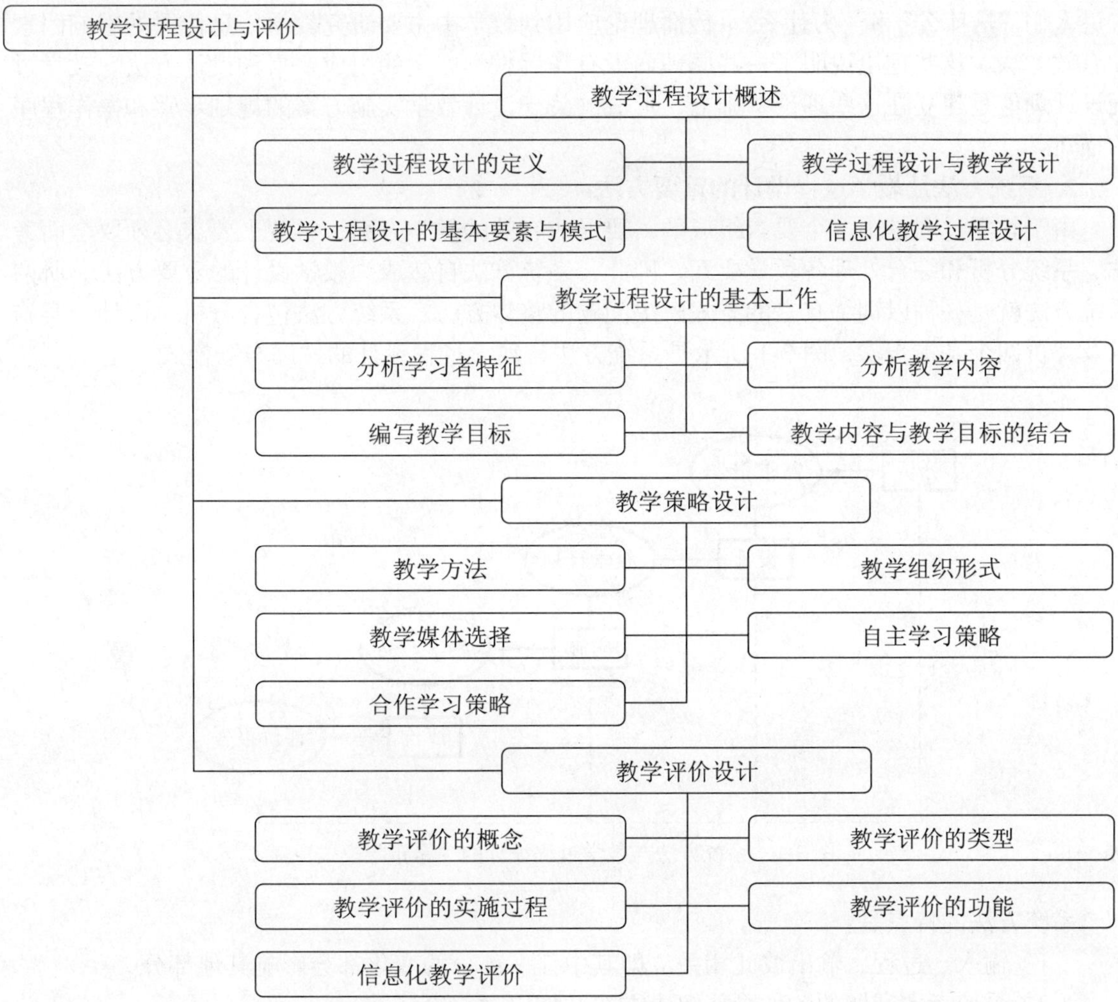

3.1 教学过程设计概述

3.1.1 教学过程设计的定义

教学过程是学生在教师的指导下，对人类已有知识经验的认识活动和改造主观世界、形成和谐发展个性的实践活动的统一过程。具体地讲，教学过程是教师有目的、有计划地引导学生掌握文化科学基础知识和基本技能，培养能力，逐步形成正确世界观的双边活动过程。

教学过程设计就是为了实现一定的教学目标，在充分应用教学理论、学习理论和传播理论研究成果的基础上，利用系统方法对教学前、教学始、教学中和教学后四个阶段进行全面考虑，形成教学方案，目的是改进教学过程，提高教学质量。教学过程设计理论是一种"软技术",其核心内容是形成有效教学方案的规划步骤和操作方法。通过定义可以看出以下几点。

1. 教学过程设计理论不是学习理论、教学理论和传播理论

学习理论研究的焦点是"学习的机理"，教学理论是依据学习理论的成果为如何进行教学提供有益的建议。从本质上讲，学习理论和教学理论都属于描述性的理论，这类理论试图告诉人们"是什么"和"为什么"。传播理论应用到教学中主要研究教学信息传播的影响因素和有效方法。这些理论说明了一些原理而没有告诉教学方案的组成要素和设计方法。教学过程设计理论是建立在这些理论基础上，形成的关于设计教学实施方案的规划步骤和操作程序的描述。

2. 系统方法是教学过程设计的重要方法

由于教学过程是由多个要素组成的，要形成有效的教学方案，客观上要求必须要全面考虑、系统分析和综合处理各教学要素，因此，系统方法自然成为教学设计的重要方法。所谓系统方法就是一种以训练有素的方式解决问题的整体方法。系统方法包含分析、设计、实施以及评价四个基本步骤，图 3-1 所示是系统方法与教学过程设计的"瀑布"模式。

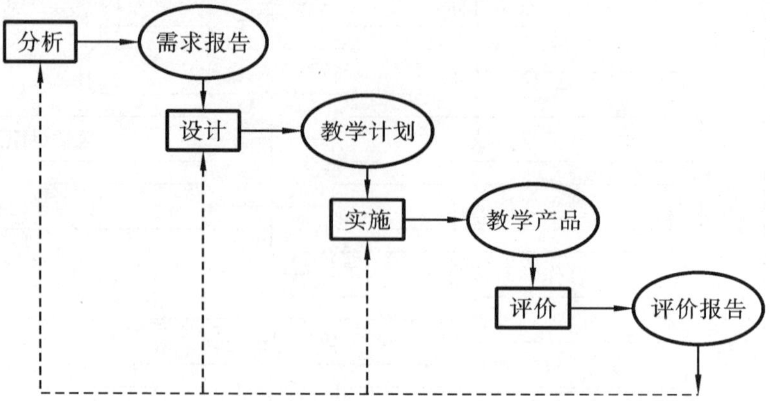

图 3-1 系统方法与教学过程设计的"瀑布"模式

系统方法的特点是：

（1）输入、过程、输出彼此相关，即其中任一部分的变化都会影响其他部分。

（2）系统考虑问题的各种可能解决方案并加以对比论证。

（3）每一决策都要根据预定的目标来判断。

（4）利用系统模型显示问题，解决过程中各阶段的前后关系与反馈修正路径。

（5）充分考虑环境约束条件对系统行为的影响。

3. 教学过程设计的结果是教学方案

教学过程设计研究的实质是在提供寻找解决教学问题的一般方法，但教师运用教学过程设计理论的过程却是根据教学问题和教学条件选择解决方案并创建解决方案的过程，其结果是具体的、可操作的教学实施方案。这同时体现了教学过程设计的创造性。

3.1.2　教学过程设计与教学设计

教学设计是依据对学习需求的分析，应用系统方法提出解决教学问题的最佳方案的决策过程，其主要研究内容是形成解决问题最佳方案的规划步骤和操作方法。按照系统论的观点，教学设计包括三个层次，其中教学过程设计是教学设计中层研究，三个层次分别如下。

1. 教学系统层次

教学系统设计属于宏观设计层次，它的研究对象可能是一所学校、一个新的专业、一个培训系统或者一个学习系统等，这个层次的设计涉及面非常广，设计难度比较大。

2. 教学过程层次

教学过程层次涉及的是对于一门课程或一个单元，甚至一节课的教学过程进行的系统设计。教学过程设计包括两方面内容：一是根据总教学目标，对教学内容和教学对象进行认真分析，在此基础上得出每个章节、单元的教学目标和各知识点的学习目标，形成完整的目标体系；二是根据上述目标体系，设计教学策略、教学媒体和教学评价等，形成有效的教学方案。

3. 教学产品层次

教学设计最初就是从以“产品”为中心的层次开始的。它把教学中需要使用的媒体、材料、教学包等当做产品来进行设计。简单的教学产品如多媒体教学课件等，一般由任课教师自己设计、制作；比较复杂的教学产品，如录像教材、网络课程等，则需要组织设计开发小组来完成。

3.1.3　教学过程设计的基本要素与模式

1. 基本要素

从教学过程看，不论哪一种设计模式，都需要考虑如下四个基本要素：

（1）学习者。

教学过程设计的服务对象是学习者。为了做好教学设计工作，必须认真分析、了解学习者的情况，掌握他们的一般特征和初始能力，这是做好教学过程设计的基础。

（2）教学目标。

进行教学活动以后，学习者应该掌握哪些知识和技能，培养何种态度和情感，这就是要确定的教学目标，确定教学目标是教学过程设计的前提。

（3）教学策略。

为了完成特定的教学目标，要采用何种教学程序、方法、组织形式和教学媒体等，这都需要系统加以考虑，也就是要进行教学策略设计，这是做好教学过程设计的核心。

（4）教学评价。

为了促进学生的学习和引导学习向成功方向发展以及确定学生的学习效果，必须要进行评价设计，包括诊断性评价设计、形成性评价设计和总结性评价设计，教学评价是教学过程设计的关键。

2. 基本模式

服务对象、教学目标、教学策略和教学评价这四个基本要素与不同的教学思想相结合，就产生了不同类型的教学过程设计模式。总体上可以分为：以“教”为中心的教学过程设计模式、以“学”为中心的教学过程设计模式和“双主”教学过程设计模式。

（1）以“教”为中心的教学过程设计模式。

20世纪90年代以前，对教学过程设计的研究基本集中在“如何教”，即面向教师的“教”，该类教学过程设计模式提供的思路和方法主要是如何帮助教师把课备好、教好。基本的设计步骤如下：

① 确定教学目标，明确学生通过学习应达到的结果；

② 分析教学目标并根据分析结果确定教学内容和教学顺序，教学顺序可以通过教学目标的分析来确定，也可以通过其他方法来确定；

③ 分析学习者的特征，其目的是看学习者是否具有学习当前内容所需的知识基础，以及具有哪些认知特点和个性特征等；

④ 根据教学内容和学习者特征的分析确定教学的起点，即确定在哪种难度等级和知识基础上对当前的学习者施教；

⑤ 根据教学目标、教学内容和教学对象的要求选择与设计教学媒体；

⑥ 根据教学内容和学习者特征的分析设计教学的策略；

⑦ 进行形成性评价，以确定学生达到教学目标的程度，即根据搜集到的课堂教学信息，对教学内容或教学策略修改或调整，并对学生作出适当的反馈。

（2）以“学”为中心的教学过程设计模式。

以学为主的教学过程设计，是进入20世纪90年代以后，随着多媒体和网络技术，特别是基于 Internet 的网络教育的普及而逐渐发展起来的。它强调在学习过程中要发挥学生的主动性、积极性，要充分体现学生的主体地位。整个设计过程围绕“自主学习策略”和“学习环境”两个方面进行。前者是通过各种学习策略去激发学生积极主动的自主学习（诱导学习的内因）；后者则是为学生的自主学习创造必要的环境和条件（提供学习的外因）。通常包含以下步骤：

① 教学目标分析，确定当前所学知识的主题；

② 情境创设，创设与当前学习主题相关的、尽可能真实的情境；

③ 信息资源的设计与提供，确定学习本主题所需信息资源的种类和每种资源在学习中的作用，教师应提供必要的信息资源，或是当学生在获取和利用有关信息资源的过程中遇到困难时给予帮助；

④ 自主学习策略的设计，是整个以学为主教学设计的核心内容，是实现学习者主动建构知识意义的关键环节，目前，常用的自主学习策略有“支架式”、“抛锚式”、“随机进入式”、“自我反馈式”和“启发式”等多种；

⑤ 合作学习环境设计，设计合作学习环境的目的是在个人自主学习的基础上，通过小组或班级讨论、协商，进一步完善和深化对当前学习主题的理解；

⑥ 学习效果评价，相当于以教为主的教学设计的“形成性评价”，它包括小组对个人的评价和学习者的自我评价；

⑦ 强化练习设计，根据小组评价和自我评价的结果，设计出有针对性的学习材料和强化练习，以纠正原来的错误理解或片面认识，最终达到学习目标。

（3）"双主" 教学过程设计模式。

以 "教" 为中心的教学过程设计模式，其突出优点是有利于教师主导作用的发挥，有利于系统科学知识的传授和教学目标的完成；存在的较大弊病是以教师为中心，强调了教师的 "教" 而忽视了学生的 "学"，全部教学设计理论都是围绕 "如何教" 而展开，很少涉及如何促进学生 "自主地学"。按这样的理论设计的课堂教学，学生参与教学活动的机会比较少，大部分时间处于被动接受状态，学生的主动性、积极性难以发挥，不利于创造型人才的成长。以 "学" 为中心的教学过程设计模式正好相反，强调学生自主学习的同时，往往忽视教师主导作用的发挥，忽视师生之间的情感交流等情感因素在学习过程中的重要作用；由于忽视教师的主导作用，学生在自主学习过程中，还很容易偏离教学目标的要求。"双主" 教学过程设计模式的提出，试图取二者之长补二者之短，努力做到既发挥教师在教学过程中的主导作用，又充分体现学生在学习过程中的主体地位；既注重教师的 "教"，又注重学生的 "学"。把教师和学生两方面的主动性、积极性都调动起来。

以 "教" 为中心的教学过程设计研究相对比较成熟，具有广泛的实践基础。以 "学" 为中心的教学过程设计是目前研究的热点，具有深入实践的强烈呼声。"双主" 教学过程设计是新的教学过程设计思路，研究成果相对比较少。

3.1.4　信息化教学过程设计

随着信息时代的急驰而至、学校信息化教学环境的逐渐形成以及数字化教学资源的日益丰富，教学过程设计研究的一个重点开始汇聚于信息化教学环境中，如何利用丰富的教学资源培养学生的素质和能力的教学过程设计，于是信息化教学过程设计的概念应运而生。

1. 信息化教学过程设计的概念

从广义上讲，信息化教学过程设计是与传统教学过程设计相对应的，二者的主要区别是教学环境和资源的不同。传统教学过程设计的教学环境主要是普通教室，使用的资源主要是印刷教材和各种光学媒体（也包括一些辅助教学的多媒体教学课件）；而信息化教学过程设计的教学环境主要是校园网、Internet、网络教室、多媒体教室等，资源不仅包括印刷教材和多媒体教学课件，还包括专题网站、电子百科全书等各种网上资源。因此，根据不同的教学思想和学习理论，信息化教学过程设计依然可以分为：以 "教" 为中心的信息化教学过程设计、以 "学" 为中心的信息化教学过程设计和 "双主" 信息化教学过程设计。不过，当前对信息化教学过程设计的理解更倾向于狭义的含义，是指在现代教学理念指导下，以多媒体和网络技术为基础，以设计教学情境和发展解决问题能力为核心的教学方案的规划过程与操作程序，强调学生是认知过程的主体，注重学生主动探究和自主发现，目的是激励学生在信息化环境中通过写作、探究、实践、反思、综合、问题解决等高级思维活动，来培养学生的探索精神、创新意识、实践能力和信息素养。

信息化教学过程设计具有以下几个特点：

（1）强调以真实任务或情境为核心驱动学习。

（2）强调以学生的学习为中心。

（3）强调教师作为学习的指导者，主要致力于问题情境的创设，组织学习活动，引导、监控和评价学生的学习过程，并提供相应的技术和学习资源支持。

（4）强调合作学习和学习资源的利用。

（5）强调面向学习过程的评价，评价的主要依据是电子作品。

（6）强调学习任务的复杂性。

（7）强调设计多种自主学习策略，使得学习能够以学生为主体展开。

2. 信息化教学过程设计的步骤

信息化教学过程设计主要包括单元教学目标分析、教学任务与问题设计、学习资源查找与设计、教学过程设计、学生作品范例设计、评价量规设计、单元实施方案设计和评价修改设计八个步骤，如图 3-2 所示。

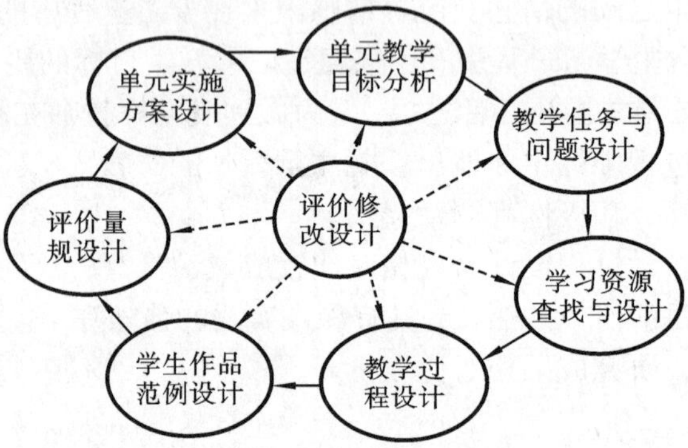

图 3-2　信息化教学过程设计的步骤

（1）单元教学目标分析。

教师根据国家新课程标准的规定，分析学习者特征和课程学习的特点，在此基础上确定单元学习目标，明确在后续的教学活动中学生要达到的学习水平。这是信息化教学过程设计的依据。

（2）教学任务与问题设计。

信息化教学是基于问题和任务驱动的学习，提出有意义与有价值的问题和任务，是信息化教学过程设计模式的核心和重点。学习任务可以是一个问题、案例、项目、分歧等，它们都代表连续性的复杂问题。

设计问题时要注意以下原则：

① 问题要有意义，是真实情景下的问题；

② 问题解决要隐含所要传授的知识；

③ 问题要有一定的复杂性与歧义性；

④ 问题要有开放性；

⑤ 问题要与学习对象的认知特征相匹配，要结合学生的最邻近发展区；

⑥ 学习主题具有可挑战性，问题具有可争论性。

在提出学习任务时，要注意以下方面：

① 要有明确的目标要求；

② 任务解决要具有可操作性；

③ 要符合学生特点；

④ 要注重培养学生的能力；

⑤ 要注重与信息技术课程的整合；

⑥ 要注意个别学习与合作学习的统一。

（3）学习资源查找与设计。

根据任务和问题以及学生的学习水平，确定提供资源的方式。教师可以要求学生自己按照学习目标查找资源，也可以提供现成的资源给学生。如果是前者，教师要设计好要求，避免学生漫无目的地查找，导致信息迷航；如果是后者，教师要提前寻找相关的资源，并对资源进行认真的评价，确保学生可以得到真实、可靠的信息。

（4）教学过程设计。

尽管在信息化教学过程设计中注重学生的自主探究，教师的引导作用也是非常重要的。教师要在学生确定探究的规划、设计活动方案和小组合作等方面提供认真细致的指导和帮助。

（5）学生作品范例设计。

要让学生的作品达到教师的要求，在学习的初期，尤其是掌握基础知识的时候，必须要让学生有一些可以参考的范例，从而使学生对自己将要完成的任务有一个感性认识。因此，教师必须为学生提供与主题学习任务有内在联系的各种学习案例或学生学习作品范例。案例要具体，要满足教师提出的要求，避免采用抽象化或简单化的案例来代替复杂化的知识。这些案例可以是往届学生的作品，也可以是教师在课程开设之前，依据自己对学生作品的要求，由教师自己模拟学生身份开发出来的作品。

（6）评价量规设计。

评价量规是更加细化的学习目标，它不仅是教师度量自己是否完成教学目标的依据，更是学生在学习过程中是否达到既定学习目标的依据。同时，评价量规也为学生的继续学习指明了方向。因此，评价量规尤其适合对采用探究型和研究型学习方法的学习进行过程性评价。设计评价量规是教师在教学过程中发挥主导作用的主要体现之一，量规的设计和开发必须建立在师生共识的基础上，必须具有科学性，应该符合对学生预期的学习结果、形式、过程等的要求，符合课程或单元学习目标、学习者的心理特点等需求。

（7）单元实施方案设计。

经过前面六个阶段的设计结果，教师可以制定切实可行的实施方案。在实施的过程中，对前期六个阶段的设计成果不断进行修改和调整，发现其中的不足。实施过程中尤其要注意学生的信息反馈，将它作为对整个设计过程进行修改的主要依据。

（8）教学设计过程的评价与修改。

实施了设计的方案后，需要依据实施过程中出现的问题进行认真地思考。其实，在设计的每个阶段，设计者都在不断地进行评价与修改，也就是评价与修改贯穿在信息化教学过程设计的始终。

3.2　教学过程设计的基本工作

3.2.1　分析学习者特征

按照教学设计理论，教学设计的第一步工作是分析学习需要。学习需要是指学习者在学习方面的目前状况与所期望达到的状况之间的差距，也就是学习者目前水平与期望达到的水平之间的差距。分析学习需要的意义在于：确定学习需要并进一步分析差距的真正原因，以及教学设计是不是解决问题的必要途径。通过对现有的资源及约束条件的分析，论证解决该问题的可能性。在此基础上，确定总的教学目标。由于在中小学课堂教学过程中，学习需要一般是由教育行政部门组织专家精心分析确定的，是教师在教学过程中必须执行和达到的要求。所以，在教学设计时可以从分析学习者的特征开始。

学习者特征会对教学过程设计产生重要的影响。分析学习者特征的目的是要明确学生的一般特征（涉及学习者年龄、性别、心理发展水平、学习动机、人格因素、生活经验以及社会背景等诸多方面）、学习风格和初始能力等，为后续的教学过程设计工作（如教学媒体的选择、教学策略的选择等）提供依据。例如，在小学语文《曹冲称象》的教学过程设计中，一位教师对其学生特征是这样描述的：

小学二年级学生，生活经验不丰富。

以形象性思维为主，对抽象的问题难以理解，因此难以直接通过文字去理解曹冲称象的具体方法。

学生年龄小，喜欢叙事性强的课文。此课文是讲古时候的故事，学生对课文兴趣是比较浓厚的。

由于学生生活经验少，对浮力的原理性知识知道得比较少。

在学校课堂教学中，由于是分级组班的教学形式，其一般特征和初始能力基本确定或存在较少差别，相对容易把握。下面来探讨一下关于学习风格的问题。

学习风格是指个体身上一贯表现的稳定的带有个性特征的学习方式和学习倾向。人与人之间在学习风格上存在着一定的差异。所罗门（B. A. Soloman）从信息加工、感知、输入、理解四个方面将学习风格分为四个组对八个类型。

1. 活跃型和沉思型

活跃型学习者倾向于通过积极的讨论、应用或解释给别人听来掌握信息；而沉思型学习者更喜欢首先安静地思考问题。活跃型学习者比倾向于独立工作的沉思型学习者更喜欢集体工作。

2. 感悟型和直觉型

感悟型学习者喜欢学习事实，不喜欢复杂情况和突发情况；而直觉型学习者倾向于发现某种可能性和事物间的关系，不喜欢重复。感悟型学习者对细节很有耐心，很擅长记忆事实和做一些现实性的工作；直觉型学习者更擅长掌握新概念，比感悟型学习者更能理解抽象的数学公式。感悟型学习者不喜欢与现实生活没有明显联系的课程，直觉型学习者不喜欢那些包括许多需要记忆和进行常规计算的课程。

3. 视觉型和言语型

视觉型学习者很擅长记住他们所看到的东西，如图片、图表、流程图、图像、影片和演示中的内容；言语型学习者更擅长从文字的和口头的解释中获取信息。当通过视觉和听觉同时呈现信息时，每个人都能获得更多的信息。

4. 序列型和综合型

序列型学习者习惯按线性步骤理解问题，每一步都合乎逻辑地紧跟前一步；综合型学习者习惯大步学习，吸收没有任何联系的随意的材料，然后突然获得它。序列型学习者倾向于按部就班地寻找答案；综合型学习者或许能更快地解决复杂问题或一旦他们抓住了主要部分就用新奇的方式将它们组合起来，但却很难解释清楚它们是如何工作的。

3.2.2 分析教学内容

教学内容是指为了实现教学目标要求学生系统学习的知识、技能和行为经验的总和。分析教学内容是对教学目标规定的期望水平以及如何将学习者的实际水平转化为这一期望水平所需要的各项知识内容的详细剖析过程。

教学内容分析的目的是：确定学习内容的范围与深度、揭示学习内容中各项知识与技能的相互关系，安排恰当的教学顺序，确定教学过程中的重点和难点。

教学内容分析的结果是要形成结构清晰的知识点体系结构，一般用框图的形式表示出来。下面来具体学习如何分析教学内容。

1. 教学内容的分类

教学内容通常分为认知学习类、动作技能类和情感态度类。

（1）认知学习类。

认知学习是对知识、智力技能和解决问题能力的学习，其特点是知识的获得和应用。著名的教育心理学家加涅把认知学习的结果细分为以下三类：

① 言语信息：言语信息既是知识，也是能力。知识方面，言语信息回答“是什么”的问题，而能力要求是培养学生进行“记忆”。学习者通过学习之后，能说出诸如事物的名称、地点、时间、定义、对事物的描述等具体事实，能够在需要时将这些事物表述出来。

② 智力技能：是学习者通过学习，获得使用符号与环境相互作用的能力。知识方面，智力技能回答“为什么”和“怎么办”的问题，而能力要求是培养学生理解和运用概念与规则的能力，以及进行逻辑推理的能力。在分析智力技能时，可以从选取的最高目标着手，依次向下进行。

③ 认知策略：是学习者调节自己的注意、记忆、学习和思维等内部过程的学习技能，是一种内在的技能，是一个“从选择到编码，再到存储”的过程。

（2）动作技能学习类。

动作技能是一种习得的能力，学习的结果表现为身体的迅速、精确、流畅和协调的动作。实际上，动作技能虽然是外显的反应，但它受到内部心理过程的控制。动作技能往往与知觉联系在一起，有时把它称为“知觉—动作技能”。一项动作技能可分解为若干项从属的基本动作技能。在分析动作技能学习内容时，不仅要剖析实现教学目标所需掌握的各项基本技能，揭示它们之间的联系，还要列出学习这些技能所需掌握的相应知识。

（3）情感类。

情感是学习者对于事物的看法和采取的行为。情感类教学内容可分为态度类和品德类两种。态度是一种内部状态，是一种反应的倾向性或反应的准备状态。态度中包含了认知成分、情感成分和行为成分。品德是道德品质，是个人依据一定的社会道德行为准则在行动时表现出来的某些稳定的特征，这些稳定的特征从道德观念、道德情感、道德行为中综合反映出来。

综上所述，所有教学内容都可以按照言语信息、智力技能、认知策略、动作技能和情感等分类，然后可根据各种学习类型的特点创设学习的必要条件。

2. 常用的教学内容分析方法

（1）层级分析法。

层级分析法是用来揭示教学目标所需掌握的从属技能的内容分析方法，是一个逆向分析的过程。即从已确定的教学目标开始考虑，要求学习者获得教学目标规定的能力，他们必须要具有哪些次一级的从属能力；要培养这些次一级的从属能力，又需具备哪些再次一级的从属能力，依此类推。可见，在层级分析中，各层次的知识点具有不同的难度等级——越是存在底层的知识点，难度等级越低（越容易）。

层级分析法看起来比较容易，实际上做起来并不简单。它要求内容分析者熟悉学科内容，了解教学对象的原有能力基础，并具备比较丰富的心理学知识。

（2）归类分析法。

归类分析法主要是研究对有关信息进行分类的方法，旨在鉴别为实现教学目标所需学习的知识点。在进行归类分析时，重要的是先确定分类的角度，然后逐步细分到知识点层面，如图 3-3 所示。

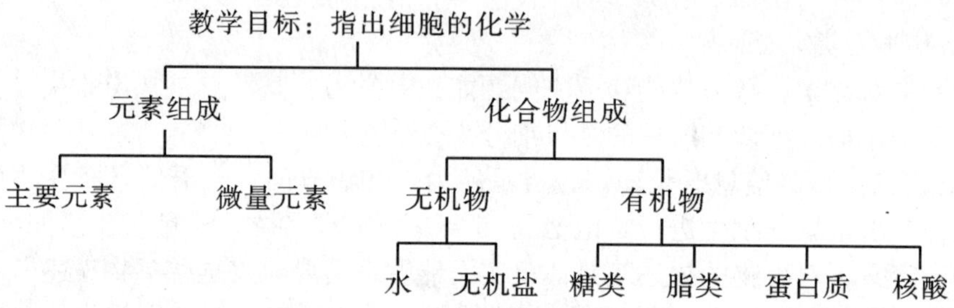

图 3-3　归类分析法实例

从形式上看，图 3-3 与前面的层级分析相类似，但在归类分析中，各知识点之间本质上存在难度上的层次关系。同时，层次分析法是用来理清从属技能，归类分析法主要是揭示有关信息分类。

（3）图像分析法。

图像分析法是一种用直观形式揭示教学内容要素及其相互联系的内容分析方法，通常用于对认知类教学内容的分析。它是一种简明扼要、提纲挈领地从内容和逻辑上高度概括学习内容的一套图表或符号。其优点是使分析者容易观察内容的残缺或多余部分及相互联系中的割裂现象，如图 3-4 所示。

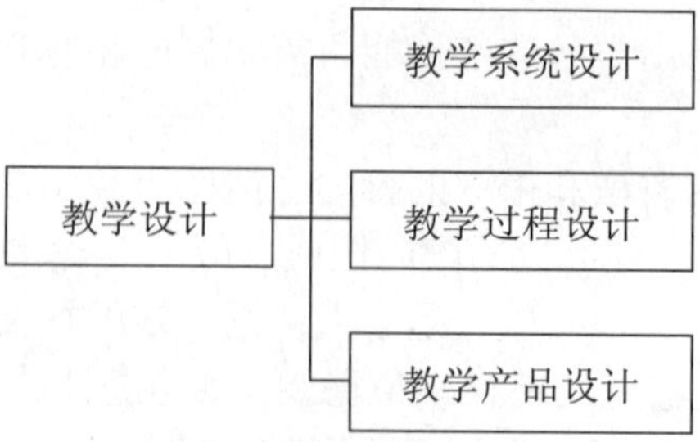

图 3-4　图解分析法实例

（4）信息加工分析法。

信息加工分析法又称为程序分析法，它是对学生学习后的终点行为——教学目标进行分析，以揭示顺利完成该目标所具有的外显行为和内部心理状态的过程。如图 3-5 所示，教学目标是计算算术平均数 x ，需要经过 1~4 步。

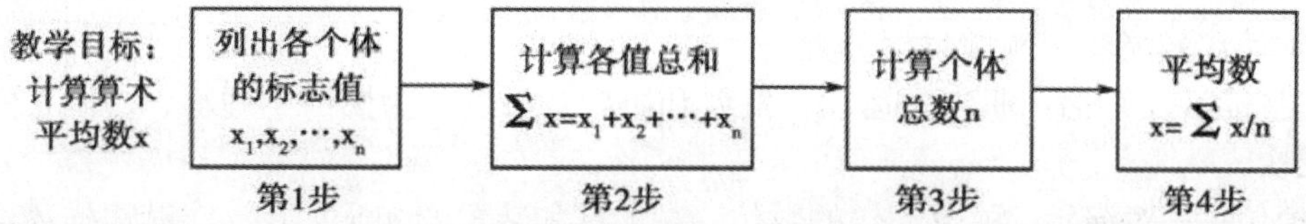

图 3-5　信息加工分析法实例

综上所述，可以把教学内容的分类与常用的分析方法综合，如表 3-1 所示。

表 3-1　**教学内容与分析方法综合表**

教学内容		分析方法	教学内容	分析方法
认知类	言语信息	归类分析法、图解分析法	动作技能类	层级分析法、信息加工分析法
	智力技能	层级分析法、图解分析法、信息加工分析法	情感、态度类	层级分析法、信息加工分析法
	认知策略	层级分析法		

3.2.3　编写教学目标

教学目标是对学习者通过教学以后将能达到何种状态的一种明确的、具体的表述，一般与学习目标混用，教学目标应该是可观察、可测量的。

1. 教学目标分类

教学目标分类一般采用布鲁姆（Bloom）等人的分类方法，把教学活动要实现的整体目标分为认知、动作技能和情感三大领域，并从实现各个领域的最终目标出发，确定了一系列序列。

（1）认知学习领域目标分类。

认知学习领域目标通常分为如下六个层次。

① 识记：指对先前学习过的知识材料的回忆，包括具体事实、方法、过程理论等的回忆。它所要求的心理过程主要是记忆。

② 领会：指把握知识材料意义的能力。领会超越了单纯的记忆，代表最低水平的理解。

③ 运用：指把学到的知识应用于新的情境，解决实际问题的能力。它包括概念、原理、方法和理论的运用。运用的能力以知道和领会为基础，是较高水平的理解。

④ 分析：指把复杂的知识整体分解为组成部分并理解各部分之间联系的能力。它包括部分的鉴别、部分之间关系的分析和认识其中的组成结构。分析代表了比运用更高的智力水平，因为它既要理解知识材料的组成，又要理解其结构。

⑤ 综合：指将所学知识的各组成部分重新组合，形成一个新的知识整体。它所强调的是创造能力，即形成新的模式或结构的能力。

⑥ 评价：指对材料作价值判断的能力，还包括用准则或标准对这些材料和方法做出定量或定性的判断。

通常认为分析、综合和评价是高级思维活动。

（2）动作技能学习领域目标分类

动作技能涉及骨骼和肌肉的运动、发展和协调，可以分为模仿、理解、协调、熟练和创新五个层次。

① 模仿——对演示、示范动作的效仿，对工具和装置的初步使用；能够把描述语言转化为实际动作。

② 理解——对模仿动作的理解：能够说出装置结构的原理；对动作的作用进行解释；对动作的结果进行解释和概括。

③ 协调——动作组合协调：能实现动作的分解与组合协调动作；能对动作组合进行计划；能对实验结果进行解释和概括，并写出实验报告。

④ 熟练——动作评价：对动作的作用做出自己的估计；对组合动作、设备能进行设计；动作达到熟练；能对实验结果进行解释、推论和评价。

⑤ 创新——新动作的创造：在新的情境下，对动作进行设计和实现；在新的情境下，对实验结果进行解释和整理。

（3）情感学习领域目标分类。

情感是对外界刺激的肯定或否定的心理反应，个体的情感会影响自身做出行为上的选择，实际上是一个价值标准不断内化的过程。也就是说，学生经过接受、反应以及评价等连续内化的过程，将外来的价值标准转化为自己信奉的内在价值，情感类教学才得以完成。另外需要注意的是，情感类教学不只是政治课和思想品德课的任务，各门学科的教学都包含着这一方面的内容，因为任何知识、技能、行为、习惯都不能离开一定的价值标准而存在。情感学习领域目标可以分为接受、思考、兴趣、热爱和品格形成五个层次。

① 接受：在适当的环境中，注意对象的存在，有意识地注意对象，集中注意教师的讲解或演示。

② 思考：能遵照教师的指示做出反应，能与过去的经验发生联系，能有意地与对象打交道。

③ 兴趣：有深入研究的愿望，能很高兴地与对象打交道，不愿立即停止自己的思考和行动。

④ 热爱：关心对象的存在和价值；把价值内化为自己坚定的信念；认识到对象的美好，并形成自己的理想。

⑤ 品格形成：依据自己的价值观所形成的信念，内化为自己的品格，并用于指导自己的言论与行动。

2. 编写教学目标的方法

为了保证教学目标的可操作性，通常采用 ABCD 方法。

（1）ABCD 方法的基本要求。

ABCD 方法指一个规范的学习目标一般应包括四个要素：对象（Audience）、行为（Behaviour）、条件（Condition）、程度（Degree），简称为 ABCD 模式。

对象（A）——指教学对象。

行为（B）——主要说明通过学习以后，学习者应能做什么。

条件（C）——主要说明上述行为在什么条件下产生。

程度（D）——规定行为应达到的程度或标准。

例如：

参加培训学员在编制教育电视节目时，应能主动地把教学设计的理论和方法贯彻始

A　　　　C　　　　　　　　B

终，以保证节目的教育性。

D

在一个学习目标中，行为的表述是最基本部分，不能省略，相对而言，条件和程度是两个可选择的部分。描述行为的基本方法是使用一个动宾结构的短语，其中行为动词说明学习的类型，宾语说明学习的内容。

（2）对象与行为的表述

在学习目标的表述中，首先要明确教学对象，如“小学三年级学生”、“参加在职培训的教师”等。接下来，要说明教学对象通过一定的学习以后，应获得怎样的能力，这是关于行为的表述，是一个学习目标中最基本的成分。行为的表述应具有可观察、可测量的特点，所以应避免使用诸如“知道”、“理解”、“掌握”、“欣赏”等含义较广的动词来描述行为。

描述行为的基本方法是使用一个动宾结构的短语，行为动词说明学习的类型，宾语则说明学习的内容。例如，

- 写出计算机辅助教学（CAI）的定义；
- 说出微型计算机系统的基本软、硬件组成；
- 用实例说明媒体的教学功能。

表3-2、表3-3、表3-4分别列出了认知学习领域、动作技能学习领域、情感领域学习目标陈述时所用的部分动词实例，可供参考。

表3-2　　**认知学习领域目标编写参考动词**

学习目标层次	可参考选用的动词
识记	为……下定义、列举、说出（写出）……的名称、复述、排列、背诵、辨认、回忆、选择、描述、标明、指明
领会	分类、叙述、解释、鉴别、选择、转换、区别、估计、引申、归纳、举例说明、猜测、摘要、改写
运用	应用、计算、示范、改变、阐述、解释、说明、修改、制订计划、制订方案、解答
分析	分析、分类、比较、对照、图示、区别、检查、指出、评析
综合	编写、写作、创作、设计、提出、组织、计划、综合、归纳、总结
评价	鉴别、比较、评定、判断、总结、证明、说出……的价值

表3-3　　**动作技能学习领域目标编写参考动词**

学习目标层次	可参考选用的动词	学习目标层次	可参考选用的动词
模仿	练习、模仿、分解、移动、接……	熟练	熟练掌握、熟练操作、熟练使用、熟练演奏
理解	初步学会、在教师指导下……学唱	创新	改编、新编、创造
协调	学会、比较熟练、掌握		

表 3-4　　情感学习领域目标编写参考动词

学习目标层次	可参考选用的动词
接受	听讲、看出、注意、选择、接受、同意、赞同
思考	陈述、回答、完成、选择、列举、遵守、听从、服从、称赞、帮助
兴趣	接受、承认、参加、完成、决定、支持、愿意、解释、评价、影响
热爱	愿意、热爱、想、计划、决定、参加、欢呼、欢庆、献身
品格形成	相信、坚持、判断、拒绝、贯彻、执行、抵制、反对、赞成、认为、修正、献身

（3）条件表述。

条件是指学习者表现行为时所处的环境等因素。换言之，它说明了在以后评定学习者的学习结果时，该在哪种情况下评定。如要求学习者“能跑 5000 m 距离”，条件则指“在何种气候下”等环境因素。条件的表述常与诸如“能不能查阅工具书”、“有没有时间限制”等问题有关。条件一般包括下列因素：

① 环境因素（空间、光线、温度、气候、室内、室外、安静和噪声等）；

② 人的因素（单独进行、小组集体进行、在教师指导下进行等）；

③ 设备因素（工具、设备、图纸、说明书、计算器等）；

④ 信息因素（资料、教科书、笔记、图表、辞典等）；

⑤ 时间因素（速度、时间限制等）；

⑥ 问题明确性的因素（提供什么刺激来引起行为的产生）。

4）标准的表述

标准是指作为学习结果的行为的可接受的最低衡量依据。对行为标准做出具体描述，使得学习目标具有可测定的特点。标准的表述一般与“好到什么程度”、“精确度如何”、“完整性如何”、“在多少时间内”、“质量要求如何”等问题有关系。下面是若干表述方式：

① 次序（例如，将水的净化过程的六个步骤按正确次序排列）；

② 正确率（例如，计算 100 以内的加法，正确率达 80%）；

③ 精确度（例如，测量血压，误差在 5 毫米汞柱以内）；

④ 时间限制（例如，在 1 分钟内写出 15 个动物名称）；

⑤ 达到标准规定的要求。

（5）基本部分与选择部分。

在用 ABCD 法编写教学目标时，行为的表述是基本部分，不能省略。相对而言，对象、条件和标准是可选部分。在编写教学目标时，可以不必将三者一一列出。下面是几个典型 ABCD 法编写的教学目标。

范例 1：小学三年级学生，在观察实际的云或观看云的图片时，应能将卷云、层云、积云和雨云标记出来，正确率至少达到 80%。

范例 2：给 3 页手稿，30 分钟内应能将它键入电脑，错字不超过 10 个。

范例 3：看到有同学在课桌上涂鸦时，应能对他劝说，但不发生争吵。

范例 4：描述教育技术的发展历史。

3. 内外结合的表述

行为目标虽然避免了用传统方法表述目标的含糊性，但它本身也有缺点：只强调了行为结果，而未注意内在的心理过程，因而可能引导人们只注意学习者外在行为变化而忽视其内在的心理变化。此外，在具体的教学实践中，根据目前已有的研究成果，还有许多心理过程无法行为化。因此，描述内部心理过程的术语不能完全舍弃。为了兼顾学习者内部心理过程的变化和可观察的外在行为的变化，有人提出可以采取内外结合的方法来表述具体的学习目标。

1978 年格朗伦（N. E. Gronlund）在《课堂教学目标的表述》中，提出先用描述内部心理过程的术语来表述学习目标，以反映理解、运用、分析、创造、欣赏、尊重等内在的心理变化，然后列举反映这些内在变化的例子，从而使这些内在心理变化可以观察和测量。这就是用内部过程与外显行为相结合来描述学习目标的方法。例如，理解“云”的概念：

（1）在观察实际的云或观看云的图片时，应能将卷云、层云、积云和雨云标记出来，正确率至少 80%。

（2）画出云到雨转化的示意图。

在上例中，“理解”是一个内部心理过程，无法观察和测量，但有后面这些证明“理解”能力的行为实例，目标就具体化了。

3.2.4　教学内容与教学目标的结合表述

利用内容分析法，分析出了教学内容的知识点框架，然后表述清楚每个知识点需要达到什么层次。实践中，可以用教学内容分解表和学习水平描述表把教学内容和教学目标结合起来表述，这样不但思路清晰，而且看起来一目了然。注意，在描述某一知识点的学习水平时，要求达到某一目标层次，该目标层次以前的层次是必须达到的。表 3-5 和表 3-6 是小学数学“三角形”一课的教学内容分解表和学习水平描述表。

表 3-5　**教学内容分解表填写举例**

知识点号	知　识　点	学习水平					
		识记	理解	应用	分析	综合	评价
1	三角形定义	√	√				
2	三角形“不变形”	√					
3	三角形用于生产、生活	√	√				
4	三条边、三个角、三个顶点	√	√				
5	直角三角形、锐角三角形、钝角三角形的定义	√	√				
6	按角大小的三角形分类	√	√	√			

表 3-6　**学习水平描述表填写举例**

知识点号	学习水平	描述语句	行为动词
1	识记	指出三角形图形，记住并口头表述什么叫三角形	指出、记住、表述
	理解	区别三角形与非三角形图形，区别其原因	区别、区别
2	识记	记住三角形具有不变形的特点	记住
3	识记	列举生产、生活中应用三角形的具体例子	列举
4	识记	指出三角形三条边、三个内角和三个顶点	指出

续表

知识点号	学习水平	描述语句	行为动词
5	识记	记住什么叫锐角三角形、直角三角形和钝角三角形，指认三种三角形	记住、指认
	理解	说明三种三角形为什么有不同名称的原因	说明
6	识记	指出若干个同类三角形 描述三种三角形共同点	指出、描述
	理解	区分三种三角形的不同点	区分
	应用	画出三种不同的三角形	画出

3.3 教学策略设计

3.3.1 教学方法

教学方法是教师和学生为了达到教学目标，在一定教学原则的指导下，借助教学手段（工具、媒体或设备）而进行的师生相互作用活动的总体考虑。教学方法在一定程度上关系着教学效率的高低。教学实践表明：教师如果不能科学地选择和使用教学方法，那么会导致师生消耗精力大、学生负担重、教学效果差，给工作造成不应有的损失。常见的教学方法有以下几种：

1. 讲授法

讲授法是指教师通过口头语言，辅以板书、挂图、幻灯、投影或其他媒体向学生传授言语信息的方法，主要是一种“教师讲、学生听”的活动。讲授法又可进一步分为讲述、讲解和讲演三种形式。讲述是对某个事物或事件做系统的叙述和描绘；讲解是对某个概念或原理进行解释、分析和论证；讲演是不仅描述事实，而且深入分析和论证事实，并在此基础上得出科学结论。讲授法能在较短时间内让学生获得大量系统的科学知识，但运用此方法时，师生难以及时获得反馈信息，学习者间的相互作用少，如果教师运用不当，那么易变成注入式或填鸭式教学，难以调动学生学习的积极性。

2. 演示法

演示法是借助实物、图片或使用幻灯、投影、电影、电视等媒体将要感知的过程或要学习的技能记录下来播放、演示，通过不同形式的直观化方式，增强学生的感性认识或在已有理性认识的情况下，再通过感性材料深化理性认识的教学方法。演示中常用的教学媒体有实物（包括文物、模型、标本等）、图片、幻灯、投影、电影、电视、多媒体计算机等。这种方式可化静态为动态，变片段为序列，因而其逼真程度和直观程度更高。

3. 讨论法

讨论法是师生之间交流最为直接的一种方法，它是在教师指导下，由全班或小组学生围绕某一问题进行交流、切磋，从而相互学习的方法。这种方法既可以发挥教师的主导作用，也能有效地体现学生的主体地位，学生在群体思考过程中互相启发、相互激励，可以有效地加深学生对所学知识的理解，但这种方法实施起来相对比较困难，其关键之处在于教师提出的问题是否能有效地引起学生的争论，是否具有启发性。电影、电视及多媒体计算机等媒体在呈现问题、创设问题情境方面具有独特的优势，它可以为学生提供和创设相对完整的、真实的问题情境，能够有效地激励学生的兴趣和解决问题的积极性。

4. 示范模仿法

示范模仿法是以教师示范和学生模仿的方式促进学生有效、灵活地运用内外部肌肉获得某种技能的方法。为了让学生加深对动作要领的理解，防止学生机械、盲目地模仿，一般教师在示范时要给予适当的讲解，将示范与讲解相结合，才能够有效地促进学生对技能的学习。在运用这种方法教学时，电影、电视及录像等媒体由于具有较强的表现力和重现力，可以有效地帮助学习者学习相应的技能。

5. 强化法

强化法可分为直接强化和间接强化两种形式。直接强化是在学习者选择某一期望的行为时，给予及时的肯定和鼓励，或是在某些期望行为产生后，帮助学习者去完成目标，使他们获得成功的喜悦，通过对期望行为的不断强化来促使学习者获得预期的情感目标。间接强化是通过模仿和观察榜样人物产生期望行为后，得到表扬和奖励，从而使学习者间接得到学习和强化的方法。在态度的习得方面，电影、电视和录像具有的丰富表现力及对情绪、情感的极强渲染力非常有助于学习者对榜样行为的学习。

6. 发现式教学法

发现式教学法强调学生是知识的“发现者”。学生的学习不再是被动地接受，而是主动探究，从而充分发挥学生的创造力、想像力，培养独立观察、分析解决问题的能力。发现式教学法的实施过程如下。

（1）提出和设计探究目标。教师从学科内容、学生主体或社会中引出符合内容特点和学生认知水平的典型探究目标，并通过讲解、呈现图例或实验过程等设置要探究的问题情境，引起学生的悬念、好奇，使学生产生一种跃跃欲试的心态。

（2）引导探究，提出假设。在教师的指导下，学生对问题进行讨论，提出假设和解决问题的各种途径，并鼓励大胆的猜想或想象。或者教师将发现过程分解为几步，引导学生一步一步地发现原理，摄取新知。

（3）分析论证，检验假设。从理论和实践上进行分析论证，检验假设是否正确。对正确的“发现”，加以科学的整理、加工和提炼，用科学的语言准确地表达出来，成为概念、定理、定义、公式等。对于错误的“发现”，分析其错误的原因，并适时调整，找出正确的“发现”途径。

（4）总结提高，应用迁移。对学生的讨论和“发现”，要去粗取精，使之上升到抽象的认知层次，还要从抽象的层次转移到具体的情境之中。即要让学生应用概念、理论去解释新的现象，解决新的问题，并进行概括总结，得出正确的结论。

以上仅是最常用的几类教学方法，随着人们对教学过程认识的不断深入，还有很多新的教学方法产生。

3.3.2　教学组织形式

所谓教学组织形式，就是根据教学的主观和客观条件，从时间、空间、人员组合等方面考虑安排教学活动的方式。教学组织形式主要有以下三类：

1. 集体授课

集体授课是目前学校教育中最通用的教与学的形式，即按传统惯例，教师通过讲授、谈话、板书、演示等来向一个班级或一组学生传递教学信息，在较小的范围内可以有一定程度的双向交流，但通常学生是被动地接收信息。

2. 个别化学习

这种形式目前最惹人注目，当代学习理论给予了它强有力的支持，学习主要是由学生自己来完成。学生自己阅读教科书、观看或聆听音像教材、做笔记等获得教学信息。当学生按照自己的进度学习，积极主动完成课题并体验到成功的快乐时，就能获得最大的学习成果。

3. 小组合作学习

这种形式是通过讨论、问答、交流等在师生之间、学生与学生之间分享教学信息。这种形式给予教师和学生面对面密切接触和相互了解的机会，现代教学论越来越重视教学中的这种人机交互作用，提示实现各类教学目标，培养健全人格，促使个体社会化的有效途径。

当然，在许多情况下，这三种教学组织之间并没有十分明显的界限，但在适当的时机使用适当的组织形式总是有助于教学的。

3.3.3 教学媒体选择

在选择教学媒体时，首先要确定教学媒体的使用目的，然后对教学媒体的类型和使用方式等进行考虑。

1. 确定教学媒体的使用目的

依据知识点的学习目标，认真分析教学内容，确定教学媒体的使用目标，由于教学过程是复杂的、动态的，随着教学内容、教学对象、教学方法的不同，教学媒体所起的作用不是固定不变的。而且同一种媒体随着使用方式的不同，对实现教学目标的作用也是不同的。媒体在教学中的典型作用有：

（1）提供事实，建立经验；

（2）创设情境，引发动机；

（3）举例验证，建立概念；

（4）提供示范，正确操作；

（5）呈现过程，形成表象；

（6）演绎原理，启发思维；

（7）设难质疑，引起思辨；

（8）展示事例，开阔视野；

（9）欣赏审美，陶冶情操；

（10）归纳总结，复习巩固；

（11）其他（包括突出、强化教学重点，突破、化解教学难点等）。

2. 选择教学媒体的类型

依据教学媒体的使用目标和教学对象的特点，按照教学媒体的功能，选择合适的媒体类型。

3. 确定教学媒体的内容

媒体类型确定后，可查阅资料目录，确定所选媒体的具体内容。如果现有媒体内容合适，则可在教学中使用；否则，可通过选编、修改，甚至重新制作等方法来确定内容合适的媒体。

4. 教学媒体的使用方式

使用媒体大体有以下几种方式：

（1）设疑→播放→讲解；

（2）设疑→播放→讨论；
（3）讲解→播放→概括；
（4）讲解→播放→举例（学生讨论）；
（5）播放→提问→讲解；
（6）播放→讨论→总结；
（7）边播放、边讲解；
（8）边播放、边讨论；
（9）边播放、边观察；
（10）学生自己操作媒体进行学习；
（11）其他。

当然，媒体的使用方式远远不只上述几种。在教学中可根据自己的设计，创造出更多、更好的使用方式。

5. 媒体选择情况表

根据教学内容和教学目标，对教学媒体的类型和应用方式进行了设计，最终要把设计结果表述出来。在实践中，人们设计了媒体选择情况表，可以比较方便地表述媒体的选择与作用，媒体选择情况表的格式如表 3-7 所示。

表 3-7　　媒体选择情况表填写举例

知识点号	学习水平	媒体类型	媒体内容要点	使用时间/min	资源来源	教学作用	使用方式
1	识记	投影	几种非三角形与三条线段围成的图形	2	自制	提供事实 建立经验	边播放 边观察
	理解	……					
2	识记	实物模型	三角形“不变形”特性	2	自制	创设情景，提供事实，建立经验	演示对照、讲解
	理解	投影	三角形来自生活、生产，又用于生活、生产	1	购置	提供事实 建立经验	边放 边讲
3	识记	……					

3.3.4　自主学习策略

自主学习策略也称为发现式教学策略，自主学习策略的核心目标是要发挥学生学习的主动性、积极性，充分体现学生的认知主体作用，其着眼点是如何帮助学生“学”。比较流行的自主学习策略主要有以下几种。

1. 支架式教学策略

简单地讲，支架式教学策略就是为理解知识提供一种概念框架，但框架中的概念是为发展学习者对问题的进一步理解所需要的。这种教学策略与前苏联著名心理学家维果斯基的“最邻近发展区”理论有关。维果斯基认为，在儿童智力活动中，对于所要解决的问题与原有能力之间可能存在差异，通过教学，儿童在教师帮助下可以消除这种差异，这个差异就是“最邻近发展区”。换句话说，最邻近发展区是指，儿童独立解决问题时的实际发展水平（第一个发展水平）与教师指导下解决问题时的潜在发展水平（第二个发展水平）之间的距离。支架式教学策略中的框架应按照学生智力的“最邻近发展区”来建立，从而不停顿地把学生的智力从一个水平提升到另一个新的更高水平。支架式教学策略由以下几个步骤组成：

第一步：搭建支架。围绕当前学习主题，按“最邻近发展区”的要求建立概念框架。

第二步：进入情境。将学生引入一定的问题情境（概念框架中的某个层次）。

第三步：独立探索。让学生独立探索。探索内容包括：确定与当前所学概念有关的各种属性，并将这些属性按其重要性大小顺序排列。探索开始时要先由教师启发引导（如演示），然后让学生自己去分析；探索过程中教师要适当提示，帮助学生沿着概念框架逐步攀升，起初的引导、帮助可以多一些，以后逐渐减少、愈来愈多地放手让学生自己探索；最后要争取做到无需教师引导，学生自己能在概念框架中继续攀升。

2. 抛锚式教学策略

抛锚式教学策略也称为“实例式教学策略”或“基于问题的教学策略”，这种教学策略要求建立在有感染力的真实事件或真实问题的基础上，确定这类真实事件或问题被形象地比喻为“抛锚”，因为一旦这类事件或问题被确定了，整个教学内容和教学进程也就被确定了（就像轮船被锚固定一样）。抛锚式教学策略的实施步骤如下。

第一步：创设情境。使学习能在和现实情况基本一致或相类似的情境中发生。

第二步：确定问题。在上述情境下，选择出与当前学习主题密切相关的真实性事件或问题作为学习的中心内容（让学生面临一个需要立即去解决的现实问题）。

第三步：自主学习。不是由教师直接告诉学生应当如何去解决面临的问题，而是由教师向学生提供解决该问题的有关线索（如需要搜集哪一类资料、从何处获取有关的信息资源以及现实中专家解决类似问题的探索过程等），并要特别注意发展学生的自主学习能力。自主学习能力包括以下几方面：

（1）确定学习内容表的能力（学习内容表是指为完成与给定问题有关的学习任务所需要的知识点清单）。

（2）获取有关信息与资源的能力（知道从何处获取以及如何去获取所需的信息与资源）。

（3）利用、评价有关信息与资源的能力。

3. 随机进入教学策略

由于事物的复杂性和问题的多面性，要做到对事物内在性质和事物之间相互联系的全面了解和掌握，即真正达到对所学知识的全面而深刻的意义建构是很困难的，往往从不同的角度考虑可以得出不同的理解。为克服这方面的弊病，在教学中就要注意对同一教学内容，要在不同的时间、不同的情境下，为不同的教学目的、用不同的方式加以呈现。换句话说，学习者可以随意通过不同途径、不同方式进入同样教学内容的学习，从而获得对同一事物或同一问题的多方面的认识与理解，这就是所谓“随机进入教学”。随机进入教学策略主要包括以下几个步骤。

第一步：呈现基本情境。向学生呈现与当前学习主题的基本内容相关的情境。

第二步：随机进入学习。取决于学生“随机进入”学习所选择的内容，而呈现与当前学习主题的不同侧面特性相关的情景，在此过程中，教师应注意发展学生的自主学习能力，使学生逐步学会自己学习。

第三步：思维发展训练。由于随机进入学习的内容通常比较复杂，所研究的问题往往涉及许多方面，因此在这类学习中，教师还应特别注意发展学生的思维能力，其方法如下。

（1）教师与学生之间的交互应在“元认知级”进行（即教师对学生应加强思维方法的指导，向学生提出的问题应有利于促进认知能力的发展而非纯知识性提问）。

（2）要注意建立学生的思维模型，即要了解学生思维的特点（例如，教师可通过这样一些问题来建立学生的思维模型，如：你的意思是什么？你怎么知道这是正确的？你对这个问题怎样进行分析？这是为什么？等等）。

（3）注意培养学生的发散思维（这可以通过提出一些问题来达到，如还有没有其他的含义？请对 A 与 B 作出比较？请评价某种观点，等等）。

3.3.5　合作学习策略

常用的合作学习策略有课堂讨论、角色扮演、竞争、协同和伙伴五种。

1. 课堂讨论

课堂讨论教学策略的设计通常有两种不同情况：一是学习主题事先已知；二是学习主题事先未知。

对于第一种情况，课堂讨论策略的设计应包括以下内客：

（1）围绕已确定的主题设计能引起争论的初始问题。

（2）设计能将讨论一步步引向深入的后续问题。

（3）教师要考虑如何站在稍稍超前于学生智力发展的边界上，通过提问来引导讨论，切忌直接告诉学生应该做什么（即不能代替学生思维）。

（4）对于学生在讨论过程中的表现，教师要适时做出恰如其分的评价。

对于第二种情况，由于事先并不知道主题，这时的课堂讨论策略设计没有固定的程式，主要依靠教师的随机应变和临场的掌握，但应注意以下几点：

（1）教师在讨论过程中应认真、专注地倾听每位学生的发言，仔细注意每位学生的神态及反应，以便根据学生的反应及时对他提出问题或对他进行正确的引导。

（2）要善于发现每位学生发言中的积极因素（哪怕只是萌芽），并及时给以肯定和鼓励。

（3）要善于发现每位学生通过发言暴露出来的、关于某个概念（或认识）的模糊或不准确之处，并及时用适合于学生接受的方式予以指出（切记不要使用容易挫伤学生自尊心的词语）。

（4）在讨论开始偏离教学内容或纠缠于枝节问题时，要及时加以正确的引导。

（5）在讨论的末尾，应由教师（或学生自己）对整个合作学习过程做出小结。

2. 角色扮演

我们可能有这样的经验：对某个问题给别人做了详细讲解之后，自己对该问题往往会有新的体会与理解。也就是说，在帮助别人学习的过程中，也能促进自己的学习。通常有两种不同形式的角色扮演：一是师生角色扮演；二是情境角色扮演。师生角色扮演就是让不同的学生分别扮演学习者和指导者的角色。学习者被要求解答问题，而指导者则检查学习者在解题过程中是否有错误。当学习者在解题过程中遇到困难时，指导者帮助学习者解决疑难。在学习过程中，他们所扮演的角色可以互换。让学生分别扮演指导者和学习者的前提是他们对学习问题有“知识上的差距”，怎样衡量和认识这种知识上的差距是运用这种教学策略的难点之一。情境角色扮演是要求若干学生，按照与当前学习主题密切相关的情境分别扮演其中的不同角色，以便营造一种身临其境的气氛，使学生能设身处地去体验、理解学习内容和学习主题的要求。例如，在学习与法律有关的课程中，可以让学生分别扮演法官、陪审员、原告、被告、证人等不同角色。

3. 竞争

竞争指两个或多个学习者针对同一学习内容或学习情境，看谁能够首先达到教学目标的要求。由于学习者的竞争关系，学习者在学习过程中，会很自然地产生人类与生俱来的求胜本能，所以学习者在学习过程中会全神贯注，易于取得良好的学习效果。在运用这种合作学习策略时，教师要恰当选择竞争对象，巧妙设计竞争主题，一方面要避免学生产生受挫感，另一方面又能巧妙利用学生不愿服输的心理刺激进一步的学习。

4. 协同

协同指多个学习者共同完成某个学习任务，在共同完成任务的过程中，学习者发挥各自的认知特点，相互争论、相互帮助、相互提示或者是进行分工合作。学习者对学习内容的理解和领悟就在这种和同伴紧密沟通与合作的过程中逐渐形成。基于计算机网络（特别是Internet）的协同学习系统，可让多个学习者通过网络来解答系统所呈现的同一问题。他们之间的交流和合作通过公共的工作区来实现，一般都要进行紧密的合作或分工才有可能解决问题。在开始之前，每个学习者都必须与其他学习者讨论，交流彼此的观点并共享集体的智慧，最终在学习者之间达成一致的行动方案。学习者可以选择他们自己认为最有效、最合适的合作方式。

5. 伙伴

在现实生活中，学生们常常与自己熟识的同学一起做作业。没有问题时，大家各做各的，当遇到问题时，便相互讨论，从别人的思考中得到启发和帮助。伙伴学习策略与此类似，它可以使学生在学习过程中感觉到他并不是孤独的，而是有一位伙伴可以互相支持、互相帮助，当一方有问题时，他可以随时与另一方讨论。由于个人的思考范围有限，可以与伙伴相互交流、相互鼓励，从而达到事半功倍的效果。在利用 Internet 的条件下，学生可供选择的学习伙伴更多了，而且具有更便利的条件。在这种系统中，学习者通常先选择自己需要学习的内容，并通过网络查找正在学习同一内容的学习者，选择其中之一，经双方同意结为学习伙伴。当其中一方遇到问题时，双方便相互讨论，从不同角度交换对同一问题的看法，相互帮助和提醒，直至问题解决。当他们觉得疲倦的时候，还可以在聊天区闲聊一会儿，使得学习过程不再枯燥和孤单，而是充满乐趣。

3.4 教学评价设计

3.4.1 教学评价的概念

教学评价就是根据教学目标的要求，制定科学的标准，采用一定手段和方法对教与学的活动过程和结果进行测量，并给予价值判断。始于 20 世纪 30 年代的现代教学评价的理论和技术对教学设计成果的评价具有直接指导作用。教学设计成果评价的实质是从结果和影响两个方面对教学活动给予价值上的确认，并引导教学设计工作沿着实现预定目标的方向进展。虽然在一般的教学过程设计模式中，都将评价放在模式的最后环节，但这并不意味着评价是在教学之后才进行的。实际上，教学过程设计的评价从确定教学目标时已经开始，并贯穿在整个设计过程中。教学过程设计要以评价反馈为途径，来检验计划并不断修改完善计划、方案，使教学过程设计及其成果更趋有效。可以说，没有评价环节，教学过程设计就会缺少一种重要的内部动力，教学过程设计成果也难以达到真正完美。教学过程设计中的评价环节还是对设计者关于工作成果的价值观念进行认同的重要措施，而价值观念被认同是对教师最直接、最有力的奖赏，能使其在心理上获得成就感和满足感的体验。因此，教学评价还可以起到激励和监督作用，使教师和学生在评价中受到鼓舞和鞭策，促进教师的教学技能，激发学生的学习动机。

3.4.2　教学评价的类型

依照不同的分类标准，教学评价可以分为不同的类型。

1. 根据评价基准划分

根据评价基准的不同，教学评价可分为相对评价、绝对评价和自身评价。

（1）相对评价是在被评价对象的群体或集合中建立基准，然后把各个对象逐一与基准进行比较，来判断群体中每一成员的相对优劣。

（2）绝对评价是将教学评价的基准建立在被评价对象的群体或集合之外，把群体中每一成员的某种指标逐一与基准进行对照，从而判断其优劣。

（3）自身评价既不是在被评价群体之内确立基准，也不是在群体之外确立基准，而是对被评价个体的过去与现在相比较，或者是对他的若干侧面进行比较。

2. 根据评价功能划分

根据评价的功能不同，教学评价可分为诊断性评价、形成性评价和总结性评价。

（1）诊断性评价，也称教学前评价或前置评价，一般是在单元、学期、学年开始时，正常的教学活动尚未纳入轨道之前，对学生的知识、技能和体力以及情感等状况进行“摸底”。目的是设计出可以满足不同起点水平和不同学习风格的学生所需的教学方案，并分别将学生置于最有益的教学程序中。

（2）形成性评价是在某项教学活动过程中，为使活动效果更好而不断进行的评价，它能及时了解阶段教学的结果和学生学习的进展情况、存在的问题等，以便及时反馈、及时调整和改进教学工作。教学设计活动中进行的评价主要是形成性评价，如对新的教学方案进行评价通常是在该方案的试行过程中进行的，目的是为修改该方案而收集有力的数据和资料，对于提高教学质量来说，重视形成性评价比重视总结性评价更有实际意义。

（3）总结性评价，又称事后评价，一般是在教学活动告一段落时，为把握活动最终效果而进行的评价。

3. 根据评价方法划分

根据评价方法的不同，教学评价可分为定性评价和定量评价。

（1）定性评价是对评价做“质”的分析，是运用分析和综合、比较和分类、归纳和演绎等逻辑分析的方法，对评价所获取的数据资料进行思维加工。

（2）定量评价是从“量”的角度运用统计分析、多元分析等数学方法，从复杂纷乱的评价数据中总结出规律性的结论。由于教学涉及的因素、变量及其关系是比较复杂的，因此为了揭示数据的特征和规律性，定量评价的方向、范围必须由定性评价来规定。

4. 根据评价对象划分

教育技术领域所关心的教学评价对象包括学习过程和学习资源，按照评价对象的不同，教学评价又可分为面向学习过程的评价和面向学习资源的评价。

（1）面向学习过程的评价着重于测量与评价学生的学习情况，也就是采用测量工具和方法对学生的学习过程或学习结果进行描述，并根据教学目标对所描述的学习过程或结果进行价值判断。

（2）面向学习资源的评价主要是对专门为了学习目的而设计出来的资源（如多媒体教学课件、网上资源等）进行评价，目的是根据教学目标，测量和检验学习资源所具有的教育价值。

3.4.3　教学评价的实施过程

教学评价的实施过程一般通过以下四步来进行。

（1）以学习目标为依据，建立教学评价指标体系。

（2）收集学习者的相关资料信息。常用的收集信息方法有测验、调查、形成性练习、结构化观察表、态度调查表、作业分析、试卷等。

（3）利用评价指标体系，对收集到的相关资料进行统计处理。

（4）根据处理结果，作出学生在达标程度、相对水平、差异对比和发展状况等方面的归类分析，并进行价值性的描述。常用的处理工具有 Excel 和 SPSS 软件。Excel 是 Office 办公软件中一个电子表格软件，可以进行复杂的数据计算、分析和统计，完成多种多样的图表设计。SPSS 是世界上著名的统计分析软件，可以完成各种统计运算，如平均数、标准差、t 检验、方差分析以及其他一些更加复杂的运算。

3.4.4　教学评价的功能

1. 诊断功能

教学评价是对教学结果及其成因的分析过程，借此可以了解到教学各方面的情况，从而判断它的成效和缺陷、矛盾和问题。全面的评价工作不仅能估计学生的成绩在多大程度上实现了教学目标，而且能解释学生成绩不良的原因，如学校、家庭、社会和个人中哪方面的因素是主要的；就学生个人来说，主要是智力因素还是学习动机等其他非智力因素的影响，或是两者兼而有之。教学评价如同体格检查，是对教学现状进行一次严谨的科学诊断，以便为教学的决策或改进指明方向。

2. 激励功能

教学评价对教学过程有监督和控制作用，对教师和学生则是一种促进和强化。通过评价反映出教师的教学成果和学生的学习成绩。经验和研究都表明，在一定限度内，经常进行记录成绩的测验对学生的学习动机具有很大的激发作用。这是因为，较高的评价能给教师、学生以心理上的满足和精神上的鼓励，可激发他们向更高目标努力的积极性；即使评价较低，也能催人深思，激起师生奋进的情绪，起到推动和督促作用。

3. 调控功能

教学评价的结果必然是一种反馈信息。这种信息可以使教师及时知道自己的教学情况，也可以使学生得到学习成功和失败的体验，从而为师生调整教与学的行为提供客观依据。教师据此修订教学计划，改进教学方法，完善教学指导；学生据此变更学习策略，改进学习方法，增强学习的自觉性。教学评价有利于使教学过程成为一个能随时得到反馈调节的可控系统，使教学效果越来越接近预期的目标。

4. 教学功能

教学评价本身也是一种教学活动。在这种活动中，学生的知识、技能将获得长进，甚至产生飞跃。如测验是一种重要的学习经验，它要求学生事先对教材进行复习，巩固和整合已学到的知识技能，事后对试题进行分析，可以确认、澄清和纠正一些观念。另外，教师也可以在估计学生水平的前提下，将有关学习内容以测试题形式呈现，题目中包含某些有意义的启示，让学生自己探索、领悟，获得新的学习经验或达到更高的教学目标。

3.4.5　信息化教学评价

传统评价过于注重考察学生的学业成绩，导致过分关心考试成绩，而忽视学生的学习过程。评价由教师完全掌控，忽视了评价的多元化和评价标准的多向性，忽视了学习者自我评价能力的培养。评价过于注重书面测验和量化评价，忽视了学习者多元智能的发展，忽视了学习者的个别差异。评价过于注重学习者的学习结果，忽视了学习过程中学习者付出的努力，忽视了学生能力的培养，忽视了过程性评价。随着教育信息化进程的推进，教育理论的创新，人才培养目标的变化，教育评价的理论和方法得到了进一步发展，逐渐地避免了传统评价的不足。当前在实践中，典型的信息化教学评价方式有以下几种：

1. 评价量规

（1）评价量规的概念。

量规（rubric）是用来校核或测量物体特定属性（如厚度、深度或直径）的工具。作为一个学习评价工具，量规通常表现为二维表格的细则形式，为学习过程、学习作品或其他学习成果列出具体的评价细则和标准要求，明确描述每个准则从优到差不同水平的等级。因此，学习评价量规可以定义为根据教学目标要求从多个维度对评价标准和等级进行具体描述的说明性工具。

（2）评价量规的特点。

① 评价量规详细地列出了教学目标的要求和等级，避免了单一目标的含糊性，为学习者进行自我评价提供了具体的评价依据，并为学生的后续努力指明了方向。

② 评价量规不仅规定学习者的学习结果，而且也参与了对学习者学习过程的评价，体现了评价的实质。

③ 评价量规确定的是师生共同努力的结果，充分体现了学习者在学习过程中的主动性和对自我学习的责任感，提高学习动机，培养学习者的自我评价和自我反省能力。

（3）评价量规设计。

设计评价量规的主要步骤如下。

① 分解学习目标，初步确定量规框架。

② 依据学习内容的种类和学习目标所属目标层次，确定具体的描述指标和等级。

③ 确定不同等级表现水平的具体描述语句。

④ 试运行并修订量规。

（4）评价量规举例。

表 3-8 所示的是“未来的冲击”案例中的评价量规，表 3-9 所示的是关于电子档案袋的评价量规。

表 3-8　　　　“未来的冲击”案例评价量规

	差的（0~10 分）	需要再努力的（11~13 分）	有能力的（14~17）	可作模范的（18~20）
调查（20 分）	不完善或有限的数据	使用的数据局限于个别几年	数据集有一些错误	（1）数据集没有错误 （2）使用多方面的资料来验证数据
数学建模（20 分）	数据与图表或函数不相符合	（1）数据被图片或函数模拟 （2）模拟的解释有缺陷 （3）没有对未来进行预测	（1）使用技术进行模拟并能使用函数和图片解释数据 （2）对数据进行正确的解释 （3）有 3 个以上对未来的预测值	（1）使用多种技术来完成项目 （2）对数据进行正确的解释包括至少 5 种外推法预测
对未来预测的讨论（20 分）	没有作讨论	（1）至少讨论 2 种预测 （2）讨论有意义	（1 ）至少讨论 3 种预测 （2 ）讨论清晰简明	（1）至少讨论了 4 种预测 （2）讨论简明有深刻见解
设计原理（20 分）	没有任何证据	（1）有一些证据 （2）幻灯片容易理解	（1）有足够的证据 （2）幻灯片容易理解 （3）使用一些效果和背景	（1）有清楚明白的证据 （2）幻灯片容易理解 （3）使用图片背景和声音增强展示内容的效果
创新和创意（20 分）	没有独特性和新的想法	有一些独特性但很少，有新颖的想法和创造	有大量的独特性并对主题有一些新的洞察	（1）有鲜明的独特性 （2）含很多新颖的有创造性的想法

表 3-9　　　　电子档案袋评价量规

	4	3	2	1
技术的创造性使用	图形、声音、电子邮件、软件、网络资源的创造性的使用 表达出色	仅有几处声音、图形和超链接的创造性的使用 表达具有吸引力	使用了一些有趣的声音和图形 表达的内容具有可预见性	缺少个性化的资源 表达单调
内容选择	所选择的样本表现了学生学习的进步和知识的增加	所选择的样本表现了学生学习的进步和知识的增加	所选择的样本表现了学生学习部分的进步和知识的部分增加	只是对样本进行了随机的选择，丝毫表现不出学生知识的增加
文字的组织	没有语法和标点符号错误 布局合理，导航正确	存在极少数语法和标点错误，导航正确	存在极少数的语法和标点错误 布局不合理，有时容易造成访问者迷航	存在几处语法和标点错误 布局不合理，导航不正确
自我评价	能进行极好的自我评价	自我评价正确	自我评价显得有些肤浅	对自己作品的好坏不关心

2. 电子档案袋

（1）电子档案袋的定义。

电子档案袋（E-Portfolio）是指在信息技术环境下，学习者运用信息手段表现和展示学习者在学习过程中关于学习目的、学习活动、学习成果、学习业绩、学习付出、学业进步以及关于学习过程和学习结果进行反思等有关信息的集合体。

（2）电子档案袋的类型。

① 成果型档案袋：是展现学生在学习过程中的优秀作品和学习成果的档案袋。这类档案袋的主体由师生共同决定，可以是教师拟定的一个主题，也可以是多个主题。学生必须根据档案袋主题以及有关制作要求，选择自认为最好的作品放入档案袋。同时，学生需要对档案袋中的作品做一些注解和说明。

② 过程型档案袋：是呈现、展示和记录学生达到教学目标，获得一定成就历程的信息的档案袋。过程型档案袋通常由一个个主题构成，反映了学生在不同阶段的学习历程，收录了学生在不同阶段能展示学生进步的详细资料。

③ 综合型档案袋：是以上两类档案袋的综合。

（3）电子档案袋的设计。

在设计电子档案袋时，通常从以下三个方面考虑：

① 确定建立档案袋的目的。在建立档案袋前，师生需要确定档案袋的用途，为确定档案袋中的内容打下基础。

② 确定档案袋中的内容。档案袋中一般可以装五类信息，如图3-6所示。

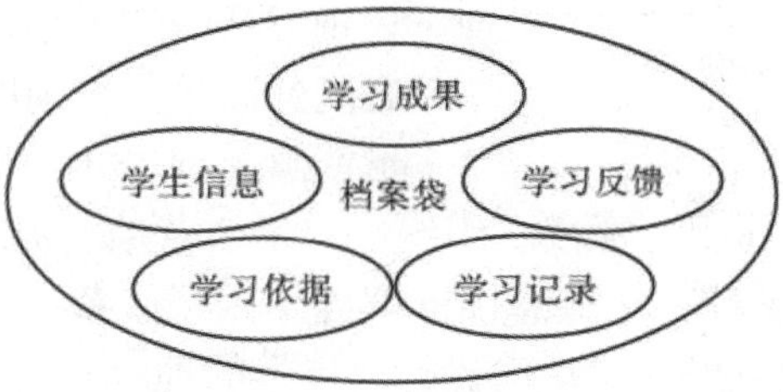

图3-6　电子档案袋的内容

可装入档案袋的具体内容如下。

- 学习目标。
- 学习计划或解决问题的设计与方案。
- 教师和学生共同选择的作品范例。
- 新课程开始时反映学生学业基础的档案文件或测验。
- 学生学习活动、行为记录，如课堂上参与朗读、朗诵、角色扮演等情况。
- 标准和范例，如作业的样本，通常由学生自己决定收录的作品。
- 教师反馈与指导，如教师、家长对学生学习情况的观察评语。
- 多元评价内容等，如教师评分或在教师指导下，同学评分/评语或自己评分/评语。
- 学生自我反省内容，如学生对自己的学习态度、方法与效果的反思与评价。
- 其他。

③ 确定档案袋的评价标准和规则。在建立档案袋前，就应该对档案袋中的内容、数量、

资料放入的时间等有具体的规定，使学习者在使用档案袋时目标明确。

- 学生选择内容的类型。
- 选择材料的标准。
- 作品的评价标准和量规。
- 学生完成特定内容的时间和数量。

在教学实践中，档案袋和评价量规是综合使用的，尤其是对于研究型学习、探究型学习来说，评价量规和档案袋就更能展现它的优势，有力地促进学生信息素养的培养。

3. 概念图

（1）概念图的定义。

概念图（Concept Map）是一种图表，用以表示出单元或知识点的相互关系和组织形态，可以理解成一种用来帮助学习者思维过程或思维结果的工具，如图 3-7 所示。

（2）概念图的构成与特点。

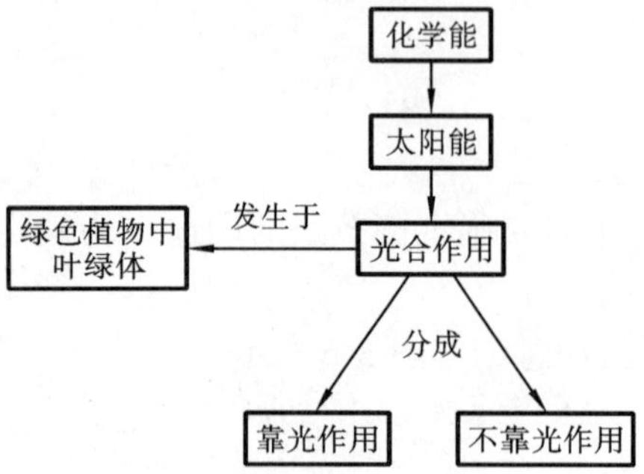

图 3-7　概念图举例

概念图包括节点符号（几何图形、图案）、连接各个节点的连线（链接）和节点之间关系的文字描述（连线上的文字），可通过手工或利用软件工具的方式进行绘制。把概念图作为评价工具，可以清楚地看到学习者在某一特定领域内对知识理解的水平、深度和对知识点相互关系的理解。其特点如下。

① 具有形象性。概念图以简洁明了的图形表现复杂的知识结构，从而形象地呈现各知识点之间的联系。美国图形艺术研究所认为，概念图形能够起到告知、指引、鼓舞、吸引、解释、娱乐、简化、识别、教育、示例、激发、组织、启示、营销、促进、警示等作用。

② 提高对概念的理解能力。概念图能够确定因果联系、区分概念的优先次序和组织概念，显示其他有意义的观点模式，从而提高对概念的理解。

③ 提高绩效。绩效是指某种行为活动的方式及其所取得的成绩、效率、成就，既包括可观察的外显行为，也包括行为所带来的结果。概念图可帮助人们反思学习、工作的行为活动过程，预测可能产生的行为活动结果，从而提高学习、工作、绩效。有研究显示，学生利用概念图能在以下三方面的测试中取得更好的成绩：多项选择（概念正误辨析）、填空（概念图工具）和综合性测试（概念的相关性）。

④ 提高元认知学习技能。概念图能够帮助提高元认知学习技能，如记笔记、理解课文、组织论文、准备考试等。

（3）概念图的编写步骤。

第一步，选取一个熟悉的知识领域。学习制作概念图，非常重要的一点是从学习者熟悉的知识领域开始。既然概念图的建构必须依靠对上下文知识的运用，所以最好选取学习者试图理解掌握的一段课文、某个实验活动或者一个实际的问题。如此形成的背景知识有助于确定概念图的层级结构。

第二步，确定关键概念和概念等级。一旦知识领域选定了，接下来便是确定关键概念，并把它们一一列出来。然后，对这些关键概念进行排序，从最一般、最概括的概念到最特殊、最具体的概念依次排列。虽然这样的排列是很粗糙的，但能帮助人们确立概念图的结构。

第三步，初步拟定概念图的纵向分层和横向分支。在这一步骤中，可以把所有的概念写在活动的纸片上，然后把这些纸片按照概念的分层和分支在工作平台（如黑板、卡纸）上进行排列，初步拟定概念图的分布。利用活动纸片的好处就是允许学习者移动、修改概念图的层级分布。当然，用计算机软件制作概念图更好一些，因为它不仅能修改，还允许直接打印、制作一个精美的概念图，或者以 E-mail 的方式进行传送和交流。

第四步，建立概念之间的连接，并在连线上用连接词标明两者之间的关系。概念之间的联系有时很复杂，但一般可以分为同一知识领域的连接和不同知识领域的连接。特别是交叉连接是判断一个概念图好坏的重要标准之一。交叉连接是不同知识领域概念之间的相互关系。交叉连接需要学习者的横向思维，也是发现和形成概念间新关系、产生新知识的重要一环，所以，从这一点来看，构建概念图也是一项极好的创造性工作。当然，任何概念之间都可以形成某种联系，应该选择最有意义并适合于当前知识背景的交叉连接。

第五步，在以后的学习中不断修改和完善。有了初步的概念图以后，随着学习的深入，学习者对原有知识的理解是会加深和改变的，所以，概念图应不断地修改和完善。

当然，概念图的应用不只局限于教学评价，它已经广泛地参与到了教学过程中，对教学策略、教学方法、学习方法和内容分析方法等都产生了影响。

思　考　题

1. 什么是教学过程设计？如何理解教学过程设计？
2. 教学过程设计的基本模式有哪些？如何理解“双主”教学过程设计模式？
3. 信息化教学过程设计的特点是什么？
4. 举例说明用 ABCD 法和内外结合的表述法来编写教学目标。
5. 自主学习策略有哪些分类？
6. 教学评价的功能分哪几类？
7. 典型的信息化教学评价方式有哪几种？
8. 教学评价根据评价功能划分，可分为哪几类？

第4章 网络教育资源的应用

【学习目标】

- 了解网络教育资源的基本特点和分类方法
- 掌握网络教育资源评价的方法
- 掌握信息资源检索技术，能够快速有效地检索信息
- 了解数据库的结构和分类方法
- 掌握数据库的检索方法，熟练利用数据库检索所需资源
- 理解常见的社会性软件在教育中的应用方法
- 能够运用社会性软件实现个人知识管理
- 熟悉数字版权保护知识，合理利用数字化资源

【内容结构】

- 网络教育资源的应用
  - 网络教育资源概述
    - 网络信息资源的特点
    - 网络信息资源的种类
    - 网络信息资源的评价
  - 网络信息资源的检索技术
    - Internet 网络信息资源的检索
    - 数据库信息资源的检索
  - 社会性软件在网络教育中的应用
    - 社会性软件概述
    - 常见社会性软件在教育中的应用
  - 版权保护与网络资源的合理利用
    - 全文数据库入编期刊的版权
    - 电子期刊的合理利用
    - 利用信息技术，做好个人知识管理

目前，信息已经成为与物质、能源并列的构成人类社会的三大资源之一，信息无处不在，无时不有，传播于人类社会的各个角落。可以说，我们每个人都生活在信息的海洋中。Internet是一个巨大的信息资源库，它的迅速发展和广泛使用使世界范围内的信息资源交流、共享成为可能，同时它也对传统信息组织、检索和获取方法形成了很大冲击。在当今的信息时代，有效获取信息、处理信息和表达信息的能力，已经成为现代的人类所必需的基本素质之一。

与其他信息的获取一样，随着科学技术的发展，教育信息的获取经历了从手工搜集到机械搜集，再到计算机搜集和网络搜集的演变过程。虽说传统的手工搜集和机械搜集教育信息的方法在一定程度上仍有不可替代性(如现场调查)，但网上的海量信息和计算机的快速准确毕竟更具有吸引力。可以说，利用计算机和网络获取教育信息已经成为当前教育信息搜集的主流技术。

4.1 网络教育资源概述

网络资源是指通过互联网将分布在不同地方的计算机硬件资源、软件资源和各种信息资源，组成充分共享的资源集成。其中与教育相关的资源称为网络教育资源。网络教育资源通过网络的连通，为人们提供了一种高效、便捷的施教、学习、管理和服务的途径，从而打破教育过程在时间和空间上的限制，大大推动教育全球化的进程。

我们所说的网络教育资源包括网络环境资源、网络信息资源和网络人力资源。

网络环境资源是指构成网络教育空间的各种硬件设备等，如计算机设备、网络设备、通信设备等，以及形成网络正常运行空间的各类系统软件、应用软件；网络信息资源则是指在网络上蕴藏着的各种形式的与教育相关的知识、资料、情报、消息等的集合；网络人力资源则通常包括具备或开发、或建设、或应用各种网络教育资源的能力的个体，如网络硬件结构设计、维修人员、网络系统开发人员、网络系统安全维护人员、教育网页开发人员、网络用户等。在这三部分资源中，网络信息资源是核心，因为其他两部分资源是为信息资源的建立、传播和利用而服务的。本章重点讨论网络信息资源在教育中的应用。

4.1.1 网络信息资源特点

网络信息资源具有以下特点：

1. 信息源丰富

Internet 是个开放的信息传播平台，任何机构、任何人都可以将自己拥有的且愿意让他人共享的信息上网。在这个庞大的信息供应源中，起主导作用的主要有公共图书馆、网络信息服务商、传统媒体、传统联机服务商、高等院校、科研机构、各类商业公司等。

2. 信息内容多样性

网络是信息的载体，信息是网络的灵魂。没有信息，网络就没有使用价值。Internet是信息的海洋，信息内容几乎无所不包。有科学技术领域的各种行业信息，也有与大众日常生活息息相关的信息；有严肃的主题信息，也有体育、娱乐、旅游、消遣和奇闻趣事；有历史档案信息，也有显示现实世界的信息；有知识性和教育性的信息，也有消息和新闻的传媒信息；有学术、教育、产业和文化方面的信息，也有经济、金融和商业信息。

3. 信息表现形式多样化

Internet是一个集声音、图像、文字、照片、图形、动画、电影、音乐为一体的包罗万象的综合性信息系统。你可以伴着优雅的音乐，循着链路随意在网上漫游，看看精美的网页、阅读精彩的文件，使学习成为一种浪漫、愉快的旅程。

4. 信息时效性强

利用 Internet 信息制作技术，能很快地将信息传播到世界各地。由于几乎在事件发生的同一时间内，就能将信息快速制作、上网，因此，网上信息的更新周期短、内容新颖。

5. 信息具有交互性

Internet 是交互性的，不仅可以从中获取信息，也可以向网上发布信息。Internet 提供讨论、交流的渠道。在 Internet 上可以找到提供各种信息的人：科学家、工程技术专家、医生、律师、教育家、明星以及具备各种专长和爱好的人们；也可以找到一些专题讨论小组，通过交流、咨询获得专家和其他用户的帮助，同时也可发表个人的见解。

6. 信息关联性

Internet 的信息组织是基于超文本的，因此，有关联的信息之间通过链接形成一个相互联系的信息渠道，人们可以由此及彼、由远而近、顺藤摸瓜找到想要的信息。

7. 信息的开放性

由于 Internet 是一个全球性分布的结构，大量信息分别存储在世界各地的服务器与主机上，随着时间的推移和知识的更新，在不断补充新的信息同时也不断淘汰旧的信息，以保证其信息的整体数量和使用价值及网络灵活性。

8. 免费信息资源丰富

Internet 大部分信息资源是免费的，只要你有时间、有一定的检索经验，肯定可以从网上找到大量的你所需要的免费信息。

9. 信息组织的局部有序性与整体无序性

各搜索引擎和站点目录都收集大量 Internet 的站点，并按照专业和文献信息类型分类，实现了信息组织的局部有序化。但是，由于 Internet 急剧膨胀，仍有大量信息被淹没在信息的海洋里，这种无序性必将影响信息检索的系统性、完整性和准确性。

4.1.2 网络信息资源的种类

Internet 信息资源可按照信息来源、信息时效性或网络传输协议来分类。

1. 按信息来源划分

Internet 信息资源按信息来源可划分为政府、公众、商用等信息资源。

（1）政府信息资源。

各国政府纷纷在 Internet 上发布有关该国家与政府的各种公开信息，进行国家与政府的形象展示。政府信息主要包括各种新闻、统计信息、政策法规文件、政府档案、政府部门介绍、政府取得成就等。

（2）公众信息资源。

公众信息资源，即为社会公众服务的机构所拥有的信息资源，包括公共图书资源、科技信息资源、新闻出版资源、广播电视信息资源等。

（3）商用信息资源

商用信息资源，即商情咨询机构或商业性公司为生产经营者或消费者提供的有偿或无偿的商用信息，包括产品、商情、咨询等类型的信息。

2. 按信息存取方式划分

Internet 信息资源按信息时效可划分为电子邮件型、图书馆目录、书目与索引、全文资料及电子出版物、数据库等信息资源。

（1）电子邮件型信息资源。

凡是通过电子邮件方式进行交流的信息都属于 E-mail 型的信息资源。它并不局限于个人之间的通信，还包括报告、论文、文献目录，甚至整本书、整本期刊。

（2）图书馆目录资源。

网络上的图书馆目录不再受时空限制，用户可以在家里或办公室查阅、检索。

（3）书目与索引资源。

Internet 上有大量历史、政治、经济、物理、化学、矿业、化工、建筑等许多学科的书目与期刊索引资源。

（4）全文资料及电子出版物资源。

全文资料及电子出版物已越来越多地通过 Internet 提供有偿或无偿使用。

（5）数据库信息资源。

数据库信息资源是 Internet 中最为庞大的部分，又可分为科学技术数据库、商业广告数据库、教育娱乐数据库等。

3. 按网络传输协议划分

Internet 信息资源按网络传输协议可划分为 WWW、Telnet 、FTP、E-mail、用户服务组、Gopher 等信息资源。

（1）WWW 信息资源。

WWW（World Wide Web, 简称 WWW 或 Web）信息资源是建立在超文本、超媒体技术以及超文本传输协议 HTTP（Hyper Text Transfer Protocol）的基础上，集文本、图形、图像、声音为一体，并以直观的图形用户截面展现和提供信息的网络资源形式。

WWW 其实是 Internet 中一个特殊的网络区域，这个区域是由网上所有超文本格式的文档（网页）集合而成。超文本文档里既有数据又有包含指向其他文档的链（Links）。链使得不同文档里的相关信息连接在一起，这些相互链接的文档可以在一个 WWW 服务器里，也可以分布在网络上的不同地点。通过这些链，用户在 WWW 上查找信息时可以从一个文档跳到另一个文档，而不必考虑这些文档在网络上的具体地点。

（2）Telnet 信息资源。

Telnet 信息资源是指借助远程登录，在网络通信协议（Telecommunication Network Protocol）的支持下，可以访问共享的远程计算机中的资源。Telnet 使用户可以在本地计算机上注册到远程计算机中的资源。使用 Telnet，用户可以与全世界许多信息中心、图书馆及其他信息资源联系。

Telnet 远程登录的使用主要有两种情况：第一种是用户在远程主机上有自己的账号，即用户拥有注册的用户名和口令；第二种是许多 Internet 主机为用户提供了某种形式的公共 Telnet 信息资源，这种资源对于每一个 Internet 用户都是开放的。

（3）FTP 服务器信息资源。

FTP（File Transfer Protocol）是因特网使用的文件传输协议。它的主要功能是完成因特网的联网计算机之间的文件传输。任何以计算机方式存储的信息均可以保存在 FTP 服务器上，因此通过 FTP 服务器可获取的网络信息资源很广泛。Archie 是帮助查找在服务器上存放文件的检索系统，用户可用关键文件名查询，以确定文件的位置，目的是检索存储在网络上可供检索的公共文档中的软件，发现哪些文件是通过 FTP 服务器向公众提供的。

4. 按信息交流的方式划分

（1）正式交流的网络信息。

正式交流是通过中介的网络信息流通。它包括网络信息编辑出版发行（如各种网络、大众传播机构、联机数据库以及各种数据库、网上书店、网络出版社、杂志社等）下作网络信息检索工作（如各种搜索引擎机构、各种联机检索中心、文摘社、索引社）、网络信息工作（如网站、网络评价机构、各类网络信息中心和网络公司、档案馆等）和数字图书馆以工作为目的的信息流通。正式交流的网络信息多是正式出版发行的电子出版物，包括：电子图书报刊、各种数据库（包括联机数据库）、电子工具书、专利信息、教育资源、数字图书馆资源等。

正式交流信息又可按其加工层次进一步划分为一次信息、二次信息和三次信息。一次网络信息资源是指网上传输的原始数字化信息资源，是没有被加工处理的第一手信息资源。一次信息来源广泛、种类繁多、内容复杂，包括有 WWW 信息、电子邮件信息、FTP 信息、Telnet 信息等。二次网络信息资源是将一次网络信息资源进行描述、揭示、分析和存储后形成的有序化、系统化的网络信息资源，即对无序的一次信息的外部特征如题名、作者、出处等进行著录，或将其内容压缩成简介、提要或文摘，并按照一定的学科或专业加以有序化而形成的信息形式。三次网络信息资源是对二次信息资源进行搜集和再次的组织而形成的，如综述报告、述评报告、研究报告、技术预测、数据手册等。

（2）非正式交流的网络信息。

非正式交流是原始信息的流通。流通形式是信息生产者与用户直接交流，多是非正式、半正式发行的网络信息，例如，软件与娱乐游戏、网上教育培训信息，文艺活动情息、旅游景点介绍、交通信息、天气预报、股票行情、BBS、广告、网络新闻等动态信息；也有电子邮件、专题讨论组、论坛、电子会议、电子布告新闻、文件报告、统计数据、法规条例，等等。

4.1.3　网络信息资源的评价

表面上看，网络信息资源十分富足，取之不尽、用之不竭。但实际上，网络信息资源的无序性和无控制性造成可供有效利用的资源相对缺乏。网络信息资源的绝对数量的充足和有效信息的相对数量的稀缺形成鲜明的对比。在网络信息组织逐步成为信息学科一个非常重要的前沿性课题的背景下，网络信息资源的评价成为这个课题不可缺少的一个步骤。通过评价找出需要组织和值得组织的正确、权威的网络信息资源，为用户有效利用网络信息资源提供可靠的依据。

所谓网络信息资源评价，就是根据确定的网络信息资源评价指标体系来测定评价对象，即网络信息资源（包括网站资源、网页资源等）的各方面的属性，以全面、综合地掌握评价对象的基本情况。

1. 网络信息资源评价的重要意义

（1）网络信息资源评价是网络信息资源组织的重要前提。

网络检索工具和检索技术逐渐简明实用，信息用户完全可以直接通过这些网络检索工具和技术获得其所需求的信息资源。但由于因特网信息资源的无限、无序以及优劣混杂，极大阻碍了信息查找的有效性。目前，可以尝试为网络信息资源的组织搭建起一个网络信息资源的筛选平台，即构建网络信息资源评价指标体系，依据网络信息资源评价指标体系对网络信息资源进行评价，取其精华，去其糟粕，组织有价值的信息提供给用户。

（2）网络信息资源评价是网络信息资源有效利用的重要依据。

在网络信息资源纷繁复杂的网络世界里，用户对于如何访问最好的网站、如何寻找最好的信息、如何获得最大价值和最好的服务往往感到比较茫然。如果网络用户掌握了网络信息资源评价的结果或者了解一些网络信息资源的评价标准以及评价方法，就相当于掌握了使用因特网的主动权。他们可以依据网络信息资源评价结果有针对性地选择需要访问的网站或网页，以保证自己的上网。“冲浪”是建立在某种分析和判断基础上的“智能性”的访问，同时还可以对自己所搜集和获取到的信息资源进行价值判断,这样不仅节约了大量的时间和金钱,而且真正做到了网络信息资源的有效利用。

（3）网络信息资源评价是网络信息资源质量提高的重要保障。

网络信息资源不是静止的，而是不断向前发展的，尤其对于网站资源来说，网站的创建者当然希望网站能越办越好，吸引越来越多的访问者。有些网站为了不断提高网站质量，专门设置有用户意见箱或者制定一套有关网站使用的在线问卷调查，这些都不失为改进网站质量的好方法。然而用户的意见或建议或多或少带有主观色彩、含有个人的喜好，所以不够客观。而网络信息资源评价标准和方法能客观地对网站进行全面评价，让网站的创建者充分了解自己网站的优势劣势所在，从而有目的、有针对性地改进网站的质量，而不再是盲目、冒风险的尝试。

另外，网络信息的编辑和生产者，掌握有关的评价标准，也能够使其在编辑和生产网络信息的过程中有所规范，以便在几个关键的方面注意按标准的要求去做，进而提高和改善网络信息资源的质量。

2. 网络资源评价指标体系

建立网络信息资源的评价指标体系，对网络信息资源进行综合、科学的评价，确定网络信息资源的质量，为用户合理开发和有效利用网络信息资源提供依据。这里所谈的网络信息资源主要基于网站信息和网页信息，所以此评价体系是基于此的。

（1）网络信息资源的核心评价指标。

网络信息资源的内容是网站或网页的灵魂，因特网的使用价值在于其丰富、充足的信息资源，人们上网的目的就是为了获得自己所需要的信息。编者通过大量的访问，确定了考察和评价一个网站或网页信息资源的最核心的指标、最有效的途径。

① 权威性（Authority）。

信息作为人们进行各种决策的重要依据，其真实性和可靠性十分重要，而权威性正是信息真实可靠的保证。通过访问大量的网站，编者发现，政府网站、机构网站和学术网站的权威性一般较强。

② 准确性（Accuracy）。

准确性是信息有无使用价值的衡量尺度，准确性不足的信息或虚假信息只能混淆视听，甚至给用户带来不必要的麻烦。一般来说，权威性高的网站提供的信息准确性较高，用户大多愿意访问权威性高的网站，以保证获得的信息是准确可靠的。但这并不是说，没有权威性的网站提供的信息一定没有准确性的保证，这需要用户自己来判断，大多网页信息是提供信息来源的，用户可以根据信息来源来判断信息准确与否。

③ 全面性（Overall）。

对于用户来说，上网查找有关某一专题的资料，当然希望能快速、方便地得到关于该专题的全部信息，因此网站的全面性也是评价网站内容的一个重要指标。但是单一的一个网站、网页或一条信息不太可能提供某个专题的所有信息，考察网站的全面性可以看该网站在利用自身资源提供某专题资料的基础上，有没有列出研究该专题的书或期刊的书目信息或者相关网络资源链接，为用户提供传统文献以及网络资源指引，以帮助其尽可能全的找到所需信息。

④ 新颖性（Currency）。

学科发展的迅速与知识更新的频繁，促使人们必须经常关注网络信息资源的新颖性，在学术领域尤其需要新的学科信息，以帮助用户掌握最新学术动态、研究热点以及新生事物等。考察网络信息是否新颖主要看信息的发布日期、信息中有无新的观点、新的数据。

⑤ 唯一性（Uniqueness）。

唯一性体现了网站的独特性，体现了网站作为信息源的优势。唯一性主要表现在某信息只有该网站独有，不能从其他途径或其他网站获得。一般来说，新闻类网站的唯一性较低，因为很可能多家新闻网站会同时提供关于某一条新闻的报道；学术网站，尤其是提供一些特色在线数据库的网站唯一性较高。

（2）网络信息资源的参考评价指标。

① 网页设计指标。

各类信息技术、多媒体技术赋予网络信息资源丰富的表达方式，它能集文本、图像、音频、视频等形式于一体。那些材料组织有序、图文组合均衡、色彩搭配和谐、媒体形式多样的网站总是受到用户的青睐，因此，对网页设计的考察是对网络信息资源评价的重要方面。

a. 信息组织的科学性。

网络信息资源的组织一直是一个热点问题，对于单个的网站来说，搞好自身的信息资源组织有利于提高网站的整体质量，方便用户在最短的时间内熟悉网站信息的布局，迅速找到需要的信息。

b. 多媒体设计的和谐性。

从用户的角度来考虑，他们希望看到更多的图文并茂的网站，单一的纯文字看久了会让人感到疲惫，所以适当的音频或视频会为网站增色，提高网站的吸引力，但一味地追求视觉、听觉效果而忽视信息内容本身，就会本末倒置，反而起到副作用，因而网站多媒体设计的和谐性对网站的质量影响相当大。

c. 界面友好性。

界面友好性主要指网站为用户考虑得比较周到，预先考虑到了用户在访问网站时会遇到的各种问题和困难，通俗地说就是网站简单好用，用户访问该网站不需要专业的检索知识。

d. 页面设计的艺术性。

每个网站都有自己的设计风格，但页面设计的艺术性应该是每个网站都想达到的境界。例如，学术性网站的艺术性体现在其浓郁的学术氛围，娱乐性网站的艺术性表现在轻松愉快的娱乐氛围，商业性网站的艺术性表现在其快捷、时效、务实的商业氛围等。

e. 版面编排的合理性。

版面编排的合理性对表达网站的意图、揭示网站的信息内容、提高网站的易用性有着不可忽视的作用，因此版面编排的合理性也是评价网络资源的一项指标。

f. 链接的可达性。

网站链接是网站提供的重要的网络信息资源线索，无效链接、死链接会影响用户对网站的好感，通过考察网站链接能从侧面了解网站的实际更新频率以及网站建设者对网站质量的负责程度。

② 用户使用指标。

网络信息资源的真正价值实现体现在用户的检索利用，所以评价网络信息资源的又一重要方面就是用户使用的方便性，具体指标如下：

a. 交互性。

交互性是网站与用户进行交流的保障，也是用户之间互通信息的基础。交互性一方面可以帮助网站改善服务质量、掌握资源动向；另一方面也可以帮助用户获得深层次的信息资源、进行网上学术探讨。

b. 检索的易用性。

网络信息资源用户的知识层次有高有低，研究领域和方向各有侧重，不一定都掌握专业的信息资源检索知识和检索方法，因而网站所提供的信息检索的难度越低越好，避免用户使用时的尴尬。

c. 下载速度和下载时间。

对于需要的网络信息，用户会考虑下载保存，但他们不希望在下载信息上耗费更多的时间和费用，因此，从用户的利益出发，下载速度和下载时间应成为评价网络信息资源的指标之一。

③ 网站运营指标。

网站的运营状况从另一个侧面反映了网站质量的高低，稳定的运营状态、可靠的资源保障是网站品质的重要保证，另外，网站费用的高低、运行速度的快慢是决定其用户群大小的一个重要因素。因此，网站运营指标是网络信息资源评价指标体系的重要组成部分。

a. 信息提供的保障性。

每个网站都有自己的信息源，以保证信息的更新和信息量的充足以及信息内容的可靠。

b. 信息可存取性。

信息能否存取是网站运营的一个策略，对于用户，信息无法保存当然会给正常使用带来诸多不便，因此，提供信息存取服务的网站更受欢迎。

c. 费用的高低状况。

人们一般都认为因特网上的信息是免费的，但实际上存在费用的问题，目前关于网络信息的成本因素日益为人们所重视。一般来说，大部分新闻类网站或栏目是供用户免费使用的，而有些学术性较强，特别是期刊或书籍的全文信息是收费的，以保护版权或为网站创收。

d. 响应速度。

由于网站服务器或用户上网线路问题，响应速度也是一个值得注意的指标之一，网站的响应速度越快，用户需要等待的时间越短，网站也就越受用户欢迎。一些大型网站服务器的功能较强大，甚至有多台服务器交替使用，以保证一定的响应速度。

e. 点击率和访问量。

点击率和访问量是网站品质的重要参数，一般来说点击率越高、访问量越大，网站的质量也就越高（当然不排除利用不道德的手段提高点击率的现象，但这并不是普遍现象）。

f. 服务连续性和安全性。

网站的服务连续性和安全性是目前所面临的一个重要问题，它是影响网站长期生存与持续发展的一个重要因素，也是赢得用户信赖的重要保证。

4.2 网络信息资源检索技术

网络信息资源检索是指利用电子计算机及其网络来处理和查找信息的现代化信息检索方式，也叫计算机信息检索、数字化资源检索。具体来说，网络信息资源检索是以计算机检索为手段、数字化信息为基础的信息存储与检索方式。它是在手工检索基础上演变而来，而且还在不断地发展。计算机信息检索已从单机检索、联机检索发展到现在的网络检索，并正向着智能化的方向发展。随着计算机技术的普及，通信及网络技术的发展，现代信息检索技术已不再是图书情报专业人员所特有的专长，而是人人都应掌握的一种基本技能。网络信息资源检索主要包括 Internet 网络信息资源的检索和数据库信息检索。

4.2.1 Internet 网络信息资源的检索

对于网络信息资源的检索，可以根据资料的特点采用下面几种方法进行检索：

1. 直接浏览

（1）网址查询。

如果用户要访问已知地址的信息资源，可以在浏览器地址栏中输入已知的网站或网页地址，直接进行浏览，这是一种最常见、最有效的信息资源的获取方式。网络信息资源的用户大多有自己侧重的研究领域或喜爱的主题，会有意识地积累一些与此相关的网址，用户可以充分利用浏览器中的收藏夹功能，保存和管理浏览过的感兴趣的网站或网页，也可以通过创建书签（Bookmark）或热链（Hotlink，Hotlist）来将一些常用的、优秀的站点地址记录下来，组织成目录以备今后之需，另外还可以通过与他人的交流获取相关的网址。同时，目前在一些刊物上有一些专门介绍某些专业网络资源的文章，也可供我们参考使用。该方法有些类似传统环境下的资料索引收集工作，能否有效地采用这种方法，关键在于用户平时是否能多渠道地收集相关网址。

（2）偶然发现。

这是在网络上发现、检索信息的原始方法，即在日常的网络阅读、漫游过程中，意外发现一些有用信息。这种方式的目的性不是很强，其不可预见性、偶然性使检索过程具有某种探索宝藏的意味，也许会充满乐趣，但也可能一无所获。

（3）顺“链”而行。

这是指用户在阅读超文本文档时，利用文档中的链接从一个网页转向另一相关网页。这种方法有些类似传统文献检索中的“追溯检索”，即根据文献后所附的参考文献（References Document）目录去追溯相关文献，一轮一轮地不断扩大检索范围。这种方法可以在很短的时间内获得大量相关信息，但也有可能在“顺链而行”中偏离了检索目标，或迷失于网络信息空间中，而且找到合适的检索起点也不容易。

2. 通过网络资源指南来查找信息

专业人员利用自身对网络信息资源的产生、传递和利用机制的广泛了解，和对网络信息资源分布状况的熟悉，以及对各种网络信息资源的采集、组织、评价、过滤、控制、检索等手段的全面把握，开发了可供浏览和检索的网络资源主题指南。专业性的网络资源指南更多，几乎每一个学科专业、重要课题、研究领域的网络资源指南都可以在因特网上找到。这类网络资源指南类似于传统的文献检索工具——书目之书目或专题书目。这类资源通常是由专业人员在对网络信息资源进行鉴别、选择、评价、组织的基础上编制而成，对于有目的的网络信息检索具有重要的指导、导引作用。局限性在于由于其管理、维护跟不上网络信息的增长速度，导致其收录范围不够全面，新颖性、及时性可能不够强，且用户还要受标引者分类思想的控制。

3. 利用搜索引擎进行信息检索

这是一种较为常规的、普遍的网络信息检索方式。搜索引擎是给用户提供关键词、词组或自然语言检索的工具。用户提出检索要求，搜索引擎代替用户在数据库中进行检索，并将检索结果提供给用户。它一般支持布尔检索、词组检索、截词检索、字段检索等功能。利用搜索引擎进行检索的优点是：省时省力、简单方便、检索速度快、检索范围广，能及时获取新增信息。其缺点在于由于采用计算机软件自动进行信息的加工处理，且检索软件的智能性不是很高，造成检索的准确性不是很理想，与人们的检索需求及对检索效率的期望有一定差距。目前声望较高的搜索引擎有百度、Google 等。

网络信息检索技术，应用比较广的有以下几种：

（1）分类目录检索。

分类目录检索多用于目录搜索引擎。用户无须输入任何文字，只要根据目录搜索引擎提供的主题分类目录，层层点击进入，便会查找到用户所需的网络信息资源。

（2）关键词检索。

关键词检索是搜索引擎提供的最基本功能。当用户想快速查找所需的网络资源，或者无法确定所要搜索的网络资源的类别时，用户可以使用关键词检索方法。用户只需在搜索引擎的提问框中输入合适的提问关键词，按回车键之后，搜索引擎便会将与该提问关键词匹配的结果反馈给用户。大多数的搜索引擎以模糊检索实现关键词检索功能。例如，以“热点新闻”作为关键词检索，搜索结果会包括热点新闻、热点、新闻的内容，但 Google 例外。

（3）目录与关键词检索相结合。

目前很多搜索引擎都开始使用该技术，典型代表有搜狐等。

（4）布尔逻辑检索。

即在网络信息检索过程中，尤其是利用搜索引擎进行检索时，为提高查准率，可以使用逻辑“与”或逻辑“否”；为提高查全率，可以使用逻辑“或”等。

① 逻辑“与”的使用。

逻辑“与”：是一种具有概念交叉或概念限定关系的组配。只有当“与”的提问关键词全部出现时，所检索到的结果才算符合条件。例如，检索式：A AND B （A & B ），表示检索记录中必须同时含有检索词 A 和 B 的文献为命中文献。利用它可以缩小检索范围，增强检索的专指性，可提高检索信息的查准率。

② 逻辑“或”的使用。

逻辑“或”（+、OR）：是一种具有概念并列关系的组配。表示只要有“或”的提问关键词中有任何一个出现，所检索到的结果均算符合条件。例如，检索式：A OR B （A + B ），表示检索记录中凡含有 A 或 B，或同时含有 A 和 B 的，均为命中文献。利用它可以扩大检索范围，能提高检索信息的查全率。

③ 逻辑“否”的使用。

逻辑“否”（–、NOT）：是一种具有概念排除关系的组配。表示搜索结果中不应含有“NOT”后面的提问关键词。例如，检索式：A NOT B （A – B），表示检索记录中含有检索词 A 但不能含有检索词 B 的文献为命中文献。利用它可以排除不需要的概念，能提高检索信息的查准率。但也容易将相关的信息剔除，影响检索信息的查全率。

注意每个搜索引擎可以使用的布尔运算符是不同的，有的只允许使用大写的运算符，有的大小写通用，有的可支持符号操作，有的不支持或支持其中的一个等。不同的逻辑算符的运算次序，在不同的检索系统中有不同的规定。在有括号的情况下，括号内的逻辑运算先执行。检索时需事先了解检索系统的规定，避免逻辑运算次序处理不当而造成错误的检索结果，而且同一个布尔逻辑提问式，不同的运算次序会有不同的检索结果。

（5）词组检索。

词组检索也称为短语检索，或字符串检索。它是将一个词组或短语用双引号括起作为一个独立运算单元，进行严格匹配，以提高检索准确度的一种方法。几乎所有的搜索引擎都支持词组搜索。例如，以“热点新闻”作为提问关键词检索时，检索结果则仅反馈有关“热点新闻”的内容。

（6）加/减号检索。

加/减号检索是搜索引擎支持的常规功能，即在检索词前置“+”/“–”号，其作用相当于布尔逻辑“与”/“非”运算。例如，“热点+问题”相当于“热点 AND 问题”；“热点–问题”相当于“热点 NOT 问题”。

（7）截词检索。

截词是指在检索词的合适位置进行截断，然后使用截词符进行处理。其特点是可节省输入的字符，又可预防漏检，提高查全率。在搜索引擎中，截词检索多为前方一致检索。截词符多采用通配符“?”或者“*”，可以用它代表多个字符。例如，“热点*”可以代表热点问题、热点报道、热点新闻等。有的搜索引擎支持任意位置的通配符检索。注意有的数据库有其本身特定的通配符号，需要阅读其“帮助”得到准确的符号。截词检索一般有以下几种。

① 后截词。

从检索性质上，这是满足前方一致的检索，分为有限后截词和无限后截词。有限后截词主要用于词的单、复数，动词的词尾变化等，截词符是“?”，截几个词就在词根后加几个，如“system?”可以代表 system、systems 等；无限后截词主要用于同根词，词根后加一个“*”，表示无限截词符号，如“comput*”可以代表 compute、computer、computing、computation。

② 中截词。

中截词也称屏蔽词，一般来说，仅允许有限截词，主要用于英、美拼写不同的词和单复数拼写不同的词，中截词符号为“?”，如“worn?n”可以代表 wornan，wornon 等。

③ 前截词。

前截词又称左截词、后方一致，允许检索词的前端有若干变化形式，截词符一般为“*”，如“*physics”可以代表 physics、astrophysics、metaphysics、geophysics 等。

（8）字段检索。

字段检索是一种用于限定提问关键词在数据库记录中出现的区域，控制检索结果的相关性，提高检索效果的检索方法，多以字段限定方式实现。搜索引擎常用的字段有：

① title/t 题名字段，表示查找标题中包含检索提问式的页面；

② subject 主题字段，表示查找主题中包含检索提问式的页面；

③ text 文本字段，表示文本中包含检索提问式的页面；

④ author 作者字段，表示查找作者中包含检索提问式的页面；

⑤ keywords 关键词字段，表示查找关键词中包含检索提问式的页面。

（9）空格、逗号、括号、引号的作用。

① 空格。

其作用与逻辑“与”相同。例如，用户要查找“飞机”这个关键词，但输入了“飞机”，由于“飞”和“机”两字之间插入了空格，而被处理为“与”的关系，查出所有同时含有“飞”和“机”两个字的页面。这个检索结果的范围要比“飞机”作关键词的结果扩大了许多，很多结果中已不含有与“飞机”相关的信息。

② 逗号。

其作用类似逻辑“或”，也是查找那些至少含有一个指定关键词的页面。区别是，检索结果输出时，包含指定关键词越多的页面，其排列的位置越靠前。例如，检索式“计算机，网络，多媒体”，可查出包含三个关键词中的任何一个或几个的页面，而同时含有“计算机”、“网络”和“多媒体”的页面输出时排在前面。

③ 括号。

其作用是使括在其中的运算符优先执行，用于改变复杂检索式中固有逻辑运算符优先级的次序。例如，检索式“多媒体 and（计算机 or 网络）”，表示要求先执行括号中的“or”运算，再执行括号外的“and”运算。

④ 引号。

其作用是括在其中的多个词被当做一个短语来检索。绝大部分搜索引擎都支持短语检索，找到含有与短语词序和意义完全相同的页面。例如，检索式“electronic magazine”，表示把 electronic magazine 当做一个短语来搜索。如果不加引号，那么搜索引擎就会把两词之间的空格按“与”处理，查出包含 electronic 和 magazine 的页面，结果会与用户要求的主题内容相差甚远。

4.2.2　数据库信息资源的检索

1. 数据库的含义

数据库是在计算机存储设备上按一定方式，合理组织并存储的相互有关联数据的集合，是计算机技术与信息检索技术想结合的产物，是网络信息资源的主体，是信息检索系统的核心部分之一。

2. 数据库的类型

（1）按所含信息的内容划分。

① 参考数据库：是指以文档的形式组织起来，提供文献的题录、文摘等书目信息。它又包括书目数据库和指南数据库。

书目数据库：存储描述如目录、题录、文摘等书目线索的数据库，又称二次文献信息数据库，如 SCI 数据库、EI 数据库。

指南数据库：存储关于机构、人物、产品、活动等对象的数据库。与其他数据库相比，指南数据库为用户提供有关信息，多采用名称进行检索，如机构名录数据库、人物传记数据库、产品或商品信息数据库、基金数据库等。

② 源数据库：主要存储全文、数值、结构式等信息，直接提供原始信息或具体数据，用户不必再转其他信息源的数据库。它主要包括数值数据库、全文数据库和图像数据库。

③ 混合数据库：是同时存储参考数据库和源数据库的数据库。

（2）按记录形式的角度划分。

① 文献型数据库：包括书目数据库和全文数据库。

② 非文献型数据库：包括数值型数据库、事实型数据库、词典型数据库、图像型数据看、多媒体数据库。

（3）按数据库的载体不同划分。

数据库可分为光盘数据库和网络数据库。

（4）其他类型的数据库。

按文献信息数据库收录信息的学科范围，又可将其分为专门性文献信息数据库（包括专科数据库、专题数据库）、综合性文献信息数据库，如物理学文献信息数据库、生物学文献信息数据库、医学文献信息数据库等都属于专科性数据库。

3. 数据库的结构

数据库是由一个或多个文档构成的集合，每个文档由若干记录组成字段构成。

（1）文档。

文档是书目数据库和文献检索系统中数据组成的基本形式，是由若干逻辑记录构成的信息集合。从数据库的内部结构来看，通常一个数据库至少包括一个顺排文档和一个倒排文档。顺排文档是将数据库的全部记录按照记录号的大小排列而成的文献集合，它构成数据库的主体内容。倒排文档按照文献的属性列出具有同一属性的所有记录。使用倒排文档可以大大提高检索的效率。记录号倒排文档给出记录号的地址及其索引词在记录中的字段和字段中的具体位置的标识符。

（2）记录。

记录是文档的基本单元，它是对某一实体的全部属性进行描述的结果。在全文数据库中，一个记录相当于一篇完整的文献；在书目数据库中，一个记录相当于一条文摘或题录。

（3）字段。

字段是记录的基本单元，它用来描述实体的具体属性。在文献数据库中，记录中含有题名、著者、出版年、主题词、文摘、正文等字段。字段的设计决定了检索点的数量。

4. 数据库信息资料的检索

网络信息检索的过程，大体上可分为以下几步。

（1）分析检索课题。

要对检索课题进行周密的分析，明确课题检索的目的和意义，确定课题所属学科性质、主题内容及有关背景知识，明确课题所需网络信息的语种、时间范围等具体要求。总之，课题分析越深入细致，检索工作就会越顺利。

（2）制定检索策略。

所谓检索策略，是为完成检索课题，实现检索目的所制定的全盘检索方案。其具体内容包括以下几方面。

① 选择检索方式。检索方式（手段）有手工检索和计算机检索。计算机检索又有联机检索和脱机检索两种方式。脱机检索又有光盘数据库脱机检索和磁带数据库脱机检索两种。各种检索方式各有优缺点，应根据检索方式的可能性以及课题的经费条件和时间要求等要素综合考虑，选择合适的检索方式。

② 选择检索工具或检索系统及数据库。根据检索课题的多方面要求，在了解相关检索工具、检索系统及其数据库的性质、内容和特点后，选择一种或多种检索工具或数据库进行

检索。

③ 选择检索方法。根据检索条件、检索要求和检索课题的特点选择合适的检索方法，如追溯法、顺查法等。

④ 选择检索途径和检索标志。检索途径的选择取决于两个方面：一是课题的已知条件和课题的范围及检索效率要求；二是所选择的检索工具所能提供的检索途径。如果已知著者、专利权人、网络信息序号等，可选择相应的外表特征途径；如果只提出内容上的要求，就要根据课题的大小、检全或检准的偏重、检索工具的条件等决定是从分类、主题或其他内容特征途径进行检索，还是几条途径按一定次序配合检索。如果从分类、主题、代码等途径检索，需要进一步准确、完整地选择检索语言的标志来表达检索课题，这往往是检索能否成功或高效的关键。

⑤ 构造检索式。在计算机检索系统中，需要将表达检索课题的标志用逻辑运算符进行组配，并选择检索字段和检索提问的先后次序。

（3）试验性检索和修改检索策略。

无论是手工检索还是计算机检索，对于较大的检索课题，一般应先进行快速、少量的试验性检索，以检验检索策略是否合理和有效。根据试验结果确认或修改原定的检索策略。

（4）正式检索。

按照预先制定的检索策略进行实际检索，但仍要根据检索的阶段性成果或碰到的实际问题适当调整策略和过程。灵活运用检索工具、检索途径和检索方法是检索成功的保证。

（5）整理、说明检索结果。

按要求给予答复，或者要求进一步提供原文。

4.3　社会性软件在网络教育中的应用

4.3.1　社会性软件概述

随着信息技术和网络技术的发展，社会性软件取得了较大完善并得到了日益广泛的应用，社会性软件技术对教育产生了重要的作用。它带来新的教育教学模式，促进教育改革，优化教育资源，促进人们知识共享，激发知识创新。如今，利用各种软件发展个人兴趣、进行社会交往已经越来越普遍。

社会性软件是一个新的研究内容，到底什么是社会性软件，至今还未从学术上得到严格的公认的定义，但其基本思想得到了大家的公认。一般来说，社会性软件是以面向个人服务为基础，支持群体相互作用的软件，通过最大化满足个人服务需要，实现可能产生的社会群体价值效应。

目前比较流行和成功的社会性软件有 QQ、MSN、E-mail（电子邮件）、IM（即时通信）、BBS（电子公告牌）、Personal Weblog（个人博客）、Wiki（维客）、RSS（Really Simple Syndication 简易信息聚合）、Social Networking Systems（社会网络系统）、Social Tags（社会性标签）、Friendster、Personal Journals（个人杂志）、网络日志等。另外还有各种新兴的社会性软件，如 Yahoo widget、Moodle、提供在线协作的平台、共享工作计划或项目管理的平台等。

1. 社会性软件的内涵

社会性软件的内涵可以概括为以下三点：

（1）社会性软件首先是个人软件，是个人参与互联网络的工具。个人软件突出个体自主性的参与和发挥。

（2）社会性软件构建的是社会网络，这种社会网络中包括弱链接（week ties），也包括强链接（strong ties）。不同的链接关系在不同的时候所呈现的社会价值是不同的。

（3）社会性软件是个人主体性和社会性的统一。社会性软件构建的社会网络关系链上蕴含着一定的社会价值，而这样的社会价值通常又被称为社会资本，体现为社会网络链接关系的社会资本是社会运转的重要的基础之一，也是个人被纳入社会的主要途径之一。

2. 社会性软件的作用

社会性软件能够构建社会关系，产生社会资本，因而具有多种应用。社会性软件应用于学习和教育领域，促使人们实行知识分享、激发知识创新，培养自己的信息能力和协作能力。从微观层面来说，社会性软件能够促进个体知识建构，将个人的知识管理过程与社会性软件的应用融为一体，因而，社会性软件在促进个体的学习、生活和工作等方面有很广阔的应用前景和空间。另一方面，从宏观层面来说，社会性软件在学习社群、学习共同体等社会知识建构和社会协作关系的建立也有很多可拓展的应用空间。社会性软件不是使人们陷入虚拟网络的孤独之中，而是将网络与真实的社会结合起来，构建社会网络，生成社会资本。具体来说，有以下两点。

（1）社会性软件对学习资源建设的作用：为学习资源建设的数量瓶颈突破提供可能；学习资源表现形式更加丰富多样；为学习资源建设提供新的组织管理模式；为学习资源建设更新、信息获取与评价提供新方法。

（2）社会性软件对学习者学会学习的作用：可以使学习者通过社会人群网络来发现、获取和更新知识；有利于发挥学习过程的网络累积效应；有助于学习者个人学习环境（PLE）的构建。

4.3.2 常见社会性软件在学习中的应用实例

1. QQ

QQ 是网络出现后人们最熟悉、使用量最大的一种交流方式，它构建了面对面的交流或在线交流环境，使学生之间共享彼此的经验和知识，达到知识社会化，学习生活化。

目前，QQ 的应用模式已经开始从传统的人机对话逐渐转变为网络中的人与人之间的对话，加强了人与人之间的交流性和互动性，展示出惊人的亲和力，因此即时通信软件 QQ 使得师生或生生之间能进行同步交流、即时反馈。通过 QQ 群，学习者既可传送文字信息，也可传送语音、视频信息，截取屏幕图片，帮助学生在网络学习环境下开展协作学习。

（1）QQ 空间作为学生电子档案袋。

QQ 空间功能强大，可以作为学生电子档案来使用，并且 QQ 空间内容丰富，学生既可以以文本形式呈现自己的个人履历、学习过程记录、学习得失记录、读书笔记、论文写作等，也可以将自己的作品以图片的形式上传到相册中，如摄影作品、美术作品、书法作品等。展示作品的过程就是展示自己的特长和优势的过程，这个过程既能使作品展示者获得精神上的满足，又能引领同学在欣赏作品的同时丰富自己的精神内涵。QQ 音乐盒可以使有音乐专长的同学将自己的歌声录制下来进行收藏，随时随地聆听。各成员还可以根据自己的喜好来装扮 QQ 档案袋，使 QQ 空间呈现自己的个性。学生之间可以通过他评、互评和自评等多种方式对 QQ 档案袋进行评价。班级管理者及任课老师既可以通过对学生 QQ 档案袋的关注来了解学生想做什么，做了些什么，及时掌握学生学习的需求和学习状况，有针对性地对学生的学习提供优质的服务支持，还可以借此了解学生的兴趣爱好，并加以合理的引导。

QQ 空间的阅读功能，可以订阅自己喜欢的博客、QQ 空间内容，代替 RSS 实现信息聚合的功能，使 QQ 用户不用打开博客地址就可以及时看到订阅的博客更新，第一时间获得相应信息资料。

（2）QQ 帮助形成班集协作学习模式。

借助社会性软件 QQ 建立班级 QQ 群，则能在更广范围内实现知识的共享与交流。通过 QQ 构建班级群，使个体主动参与到群体中，学生之间进行资源的分享，在建立同学关系的过程中完成或解决具体的实际应用问题。QQ 群空间设有群论坛、群相册、群活动，有助于学生开展协作学习，培养学生的集体意识。

2. Blog

Blog 又称 Weblog 或 Web log，原意为网络日志，通常音译为“博客”。撰写 Weblog 的人称为 Blogger 或 Blog writer，我们通常也直称其为博客。Blog 是继 E-mail、BBS、QQ 之后出现的第四种网络交流方式，它最基本的定义就是：一种表达个人思想，内容按照时间顺序排列，并且不断更新的网络出版和信息交流方式。Blog 实际上就是不断通过个人网页发布的简短信息或文章摘录，这些内容都是以时间顺序排列的方式呈现出来，用户可以方便地管理和维护自己的 Blog，而不必像其他类型网络社区（如 BBS、聊天室等）那样要受到来自系统管理的限制。

Blog 应用只需具备简单的计算机技能，并不需要复杂的编程知识，其技术思想实际上是简化人们的记录和发布过程。Blog 服务通过一个简单的个人内容发布机制，为个体提供具有个性化的思维工具，它相当于个人文摘、思想记录或个人网上出版物，其目的是存储个人日志或发布交流信息，因此它有利于把过去人们曾经遗漏的一些东西及时地信息化。由于大部分 Blog 发布的是个体自由的思想表达或生活记录，因此也被称为基本 Weblog 或个人 Weblog；有些 Weblog 是由某个基于特定主题或共同利益的群体创作，群组间共同探讨某一问题或协商完成某一项目，这称为群组 Weblog 或小组 Weblog。

（1）博客的分类。

按照 Blog 存在的方式，博客可以分为以下几种。

① 托管博客。无须自己注册域名、租用空间和编制网页，只要去免费注册即可拥有自己的 Blog 空间，是最“多快好省”的方式。目前很多网站都支持博客的申请，如中国博客网（http://www.bokee.com）、新浪、网易等，用户只要在这些网站进行注册之后就可以拥有一个博客账户和主页，开发属于自己的网站空间。

② 独立网站的 Blogger。有自己的域名、空间和页面风格，需要一定的条件（如自己需要会网页制作，需要懂得网络知识，当然，自己域名的博客更自由，有最大限度的管理权限）。

③ 附属 Blogger。将自己的 Blog 作为某一个网站的一部分（如一个栏目、一个频道或者一个地址）。

这三类博客之间可以转化，甚至可以兼得，一人可同时拥有多种博客网站。

（2）博客的教育应用。

Blog 作为一个开放的传播、学习和教育的工具，可以提供多层面和多方式的教育，满足终身学习的需要。博客技术的零技术成本使得老幼皆宜，同时使得学习材料的开发变得简易，博客技术的天然传播性能够满足学习材料的传播。透过博客向网络学习，将是未来教育的一个重要手段。透过博客网站、博客链接和博客社群，不仅可以寻找到同层次的合作学习者，还可以寻找到更多的专家，向专家学习。博客在教与学中的应用可以从以下几个方面得到体现。

① 电子档案袋：通过博客进行学习和接受评估。

学生的电子档案袋（e-Portfolio）被普遍认为能够反映学生的学习进度，而且在学校的评价体系中的作用也被日益重视起来。电子档案袋的设计思想虽然存在了很多年，但是与知识管理一样，在知识和信息的捕获上始终存在着一些障碍，原因是很多收集的信息都来自于事后处理，因此不能及时和完整地反映真实的学习过程。而 Blog 正好具有“即事即写”的特征，正好可以满足这种知识收集。把 Blog 应用到教学中后，每个学习者所完成的一些课业都可以用数字元方式记录下来，这就形成一个电子档案袋，其中包括学习者自身的创作内容、资源的链接、文件（Word、Excel 和 PowerPoint 等）图片、声音或视频档等，其中还会有对于这些内容的其他人所作出的评论或评价信息。这样，教师能够根据学生完整的学习过程，作出更加综合和全面的评价，更及时地帮助学生改进学习的方法、态度，或者由教师作出一些方向性的引导。

② 帮助学生开展学习反思与交流。

博客在学生学习上起了很大的作用：首先，给学生提供了丰富的学习情境，可以让学生时刻把握专家的思想动态，更有效地了解问题解决的思路过程；其次，鼓励学习者发表自己不同的观点，博客看重的是过程而不是结果，对于教师或书本上的观点，学生可以通过博客的方式发表对于问题的不同理解；再者，博客可以鼓励学生的参与与协作，学生不光是阅读和评论别人的博客日志，而且可以自己设置议题，让别人参与其中，分享思想。

③ 博客作为课程管理的工具。

博客首先当做一种自我出版的工具，具有强大的功能。这必须提到博客的重要技术之一，即 RSS，RSS 使得用户不停地出版，将数据按照一定的格式，直接传送到 Web 服务器上而无需任何 Web 编程技术。这种技术被认为是革命性的：它可以自动地生产报纸而无需打字排版工人。在远程教育中可以开发博客协议包，方便高效地修订课程。 好多门课程采用该站点通用的模板并存放在一系列的私人博客账号，这些账号直接链接到远程教育中心主页上的唯一账号上。更新这些课程材料时，每一个教师进入个人的账号，这些账号只显示与自己相关的课程。当一个教师修改一个页面，他只用将修改后的页面发布到中间的媒体服务器上，为了保护主服务器的安全，远程教育中心的站长接到媒体服务器页面的更新警报后，查看审阅通过后，才将更新的内容发布到主服务器上。所有的图片和图形放在中间服务器上，方便博客更新和存盘材料。

3. Wiki

Wiki（维客）是从一种自由软件中发展出来的网络应用技术，它的名字来源于一种夏威夷土语，是“迅速”（quick）的意思。Wiki 站点可以允许多人协作参与和共同维护，每个人都可以在 Wiki 网页上发表自己的见解，或者对合作完成的任务主题进行扩展或深入研讨。作为一种网络化写作工具和协作化创作方式，Wiki 以它简单易用、协作方便、创作灵活的特性正在吸引着越来越多的网络用户。随着网络上 Wiki 应用情景的不断增多，Wiki 的技术思想也会逐渐发展成为学习、培训和教育中一种重要 E-learning 方式。

Wiki 可以说是一种建站的简单实用的工具，Wiki 考虑让更多人参与建设，它的语法与 Html 相比要容易得多，几乎与普通写字板编辑文字差不多，很容易上手。Wiki 是一个新事物，传到中国也没有多长时间，然而由于其本身所具有的独特的特点，在教育领域很快得到应用，虽然它还处在实验阶段，但其发展的势头勇不可挡。

（1）做百科全书。

① 维基百科。维基百科是一个国际性的、内容开放的百科全书协作计划。该计划的英文版本（Wikipedia）最初开始于 2001 年 1 月 15 日，其中文维基百科开始于 2002 年 10 月。截止到 2004 年 3 月，英语版本共拥有 22 万篇文章，其他 50 多种语言的版本共有大约 30 万条目。

② 教育技术百科。教育技术百科全书是北京师范大学搭建的一个建设教育技术学科的平台，内容涉及教育技术学科的方方面面。

③ Weblog 百科。开放的 Weblog 知识汇集站点，采用了 Wiki 的群体协力写作方式来完成有关 Weblog 的探索。

（2）师生交流协作。

目前学校的教学状况还是处于教师和学生缺乏交流的状态，利用 Wiki 可以搭建网上沟通和交流的平台，在这个平台中，教师把教案、对学生的评语等写入 Wiki 中，学生可以根据自己的想法进行添加、修改等。由于 Wiki 具有历史恢复功能，教师可以在权限上不加控制，尽可能让学生参与进来，达到真正平等的师生互动状态。

（3）班级管理。

Wiki 可以体现教育中的民主，因为它把教师和学生放在同一起点上，当教师没有监控 Web 页上的内容时，学习者可以自己为 Web 页贡献内容并自我监控，这样可以培养一种责任意识，不仅仅是对 Wiki，更是对整个学习过程。

4. RSS

Really Simple Syndication（简称 RSS）是 Web 2.0 的重要元素。它既是一种 RSS、RDF 或 Atom 的文件数据格式，又是一种信息类聚和发布的方式。信息提供者通过 RSS Feed 发布各类信息，信息接收者通过 RSS 阅读软件可以定制这些 RSS 信息。RSS 阅读软件引入了智能更新引擎，能自动对用户已订阅的 RSS 频道进行更新。这样，新的信息源源不断地被实时“推送”到用户面前，而不需要用户访问众多网站，避免了时间、精力的浪费。

（1）RSS 的一般使用方法。

使用RSS 必须借助于一定的RSS阅读软件，RSS阅读软件有在线版RSS阅读和桌面版RSS阅读两种类型。两种类型的RSS阅读软件各有利弊。在线版RSS阅读可以在任何一台联网的计算机上读取自己订制的信息，如Google阅读器（http://reader.google.com）、周伯通在线版资讯浏览器（http://www.potu.com/）等。桌面版RSS阅读器将软件下载并安装在固定计算机上使用，定制的信息也必须在本机上阅读，可以离线阅读最近一次更新的信息。

目前比较通行的桌面版 RSS 阅读软件，主要有周伯通浏览器、看天下、新浪点点通、FeedDemon、RssReader、SharpReader、RSS Owl 等。免费的比较好用的 RSS 浏览器有周伯通浏览器、看天下、RssReader、SharpReader 等，其功能比较见表 4-1。

表 4-1　　　　　　　　　　常用的 RSS 阅读软件比较

名称	容量	配置要求	特点	下载网址
周伯通浏览器	2.3 Mb	无特别要求	中文界面，内置近百个 RSS 频道，需清除后使用	http://www.potu.com
看天下 RSS 新闻阅读器	4.5 Mb	无特别要求	中文界面，内置大量各类 RSS 频道，需清除后使用	http://rss.com.lv/pereader.htm
RssReader	1.45 Mb	需安装 .NET Framework 1.1	英文界面，接口干净，可直接设置学术资源的频道	http://www.rssreader.com
SharpReader	0.8 Mb	需安装 .NET Framework 1.1	英文界面，内置 5 组 feed，需清除后使用	http://www.sharpreader.net

安装好 RSS 软件之后，确保网络畅通，就可以通过 RSS 软件阅读订阅的信息。比如周伯通浏览器，打开软件，点击更新频道内容后，就可以在频道列表中选择感兴趣的信息进行查阅（见图 4-1）。

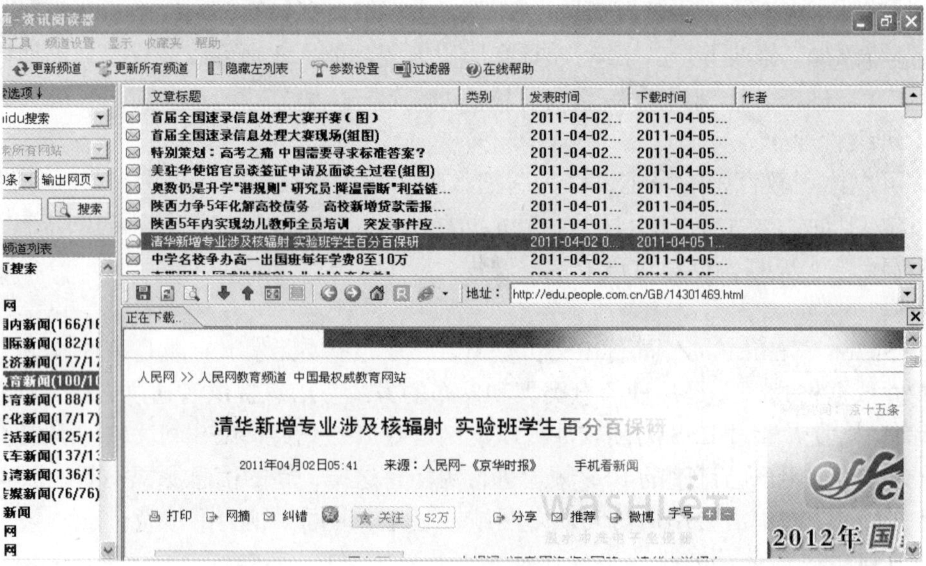

图 4-1　从频道列表选择信息

由于 RSS 阅读软件是资讯和新闻阅读器，而非纯学术资源和信息的阅读软件，相当多的 RSS 阅读软件中都内置了新闻频道或 Blog 链接，包括其所属的文件夹，在使用 RSS 阅读软件进行学术资源的订阅管理时，首先需要清除这些不必要的文件夹（目录）和内置频道，并根据自己研究所涉及的文献类型以及不同的研究点，设立与自己研究相关的学术资源的文件夹（目录），以对订阅的学术资源实现有效管理。以周伯通浏览器为例，其操作方法如下。

①频道或文件夹的删除：单击想要删除的文件夹，点右键，在弹出的窗口中选择删除频道信息，按步骤删除，如图 4-2 所示。

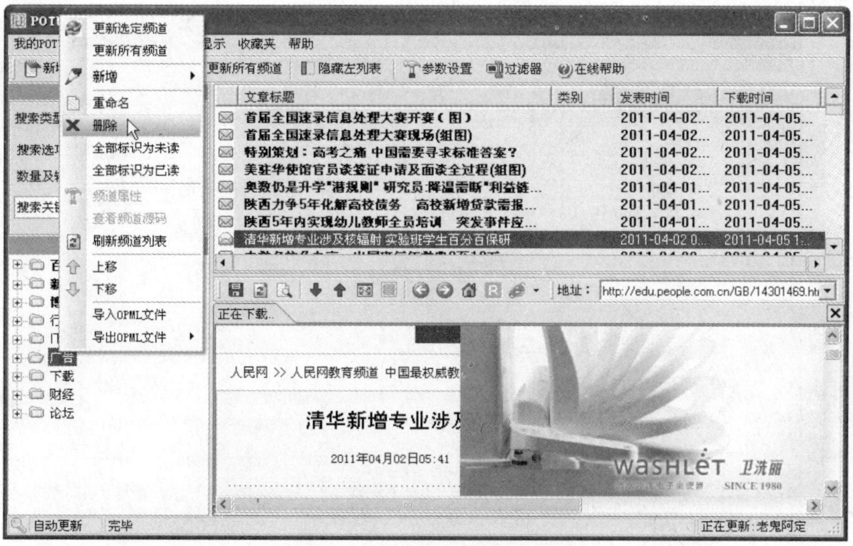

图 4-2　删除频道信息

②新建文件夹：单击频道设置或在频道列表中单击右键选择新建目录，按照步骤创建文件夹。

要订阅 RSS，就必须先知道 RSS 的地址。一般来说，各个网站的首页都会在显著位置标明，名称可能会有些不同，如 RSS、XML、FEED，都代表可以订阅的地址。将 RSS 地址复制下来以后，就可以在 RSS 频道上添加。

具体操作是：在常用菜单中单击“新增频道”按钮（见图 4-3），在“频道设置”菜单中选择一种你想要的添加方式，点击“下一步”按钮，手动选择或者手动输入新增的 RSS 或 OPML 地址（分别见图 4-4、图 4-5）即可把新增加的频道添加到你的 RSS 列表中。此后，只用打开这一个网页，就可以看到所有你喜欢的网站的最新内容。

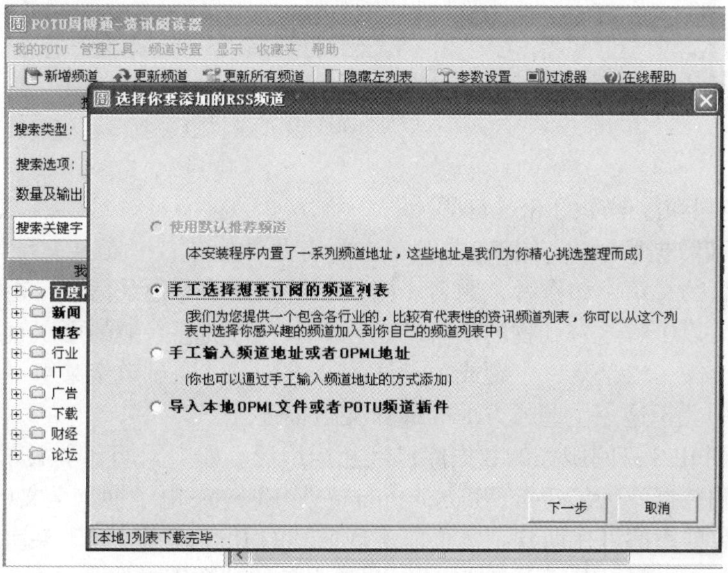

图 4-3　新增频道对话框

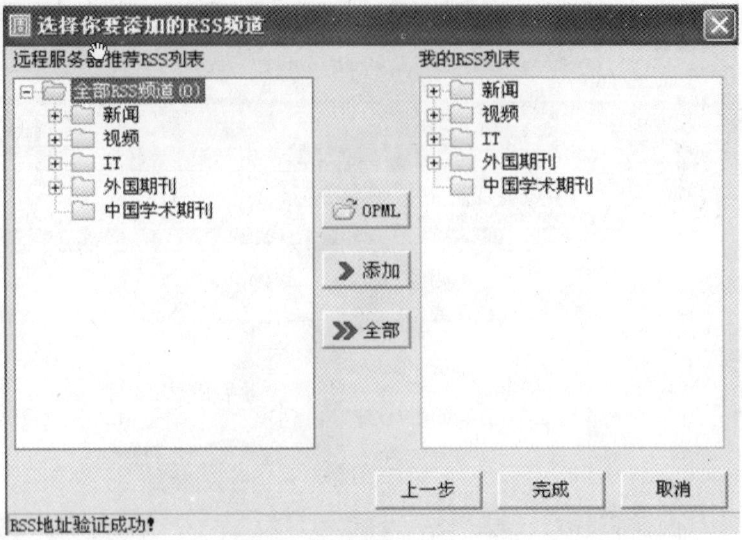

图 4-4　手动选择频道地址进行添加

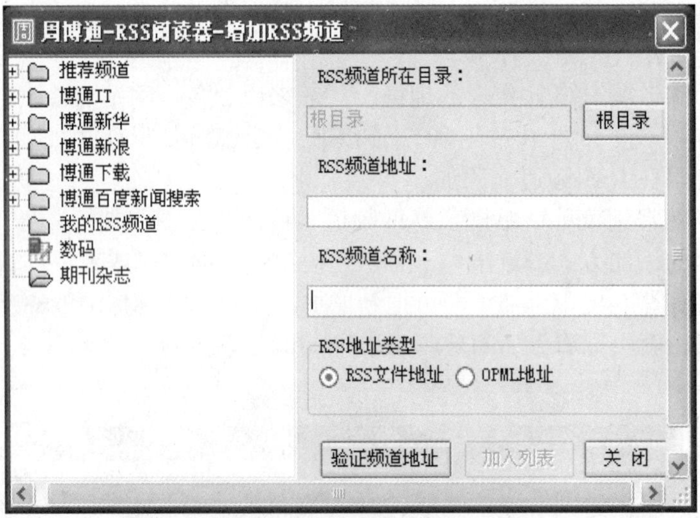

图 4-5　手动输入添加频道详细地址进行添加

（2）学术期刊和数据库的 RSS 订阅。

对学术期刊和数据库而言，RSS 的发布主要有两种形式：一是某一种学术期刊的 RSS Feed，即最新出版的文章，如作者、题名、摘要、卷期页码等题录信息，通过这些最新的题录信息的读取，可以了解这一刊物的学术动态，如果有特别感兴趣的可以直接链接到相关的数据库打开文章全文；二是某一主题或关键词的 RSS Feed，通过设定某组主题词或关键词来获取这个数据库中关于这一主题或方面的最新文献报道。

目前提供期刊 RSS 订阅服务的数据库已经相当广泛。如中国期刊全文库（CNKI）、ACS Journals、学术期刊数据库（Academic Source Premier）、Elsevier 电子期刊全文（Science Direct）、Springerlinker 等数据库都可在期刊浏览页面实现期刊的 RSS 订阅。而为某次检索（主题或关键词）提供 RSS Feed 的数据库还不普遍，提供此类服务的数据库在检索结果页面会有 RSS feed

频道的链接。

例如，CNKI 期刊的界面上方都会有一个“订阅推送”，点击之后就可以选择你要订阅的期刊（见图 4-6）。订阅期刊的 RSS Feed 后，只要打开自己的 RSS 阅读器，即可接收到更新的期刊论文信息。RSS 阅读器将根据频道的更新时间自动屏蔽已经接收过的 RSS Feed 信息，接收没有提取的信息。通过对 RSS 阅读器的定制频道进行合理的分类和整理，可以很好地管理自己订阅的来自不同数据库的多个学术期刊，获取这些期刊刊载的最新论文题录，并通过链接打开论文全文，而不必多次进入这些不同数据库中的每个期刊，查看数据库中是否有最新一期的论文。

5. 网摘

网摘又名“网络书签”、“社会化书签”，起源于一家名为 delicious（现已更名为“www.delicious.com”）的美国网站于 2003 年提供的一项叫做“社会化书签（Social Bookmark）”的网络服务。这项服务使网络用户可以随时将自己浏览的网页保存在网上，还能将这些信息与其他用户共享。用户可以通过它来收集、分类、聚合感兴趣的网络信息，如新闻、图片、资料、网站等。同时，也能方便其他人分享自己的个人收藏，并从其他用户的收藏中进行信息采集。网摘的另一大特点是基于用户的平面化标签分类机制的分众分类法，通过自发性的非等级标签分类而方便地进行信息聚化分类。

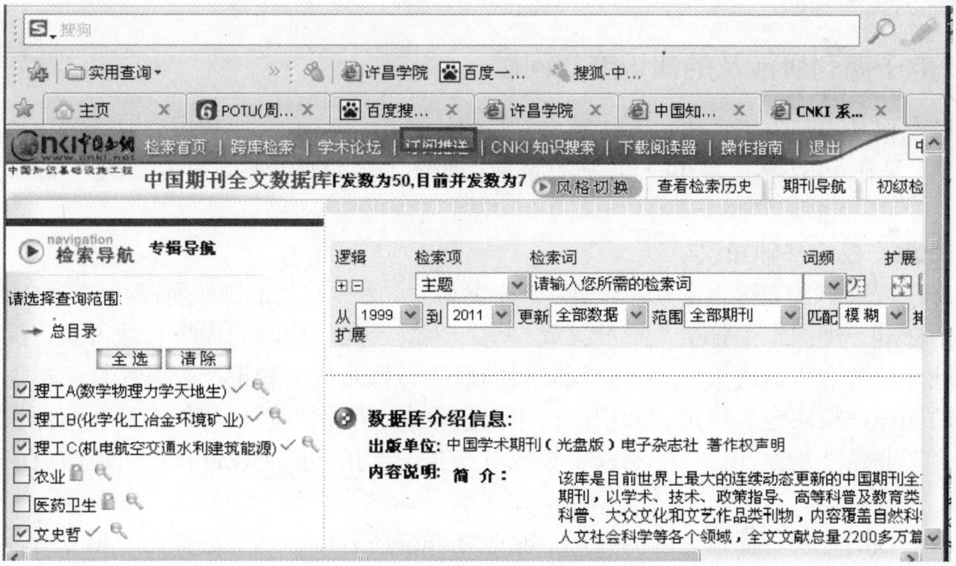

图 4-6　选择订阅期刊

网摘与浏览器的收藏夹并不相同，网络书签可以随时看到自己的收藏，也可以读到别人的收藏内容，寻找与自己兴趣相同的用户，关注他们阅读的东西。而且方便的搜索功能也是浏览器收藏夹做不到的地方。收藏的内容可以存放在网络的服务器上，这样网页就不会遗忘或丢失。

（1）当用户在网上读到好的网页或者网站，便可以将网址收藏下来，以便将来再阅读，或者与其他用户分享收藏。

（2）在收藏网址的时候，用户可以添加一些评注，以备日后参考，或者方便检索。

（3）在收藏网址的时候，用户还可以对网址进行归类，一般的做法是给网址加不同的标签。

（4）有些网络书签，可以使不同用户彼此分享他们相同标签的网址，这种社会性的分类机制称为分众分类法。

（5）有些网络书签，可以将用户感兴趣的网页内容直接备份到服务器上，这就是网页快照的功能。

4.4 版权保护与网络资源的合理利用

网络信息资源及电子期刊的即时出版、检索方便、超文本链接和交互性强等优点，强化了期刊的传播功能，给人们获取信息带来了方便，但随之带来的版权问题也是我们必须考虑的。在保证电子期刊被合理利用的前提下，最大限度地保护期刊的版权，是网络信息时代信息伦理道德的重要内容。

我国在修订后的《著作权法》中也明确了信息网络传播权，即以有线或无线方式向公众提供作品，使公众可在其个人时间和地点获得作品的权利。著作权人许可他人行使信息网络传播权，并按约定或《著作权法》的有关规定获得报酬。可见，网络传输的知识产权已得到法律保护。因此，我们在利用网络资源的同时必须遵守版权保护和知识产权的要求，合理地利用网络资源。

4.4.1 电子期刊所涉及的知识产权问题

知识产权是一个外来术语，源于英文"Intellectual property"。知识产权作为正式法律术语的使用，是在 1967 年 7 月 14 日瑞典首都斯德哥尔摩签订的《成立世界知识产权组织公约》开始的。

1. 知识产权的基础知识

知识产权可定义为智力活动在工业（产业）、科学、文学和艺术领域所产生的合法权利，或符合一定标准，经国家主管机关批准，或自动产生的，在一段时间内享有独占权，具有时间性、地域性的智力创造成果。关于知识产权的性质，普遍认为知识产权是私权。根据《与贸易有关的知识产权协定》规定，知识产权主要包含以下类别：版权与邻接权、商标权、地理标志权、工业品外观设计权、专利权、集成电路布图（拓扑图）设计权、未泄露过的信息专有权。

知识产权的主要特征是客体的无形，除此之外，还有以下三个特征：一是专有性，也叫独占性、排他性，是指知识产权所有人对自己的智力成果享有的专有权利；二是地域性，是指依据一个国家法律所取得的知识产权，仅在该国领域内有效，在其他国家不发生效力；三是时间性，是指知识产权仅在一个法定的期限内受到法律保护，如果超过了该法定期限，有关智力成果即进入公有领域，任何人均可自由使用而不再受到限制。

2. 专利权

专利权指专利人通过依法申请而原始取得或通过依法受让、继承等方式而继受取得的在一定期限内垄断实施一项发明创造的权利，是一种无形财产。

（1）专利权具有以下个性特征：垄断性，专利权人具有在一定期限内垄断实施的专利，其他人即便是自主掌握该技术，若未获得专利权人许可，也不得实施该项技术；公开性，专利内容公开，并且有严格的专利申请和审批程序；法定授权性，取得、转移、质押、期满前终止等均须依法办理规定的手续并经公告后有效。

（2）专利权的客体主要包括以下几个方面。

① 发明：利用自然科学规律或原理形成的一种新产品、新工艺的技术方案。

② 实用新型：对产品的形状、构造或者其结合所提出的适于实用的新的技术方案，也叫小发明。与发明相比，其创造性水平低、技术范围小、受保护的范围小、申请专利的审批程序简捷和保护期限短。

③ 外观设计：对产品的形状、图案或者其结合以及色彩与形状、图案的结合所作出的富有美感并适于工业应用的新设计。其重点在于保护美术思想，而不是技术思想。

3. 著作权

著作权：即版权，是知识产权的一种。其主体是作者，根据我国《著作权法》第 11 条规定，其内容包括下列人身权和财产权。

发表权：决定作品是否公之于众的权利。

署名权：表明作者身份，在作品上署名的权利。

修改权：修改和授权他人修改作品的权利。

保护作品完整权：保护作品不受歪曲、篡改的权利。

另外，还有复制权、发行权、出租权、展览权、表演权、放映权、广播权、信息网络传播权、摄制权、改编权、翻译权、汇编权以及应当由著作权人享有的其他权利。

因此，根据著作权的规定，任何利用期刊的数字化信息来进一步制作信息产品（如制作过刊数据库、出版光盘等）的行为均应获得作者及期刊社的许可。

我国著作权法明确规定，著作权人可以通过行政程序和司法程序来进行著作权保护，同时也制定了著作权合理使用制度：为了个人学习、研究或欣赏目的，为了教学、科学研究、宗教或慈善事业，在没有征得作者或其他著作权人同意、不支付报酬的情况下，使用他人已经发表的作品时，必须注明作者的姓名、作品的名称，并不得侵犯著作权人其他依法所享有的权利。

4. 数字版权

（1）数字版权的发展。

网络技术的出现，使信息资源的传递更加方便、快捷，同时也对版权保护提出了更高的要求。1996 年 12 月 20 日，世界知识产权组织（WIPO）通过了《版权条约》以及《表演和录音制品条约》(以下统称“互联网条约”)。此后，美国、欧盟各国、日本等纷纷调整本国的立法，对网络环境下的著作权以及与著作权有关的权利给予充分保护。我国对网络环境下的著作权保护经历了一个发展过程，从著作权法的重新修订，到颁布《信息网络传播权保护条例》并得以实施，网络环境下的著作权保护制度的专门法律法规体系初步建立。

1998 年 10 月，美国正式颁布“千禧年数字版权法”，该法案对控制访问和控制使用分别做了如下规定：禁止任何人对有效控制版权作品的访问和技术措施进行破解；禁止任何人制造、传播、提供或者以其他方式从事所列任何技术、服务、装置、零部件及其部分的交易。

1999 年 5 月，欧盟委员会颁布的《版权指令草案》中规定：就作品或其他受保护客体来说，未经权利人授权的行为，权利人可以通过控制访问的措施、保护程序的措施来控制对作品或其他受保护客体的使用。

（2）数字版权的保护与网络侵权行为。

数字版权保护（DRM）的内容主要包括：数字内容的保密性；数字内容的完整性，内容不可篡改；数字版权的描述与验证；数字版权的合法使用，即数字版权的不可复制；数字产品传输的安全。

数字版权保护方法主要是通过数字水印技术、数据加密和防拷贝来实现。

一般来说，网络版权侵权行为表现为以下十种：未经作品权利人许可，擅自发表其作品；未经合作作者许可，将与他人合作创作的作品当做自己单独创作的作品发表；没有参加创作，为谋取个人名利，在他人作品上署名；歪曲、篡改他人作品；剽窃他人作品；未经许可擅自以复制、展览、发行、放映、改编、翻译、注释、汇编、摄制电影和类似摄制电影等方式将作品用于网络传播；将他人作品用于网络传播，未按规定支付报酬；侵犯版权邻接权的行为；规避或破坏保护作品版权的技术措施；破坏作品的权利管理信息。

4.4.2 电子期刊的合理使用

版权保护是对著作权人合法权益的尊重和保护，是要人们在合情合理的情况下恰当运用现有的知识。版权保护尤其是互联网领域的数字版权保护技术的目的不是在于杜绝其他用户的访问，而是引导其他用户通过正常手段来访问自己的资源，在使用时并以合理的形式（参考文献）标注出来，以示对著作权人的尊重。

1. 参考文献注释体系

参考文献是著者撰写论文时所参考的文献资料。它要求正确、准确地使用，不能把别人的成果据为己有，更不能随意更改。对于引用的文章内容，要忠实原文，不可断章取义；不能前后矛盾；无论引用的是原文或者只是阐述了别人的观点，也无论所引用的材料是否已经公开出版，都要明白无误地表明出来。

参考文献的呈现方式（标注）有一定的规范和体系，应该说，一个标注完好的参考文献，能够让读者通过查阅所提供的文献信息，查找到著者所引用的段落。所以，标注的参考文献必须注明是哪本书或者哪篇文章，并且标明页码。标注一本书，需要交代该书的作者、出版地点、出版年份、出版社的名称等。标注期刊中的论文，需要标注作者，期刊名，发表的年、卷、期等信息。

我国的 GB7714287《文后参考文献著录规则》及《中国学术期刊（光盘版）检索与评价数据规范》对参考文献的著录都有着相应的规定。在国外，最常用的参考文献标注体系是美国现代语言协会（Modern Languages Association of America）的 MLA 体系和哈佛体系（Harvard System）。

目前，我们的学术研究中越来越多地参考英文文献，我们也通过在国外的刊物上发表我们的研究成果而使世界认识我们，因此就有必要熟悉它的要求并遵守其规范，否则当我们向国外的学术刊物投稿时，会由于参考文献的不合规范而不被录用，同时，也不能为国内外的读者提供进一步研究的信息。

2. 哈佛参考文献注释体系

哈佛参考文献注释体系起源于美国，20 世纪五六十年代开始流行，尤其在物理学和自然科学研究领域使用最多，近年来社会科学中也开始流行。经过几十年的发展，哈佛体系已成为一种国际性的学术规范，因为它具备灵活、简洁、清楚、方便地特点。

哈佛注释体系（Harvard System），也叫“作者—日期法”（Author-date method）。根据

哈佛体系，每一个引文，无论直接还是间接，都应分别在两处注明：在文中引用处注明；在全书或全文最后的参考书目（Bibliography）处注明。

（1）在文中引用处的注释规范。

① 当作者姓名在句子中自然出现时，给出作者姓名和出版年份，将出版年份放在小括号内。例如，In a recent study Harvey （1993）argued that...

② 当作者姓名不在句子中自然出现时，姓和出版年份都放在括号中。例如，A recent study（Harvey, 1993）shows that...

③ 被引用的作者在同一年中出版了两部以上著作或发表了两篇以上的论文，用小写字母 a、b、c 等予以区别，放在年份后面。例如，Johnson （1989a）discussed the subject...

④ 如果被引用著作有两位作者，要将两位作者的姓同时给出。例如，Matthews and Jones（1992）have proposed that...

⑤ 如果有三位以上的作者，只给出第一位作者的姓，再用斜体写上 et al.（等人）。例如，Wilson et al.（1993）conclude that...

⑥ 如果在文中直接引用其他作者，即原话照抄，并且引文不超过两行则直接插入文本中，用引号与文本隔开。英文文稿可以用单引号，也可用双引号，只要全文一致即可。还要在恰当的位置给出作者姓和出版年份以及页码。例如，Aitchison （1981）, for example, points out that language is subject to change, and is not caused by “unnecessary sloppiness, laziness or ignorance” （p.16）.

当直接引用的原话超过三行以上，有的更确切地规定引文超过 30 个词时， 引文须另起一行与正文分开，左边缩进，字号缩小或字体变化，不需用引号，在引文结束处将页码放入小括号内。例如，

Paine et al.（1983）added that good praise follows the “if-then” rule:

The“if-then rule”states that if the student is doing something you want to encourage— something you want to see the student do again or do more often in the future （and if you are sure that that is what the student is doing）—then （and only then）you should praise the student for it（p.46）.

（2）在书（文）后参考书目处的注释规范。

① 所有参考书目以作者姓名的字母顺序排列，一个作者有多本著作时，则按年份先后排列顺序，一个作者一年内有多本著作出版或论文发表，在年份后按月份先后加小写字母 a、b、c 等加以区别。这样排列的好处是：只有一个按字母顺序排列的参考书目，便于读者查阅；整个文档不需要脚注；便于修改，即使是最后一刻要删去或增加某条注释，可随时增删，不需要重新排序；每个注释只在参考书目中出现一次，而无论它在文中被引用过几次。

② 参考书目信息应从书名页上获取而不是从封面获取。

③ 每一项参考文献注释应包含一定的内容或要素（element），并按一定的顺序排列。

a. 著作的注释内容要素和顺序如下：

作者姓，名的首字母大写.（出版年份）.书名.出版地：出版商.

例如，White, R.（ 1988）. Advertising: What it is and How to do it. 2nd ed. London: McGrawhill.

注意：英语人名书写的顺序一般为名在前，姓在后。比如，Mark Wolery，与汉语正好相反。当姓放在名前面时，姓的后面紧跟逗号。换句话说，只要后面紧跟了逗号，说明逗号前面的就是姓，而不是名，如 Wolery, M.。

b. 同一著作中有多位作者时的要素和顺序如下：

作者姓，名的首字母大写.（出版年份）.章节标题.In: 主编名首字母大写.姓，ed. 或者 eds. 书名.再版著作注明版次.丛书注明卷次.出版地：出版商.出版年份.论文所在页码.

如，Wright, P.(1986). Reactions to an Ads contents versus judgments of Ads impact. In: J. Olsen, & K. Sentis, eds. Advertising and consumer psychology. Vol. 3. New York: Praeger, 1986, 108-117.

c. 学术期刊、学报参考文献注释要素和顺序如下：

作者姓，名的首字母大写.（出版或发行年份）.论文题目.刊物名称. 总卷号（本期号）. 页码.

如，Greco, A.J., & Swayne, L.D. （1992）. Sales response of elderly customers to point-of-purchase advertising. Journal of Advertising Research, 32 （5）, 43-63.

注意：多位作者时，作者与作者之间用逗号隔开，名的首字母大写后用句号。

d. 学术会议论文集的注释要素和顺序如下：

作者姓，名首字母大写.（年份）.论文题目 In: 会议文集主编名首字母大写. 姓，ed. 或 eds. 文集名，会议地点.时间.出版地：出版商.论文所在页码.

如果不是会议文集，而只是会议交流论文，则不必写出编者姓名和文集名，但要给出会议名称、具体的时间、地点。

例如，Silver, K.（1989）. Electronic mail: the new way to communicate. In: D.I. Raitt, ed. 9th international online information meeting, London 3–5 December 1988. Oxford: Learned Information, 323-330.

e. 来自法人团体（如政府部门或其他机构）的参考文献注释如下：

文献颁布团体的名称.（年份）.文献名.出版地：出版商.报告或文件号码。

例如，Independent Television Commission.（1991）. The ITC code of advertising standards and practice. London: ITC.

f. 网上信息或电子出版物参考文献注释。

现在越来越多的信息载体为电子出版物或国际互联网，特别是国际互联网上的信息素来以最快、最新著名，有些是一瞬即逝的，有些是不断更新、变化着的信息。有些是仅仅发布在网上，并无印刷版文本。还有些没有准确的日期，很难分辨其创作的时间，这带来一个问题，即无法确认文献的新旧，难免有鱼目混珠的现象。所以在引用时，一是要做一些辨伪工作；二是要如实给出详细的检索信息和网址以及下载时间。其规范如下：

作者姓，名首字母大写.（日期）.题目.[在线].（编辑、版次）. 出版地: 出版商. 网站名: [下载时间].

例如，Holland, M.（1996）. Harvard system [online]. Poole, Bournemouth University. Available from: http://www.fys.uio.no/hovedfag/skriving/harv.html#Electronic%20%20material%20–%20 following %20the%20Harvard. [Accessed on 7th May, 2002].

如果没有在网上发布的时间，则不必标明，但无论如何一定要给出下载时间。

3. 英文脚注规范

对于一本著作而言，如果将所有的注释都放在书后的参考书目里，尤其是当一本书很厚时，读者要参考很不方便。所以，尽管哈佛体系不主张使用脚注，很多出版机构还是采用，其方法是在文中引用处用数字表明序号，在当前页下方用一条线与正文隔开，按每页上注释顺序逐一做注。这一点，可使用 Word 文档的自动格式。注释的具体规范如下。

（1）著作。

作者姓名，书名（用斜体或下画线），（出版地和出版年份），页码.

例如，James Barrett, *The Great Southern Railway*, （Dublin, 1982）, p.3.

（2）论文。

作者姓名，题目（用引号），in 刊物名称（用斜体或下画线），卷次（年份），页码.

例如，Jennifer Ryan, "Management Marketing: a case study of Grafton Printers plc", in *The Irish Marketing Journal*, Vol. 3 （December 1998）, p. 12.

（3）论文集。

作者姓名，题目（用引号），in 编者姓名（ed），文集名（下画线或斜体），出版地和出版时间（放入括号），页码.

例如，Howard Lemontree, "Discourse Markers" in *Joseph Keyes* （ed）, Discourse across Varieties, （Oxford, 1980）, p. 45.

（4）重复脚注。

当文中连续两次或多次引用同一文献的资源时，第一次引用时按上面规范，同一页上第二次引用同一本书或同一篇论文时，用"ibid, 页码"。ibid 中文意思是"同上"。

4.4.3　充分利用信息技术，做好个人知识管理

互联网中各种网络技术的发展使人们进入了崭新的阅读与专业成长时代。网络信息的数量十分庞大，我们工作中需要的知识也很广泛，对知识的数量和质量要求很高，如果我们对这些众多的知识无法进行管理，最后将造成工作的低效率，因此网络时代的个人知识管理则显得非常重要。

1. 个人知识管理的概念

个人知识管理（PKM）有各种版本的定义，但其实质都在于帮助个人提升工作效率，整合自己的信息资源，提高个人的竞争力。

Frand 和 Hixon 研究认为，个人知识管理是指个人组织和集中自己认为重要的信息，使其成为自己知识的一部分，另外他们认为个人知识的拓展，个人隐性知识向显性知识的转化，也都属于个人知识管理的范畴。

美国 Dorsey 教授认为，个人知识管理可以看做在 21 世纪成功地完成知识性工作所必须具备的一系列解决问题的技能，他概括和定义了六项核心个人知识管理技能：信息检索、信息评估、信息组织、信息表达、信息安全、信息协同。Hyams 则从更为宽泛的角度诠释了个人知识管理的含义，除了上述 Dorsey 所描述的信息方面的内容外，还包括时间管理和组织性工作等方面的技能，具体包括：时间控制，保持工作空间舒适度，快速阅读、备注和研究，备案和文档管理，有效信息甄别，有目的地写作，知识/信息处理设施使用，知识/信息过滤技能等。

Skyrme 也从经验方面定义了个人知识管理战略，其个人知识管理战略包括以下内容：明确自己的信息需求，制定一个知识获取战略；设定信息的优先级，确定如何和何时处理手上的信息；为需要归档和保存的知识建立规范，创建个人的文件系统（可以兼顾自己的工作、生活和其他知识活动）；为不同用途建立信息目录和索引，经常评估/评价所存储信息和目录的价值。

我国学者孔德超认为个人知识管理包括三层含义：其一，对个人已经获得的知识进行管理；其二，通过各种途径学习新知识，吸取和借鉴别人的经验、优点和长处，弥补自身思维

和知识缺陷，不断建构自己的知识特色；其三，利用自己所掌握的知识以及长期以来形成的观点和思想，再加上别人的思想精华，去伪存真，实现隐性知识的显性化，激发创新出新的知识。

总的来说，个人知识管理应该被看做既有逻辑概念层面又有实际操作层面的一套解决问题的技巧与方法，并且这种技巧与方法是21世纪的知识工作者所必须掌握的。

2. 个人知识管理的内容

（1）知识的习得和获取。

只有个人知识足够丰富的情况下，个人知识管理的重要性才开始凸现出来，因此如何获取知识无疑是有效管理它们的第一步。

在知识经济时代，个人知识的学习应该是一个永远没有结束的过程，个人必须培养学习知识的强烈愿望和自主学习的良好习惯，掌握知识学习的相关工具与技巧，如互联网、社会性软件的使用，Google 搜索引擎的搜索技巧等。

（2）知识的整理和存储。

搜集资料、习得知识只是知识管理的第一步，怎样对这些资料和知识进行整理并加以存储，是知识管理的第二步。

知识管理的第二步应考虑对显性知识和隐性知识加以区分并整理。整理显性知识的关键是系统化，即建立自己的知识管理框架；整理隐性知识的关键是隐性知识显性化，并纳入到显性知识的框架之中统一管理，以备今后使用。整理和存储知识的目标是建立知识管理框架，尤其是专题分类。一般来说，科学的专题分类有助于把收集到的资源有系统地存储，以便使用时快速获取，缺乏系统分类的架构会造成使用资源与创造知识的时间成本增大，影响工作效率。

（3）知识的分享和利用。

知识的不宜损耗性是知识共享的理论基础。打个比方，如果你只有一个苹果，被别人吃了，那么你就没有了，但你的知识如果与别人分享后还可能增值，就好像你拥有一个苹果，而别人拥有一个梨，如果进行分享的话，就形成了“1+1≥2”的效应。知识管理的一个重要环节就是共享知识、互通有无。知识共享是知识管理最基本的功能，几乎所有的知识管理工具都与知识共享有一定的联系。

在以上个人知识管理的内容中，有七项知识管理的技巧与方法是必需掌握的，可以概括为检索信息的技巧、评估信息的技巧、组织信息的技巧、分析信息的技巧、表达信息的技巧、保证信息安全的技巧和信息协同的技巧。瑞士 Open Connect AG 公司的知识管理主管 Hyams 教授在上述七项之外还加入了个人知识管理的其他内容，包括时间管理、基础设施、组织性工作等方面的技能，具体指：时间控制；工作空间舒适度；快速阅读、备注和研究；备案和文档管理；信息设计（哪些信息有用，哪些信息无用）；有目的的写作；知识/信息处理设施（通常指 PC 等 IT 设备）；知识/信息过滤技能。

3. 个人知识管理的实施

在网络环境下，传统的个人知识管理通常使用微软 Office、MS outlook 即时通信工具（ICQ、MSN 等）、个人信息管理系统（iSpace Desktop）等，具有资料整理归类、数据存取、支持搜索、交流共享等功能，能够满足个人知识管理的基本需求。但这些传统个人知识管理工具有其局限性，如模拟方法非自动化，并且不能被搜索，不支持调查、提醒、知识再利用和协作。

Web 2.0 的出现是互联网的一次理念和思想体系的升级换代，由原来的自上而下的由少数资源控制者集中控制主导的互联网体系转变为自下而上的由广大用户集体智慧和力量主导的互联网体系，是以 RSS（内容聚合）、Blog（博客）、Wiki （维基）、Tags（分类标签）、So-cial Bookmark （网摘）、SNS （社会网络）等应用为核心，依据六度分隔、XML、AJAX 等理论和技术实现的互联网新一代模式。Web 2.0 强调开放、共享、参与、创造和以用户为中心，它的兴起给网络信息的生产、组织、传播与利用带来了巨大的变革，为个人知识管理提供了丰富的技术和平台，同时也给管理效率的提升带来了新的契机。

Web 2.0 时代个人知识管理是学习者利用 Web 2.0 技术与平台，如 Blog、Wiki、RSS、Tags、SNS 等进行知识收集、提取、整合、创新与应用，从而不断增加和扩充个人知识体系，并与社会共享交流个人的知识库，实现知识应用与创新。

学习者个人知识管理过程模型由知识收集、知识提取、知识整合、知识创新、知识应用和知识反馈各阶段构成，如图 4-7 所示。知识收集阶段，基于个人兴趣与学习目标所要求的知识需要，利用 Web 2.0 技术中的搜索功能进行知识的搜集，RSS 的信息推送服务、Social Bookmark 的信息推荐服务等手段实现个人信息的自动获取，得到来自于网络环境中他人知识库中有意义的信息和知识，并将搜索结果存储于个人知识库；知识提取阶段，在所收集的大量信息中提取有价值的知识，并借助于 Blog 的个人化空间、Wiki 的协同工作空间进行信息发布共享；知识整合阶段，借助 Web 2.0 技术实现知识的再加工，并将整合更新后的知识补充到个人知识库中，通过 Tag 的加注、SNS 形成的“团体”、Wiki 的问答互动完成信息的交流，进而为知识创新应用提供有利条件；知识内化过程中发现的问题、相关分析结果与预期的差异及其产生原因的分析、经验教训的总结等经知识反馈，以编码化、清晰化的显性知识形式或者以非编码化的、不能明确表述的、零散片段的隐性知识形式存储到知识库中去，成为下一次个人知识管理过程需要的知识来源。

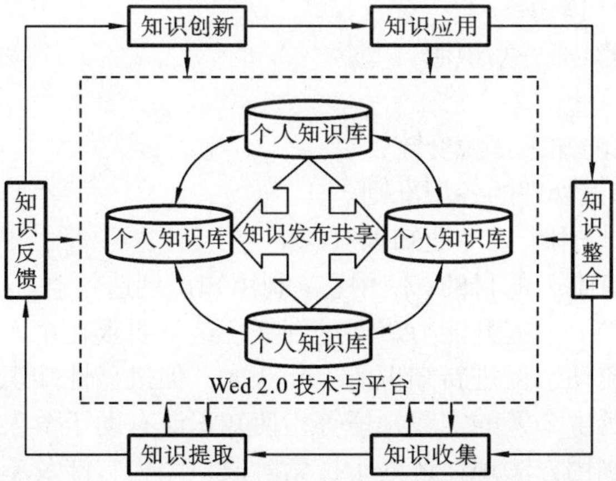

图 4-7　基于 web2.0 技术的个人知识管理过程模型

4. 个人知识管理的方法

个人知识管理要找到合适的工具记录你的知识，并要做好分类，一旦固定了工具，就不要轻易改变，迁移工作是非常复杂的，并且知识最好能实现共享与交流，让大家都能来了解。

（1）分析个人对知识管理资源的需求。

（2）建立个人知识管理结构和专业知识体系，即

① 人际交往资源（如联系人的通信录、每个人的特点与特长等）；

② 通信管理（书信、电子信件、传真等）；

③ 个人时间管理工具（事务提醒、待办事宜、个人备忘录）；

④ 网络资源管理（网站管理与链接）；

⑤ 文件档案、个人知识库管理。

既然要建立自己的知识库，那么首先要考虑的就是你个人知识的分类。分类学是一门学问，当然不需要每个人都去研究分类学的知识，但你应该静下心来好好检查一下自己到底需要哪些知识。

（3）建立个人知识管理的准则和文档命名规范。

（4）选择进行个人知识管理的工具。

对个人来说，针对不同的信息可以采用不同的工具，不需要采用统一的入口，只要简单易用，适合自己就行，如邮件管理、通信录管理，这是最常用的个人知识管理的一部分。还有就是知识内容的管理，可以采用 Wiki 和 Blog。不要用什么所谓专业的个人知识管理系统，它们普遍存在一个问题：与其他工具软件兼容性不好，大大限制了你将来对手中资源的调动能力，可以用 Google Desktop、浏览器收藏夹、博客等。

其实，每天为了一个主题用 Google 在网上搜索时，你可以将看到的哪怕有一点价值的网页都分类放在收藏夹里，然后整理。

博客可以将自己对某一主题的研究记录下来，并拿出来分享。首先是对个人的记录，然后才是分享。可以用 Blog 数字化学习笔记，实现知识的获取、评估和保存；利用 Blog 分类归档合理组织、实现知识的快速检索；利用 Blog 实现知识的维护和发展。

（5）持之以恒地维护个人专业知识体系。

三分建设，七分维护，最难的也是持之以恒。维护的主要内容包括以下几个方面：

① 添加新的知识源和知识分类；

② 更新、修改和删除部分知识源；

③ 调整共享的位置；

④ 与他人进行互动的知识资源交流；

⑤ 不断完善个人知识管理的各项准则。

（6）在实际工作中应用个人专业知识资源。

我们所有的知识只有唯一的目的：使用它，利用知识创造效益。个人知识管理最终目的，是在提高工作效率的基础上，提升能力，促进创新，这就要求在个人的知识流中，知识管理要有助于个人知识流的流动，促进新知识的不断获取，促进显性知识向隐性知识的转化。以个人为中心，不断向外延生个人的实践领悟等，使知识流有助于个人隐性知识的获得。

知识管理中知识的利用方法现在还处于探索阶段，因为它涉及不同个体的知识背景、生活环境、价值观等复杂因素。但在实践中不同个人可以总结自己有效的方法，并多多交流，促进自己所拥有知识的充分利用，只有这样才能真正提高自己。

思 考 题

1. 什么是网络教育资源？它有什么特点？

2. 如何对网络教育资源进行分类？分类的依据是什么？
3. 网络教育资源评价的依据是什么？如何对网络资源进行评价？
4. 常见的信息资源检索技术有哪些？
5. 常见的社会性软件有哪些？各有什么特点？
6. 什么是个人知识管理？如何进行个人知识管理？
7. 数字化版权保护的内容是什么？
8. 你认为应该如何合理利用数字化资源？

第5章 图像资源开发

【学习目标】

- 了解位图与矢量图的区别
- 掌握不同类型计算机图像文件的特点
- 获取图像一般有哪些途径
- 了解 Photoshop 处理图像的一般过程
- 掌握基本工具的应用方法
- 掌握图层的基本操作
- 了解 Photoshop 滤镜的基本使用

【内容结构】

- 图像资源开发
  - 图像基本概念
    - 位图与矢量图
    - 图像分辨率
    - 色彩模式
  - 图像文件类型
    - 图像文件格式
    - 图像的获取
  - Photoshop 基本应用
    - Photoshop 简介
    - Photoshop 基本操作
    - 选择图像固定区域
    - 图像变形与修复
    - 图像色彩处理
    - 图层操作
    - 文字的输入与编辑
    - 效果滤镜的应用

5.1 图像基本概念

5.1.1 位图与矢量图

计算机中的图形图像主要分为位图和矢量图两种类型，二者的对比效果如图 5-1 所示。

1. 位图

位图也称为点阵图或像素图，它是由许多单独的小方块组成的，这些小方块又称为像素点，使用放大工具放大后，可以清晰地看到像素的小方块形状和不同的颜色。位图图像质量由分辨率决定，单位面积内的像素越多，分辨率越高，图像的质量也应越好，图像的文件量也会随之增大。

2. 矢量图

矢量图也称为向量图，是由 CorelDRAW、AutoCAD 等图形软件产生的，它是一种基于图形的几何特性来描述的图像。矢量图中的各种图形元素称为对象，每一个对象都是独立的个体，都具有大小、颜色、形状、轮廓等属性。矢量图与分辨率无关，无论放大或缩小多少倍，它的边缘都是平滑的，矢量图占用的存储空间较小，但是色彩表现力逊于位图。

(a) 矢量图　　(b) 位图

图 5-1　矢量图和位图放大 8 倍对比效果

5.1.2 分辨率

Photoshop 的图像是位图格式，而位图图像的基本单位是像素，因此在创建位图图像时必须为其指定分辨率的大小。图像的像素和分辨率均能体现图像的清晰程度。

1. 像素

像素由英文单词 Pixel 翻译而来，它是构成图像的最小单位，是位图中的一个小方格。如果将一幅位图看成是由无数个点构成的话，每个点就是一个像素，同样大小的一幅图像，像素越多的图像就越清晰，效果就越逼真。

2. 分辨率

分辨率是指单位长度上的像素数目。单位长度上的像素越多，分辨率就越高，图像就越清晰，所需的存储空间也就越大。分辨率可分为图像分辨率、打印分辨率和屏幕分辨率等。

3. 图像分辨率

图像分辨率用于确定图像的像素数目，其单位有“像素/英寸”和“像素/厘米”。例如，一幅图像的分辨率为 300 像素/英寸，就表示该图像中每英寸包含 300 个像素点。

4. 打印分辨率

打印分辨率又称为输出分辨率，是指绘图仪、激光打印机等输出设备在输出图像时每英寸所产生的墨点数。如果使用与打印机输出分辨率成正比的图像分辨率，就能产生较好的图像输出效果。

5. 屏幕分辨率

屏幕分辨率是指显示器上每单位长度显示的像素或点的数目，单位是“像素/英寸”或“点/英寸”。例如，72 点/英寸表示显示器上每英寸包含 72 个点。屏幕分辨率的数值越大，图像显示就越清晰，普通显示器的典型分辨率约为 96 点/英寸。彩色印刷品的分辨率一般为 300 点/英寸，报纸图像的分辨率一般为 96 点/英寸，网页图片的分辨率一般为 72 点/英寸。

5.1.3 色彩模式

在 Photoshop 中，了解色彩模式的概念很重要。因为色彩模式决定显示和打印电子图像时采用的模式，即一幅电子图像用什么样的方式在计算机中显示或打印输出。

1. 常用的色彩模式

颜色模式决定显示和打印电子图像的色彩模型（简单地说，色彩模型是用于表现颜色的一种数学算法），即一幅电子图像用什么样的方式在计算机中显示或打印输出。

常见的颜色模式包括位图模式、灰度模式、双色调模式、HSB（色相、饱和度、亮度）模式、RGB（红、绿、蓝）模式、CMYK（青、洋红、黄、黑）模式、Lab 模式、索引色模式、多通道模式以及 8 位/16 位模式，每种模式的图像描述和重现色彩的原理及所能显示的颜色数量是不同的。Photoshop 的颜色模式是基于色彩模型的。而色彩模型对于印刷中使用的图像非常有用，可以从以下模式中选取：RGB、CMYK。

2. 色彩模式的转换

在图像处理过程中，有时需要根据实际情况将图像当前的色彩模式转换成另一种色彩模式。在 Photoshop 中，这样的操作只需要先选择【图像】→【模式】菜单命令，然后在弹出的子菜单中选择相应的模式命令即可。

5.2 图像文件

5.2.1 图像文件的格式

数字图像的文件格式种类有多种，每种图像文件各有自己的特点，根据不同的应用领域选择合适的图像文件，一般用于网页的有 GIF、JPEG、PNG 等格式；用于印刷的有 TIFF、EPS 等格式；用于图像处理的有 PSD、PDD、TIFF 等格式。

常见的图像文件格式有 PSD、TIFF、BMP、GIF、JPEG、PNG 等。

1. PSD

PSD 是 Photoshop 软件专用的文件格式，它是 Adobe 公司优化格式后的文件，能够保存图像数据的每一个细小部分，包括图层、蒙版、通道以及其他的少数内容，但这些内容在转存成其他格式时将会丢失。另外，因为这种格式是 Photoshop 支持的自身格式文件，所以 Photoshop 能更快地打开和存储这种格式的文件。

该格式唯一的缺点是：使用这种格式存储的图像文件特别大。尽管 Photoshop 在计算的过程中已经应用了压缩技术，但是因为这种格式不会造成任何的数据流失，所以在编辑的过程中最好还是选择这种格式存盘，直到最后编辑完成后再转换成其他占用磁盘空间较小、存储质量较好的文件格式。在存储成其他格式的文件时，有时会合并图像中的各图层以及附加的蒙版通道，这会给再次编辑带来不少麻烦，因此最好在存储一个PSD的文件备份后再进行转换。

2. TIFF

TIFF格式（Tagged Image File Format），直译为“标记图像文件格式”，是由Aldus公司为Macintosh开发的文件格式。

TIFF用于在应用程序之间和计算机平台之间交换文件，是Macintosh和PC上使用很广泛的文件格式，它采用无损压缩方式，与图像像素无关，TIFF 常被用于彩色图片的扫描，以RGB的全彩格式存储。

TIFF格式支持带Alpha通道的CMYK、RGB和灰度文件，支持不带Alpha通道的Lab、索引色和位图文件，也支持LZW压缩。

3. BMP

BMP格式是Windows Bitmap的缩写，它可以用于绝大多数Windows下的应用程序。

BMP格式使用索引色彩，它的图像具有极为丰富的色彩，并可以使用16 MB色彩渲染图像。BMP格式能够存储黑白图、灰度图和16 MB色彩的RGB图像等。此格式一般在多媒体演示、视频输出等情况下使用，但不能在Macintosh程序中使用。在存储BMP格式的图像文件时，还可以进行无损失压缩，这样能够节省磁盘空间。

4. GIF

GIF格式是Graphics Interchange Format的缩写。GIF格式的图像文件容量比较小，它形成一种压缩的8 bit图像文件。正因为这样，一般用这种格式的文件来缩短图形的加载时间。如果在网络中传送图像文件，GIF格式的图像文件要比其他格式的图像文件快得多。

5. JPEG

JPEG既是Photoshop支持的一种文件格式，也是一种压缩方案，它是Macintosh上常用的一种存储类型。JPEG格式是压缩格式中的“佼佼者”，与TIF文件格式相比，它的压缩比例更大，但它使用的有损失压缩会丢失部分数据。用户可以在存储前选择图像的最后质量，这就能控制数据的损失程度。

6. PNG

PNG便携网络图形格式，用于无损压缩和显示Web上的图像。PNG是目前保证最不失真的格式，它汲取了GIF和JPG二者的优点，存储形式丰富，兼有GIF和JPG的色彩模式；它的另一个特点是能把图像文件压缩到极限以利于网络传输，但又能保留所有与图像品质有关的信息，因为PNG是采用无损压缩方式来减少文件的大小，这一点与牺牲图像品质以换取高压缩率的JPG有所不同；它的第三个特点是显示速度很快，只需下载1/64的图像信息就可以显示出低分辨率的预览图像；第四，PNG同样支持透明图像的制作，透明图像在制作网页图像的时候很有用，我们可以把图像背景设为透明，用网页本身的颜色信息来代替设为透明的色彩，这样可让图像和网页背景很和谐地融合在一起。

5.2.2　图像的获取

计算机中的图像是以数字方式进行记录和存储的，数字化图像一般情况下可以通过以下方式获取。

1. 通过绘图软件获取

使用 Photoshop、Illustrator 和 CorelDRAW 等软件处理图像时，可获取数字化图像。

2. 通过数位板获取

数位板常用来进行专业的数码艺术创作，从数位板中可以获取手绘风格的数字化图像。

3. 使用扫描仪获取

可以使用扫描仪将图片和图像转换为数字信息保存在计算机中。

4. 从数码相机中获取

随着数码相机的普及与性能的提高，使用数码相机获取数字化图像已成为一种时尚。

5. 从屏幕上抓取

从计算机屏幕上获取图像又称为抓图，用户可以使用抓图软件进行抓图，也可以按下键盘中的 PrintScreen 键抓取整屏，或按 Alt+PrintScreen 键抓取当前的活动窗口。

6. 从光盘中获取

用户可以根据需要在市场上购买各种专业的图片库。

7. 从互联网上下载

互联网上的资源丰富，用户可在网站上购买图片，许多网站也提供免费下载的图片。

8. 从 DVD 中获取

使用播放软件播放 DVD 时，将播放器暂停，然后捕捉画面获取数字化图像。

5.3 图像处理软件 Photoshop

图像处理软件是用于处理图像信息的各种应用软件，有简易型和专业型之分。简易型图像处理软件具有友好的交互界面，处理快，但加工精度不高，难以进行高创意的加工。专业的图像处理软件具有强大的加工处理能力，可进行高精度的加工，代表性的软件是 Adobe 公司的 Photoshop。Photoshop 是 Adobe 公司旗下最为出名的图像处理软件之一，集图像扫描、编辑修改、图像制作、广告创意，图像输入与输出于一体的图形图像处理软件，深受广大平面设计人员和电脑美术爱好者的喜爱。Photoshop 的应用领域很广泛的，在图像、图形、文字、视频、出版等各方面都有涉及，本书以 Photoshop 为例进行图像处理的介绍。

5.3.1 软件简介

在 Windows 操作系统中，单击【开始】→【程序】中的【Photoshop】运行 Photoshop 程序，Photoshop 程序的工作界面主要由标题栏、菜单栏、工具属性栏、工具箱、控制面板、图像窗口和状态栏等组成，如图 5-2 所示。

1. 标题栏

标题栏位于 Photoshop 工作界面的最上端，主要用于显示当前所使用的 Photoshop 的版本信息，其右侧与其他 Windows 平台上的软件一样，有最小化、还原和关闭按钮，用于调整或关闭工作界面。

2. 菜单栏

菜单栏一般位于标题栏的下方，有文件、编辑、图像、图层、选择、滤镜、分析、视图、窗口和帮助等菜单。这些菜单下集合了上百个菜单命令，只需要了解每一个菜单中命令的特点，通过这些特点就能够掌握这些菜单命令的使用。

3. 工具箱

工具箱中集合了图像处理过程中使用最为频繁的工具，使用它们可以进行绘制图像、修饰图像、创建选区以及调整图像的显示比例等。它的默认位置位于工作界面的左侧，通过拖动其顶部可以将其放到工作界面上的任意位置。

4. 工具属性栏

在工具箱中选择某个工具后，菜单栏的下方就会显示一个对应的工具属性栏。工具属性栏中显示有当前工具对应的属性和参数，用户可以通过设置这些参数来调整工具的属性。

5. 控制面板

控制面板是在 Photoshop 中进行选择颜色、编辑图层、新建通道、编辑路径和撤销编辑等操作的主要功能面板，也是工作界面中非常重要的一个组成部分。

图 5-2　Photoshop 操作界面

6. 图像窗口

图像窗口是对图像进行浏览和编辑操作的主要场所，它占据了 Photoshop 工作界面的主要部分。图像窗口的标题栏主要显示当前图像文件的文件名和文件格式、显示比例以及图像色彩模式等信息。

7. 状态栏

状态栏位于图像窗口的底部，最左端显示当前窗口的显示比例，在其中输入数值按回车键后可以改变图像的显示比例；中间部分显示当前图像文件的大小；右端显示当前所选工具及正在进行操作的功能和作用等。

5.3.2　Photoshop 基本操作

1. 创建图像

选取【文件】→【新建】，打开【新建】对话框。如图 5-3 所示。

在【新建】对话框中键入图像的名称。

通过从【大小】菜单中选择一个预设或在【宽度】和【高度】文本框中输入值，设置宽度和高度。

设置分辨率、颜色模式和位深度。

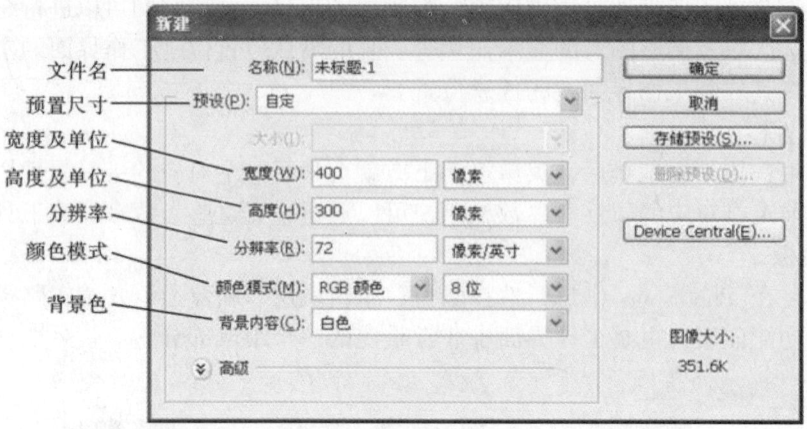

图 5-3 【新建】对话框

如果将某个选区拷贝到剪贴板，图像尺寸和分辨率会自动基于该图像数据。

选择画布颜色选项：

白色——用白色（默认的背景色）填充背景图层。

背景色——用当前背景色填充背景图层。

透明——使第一个图层透明，没有颜色值。最终的文档内容将包含单个透明的图层。

完成设置后，可以单击【存储预设】，将这些设置存储为预设，或单击【确定】以打开新文件。

2. 打开文件

使用打开命令打开文件

选取【文件】→【打开】，选择要打开的文件的名称，单击“打开”按钮，即可打开选择的文件。也可以选取【文件】→【最近打开文件】，并从子菜单中选择一个文件。

3. 保存文件

对于打开的文件，或新建文件保存过之后，想用原文件名保存修改可选此项，快捷键为 Ctrl+S。若是新建文件的首次保存，将与【存储为】相同。

若想保存文件而又不想把原文件替代时，选用这一命令，可用新文件名保存。Photoshop 将会弹出【存储为】对话框，如图 5-4 所示，可在其中指定保存的文件名、格式、保存路径等属性，保存为一个新的文件。

如果想保存创作完成的最终效果图，可在【存储为】对话框中指定文件格式为“.JPG”或“.BMP”，因为这类格式文件中不包含图层、通道、路径等信息，所以文件体积要小得多。

5.3.3 选择图像固定的区域

打开一个图形文件后，如果要对图像部分应用进行修改，则首先需要选择构成这些部分的像素，选区用于分离图像的一个或多个部分，通过使用选择工具可以在 Photoshop 中选择像素，要在 Photoshop 中选择并处理矢量对象，可以使用钢笔选择工具和形状工具。

Photoshop 提供了单独的工具组，用于建立栅格数据选区和矢量数据选区。例如，若要选择像素，可以使用选框工具或套索工具，使用【选择】菜单中的命令选择全部像素、取消选择或重新选择。

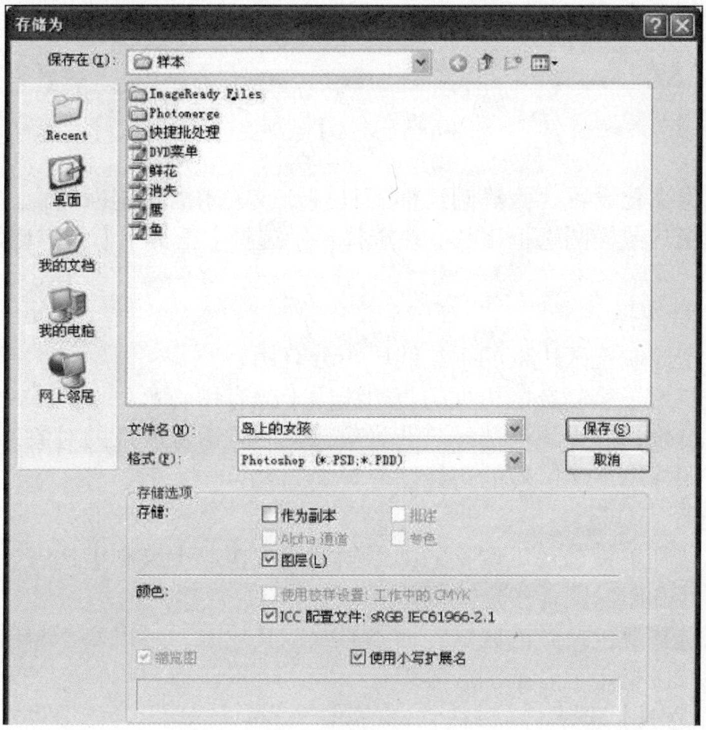

图 5-4 【存储为】对话框

要选择矢量数据，可以使用钢笔工具或形状工具，这些工具将生成名为路径的精确轮廓，可以将路径转换为选区或将选区转换为路径。

在 Photoshop 中，可以使用【抽出】命令将对象从其背景中分离并将背景抹除为透明，还可以使用蒙版建立复杂的选区。

1. 使用选框工具选择

选框工具（见图 5-5）允许选择矩形、椭圆形和宽度为 1 个像素的行和列。

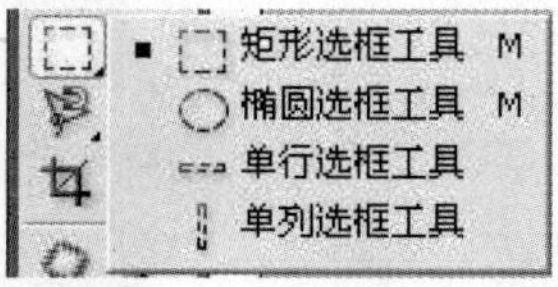

图 5-5 选框工具

选择选框工具：

矩形选框建立一个矩形选区（配合使用 Shift 键可建立方形选区）；

椭圆选框建立一个椭圆形选区（配合使用 Shift 键可建立圆形选区）；

单行或单列选框将边框定义为宽度为 1 个像素的行或列；

在选项栏（见图 5-6）中指定一个选区选项。

图 5-6 【选区】选项栏

在选项栏中指定羽化设置，为椭圆选框工具打开或关闭消除锯齿设置。

对于矩形选框工具或椭圆选框工具，在选择栏中选择【正常】、【固定比例】、【固定大小】任意一种样式。

2. 使用套索工具选择

套索工具：对于绘制选区边框的手绘线段十分有用。

多边形套索工具对于绘制选区边框的直边线段十分有用。

磁性套索工具特别适用于快速选择与背景对比强烈且边缘复杂的对象，使用磁性套索工具时，边界会对齐图像中定义区域的边缘。

3. 使用快速选择工具选择

可以使用快速选择工具选择可调整的圆形画笔笔尖快速【绘制】选区。拖动时，选区会向外扩展并自动查找和跟随图像中定义的边缘。

魔棒工具可以选择颜色一致的区域，而不必跟踪其轮廓。可以基于与单击的像素的相似度，为魔棒工具的选区指定色彩范围或容差。

4. 选择【色彩范围】选择

选取【选择】→【色彩范围】,【色彩范围】对话框如图 5-7 所示。【色彩范围】命令选择现有选区或整个图像内指定的颜色或色彩范围。

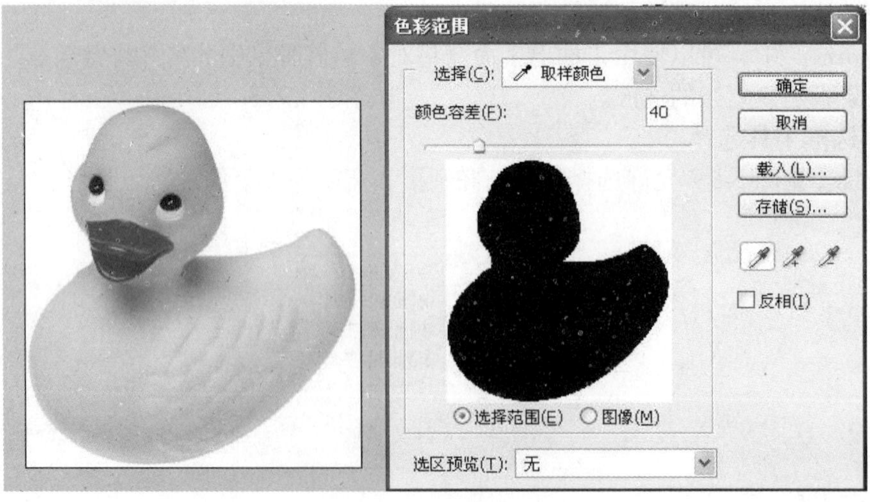

图 5-7 【色彩范围】对话框

5. 存储和载入选区

选取【选择】→【存储选区】。

在【存储选区】对话框中指定各项，然后单击【确定】。

选区存储之后，可以选取【选择】→【载入选区】命令载入存储的选区。

在建立选区之后，可以对选区内的图形进行进一步的操作，对选区外的部分没有影响。通过选择特定区域，可以编辑效果和滤镜并将其应用于图像的局部，同时保持未选定区域不会被改动。

5.3.4　图像变形与污点修复

在创建选区之后，就可以对选区范围内的图像进行编辑。

1. 复制、剪切、粘贴和清除

复制、剪切和清除命令的操作对象是当前图层中当前选区的像素，如果不存在选区，则操作对象是当前图层中的全部像素。执行【编辑】→【拷贝】或【编辑】→【剪切】命令，可以将当前图层上选区范围内的图像复制或剪切下来，其像素内容保存到 Windows 剪贴板中。两条命令的不同点在于，前者仅保存内容到 Windows 剪贴板中，而后者保存后将选区内容清除。

执行【编辑】→【粘贴】命令，将自动创建一个新的图层，并将选区内容粘贴在该新图层中。

执行【编辑】→【清除】命令，将删除选区内容。

用【粘贴入】命令替换图像背景

使用【粘贴入】命令可以将剪贴板中的内容粘贴到一个选择区域中，这时仅在选择区域中才能看到粘贴的内容。

通过使用 Photoshop 中的修饰和变换功能，可以改变图像大小、校正扭曲或缺陷、锐化或模糊等。

2. 更改画布大小

画布大小是图像的完全可编辑区域。【画布大小】命令可增大或减小图像的画布大小。增大画布的大小会在现有图像周围添加空间。减小图像的画布大小会裁剪到图像中。如果增大带有透明背景的图像的画布大小，则添加的画布是透明的。如果图像没有透明背景，则添加的画布的颜色将由几个选项决定。

选取【图像】→【画布大小】，【画布大小】对话框如图 5-8 所示。

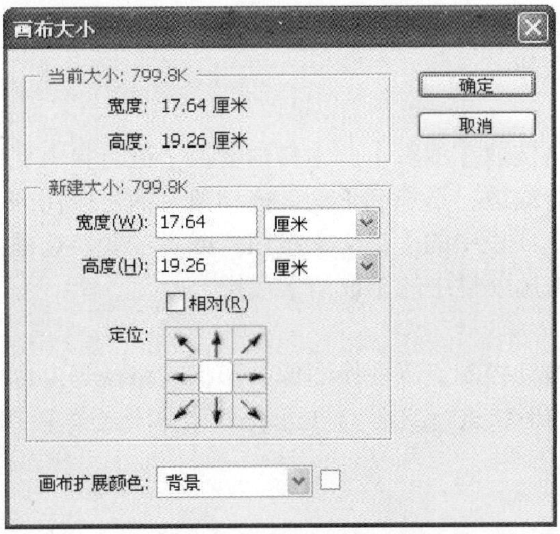

图 5-8　【画布大小】对话框

在【宽度】和【高度】框中输入画布的尺寸。从【宽度】和【高度】框旁边的弹出菜单中选择所需的测量单位。

选择【相对】，然后输入要从图像的当前画布大小添加或减去的数量。输入一个正数将为画布添加一部分，而输入一个负数将从画布中减去一部分。

对于【定位】，单击某个方块以指示现有图像在新画布上的位置。

从【画布扩展颜色】菜单中选取【前景】、【背景】、【白色】、【黑色】或【灰色】填充新画布。

单击【确定】按钮修改画布大小。

3. 裁剪图像

裁剪是移去部分图像以形成突出或加强构图效果的过程。可以使用裁剪工具和【裁剪】命令裁剪图像，也可以使用【裁剪并修齐】以及【裁切】命令来裁切像素。

选择【裁剪工具】。

在选项栏（见图 5-9）中设置重新取样选项。

图 5-9　【裁剪工具】选项栏

要裁剪图像而不重新取样（默认），请确保选项栏中的“分辨率”文本框是空白的。可以单击【清除】按钮以快速清除所有文本框。

要在裁剪过程中对图像进行重新取样，请在选项栏中输入高度、宽度和分辨率的值。除非提供了宽度和（或）高度以及分辨率，否则裁剪工具将不会对图像重新取样。

在图像中要保留的部分上拖动，以便创建一个选框。

如果要将选框移动到其他位置，请将指针放在外框内并拖动。

如果要缩放选框，请拖动手柄。如果要约束比例，请在拖动角手柄时按住 Shift 键。

如果要旋转选框，请将指针放在外框外（指针变为弯曲的箭头）并拖动。如果要移动选框旋转时所围绕的中心点，拖动位于外框中心的圆。

要完成裁剪，请按 Enter 键或者在裁剪选框内双击，要取消裁剪操作，请按 Esc 键或单击选项栏中的【取消】按钮。

4. 自由变换

选择要变换的对象，选取【编辑】→【自由变换】进行自由变换操作。

如果要通过拖动进行缩放，请拖动手柄。拖动角手柄时按住 Shift 键可按比例缩放。

按 Enter 键，单击选项栏中的【提交】按钮，或者在变换选框内双击进行确定，要取消变换，请按 Esc 键或单击选项栏中的【取消】按钮。

5. 变形

【变形】命令允许拖动控制点以变换图像的形状或路径等，也可以使用选项栏中的【变形样式】弹出式菜单中的形状进行变形。【变形样式】弹出式菜单中的形状也是可延展的，可拖动它们的控制点。

选择要变形的对象。

选取【编辑】→【变换】→【变形】。

如果选取另一个变换命令或【自由变换】命令，请单击选项栏中的【在自由变换和变形模式之间切换】按钮。

要使用特定形状进行变形，请从选项栏中的【变形】弹出式菜单中选取一种变形样式。

要变换形状，请拖动控制点、外框或网格的一段或者网格内的某个区域。在调整曲线时，请使用控制点手柄。这类似于调整矢量图形曲线线段中的手柄。

要更改从【变形】菜单中选取的一种变形样式的方向，请单击选项栏中的【更改变形方向】按钮。图 5-10 所示的为图像变形后的效果。

图 5-10 【变形】

要更改参考点，请单击选项栏中参考点定位符上的方块。

要使用数字值指定变形量，请在选项栏中的【弯曲】(设置弯曲)、【H】(设置水平扭曲)和【V】(设置垂直扭曲)文本框中输入值。

按 Enter 键或单击选项栏中的【提交】按钮。要取消变换，请按 Esc 键或单击选项栏中的【取消】按钮。

6. “液化”滤镜

【液化】滤镜可用于推、拉、旋转、反射、折叠和膨胀图像的任意区域。在对图像进行变形时，选择要变形的图层。如果只更改当前图层的一部分，那么请选择该区域，然后选取【滤镜】→【液化】，如图 5-11 所示。

向前变形工具在拖动时向前推像素。

顺时针旋转扭曲工具在按住鼠标按钮或拖动时可顺时针旋转像素。要逆时针旋转像素，请在按住鼠标按钮或拖动时按住 Alt 键。

褶皱工具在按住鼠标按钮或拖动时使像素朝着画笔区域中心的方向移动。

膨胀工具在按住鼠标按钮或拖动时使像素朝着离开画笔区域中心的方向移动。

左推工具当垂直向上拖动该工具时，像素向左移动(如果向下拖动，像素会向右移动)。也可以围绕对象顺时针拖动以增加其大小，或逆时针拖动以减小其大小。要在垂直向上拖动时向右推像素(或者要在向下拖动时向左移动像素)，请在拖动时按住 Alt 键。

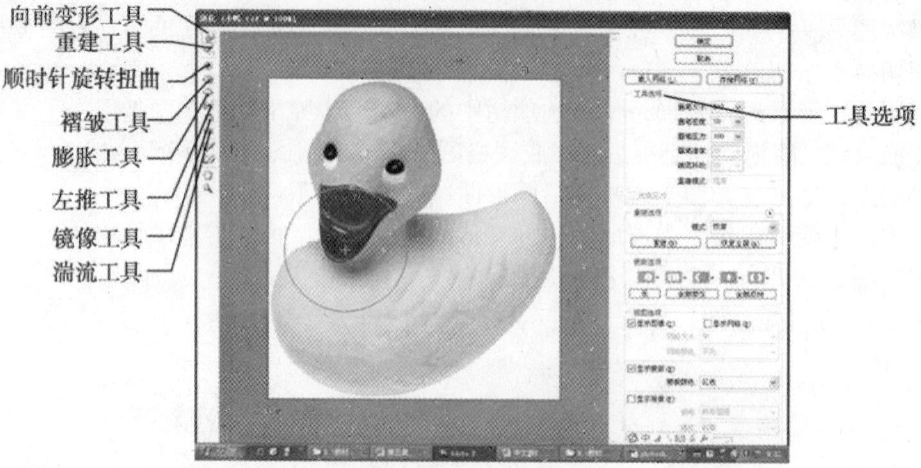

图 5-11 【液化】滤镜对话框

镜像工具：将像素拷贝到画笔区域。拖动以反射与描边方向垂直的区域。按住 Alt 键并拖动，将镜像描边区域反方向的区域（例如，位于向下的描边上方的区域）。通常，在冻结了要反射的区域后，按住 Alt 键并拖动可产生更好的效果。使用重叠描边可创建类似于水中倒影的效果。

湍流工具平滑地混杂像素。它可用于创建火焰、云彩、波浪和相似的效果。

液化工具选项，在该对话框的工具选项区域中，设置以下选项：

（1）画笔大小设置将用来扭曲图像的画笔的宽度。

（2）画笔压力设置在预览图像中拖动工具时的扭曲速度。使用低画笔压力可减慢更改速度，因此更易于在恰到好处的时候停止。

（3）画笔速率设置在使工具（如旋转扭曲工具）在预览图像中保持静止时扭曲所应用的速度。该设置的值越大，应用扭曲的速度就越快。

（4）画笔密度控制画笔如何在边缘羽化。产生的效果是：画笔的中心最强，边缘处最弱。

湍流抖动：控制湍流工具对像素混杂的紧密程度。

重建模式用于重建工具，选取的模式确定该工具如何重建预览图像的区域。

7. 使用仿制图章工具进行修饰

仿制图章工具将图像的一部分绘制到同一图像的另一部分或绘制到具有相同颜色模式的任何打开的文档的另一部分，也可以将一个图层的一部分绘制到另一个图层。仿制图章工具对于复制对象或移去图像中的缺陷很有用。

要使用仿制图章工具，请在要从仿制像素的区域上设置一个取样点，并在另一个区域上绘制。要在每次停止并重新开始绘画时使用最新的取样点进行绘制，请选择【对齐】选项。取消选择【对齐】选项将从初始取样点开始绘制，而与停止并重新开始绘制的次数无关。

可以对仿制图章工具使用任意的画笔笔尖，这样能够准确控制仿制区域的大小。也可以使用不透明度和流量设置以控制对仿制区域应用绘制的方式。

选择【仿制图章工具】,【仿制图章工具】选项栏如图 5-12 所示。

图 5-12 【仿制图章工具】选项栏

在选项栏中，选择画笔笔尖并设置混合模式、不透明度和流量等画笔选项。

对齐：连续对像素进行取样，即使释放鼠标按钮，也不会丢失当前取样点。如果取消选择【对齐】，则会在每次停止并重新开始绘制时使用初始取样点中的样本像素。

可通过将指针放置在任意打开的图像中，然后按住 Alt 键并单击来设置取样点。

在【仿制源】调板中，单击仿制源按钮并设置其他取样点。最多可以设置五个不同的取样源。【仿制源】调板将存储样本源，直到关闭文档。

要选择所需样本源，请单击【仿制源】调板中的仿制源按钮。

在要校正的图像部分上拖移即可看到图像复制的效果。

8. 修复画笔工具、污点修复画笔工具、红眼工具、颜色替换工具

修复画笔工具可用于校正瑕疵，使它们消失在周围的图像中。与仿制工具一样，使用修复画笔工具可以利用图像或图案中的样本像素来绘画。

污点修复画笔工具可以快速移去照片中的污点和其他不理想部分。污点修复画笔的工作方式与修复画笔类似：它使用图像或图案中的样本像素进行绘画，并将样本像素的纹理、光照、透明度和阴影与所修复的像素相匹配。与修复画笔不同，污点修复画笔不要求指定样本点。污点修复画笔将自动从所修饰区域的周围取样。

红眼工具可移去用闪光灯拍摄的人像或动物照片中的红眼，也可以移去用闪光灯拍摄的动物照片中的白色或绿色反光。

使用时，选择红眼工具，在红眼中单击。如果对结果不满意，那么请还原修正，在选项栏中设置一个或多个以下选项，然后再次单击红眼工具，瞳孔大小增大或减小受红眼工具影响的区域，变暗量设置校正的暗度。

颜色替换工具能够简化图像中特定颜色的替换。可以使用校正颜色在目标颜色上绘画。

9. 涂抹工具、模糊工具、锐化工具、减淡和加深工具、海绵工具

涂抹工具模拟将手指拖过湿油漆时所看到的效果。

模糊工具可柔化硬边缘或减少图像中的细节。使用此工具在某个区域上方绘制的次数越多，该区域就越模糊。

锐化工具用于增加边缘的对比度以增强外观上的锐化程度。用此工具在某个区域上方绘制的次数越多，增强的锐化效果就越明显。

减淡工具和加深工具是基于用于调节照片特定区域的曝光度的传统摄影技术，可用于使图像区域变亮或变暗。摄影师可遮挡光线以使照片中的某个区域变亮（减淡），或增加曝光度以使照片中的某些区域变暗（加深）。用减淡或加深工具在某个区域上方绘制的次数越多，该区域就会变得越亮或越暗。

海绵工具可精确地更改区域的色彩饱和度。当图像处于灰度模式时，该工具通过使灰阶远离或靠近中间灰色来增加或降低对比度。

5.3.5　图像色彩处理

1. 调整颜色

所有 Photoshop 颜色调整工具的工作方式本质上是相同的，它们都将现有范围的像素值映射到新范围的像素值。这些工具的差异表现在所提供的控制数量上。

Photoshop 有两种调整图像色彩的方法：第一种方法是从【图像】→【调整】子菜单中选取一个命令，此方法永久改变现用图层中的像素；第二种更灵活的方法是使用调整图层。调整图层使可以在不必永久修改图像中的像素的情况下进行颜色和色调调整。颜色和色调更改位于调整图层内，该图层像一层透明膜一样，下层图像图层可以透过它显示出来。

2. 调整色阶

调整色阶可以使用【色阶】对话框（见图 5-13），通过调整图像的阴影、中间调和高光的强度级别，从而校正图像的色调范围和颜色平衡。

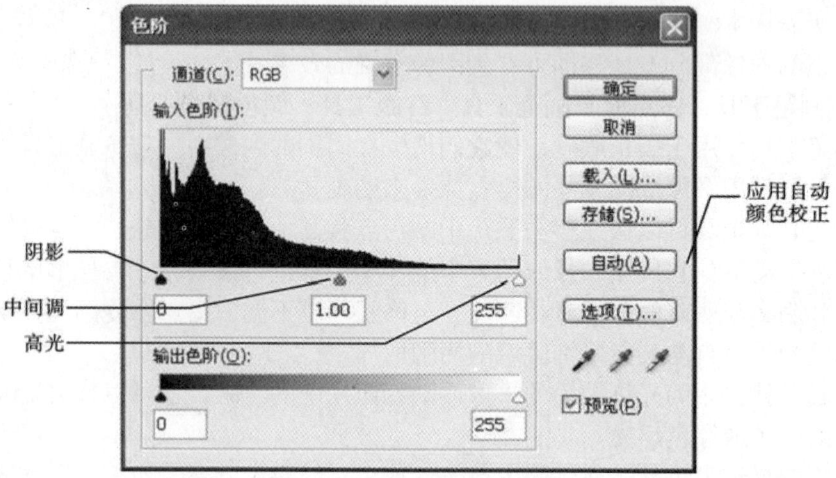

图 5-13 【色阶】对话框

外面的两个【输入色阶】滑块将黑场和白场映射到【输出色阶】滑块的设置。默认情况下，【输出色阶】滑块位于色阶 0（像素为全黑）和色阶 255（像素为全白）。因此，在【输出色阶】滑块的默认位置，如果移动黑色输入滑块，则会将像素值映射为色阶 0，而移动白场滑块则会将像素值映射为色阶 255，其余的色阶将在色阶 0~255 之间重新分布。这种重新分布情况将会增大图像的色调范围，实际上增强了图像的整体对比度。

中间输入滑块用于调整图像中的灰度系数。它会移动中间调（色阶 128），并更改灰色调中间范围的强度值，但不会明显改变高光和阴影。

应用色阶命令调整图像色彩时，选取【图像】→【调整】→【色阶】。

要手动调整阴影和高光，请将黑色和白色【输入色阶】滑块拖移到直方图的任意一端的第一组像素的边缘。

例如，如果将黑场滑块移到右边的色阶 10 处，则 Photoshop 会将位于或低于色阶 10 的所有像素都映射到色阶 0。同样，如果将白场滑块移到左边的色阶 233 处，则 Photoshop 会将位于或高于色阶 233 的所有像素都映射到色阶 255。这种映射将影响每个通道中最暗和最亮的像素，其他通道中的相应像素按比例调整以避免改变色彩平衡。

使用【输入色阶】滑块调整黑场和白场。

要调整中间调，可以使用中间的【输入】滑块来调整灰度系数。

向左移动中间的【输入】滑块可使整个图像变亮。此滑块将较低（较暗）色阶向上映射到【输出】滑块之间的中点色阶。如果【输出】滑块处在它们的默认位置（0 和 255），则中点色阶为 128。在此示例中，阴影将扩大以填充从 0 到 128 的色调范围，而高光则会被压缩。将中间的【输入】滑块向右移动会产生相反的效果，使图像变暗。

移动中间的滑块会调整图像的灰度系数。

单击【确定】按钮，可应用调整后的效果。

3. 使用色相/饱和度命令

选取【图像】→【调整】→【色相/饱和度】，在【色相/饱和度】对话框（见图 5-14）中显示两个颜色条，它们以各自的顺序表示色轮中的颜色。上面的颜色条显示调整前的颜色，下面的颜色条显示调整如何以全饱和状态影响所有色相。

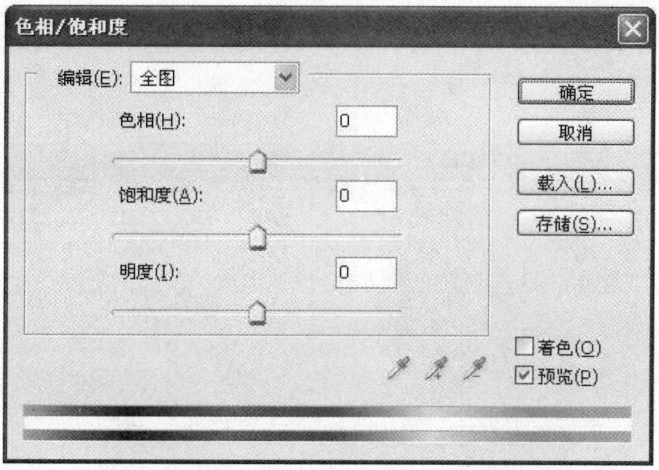

图 5-14 【色相/饱和度】对话框

使用【编辑】弹出菜单选择要调整的颜色。

选取【全图】可以一次调整所有颜色。

为要调整的颜色选取列出的其他一个预设颜色范围。

对于【色相】，输入一个值或拖移滑块，直至对颜色满意为止。

文本框中显示的值反映像素原来的颜色在色轮中旋转的度数。正值指明顺时针旋转，负值指明逆时针旋转。值的范围是：−180~+180。

4. 使用变化命令

【变化】命令通过显示替代物的缩览图，便可以调整图像的色彩平衡、对比度和饱和度。此命令对于不需要精确颜色调整的平均色调图像最为有用。

选取【图像】→【调整】→【变化】。

对话框顶部的两个缩览图显示原始选区（原图）和包含当前选定的调整内容的选区（当前挑选）。第一次打开该对话框时，这两个图像是一样的。随着调整的进行，【当前挑选】图像将随之更改以反映所进行的处理。

选择图像中要调整的对象，各单选框的作用如下：

阴影、中间色调或高光调整较暗区域、中间区域或较亮区域；

饱和度可更改图像中的色相强度，如果超出了最大的颜色饱和度，则颜色可能被剪切。

拖移【精细/粗糙】滑块确定每次调整的量。将滑块移动一格可使调整量双倍增加。

调整颜色和亮度：若要将颜色添加到图像，请单击相应的颜色缩略图；若要减去颜色，请单击其相反颜色的缩略图，例如，若要减去青色，请单击【加深红色】缩略图；若要调整亮度，请单击对话框右侧的缩略图。

单击缩览图产生的效果是累积的。例如，单击【加深红色】缩略图两次将应用两次调整。在每单击一个缩览图时，其他缩览图都会更改。三个【当前挑选】缩略图始终反映当前的选择情况。

单击【确定】按钮，可应用调整后的效果。

5. 特殊调整操作

（1）去色。

单击【图像】→【调整】→【去色】菜单项可执行去色命令。【变化】对话框如图 5-15 所示。

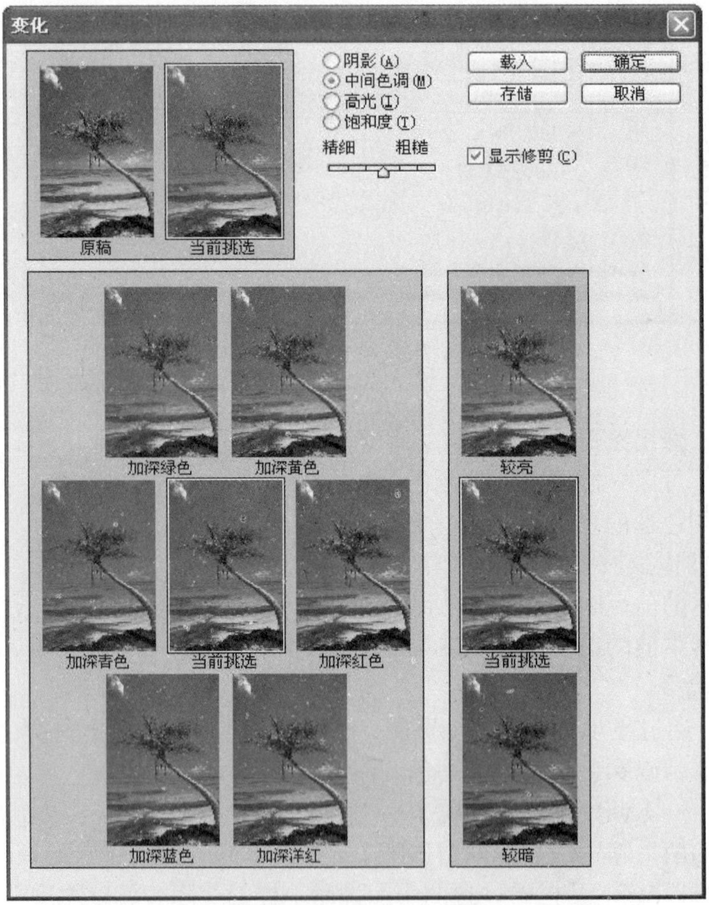

图 5-15 【变化】对话框

【去色】命令将彩色图像转换为相同颜色模式下的灰度图像。例如，它给 RGB 图像中的每个像素指定相等的红色、绿色和蓝色值，使图像表现为灰度，但不改变每个像素的明度值。

（2）反相。

单击【图像】→【调整】→【反相】,【反相】命令反转图像中的颜色。可以使用此命令将一个正片黑白图像变成负片，或从扫描的黑白负片得到一个正片。

反相图像时，通道中每个像素的亮度值转换为256级颜色值刻度上相反的值。例如，值为255的正片图像中的像素转换为0，值为5的像素转换为250。

（3）色调均化。

【色调均化】命令重新分布图像中像素的亮度值，以便它们更均匀地呈现所有范围的亮度级。在应用此命令时，Photoshop查找复合图像中最亮和最暗的值并重新映射这些值，以使最亮的值表示白色，最暗的值表示黑色。之后，Photoshop尝试对亮度进行色调均化处理，即在整个灰度范围内均匀分布中间像素值。

（4）渐变映射。

【渐变映射】命令将相等的图像灰度范围映射到指定的渐变填充色。

使用【渐变映射】命令的方法是：单击【图像】→【调整】→【渐变映射…】菜单命令，打开【渐变映射】对话框，如图5-16所示。

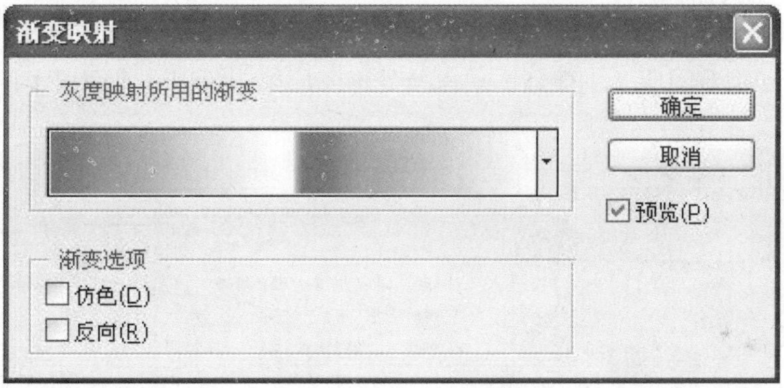

图5-16　【渐变映射】对话框

指定要使用的渐变填充：若要从渐变填充列表中选取，请单击显示在【渐变映射】对话框中的渐变填充右边的三角形，单击选择所需的渐变填充，然后在对话框的空白区域中单击以取消该列表；若要编辑当前显示在【渐变映射】对话框中的渐变填充，请单击该渐变填充，然后修改现有的渐变填充或创建新的渐变填充；默认情况下，图像的暗调、中间调和高光分别映射到渐变填充的起始（左端）颜色、中点和结束（右端）颜色。

选择【渐变选项】中的一个、两个或不选择：选择【仿色】，则添加随机杂色以平滑渐变填充的外观并减少带宽效果；选择【反向】，则切换渐变填充的方向以反向渐变映射。

5.3.6　图层操作

Photoshop图层就如同堆叠在一起的透明纸，可以透过图层的透明区域看到下面的图层；可以移动图层来定位图层上的内容，就像在堆栈中滑动透明纸一样；也可以更改图层的不透明度以使内容部分透明。

可以使用图层来执行多种任务，如复合多个图像、向图像添加文本或添加矢量图形形状。可以应用图层样式来添加特殊效果，如投影或发光。图层效果如图 5-17 所示。

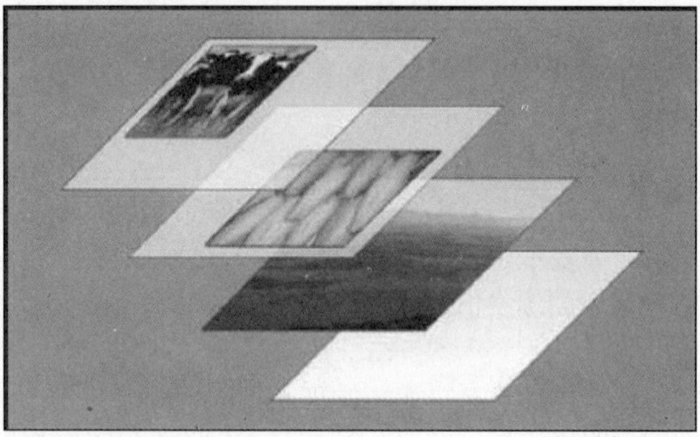

图 5-17　图层

1. 【图层】调板概述

【图层】调板（见图 5-18）列出了图像中的所有图层、图层组和图层效果。可以使用【图层】调板来显示和隐藏图层、创建新图层以及处理图层组。可以在【图层】调板菜单中访问其他命令和选项。

图 5-18　Photoshop【图层调板】

使用白色背景或彩色背景创建新图像时，【图层】调板中最下面的图像为背景。一幅图像只能有一个背景图层。不能更改背景图层的堆栈顺序、混合模式或不透明度。不过，可以将背景转换为常规图层，然后更改其属性。

创建包含透明内容的新图像时，图像没有背景图层。最下面的图层不像背景图层那样受到限制，可以将它移到【图层】调板的任何位置，也可以更改其不透明度和混合模式。

2. 创建新图层或组

要使用默认选项创建新图层或组，请单击【图层】调板中的【新建图层】按钮或【新建组】按钮，或选取【图层】→【新建】→【图层】创建新的图层。【新建图层】对话框如图 5-19 所示。

设置图层选项，并单击【确定】。

名称指定图层或组的名称。

颜色：为【图层】调板中的图层或组分配颜色。

模式：指定图层或组的混合模式。

不透明度：指定图层或组的不透明度级别。

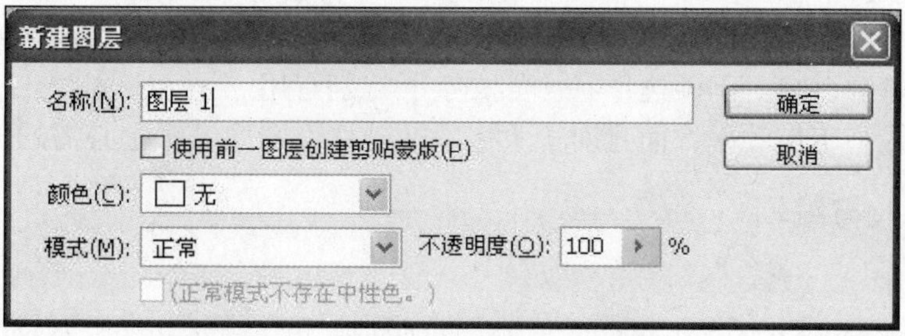

图 5-19　【新建图层】对话框

也可以对图层进行复制、删除、显示或隐藏图层或样式，更改图层顺序等操作，以及锁定图层，创建、调整和填充图层。

3. 图层效果和样式

Photoshop 提供了各种效果（如阴影、发光和斜面）来更改图层内容的外观。图层效果与图层内容链接。移动或编辑图层的内容时，在修改的内容中会应用相同的效果。例如，如果对文本图层应用投影并添加新的文本，则将自动为新文本添加阴影。

图层样式是应用于一个图层或图层组的一种或多种效果。可以应用 Photoshop 附带提供的某一种预设样式，或者使用【图层样式】对话框来创建自定样式。图层效果图标将出现在【图层】调板中的图层名称的右侧。可以在【图层】调板中展开样式，以便查看或编辑合成样式的效果。

存储自定样式时，该样式成为预设样式。预设样式出现在【样式】调板中，只需单击一次便可将其应用于图层或组。

图层样式对话框如图 5-20 所示。

可以编辑应用于图层的样式，或使用【图层样式】对话框创建新样式。

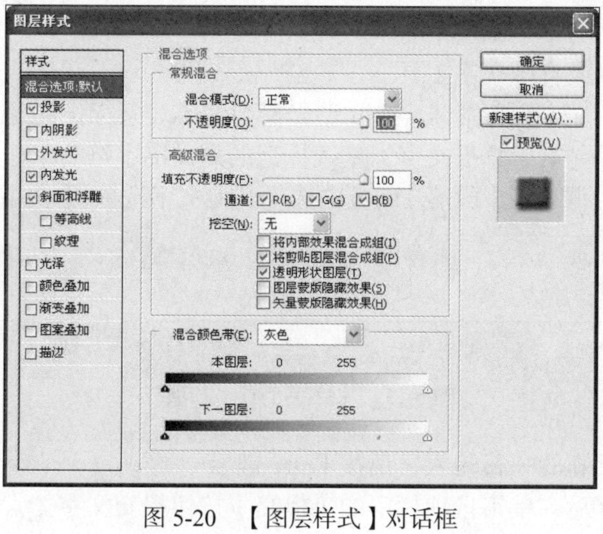

图 5-20　【图层样式】对话框

在图 5-20 中，单击复选框可应用或取消当前设置，单击效果名称可显示效果的具体选项。

可以使用以下一种或多种效果创建自定样式。选择投影，则在图层内容的后面添加阴影。选择内阴影，则紧靠在图层内容的边缘内添加阴影，使图层具有凹陷外观。选择外发光和内发光，则添加从图层内容的外边缘或内边缘发光的效果。选择斜面和浮雕，则对图层添加高光与阴影的各种组合。选择光泽，则应用创建光滑光泽的内部阴影。选择颜色、渐变和图案叠加，则用颜色、渐变或图案填充图层内容。选择描边，则使用颜色、渐变或图案在当前图层上描画对象的轮廓，它对于硬边形状（如文字）特别有用。

图层有助于提高工作效率，而且对于大多数非破坏性图像编辑是必需的。

5.3.7 文字输入与编辑

1. 文字

Photoshop 中的文字由基于矢量的文字轮廓组成，这些形状描述的是某种字样的字母、数字和符号。Photoshop 保留基于矢量的文字轮廓，并在缩放文字、调整文字大小、存储或将图像打印时使用它们，因此，可生成带有与分辨率无关的犀利边缘的文字。

当创建文字时，【图层】调板中会添加一个新的文字图层。创建文字图层后，可以编辑文字并对其应用图层命令。不过，在对文字图层进行栅格化的更改之后，Photoshop 会将基于矢量的文字轮廓转换为像素。栅格化文字不再具有矢量轮廓并且再不能作为文字进行编辑。

可以通过三种方法创建文字：在点上创建、在段落中创建和沿路径创建。

（1）点文字是一个水平或垂直文本行，它从在图像中单击的位置开始。要向图像中添加少量文字，在某个点输入文本是一种有用的方式。

（2）段落文字使用以水平或垂直方式控制字符流的边界。当想要创建一个或多个段落（比如为宣传手册创建）时，采用这种方式输入文本十分有用。

（3）路径文字是指沿着开放或封闭的路径的边缘流动的文字。当沿水平方向输入文本时，字符将沿着与基线垂直的路径出现。当沿垂直方向输入文本时，字符将沿着与基线平行的路径出现。在任何一种情况下，文本都会按将点添加到路径时所采用的方向流动。

2. 输入点文字

当输入点文字时，每行文字都是独立的，行的长度随着编辑增加或缩短，但不会换行。输入的文字即出现在新的文字图层中。

选择横排文字工具或直排文字工具。

在图像中单击，为文字设置插入点。I 型光标中的小线条标记的是文字基线（文字所依托的假想线条）的位置。对于直排文字，基线标记的是文字字符的中心轴。

在选项栏、【字符】调板或【段落】调板中选择其他文字选项。【文字工具】选项如图 5-21 所示。

图 5-21 【文字工具】选项

输入字符。要开始新的一行输入，请按 Enter 键。

输入或编辑完文字后，单击选项栏中的【提交】按钮提交文字。

3. 输入段落文字

输入段落文字时，文字基于外框的尺寸换行。可以输入多个段落并选择段落调整选项。

可以调整外框的大小，这将使文字在调整后的矩形内重新排列。可以在输入文字时或创建文字图层后调整外框。也可以使用外框来旋转、缩放和斜切文字。

4. 沿路径输入文字

使文字工具的基线指示符位于路径上，然后单击。单击后，路径上会出现一个插入点。输入文字，横排文字沿着路径显示，与基线垂直。直排文字沿着路径显示，与基线平行。

5. 编辑文本

选择横排文字工具或直排文字工具。

在【图层】调板中选择文字图层或者在文本流中单击以自动选择文字图层。

在文本中定位到插入点。

根据需要输入文本。

提交对文字图层的更改。

更改文字图层的方向：文字图层的方向决定了文字行相对于文档窗口（对于点文字）或外框（对于段落文字）的方向。选取【图层】→【文字】→【水平】，或者选取【图层】→【文字】→【垂直】。

6. 栅格化文字图层

某些命令和工具（如滤镜效果和绘画工具）不可用于文字图层，必须在应用命令或使用工具之前栅格化文字。栅格化将文字图层转换为正常图层，并使其内容不能再作为文本编辑。如果选取了需要栅格化图层的命令或工具，则会出现一条警告信息。某些警告信息提供了一个【确定】按钮，单击此按钮即可栅格化图层。

选择文字图层并选取【图层】→【栅格化】→【文字】。

7. 【字符】调板概述

【字符】调板（见图 5-22）提供用于设置字符格式的选项。选项栏中也提供了一些格式设置选项。要在【字符】调板中设置某个选项，请从该选项右边的弹出式菜单中选取一个值。对于具有数字值的选项，也可以使用向上或向下箭头来设置值，或者可以直接在文本框中输入值。当直接输入值时，按 Enter 键即可应用该值；按 Shift+Enter 组合键可应用值并随后高光显示刚刚输入的值；或者按 Tab 键可应用值并移到调板中的下一个文本框。

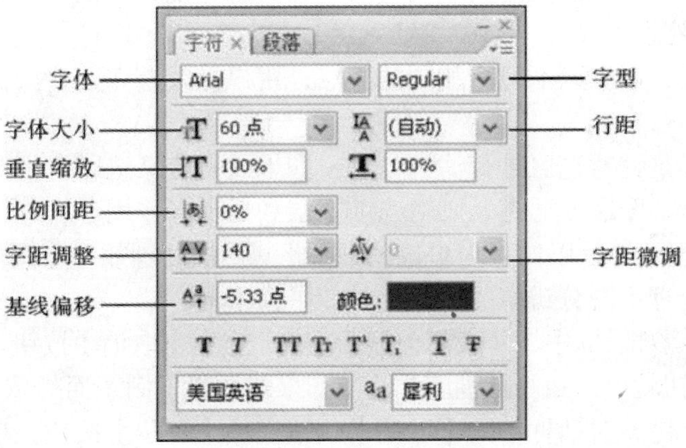

图 5-22 【字符】调板

8. 设置段落格式

对于点文字，每行即是一个单独的段落。对于段落文字，一段可能有多行，具体视外框的尺寸而定。

使用【段落】调板（见图 5-23）可更改列和段落的格式设置。要显示该调板，请选取【窗口】→【段落】或者单击【段落】调板选项卡，也可以选择一种文字工具并单击选项栏中的【调板】按钮。

要在【段落】调板中设置带有数字值的选项，操作方法与【字符】调板的相同。

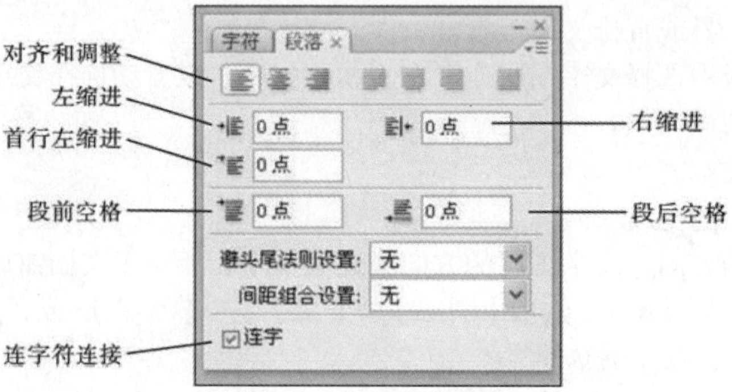

图 5-23 【段落】调板

9. 创建文字效果

可以对文字执行各种操作以更改其外观。例如，可以使文字变形、将文字转换为形状或向文字添加投影。创建文字效果的最简单的方法之一是在文字图层上播放 Photoshop 附带的默认的【文本效果】动作。可以通过从【动作】调板菜单选取【文本效果】来使用这些效果。

5.3.8 效果滤镜的应用

滤镜功能是 Photoshop 中最奇妙的部分，它能够创建各种各样精彩绝伦的图像。有的仿制现实中的事物，可以以假乱真；有的可以作出虚幻的景象。滤镜的组合更是能产生出千变万化的图像。

滤镜主要用来处理图像的各种效果，它使用起来非常简单，但要应用的恰到好处却并非易事。这除了要求用户具备扎实的美术功底外，还要对滤镜具有很强的操控能力。

1. 滤镜的使用规则

所有滤镜的使用，都有以下几个相同的特点，用户必须遵守这些操作要领，才能准确有效地使用滤镜功能。

（1）Photoshop 是针对选区进行滤镜处理：如果没有定义选区，则对整个图像作处理；如果当前选中的是某一图层或通道，则对当前图层和通道起作用。

（2）滤镜的处理效果是以像素为单位的，因此滤镜的处理效果与图像的分辨率有关。因此，用相同的参数处理不同分辨率的图像，其效果会不同。

（3）在任意滤镜对话框中，一般都会显示【确定】和【取消】按钮。当调整好各个参数后，单击【确定】按钮就可以执行此滤镜命令，如果对效果不满意而想取消时，可以单击【取消】按钮。按下 Alt 键，对话框中的【取消】按钮变成【复位】按钮，单击它可以将滤镜设置恢复到刚打开对话框时的状态。

（4）在位图和索引颜色的色彩模式下不能使用滤镜，此外，不同的色彩模式的使用范围也不同。

（5）通过使用滤镜，可以清除和修饰照片，应用它能够为您的图像提供素描或印象派绘画外观的特殊艺术效果，还可以使用扭曲和光照效果创建独特的变换。Adobe 提供的滤镜显示在【滤镜】菜单中。第三方开发商提供的某些滤镜可以作为增效工具使用。在安装后，这些增效工具滤镜出现在【滤镜】菜单的底部。

（6）滤镜库可提供许多特殊效果滤镜的预览。图 5-24 是彩色彩色铅笔的虑镜效果图。您可以应用多个滤镜、打开或关闭滤镜的效果、复位滤镜的选项以及更改应用滤镜的顺序。如果您对预览效果感到满意，则可以将它应用于图像。在【滤镜】菜单中选择需要的滤镜命令，弹出相应的对话框，在对话框中可调整滤镜的各项参数。

2. 滤镜的使用技巧

滤镜功能是最为强大的，使用起来千变万化，应用得体将产生各种各样的特效。下面是使用滤镜的一些技巧。

（1）对局部图像进行意境效果处理时，可以对选区设定羽化值，使要处理的区域能自然地与原图像融合，减少突兀感。

（2）使用快捷键 Ctrl+Z 不断地切换，可对比执行滤镜前后的效果。

（3）在使用滤镜处理图像时要注意图层的使用和通道的使用，可以单独地对图像和通道进行滤镜处理，处理完成后再把这些图层和通道进行合成。

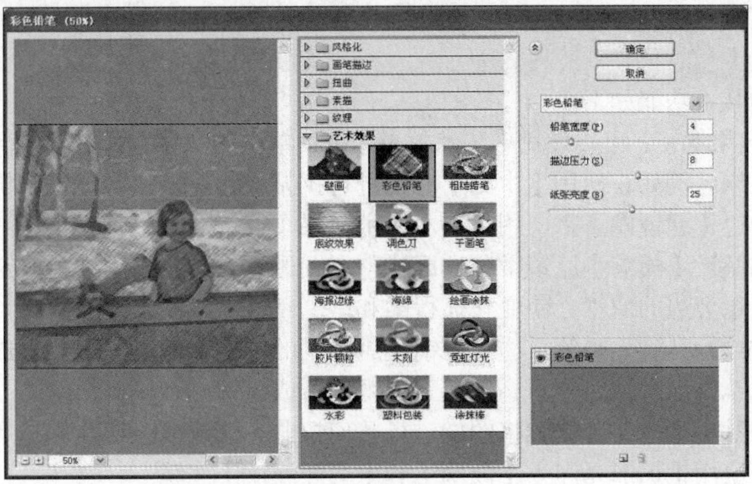

图 5-24　彩色铅笔滤镜效果

（4）上次使用过的滤镜，按下 Ctrl+F 组合键，可重复执行，但此时不会调整滤镜参数。如果要打开上次使用的滤镜对话框，同时调整参数则可按下 Shift+Ctrl+F 组合键。

3. 常用内置滤镜

Photoshop 程序自带的一些滤镜的种类很多，经过自己的多次使用，才能熟练掌握这些滤镜的特点。例如，在图像上使用【滤镜】→【渲染】→【镜头光晕】命令，通过调整亮度和选择不同的镜头类型，可以实现如图 5-25 所示的阳光照射镜头上的光晕效果。

图 5-25　镜头光晕滤镜效果

常用滤镜的基本功能如下。

（1）艺术效果滤镜：可以使用【艺术效果】子菜单中的滤镜，为美术或商业项目制作绘画效果或艺术效果。例如，使用【木刻】滤镜进行拼帖或印刷。这些滤镜模仿自然或传统介质效果。可以通过【滤镜库】来应用所有【艺术效果】滤镜。

（2）模糊滤镜：【模糊】滤镜柔化选区或整个图像，通过平衡图像中已定义的线条和遮蔽区域的清晰边缘旁边的像素，使变化显得柔和。

（3）画笔描边滤镜：【画笔描边】滤镜使用不同的画笔和油墨描边效果创造出绘画效果的外观。有些滤镜添加颗粒、绘画、杂色、边缘细节或纹理。

（4）扭曲滤镜：【扭曲】滤镜将图像进行几何扭曲，创建 3D 或其他整形效果。可以通过【滤镜库】来应用【扩散亮光】、【玻璃】和【海洋波纹】滤镜。

（5）杂色滤镜：添加、移去杂色或带有随机分布色阶的像素，可创建与众不同的纹理或移去有问题的区域，如灰尘和划痕。

（6）像素化滤镜：【像素化】子菜单中的滤镜通过使单元格中颜色值相近的像素结成块来清晰地定义一个选区。

（7）渲染滤镜：【渲染】滤镜在图像中创建 3D 形状、云彩图案、折射图案和模拟的光反射。

（8）锐化滤镜：通过增加相邻像素的对比度来聚焦模糊的图像。

（9）素描滤镜：【素描】子菜单中的滤镜将纹理添加到图像上，这些滤镜还适用于创建美术或手绘外观。

（10）风格化滤镜:【风格化】滤镜通过置换像素和通过查找并增加图像的对比度，在选区中生成绘画效果。

（11）纹理滤镜：可以使用【纹理】滤镜模拟具有深度感或物质感的外观，或者添加一种器质外观。

（12）视频滤镜：逐行通过移去视频图像中的奇数或偶数隔行线，使在视频上捕捉的运动图像变得平滑。可以通过复制或插值来替换扔掉的线条。

（13）其他滤镜：允许用户创建自己的滤镜、使用滤镜修改蒙版、在图像中使选区发生位移和快速调整颜色。

思　考　题

1. 位图和矢量图各有何特点？
2. 教学中常用的图像格式有哪些？
3. 教学中数字图像的来源主要有哪些途径？
4. 在图像上建立选区的方法有哪些？
5. 图层样式有哪些种类？
6. 如何对图像进行变形和调整？

第 6 章 数字音频资源

【学习目标】

- 了解声音及其三要素
- 了解模拟音频数字化的基本过程，理解采样、采样频率、量化和量化位数的含义
- 了解常用的数字音频文件格式及特点
- 能够使用软件转换数字音频文件的格式
- 了解数字音频获取的途径
- 掌握使用计算机录制数字音频的基本方法
- 能够对获取的数字音频文件进行简单的编辑
- 了解音频媒体的教学功能及应用

【内容结构】

- 数字音频资源
  - 数字音频基础知识
    - 声音及其三要素
    - 模拟音频的数字化
    - 常见的数字音频文件格式
    - 数字音频文件格式转化
  - 数字音频获取
    - 从网上下载数字音频
    - 直接录制数字音频
    - 将磁带录音转录成数字音频
    - 翻录 CD 得到数字音频
  - 数字音频编辑
    - Adobe Audition 3.0 界面简介
    - 编辑音频的基本操作
    - 常见的音频编辑
  - 音频媒体的教学功能及应用
    - 音频媒体的教学功能
    - 音频媒体的教学应用

声音是人们最熟悉的传递信息方式，在教育信息传播的过程中占有极其重要的地位，音频资源不仅在语言、音乐教学中发挥着巨大作用，而且也是多媒体教育软件开发中不可或缺的素材。如今，随着信息技术的进步，音频资源正在逐步地迈向数字化。

6.1　数字音频基础知识

6.1.1　声音及其三要素

声音是由物体的振动产生的。物体振动产生振动波，当振动波传到人耳时，人便听到了声音。人耳听到的声音可以分为乐音和噪音，包括语音、音乐和其他声音（环境声、音效声、自然声等）。乐音是由规则的振动产生的，有固定的音调；而噪音是由不规则的振动产生的，杂乱无章，没有固定的音调。

从声学的分析角度来看，声音有三个主要特征，即音调、响度和音色，称为声音的三要素。人们根据声音的三要素可以将不同的声音区分开来。

1. 音调

音调，又称音高，指声音的高低（高音、低音），由声音的频率决定，频率越高，音调越高，反之越低。所谓声音的频率是指每秒钟声音信号变化的次数，用 Hz 表示。例如，10 Hz 表示声音信号在 1 s 内周期性地变化 10 次。

并不是所有频率的声音信号都能够被人们感觉到，人耳能感受到（听觉）的频率范围为 20 Hz~20 kHz，我们称此频率范围内的声音为可听声或音频，频率小于 20 Hz 的声音为次声，频率大于 20 kHz 的声音为超声。

2. 响度

响度，又称音量或音强，指声音的强弱，由振幅和人离声源的距离决定，振幅越大，响度越大，人和声源的距离越近，响度越大。

3. 音色

音色，又称音品或音质，由发声物体本身的材料、结构决定。人们之所以能够分辨出不同的人或不同的乐器发出的声音，是因为其音色不一样。

6.1.2　模拟音频的数字化

人们在日常生活中听到的各种声音信息是典型的连续信号，它不仅在时间上连续，而且在幅度上也连续，我们称之为模拟音频。在数字音频技术产生之前，只能用磁带或胶木唱片来存储模拟音频，随着技术的发展，声音信号逐渐过渡到了数字化存储阶段，可以用计算机等设备将它们存储起来。

对于计算机来说，处理和存储的只能是二进制数，所以在使用计算机处理和存储声音信号之前，必须使用模数转换（A/D）技术将模拟音频转化为二进制数，这样模拟音频就转化为数字音频了。所谓模数转换就是将模拟信号转化为数字信号，记为 A/D（Analog-to-Digital）。模数转换的过程包括采样、量化和编码三个步骤。模拟音频向数字音频的转换是在计算机的声卡中完成的，如图 6-1 所示。

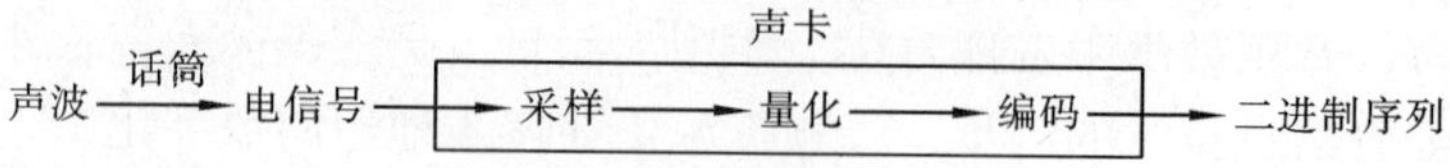

图 6-1　模拟音频数字化过程

1. 采样

采样是指将时间轴上连续的信号每隔一定的时间间隔抽取出一个信号的幅度样本，把连续的模拟量用一个个离散的点表示出来，使其成为时间上离散的脉冲序列。显然，取样的点需要足够的密度，才能够很好地表达原始模拟信号的特征。

每秒钟采样的次数称为采样频率，用 f 表示；样本之间的时间间隔称为取样周期，用 T 表示，T=1/f。例如，CD 的采样频率为 44.1 kHz，表示每秒钟采样 44 100 次。

在对模拟音频进行采样时，取样频率越高，音质越有保证；若取样频率不够高，声音就会产生低频失真。那么怎样才能避免低频失真呢？著名的采样定理（Nyquist 定理）中给出了明确的答案：要想不产生低频失真，采样频率至少应为录制的最高频率的 2 倍。例如，电话话音的信号频率约为 3.4 kHz，采样频率就应该不小于 6.8 kHz，考虑到信号的衰减等因素，一般取为 8 kHz。

常用的采样频率有 8 kHz、11.025 Hz、22.05 kHz、16 kHz、44.1 kHz、48 kHz 等。

2. 量化

量化是将采样后离散信号的幅度用二进制数表示出来的过程，如图 6-2 所示。每个采样点所能表示的二进制位数称为量化精度，或量化位数。量化精度反映了度量声音波形幅度的精度。例如，每个声音样本用 16 b（2 B）表示，测得的声音样本值是在 0 ~ 65535 的范围内，它的精度就是输入信号的 1/65536。

常用的量化位数为 8 b/s、12 b/s、16 b/s、20 b/s、24 b/s 等。

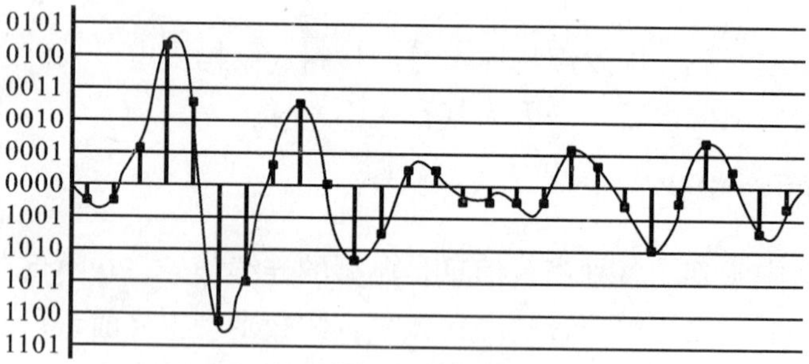

图 6-2　声音的采样和量化

采样频率、量化位数和声道数对声音的音质和占用的存储空间起着决定性作用，如表 6-1 所示。我们希望音质越高越好，磁盘存储空间越少越好，这本身就是一个矛盾，必须在音质和磁盘存储空间之间取得平衡。数据量与上述三要素之间的关系可用下述公式表示：

$$数据量(B/s)=\frac{采样频率(Hz/s)\times 量化位数(b)\times 声道数}{8}$$

表 6-1 采样频率、量化位数、声道数

声音质量	采样频率/kHz	量化位数/b	单声道/双声道	数据量/（MB/min）
电话音质	8	8	1	0.48
AM 音质	11.025	8	1	0.66
FM 音质	22.05	16	2	5.29
CD 音质	44.1	16	2	10.58
DAT 音质	48	16	2	11.52

3. 编码

采样和量化后的信号还不是数字信号，需要把它转换成数字编码脉冲，这一过程称为编码。最简单的编码方式是二进制编码，即将已经量化的信号幅值用二进制数表示，计算机内采用的就是这种编码方式。

模拟音频经过采样、量化和编码后所形成的二进制序列就是数字音频信号，可以将其按照一定的算法压缩后，以文件的形式保存在计算机的存储设备中，这样的文件通常称为数字音频文件。

6.1.3 常见的数字音频文件格式

数字音频文件有很多种格式，每种格式有其技术特征和不同的适用场合，在教学过程中使用时，要根据需要灵活地选择文件格式。

1. WAV 格式

WAV 格式是音质最好的音频格式，其文件扩展名为 wav。它支持许多压缩算法，支持多种采样频率、量化位数和声道数，是 Windows 平台下的通用音频格式，本身可以达到较高的音质的要求，因此，WAV 格式是音乐编辑创作的首选格式，适合保存音频素材。WAV 格式的最大不足就是对存储空间的需求很大。

2. MP3 格式

MP3 格式是目前最为普及的音频格式，其文件的扩展名为 mp3。MP3 的全称是 MPEG-1 Audio Layer 3，是 MPEG-1 的衍生编码方式，可在 10:1 ~ 12:1 的压缩比下近似于 CD 音质。MP3 格式音质好，压缩比比较高，可被大量软件和硬件支持，应用广泛。

3. WMA 格式

WMA 格式是微软为适应音频在网络上的传播而开发的，其文件扩展名为 wma。WMA 格式压缩比一般可以达到 18:1 左右，在低码率下有着比 MP3 还好的音质表现，并且还内置了版权保护技术，可以限制播放时间和播放次数甚至于播放的机器等，主要用于数字电台架设和在线试听。

4. RA/RM 格式

RA/RM 格式是音频流媒体文件格式，文件扩展名为 ra 或 rm，主要用于网络在线播放。RA/RM 格式的音频文件可随着网络带宽的不同而改变声音的质量，在保证大多数人听到流畅声音的前提下，令带宽较宽敞的听众获得较好的音质。

5. MP4 格式

MP4 格式是继 MP3 格式之后出现的音频格式，文件扩展名为 mp4。MP4 格式采用的是

MPEG-2 AAC 技术，压缩比可达 15:1～20:1，音质更加完美，并且增加了诸如对立体声的完美再现、多媒体控制、降噪等 MP3 格式没有的特性，使得音频在压缩后仍能完美地再现 CD 的音质。

6.1.4 数字音频文件格式转化

声音的来源十分广泛，我们收集到的各种声音文件的格式也常常多种多样。由于受播放环境等因素的影响，并不是所有音频格式都能得到很好的支持，这就需要对音频文件格式进行转换。

能够实现音频格式转换的工具很多，如 Audio Converter、千千静听、Gold Wave 等，每种软件都有自己的特点，操作方法也略有不同。这里以 Audio Converter 为例介绍如何对音频格式进行转换。

使用 Audio Converter 可以实现当前主流音频格式之间的任意转换，而不仅仅是单一的定向转换。其基本操作过程如下。

（1）安装并运行 Audio Converter，就可以看到其主界面，如图 6-3 所示。

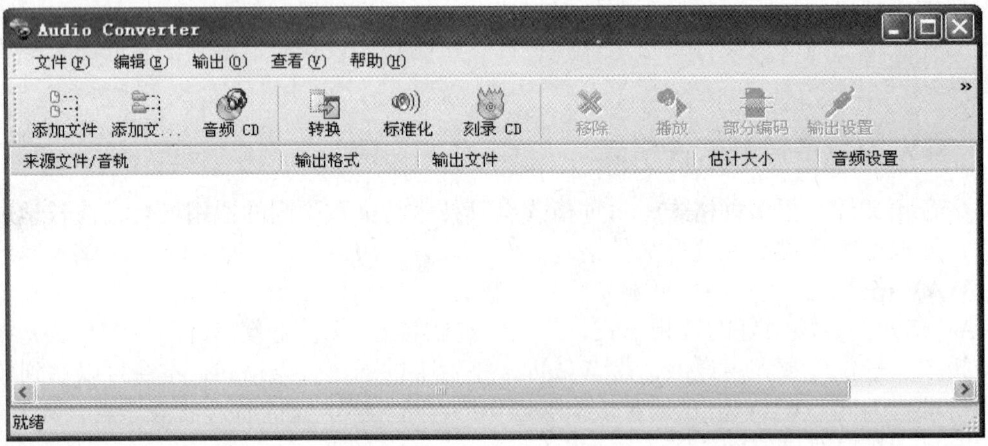

图 6-3 Audio Converter 主界面

（2）单击主界面中的【添加文件】图标，则会弹出【打开】对话框，选择需要转换的音频文件，单击【打开】按钮，所选的音频文件就会被添加进来，如图 6-4 所示。

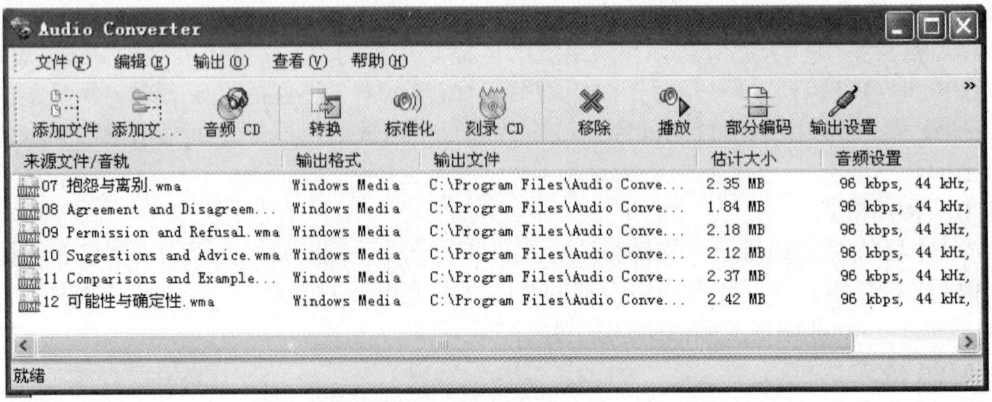

图 6-4 添加文件

（3）选中添加进来的音频文件，单击鼠标右键，更改输出目录，选择需要转换的目标格式，如图 6-5 所示。

（4）单击工具栏中的【转换】图标进行转换，即可完成转换工作。

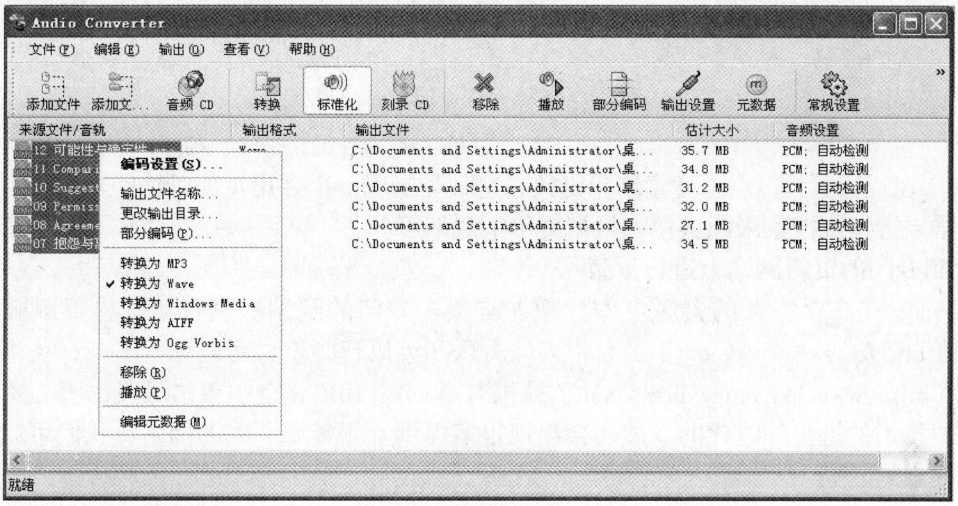

图 6-5　转换设置

6.2　数字音频获取

数字音频资源的获取有多种渠道，我们既可以从网络上下载，又可以用话筒录制，还可以从磁带、CD、VCD、DVD 中提取教学过程中所需要的音频资源。

6.2.1　从网上下载数字音频

1. 利用搜索引擎的音频搜索功能搜索

目前，几乎所有的搜索引擎都提供有音频搜索功能，如百度的“MP3”、谷歌的“音乐”等。下面以使用百度的“MP3”搜索“英语四级听力”音频资料为例予以介绍。

（1）登录“百度”的主页，点击导航栏中的【MP3】，进入到下载页面，如图 6-6 所示。

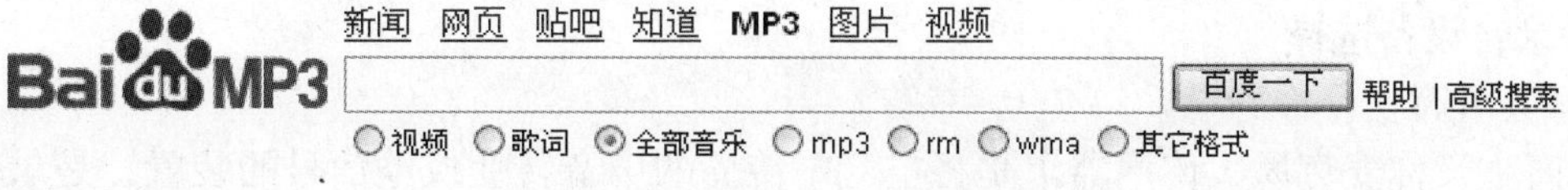

图 6-6　百度的 MP3 搜索栏

（2）在搜索框中输入关键词“英语四级听力”，点击【百度一下】按钮就会弹出搜索结果，如图 6-7 所示。

图 6-7　搜索结果返回页面截图

（3）在返回页面，点击搜索结果链接，这时会出现一个弹出页面，然后点击弹出页面上的搜索结果链接或搜索来源链接，根据提示下载即可。

2. 到专门的资料网站上进行下载

Internet 是一个巨大的资源宝库，现在有很多专门的网站提供音频资料下载服务。如 VeryCD（http://www.verycd.com）上有很多的音乐和英语音频素材可以免费下载；英语听力下载基地（http://www.listeningexpress.com）提供有 VOA、BBC、空中英语等英语听力资料的下载。随着技术的进步和时代的发展还会出现很多提供音频资源下载的网站，我们可以利用搜索引擎搜索到它们。

6.2.2　直接录制数字音频

数字音频资源有很多种录制方式，既可以采用专门的数字录音机、录音笔、MP3 等直接录制，又可以利用计算机来录制。在教育教学中，可以根据需要选择不同的录制方式。数字录音机、录音笔等设备操作非常简单，这里就不作介绍了。利用计算机录制声音过程比较复杂，并且还有很多需要注意的地方。

对于质量要求非常高的录音来说，需要到专门的录音棚进行录制。录音棚是按照严格的技术规范建造的专用录音场所，有先进的录音设备和技术支持，是高质量录音的首选地点；对于普通的录音来说，用话筒、耳机、多媒体计算机及录音软件就可以完成。

1. 录音环境选择

普通的录音对环境的要求不是特别高，我们尽量选择在噪音低、装有吸音材料（吸音板、地毯和厚重窗帘等）的房间里进行录制。如果找不到装有吸音材料的房间，可以选用回声小的房间，不过环境一定要安静，不能有噪音干扰。

另外，在录音过程中要关闭手机等通信设备，避免电磁干扰。还要注意计算机主机的噪音，尽量选择噪音小的主机，或采取措施隔离主机噪音。

2. 录音设备选择

（1）话筒。

话筒（又称麦克风、传声器）是将空气中传播的声音转变成电信号的装置，是录音中非常重要的设备，它的性能、质量直接影响录音的质量。在录音时，话筒会将其音色特点带进拾音中，由此产生的不良影响在以后的音质修饰和加工中几乎无法弥补。

录音话筒基本上只有动圈式话筒和电容式话筒两类。动圈式话筒结构牢固，性能稳定，使用方便，价格低廉，具有良好的频率特性和指向性，非常适宜拾取语音信号；电容式话筒音色柔和，灵敏度高，瞬态响应好，频率特性优于动圈式话筒，但工作特性不够稳定，低频段灵敏度随着使用时间的增加而下降，寿命比较短，价格昂贵，多用于高保真录音与扩音。

所以语言拾音应优先选择动圈式话筒，乐器演奏的拾音应优先选择电容式话筒或高质量的动圈式话筒。

话筒的电声性能和质量主要由灵敏度、频率响应、输出阻抗和指向性四项技术指标决定。

灵敏度是表示话筒声电转换效率的重要指标，通常以向话筒的振动膜上正向施加 1 Pa 的声压时，在负载阻抗上所产生的信号电压值表示，单位为 mV/Pa。一般动圈式话筒的灵敏度为 0.5 ~ 3 mV/Pa，电容式话筒的灵敏度为 3 ~ 30 mV/Pa。灵敏度高对提高信噪比比较有利，但也不能过大，以免造成失真。

频率响应指话筒的灵敏度随频率的变化特性。话筒的频响曲线大多是一条中段比较平坦，左右两端起伏较大，然后向左右跌落的曲线。话筒的频率响应决定了拾音后的音质，频响曲线的平坦范围越宽，则音质越逼真。

输出阻抗是指话筒的两根输出线之间在送入 1 kHz 交流信号时所测得的阻抗。输出阻抗大于 1 kΩ 的为高阻抗，低于 1 kΩ 为低阻抗。常用的低阻抗话筒以 200 Ω 为主，也有 150 ~ 600 Ω 的；高阻抗话筒以 20 kΩ 为主，也有 20 ~ 50 kΩ 的。低阻抗话筒可用较长的电缆线传输信号，不易受到噪声干扰，而高阻抗话筒则不能。为了保证话筒正常工作，通常要求话筒连接设备的输入阻抗是话筒输出阻抗的 5 倍以上。

指向性表示话筒的灵敏度随声波入射方向不同而变化的特性，可分为单指向性、双指向性、全指向性（无指向性），如图 6-8 所示。单指向性表示只对某一特定方向来的声波反应灵敏，而对其他方向来的声波则基本无输出，或者说输出很小；双指向性表示对前方和后方来的声波反应灵敏；全指向性表示对各个方向来的形同声压的声波都能有近似相同的输出。

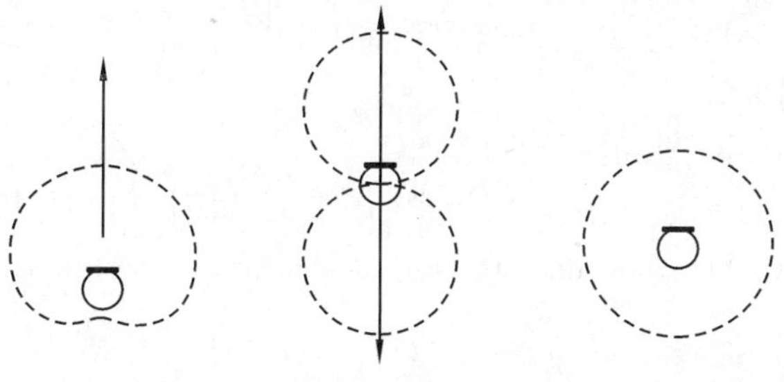

图 6-8 话筒指向性示意图

录音时要根据需要，综合考虑这四项指标来选择合适的话筒。

（2）耳机。

耳机是录音中的监听设备。一副优秀的耳机应该是声音清晰、细节丰富、无失真，低频深潜而清晰，高频不过亮或过暗，整个频带顺滑平整。一般监听选择质量比较好的高保真耳机即可。

什么是高保真耳机？国际电工委员会 IEC581-10 文件中推荐的高保真耳机的主要性能指标是：频率范围不小于 50 ~ 12 500 Hz；典型频率响应的允许误差为±3 dB；频率响应曲线的斜率不超过每倍频程 9 dB；在 250 ~ 800 Hz 内，左右单元在同一倍频程带宽内的平均声压级之差不超过 2 dB；在 100 ~ 5 000 Hz 范围内，声压级为 94 dB 时，谐波失真不超过 1%，100 dB 时不超过 3%；耳机的频率响应在 2 kHz ~ 5 kHz 之间允许有所下降，以改善透明度和空间感。

需要注意的是，录音监听最好选择头戴的封闭式耳机，因为录音用的话筒灵敏度都很高，微弱的声音也会被拾取，包括耳机里漏出的声音。

（3）多媒体计算机选择。

目前，常用的录音软件对计算机的硬件配置要求并不高，绝大多数多媒体计算机的硬件都能满足要求，配置越高，速度越快越好。声卡是多媒体计算机的重要设备之一，是实现音频模数、数模转换的硬件系统，具有录制、合成和播放音频的功能。声卡一般可分为集成声卡和独立声卡。与独立声卡相比，集成声卡需要更多处理器资源协同处理音频流数据，因而给人们留下了性能低下的印象。集成声卡的功能主要取决于主板上集成的音效芯片，在集成音效芯片处理能力的不断提升、主流处理器频率在 2 GHz 以上的配置下，集成声卡和普通独立声卡之间的性能差异越来越小，因此对于普通录音来说，集成声卡已经绰绰有余。若要得到较高音质，最好选择中高档的独立声卡。

3. 录音软件选择

常用的录音软件有 Windows 系统自带的录音机、Adobe Audition、Cool Edit、Gold Wave 等。

Windows 系统自带的录音机由于程序设计原因，默认状态下录制 60 s 就要停止。如果内容还没有录完，必须再次快速点击录制按钮，可以将录制的时间再延长 60 s，多次点击能够长时间录制内容，但是这样做会在点击处留下间隙，出现声音跳跃，影响录制效果。所以在录制过程中，通常选择其他几种软件。

Adobe Audition 是 Adobe 公司收购 Syntrillium 公司的技术资产后，在该公司开发的 Cool Edit Pro 基础上进一步开发出来的。Adobe Audition 最新版本为 Audition 3.0，集成了当今几乎全部主流音乐工作站软件的功能，既适合普通的录音、混音、编辑和效果处理，又适合专业的音频开发。这里以 Adobe Audition 3.0 为例介绍数字音频的录制。

4. 数字音频的录制

使用话筒直接录制数字音频的一般过程如下。

（1）将话筒和耳机分别插到多媒体计算机声卡的话筒接口和耳机接口。

（2）安装并运行 Adobe Audition 3.0，则会出现 Adobe Audition 3.0 的主界面，如图 6-9 所示。

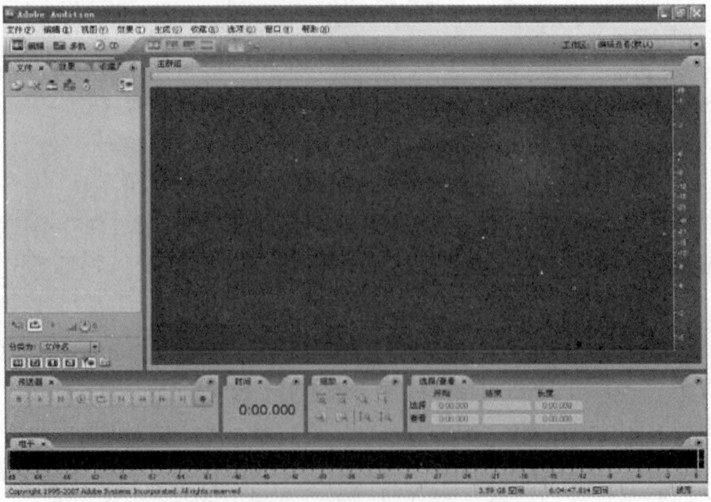

图 6-9　Adobe Audition 3.0 的主界面

（3）执行【文件】→【新建】命令，则会出现【新建波形】对话框，如图 6-10 所示。根据录音的需要选择合适的采样率、通道和量化位数，对于普通录音，默认的设置就能满足要求。单击【确定】按钮，新建一个文件。

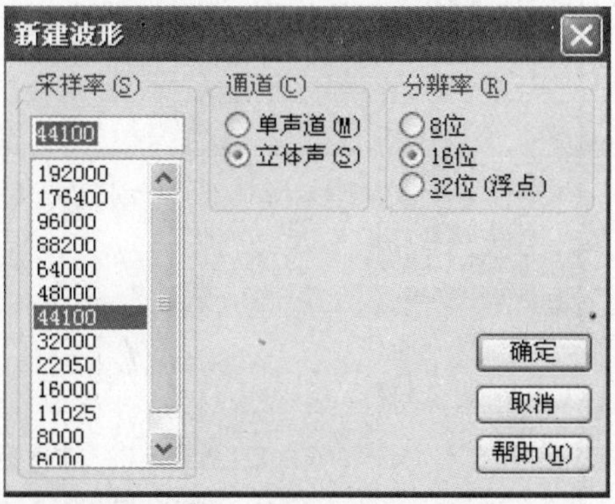

图 6-10 【新建波形】对话框

（4）想要只录麦克风的声音就要对音频属性进行设置。双击 Windows 桌面下方状态栏里的声音图标，则会弹出【主音量】窗口，如图 6-11 所示。

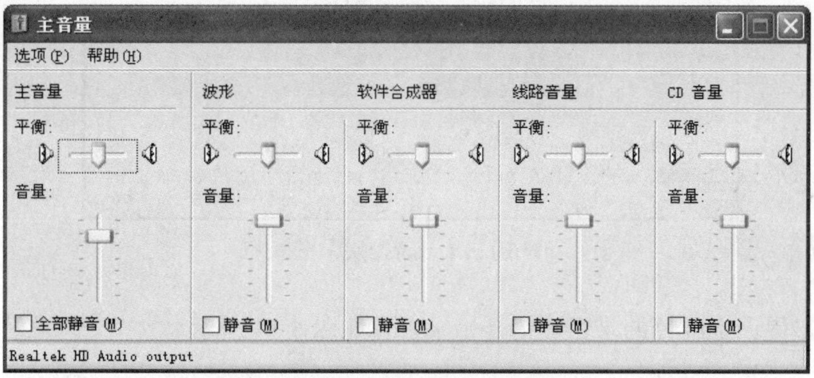

图 6-11 【主音量】窗口

（5）执行【选项】→【属性】命令，则会弹出【属性】对话框。单击【混音器】右侧的下拉菜单，选择“Realtek HD Audio Input”，则会出现图 6-12 所示的【属性】对话框，单击【确定】按钮，此时【主音量】窗口就会变成【录音控制】窗口，如图 6-13 所示。

有三种录音途径可供选择：一是使用话筒（麦克风）录音，可以录制人声、歌曲等，当然前提是必须有一个麦克风，并且已经将它连接到声卡的麦克风输入接口上；二是用线路输入录音，线路输入录音可以最大限度地保证声音的质量，常用的录音机、VCD/DVD 机都带有音频输出接口或耳机接口，将这些设备的音频输出接口与计算机声卡的线路输入接口通过音频线连接，就可以进行录音了；三是利用立体声混音录制计算机或网络上无法下载的声音。需要注意的是，选择好使用哪一种方式录音时，要把其他的录音方式静音。

（6）将线路音量和立体声混音下方的【静音】选项选中（也就是打上√），使这两种方式静音。调节【录音控制】窗口中的调整音量的滑块，调节好音量，切换到录音界面。

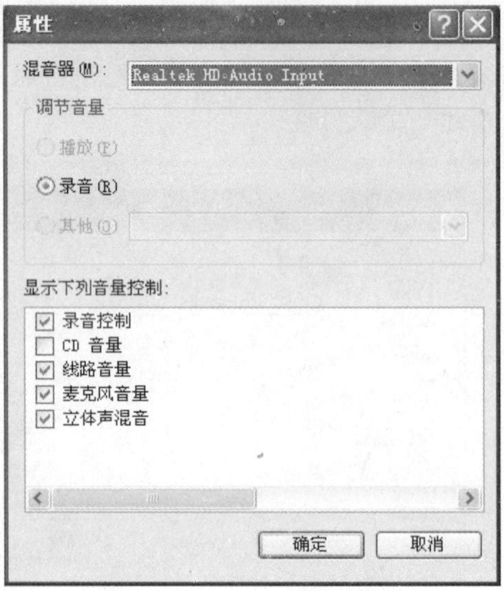

图 6-12 【属性】对话框

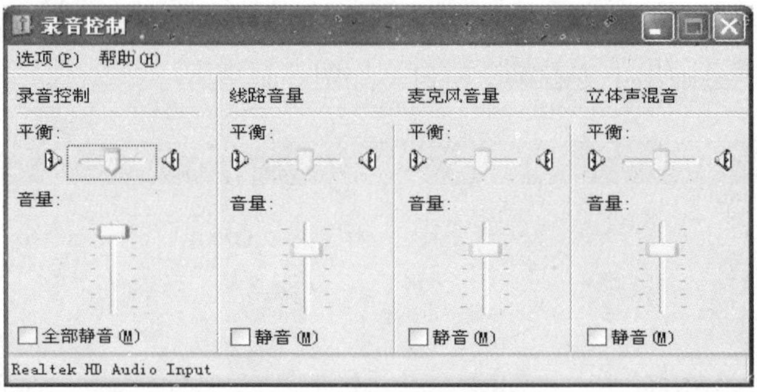

图 6-13 【录音控制】窗口

（7）单击界面上红色的录音按钮开始录音，如图 6-14 所示。

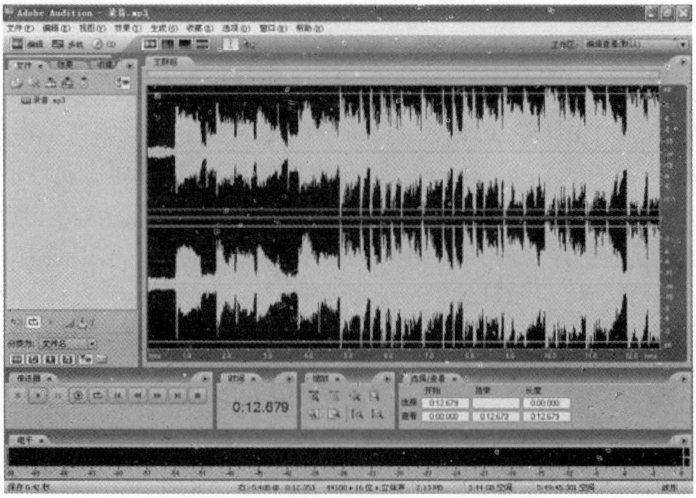

图 6-14 Adobe Audition 3.0 的录音界面

（8）录制完后，单击录音停止按钮■结束录音，最后执行【文件】→【另存为】命令，在弹出的对话框中选择需要的保存类型，保存文件就完成录音了。

6.2.3　将磁带录音转录成数字音频

将磁带录音转录成数字音频的过程和用话筒直接录制数字音频的过程基本相同，只需要再准备一根双头 3.5 毫米的立体声音频线（见图 6-15）和一个录音机（随身听或复读机）即可，将音频线的一端插在计算机声卡的话筒插孔或线路输入插孔上，另一端插在录音机的耳机插孔上，用录音机播放磁带，按照上一小节中所讲的数字音频的录制方法进行录制即可。

图 6-15　双头 3.5 毫米立体声音频线

6.2.4　翻录 CD 得到数字音频

CD 光盘可以在 CD 唱片机、VCD 等设备中播放，也可以通过计算机光驱使用各种播放软件来重放。标准 CD 的采样频率是 44.1 kHz，量化位数为 16 位，速率为 88 kb/s，近似为无损的格式。打开 CD 光盘，会看到很多扩展名为 cda 的文件，每个文件的大小都是 44 字节，这些只是 CD 音频的索引文件，并不包含真正的音频信息，所以通过复制、粘贴这些文件是不能将 CD 中的音频复制到计算机中的，只有通过翻录才能将 CD 中的音频提取出来。

大多数音频处理软件（如 Adobe Audition、CoolEdit、GoldWave 等）和音频播放软件（Windows Media Player、千千静听等）都支持 CD 翻录，不同的软件的翻录方法不同。使用 Windows Media Player 从音频 CD 中翻录音频的方法如下。

（1）执行【开始】→【程序】→【附件】→【娱乐】→【Windows Media Player】命令，打开 Windows Media Player，如图 6-16 所示。

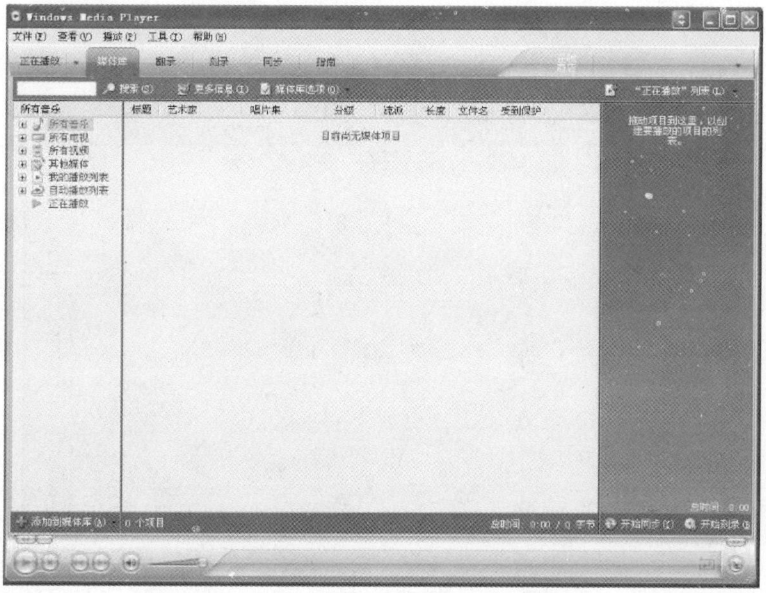

图 6-16　Windows Media Player 主界面

（2）执行【工具】→【选项】命令，在出现的【选项】窗口中单击【翻录音乐】选项，弹出【翻录音乐】对话框，如图 6-17 所示。

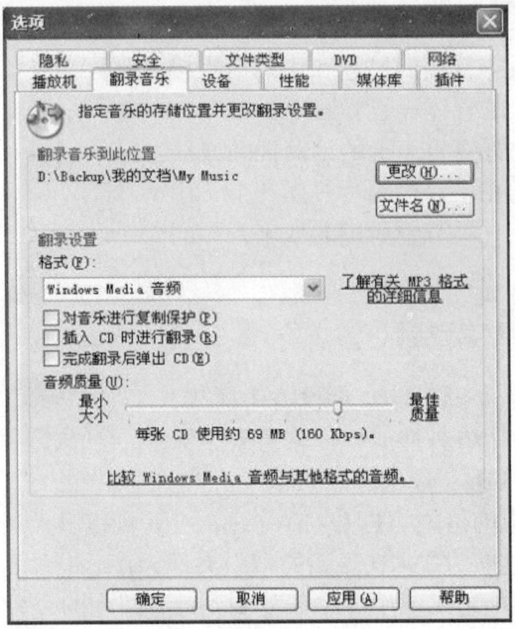

图 6-17　【翻录音乐】对话框

（3）在【翻录音乐】对话框中，根据需要对翻录后的音频的保存位置、格式和音频质量进行设置。单击【确定】按钮。

（4）将需要翻录的音频 CD 光盘放入计算机的光盘驱动器中。执行【文件】→【CD 和设备】→【翻录音频 CD】命令或单击任务栏中的【翻录】，会出现【翻录音频 CD】界面，如图 6-18 所示。

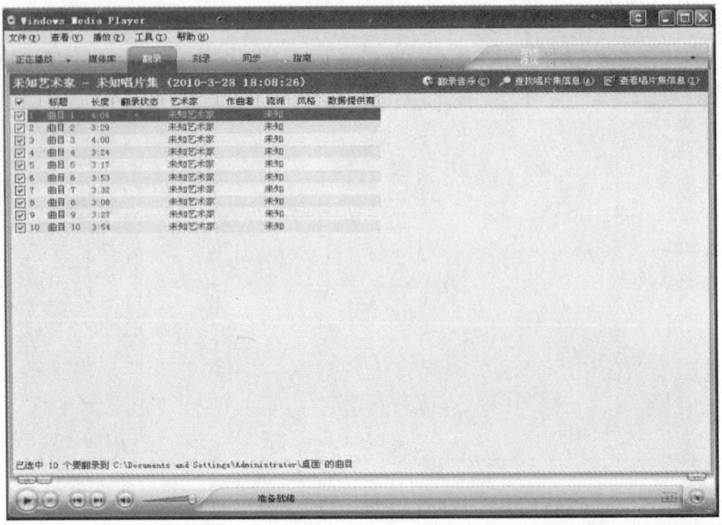

图 6-18　【翻录音频 CD】界面

（5）单击【翻录音频 CD】界面中的【翻录音乐】，在出现的对话框中选择【保留当前设定格式】，单击【确定】按钮，这时 Windows Media Player 就会按照设定把 CD 光盘中的音频翻录到计算机中。

6.3　数字音频编辑

通过不同途径获取的数字音频资源，经过编辑加工后才能满足教育教学的需要。本书以 Adobe Audition 3.0 为例，介绍数字音频常用的一些编辑方法。

6.3.1　Adobe Audition 3.0 界面简介

Adobe Audition 3.0 有三种编辑模式：单轨编辑模式、多轨编辑模式和 CD 编辑模式。单轨编辑模式是可以单独精确编辑一段单声道或立体声波形的模式；多轨编辑模式可以同时显示和编辑多个音轨的模式；CD 编辑模式主要用于刻录音频 CD。数字音频的简单编辑加工通常是在单轨编辑模式下完成的。在默认情况下，单轨编辑模式的界面如图 6-19 所示。

图 6-19　Adobe Audition 3.0 的单轨编辑模式界面

（1）菜单栏——包含文件、编辑、视图、效果、生成、收藏、选项、窗口和帮助九个菜单。

（2）视图切换按钮——用于单轨、多轨和 CD 三种编辑模式的切换。

（3）浏览器——包括三个面板，即文件面板、效果面板、收藏面板。文件面板主要用于导入和关闭文件；效果面板主要用于给音频施加效果；收藏面板中则是一些常用的处理功能。

（4）波形显示窗口——用于显示声音的波形等。

（5）传送器——对声音进行录制、播放、停止、暂停和快进等操作。

（6）时间面板——显示当前播放的时间等。

（7）缩放面板——用于缩放波形显示窗口中的波形等。

（8）选择/查看面板——用于选择波形和显示波形预览范围等。

（9）电平显示面板——用于显示当前电平值。

注意：第一次打开 Adobe Audition 3.0 时，处于多轨编辑视图模式，可以通过浏览器上方的 3 个按钮在这三种模式之间切换。

6.3.2　编辑音频的基本操作

编辑音频的基本操作包括选择、复制、剪切、粘贴和删除音频等操作。

1. 选择音频

在单轨编辑模式下打开音频后，可以看到视觉化的音频文件。如果打开的是立体声文件，则其左声道波形出现在上方，而其右声道波形出现在下方。如果打开的是单声道文件，其波形充满整个波形显示窗口。

单击波形显示窗口上方的按钮，选择时间选择工具，在波形显示窗口单击并拖拽，可以选择一个区域，如图 6-20 所示。若要扩大或缩小选择的区域，则需按住 Shift 键，单击欲设置新边界的位置，还可以通过拖拽改变选区。

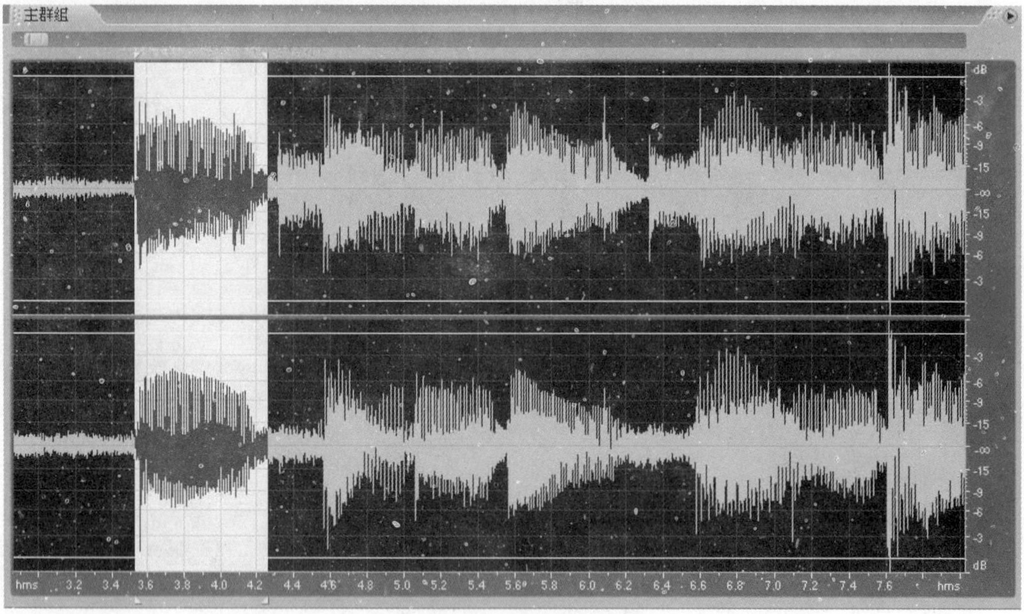

图 6-20　拖拽选择音频

把时间选择工具放在左声道的顶部，当光标右下方出现 L 标志时进行拖拽，可以只选择左声道的音频部分，如图 6-21 所示；同样，把时间选择工具放在右声道的底部，当光标右下方出现 R 标志时进行拖拽，可以只选择右声道的音频部分。当然，使用菜单命令【编辑】→【编辑声道】→【编辑左声道】或【编辑右声道】也可以选择相应的声道。

2. 复制或剪切音频

通过复制或剪切音频，可以将音频数据存入剪切板，以备使用。

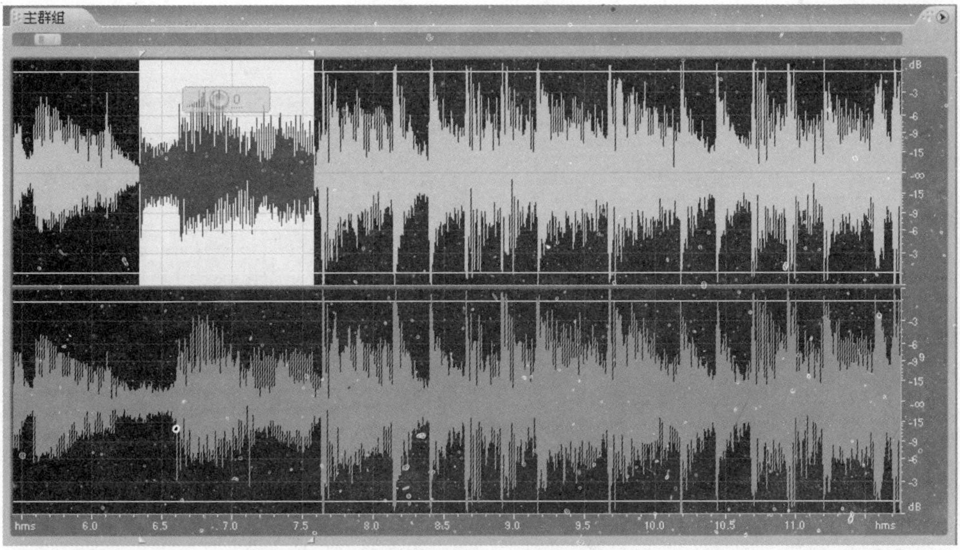

图 6-21 拖拽选择左声道音频部分

在单轨编辑模式下，选择想进行复制或剪切的音频数据（如果要复制或剪切整个文件的波形，无须进行选择），使用 【编辑】→【复制】命令或快捷键 Ctrl+C，可以将选中的音频数据复制到当前的剪贴板中；使用【编辑】→【复制到新的】命令，可以一次性复制选中的音频数据，并粘贴到一个新建文件中；使用【编辑】→【剪切】命令，可以将选中的音频数据进行剪切，同时在当前的波形中删除所选音频数据，并将其复制到当前的剪贴板中。

Audition 提供了 5 个内部剪贴板，用于临时存放数据。工作原理与 Windows 的剪贴板一样，但能以更快的速度承载更多的数据。

3. 粘贴音频

粘贴命令可以将剪贴板中的音频数据放在当前的波形中。

在当前的波形中，单击想要粘贴入音频的位置、设置当前时间指针到此位置或选择一段想要替换的音频，使用【编辑】→【粘贴】或快捷键 Ctrl+V，可以将剪贴板中的音频数据粘贴到指定的位置或替换所选音频区域；使用【编辑】→【粘贴到新的】，可以将剪贴板中的音频数据粘贴到一个新的文件中，并保持原有素材的属性。

4. 删除音频

Audition 提供了如下两种删除音频的方法。

（1）选中想要删除的音频，使用【编辑】→【删除所选】命令或按 Delete 键，可以删除所选音频，剩余部分会自动首尾相连。

（2）选中想要保留的音频，使用【编辑】→【修剪】命令或快捷键 Ctrl+T，可以将选区两侧不想要的部分删除掉。

6.3.3 常见的音频编辑

1. 降噪

在录音环境或录音设备不佳的情况下，经常会有噪音被一同记录在录制的音频文件中，使用 Audition 3.0 中的降噪器可以消除这些噪音。

在单轨编辑模式下，打开需要处理的音频文件，选中一段长度约 1 s 的本底噪声，而且要保证是在平稳的不含任何杂音的录音时产生的噪音，如图 6-22 所示。

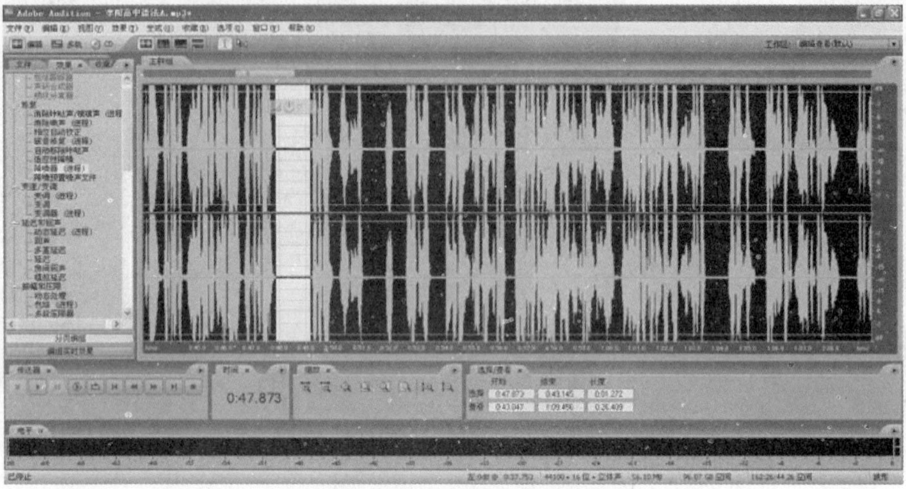

图 6-22　选中本底噪声

执行【效果】→【修复】→【降噪器（进程）】命令，则会弹出图 6-23 所示的【降噪器】对话框。首先单击【获取特性】按钮捕获噪音特性，然后通过拖动噪音级别的横向推子选择降噪的程度，接着单击【波形全选】按钮选择整个波形，最后单击【确定】按钮，即可完成对整个音频的降噪。如果仅想对一部分音频进行降噪，只需要在捕获噪音特性后，单击【关闭】按钮，选择需要降噪的部分，然后重新打开降噪器，选择降噪级别，最后单击【确定】按钮即可。

注意：在选择降噪级别时，选择的降噪级别过高会导致声音带有镶边或移相效果，会破坏声音的原貌。比较好的方法是先设置到最高，然后单击【试听】按钮进行试听，如果明显感到声音原貌被破坏，就应该将推子往左移，降低降噪级别。在进行反复试听和实践之后，找到一个最适合的位置，这样既降低了噪声，又保证了声音原貌不被破坏。

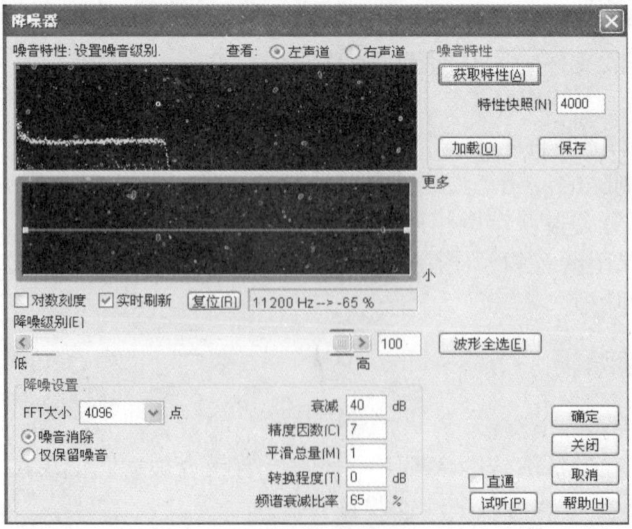

图 6-23　降噪器

2. 变速

Audition 3.0 采用时间伸缩技术，可以在音调不变的情况下，任意改变声音的速度。

在单轨编辑视图下，打开需要处理的音频文件，使用【效果】→【时间和距离】→【变速】命令，打开【变速】对话框，如图 6-24 所示。拖动变速的横向推子选择变速比率，当比率小于 100 时为减速，比率大于 100 时为加速，单击【试听】按钮进行试听，若试听效果满意，单击【确定】按钮，即可完成变速。

注意：变速功能会使音质有部分损失，所以最好不要做比率过大的变速，否则声音质量会大幅度下降，导致声音失真，降低声音的可听性。

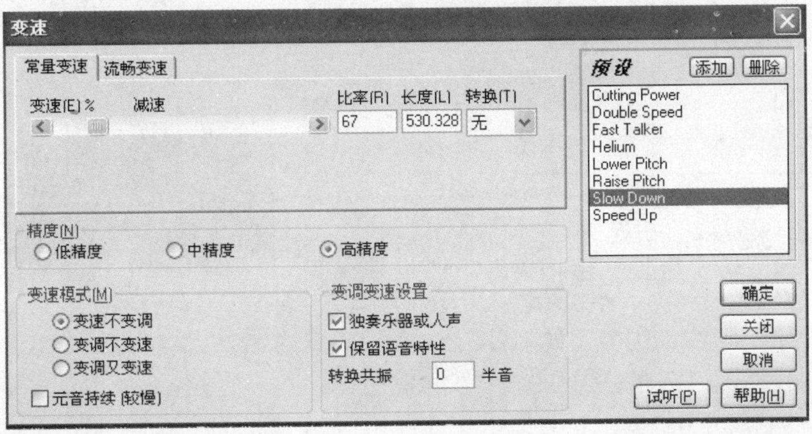

图 6-24　【变速】对话框

3. 淡入/淡出

使用 Audition 3.0 可以方便地进行淡入/淡出效果的制作。在默认状态下，波形显示窗口中有两个淡化控制标记，左边的为淡入标记，右边的为淡出标记，如图 6-25 所示。

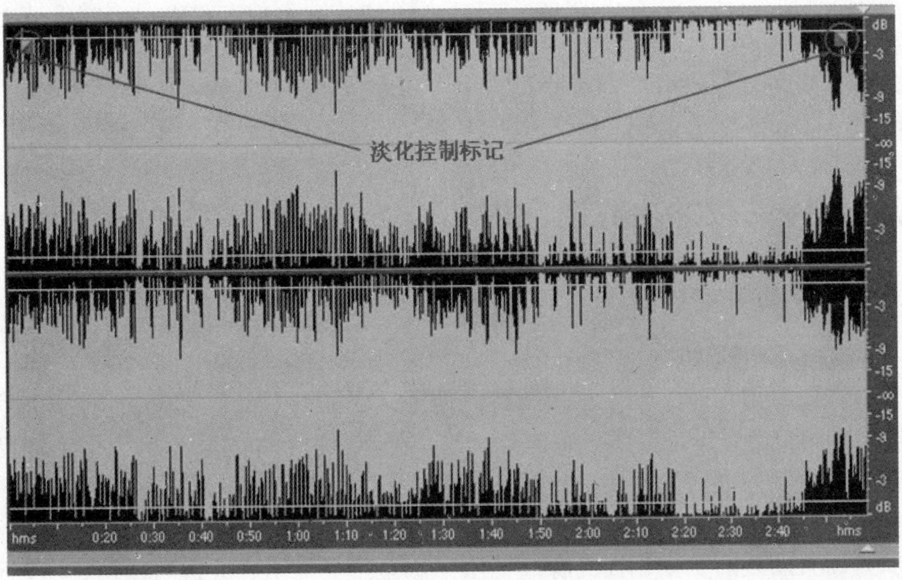

图 6-25　淡化控制标记

在波形的左上角或右下角，沿水平方向或垂直方向，向内侧拖动淡入标记或淡出标记，可以产生不同的淡化效果。

4. 改变音量

使用 Audition 3.0 还可以通过直接在音频波形上改变振幅来改变音量。在波形显示面板上，首先选中想要调节的音频，会在波形上方出现一个增益控制面板，如图 6-26 所示。

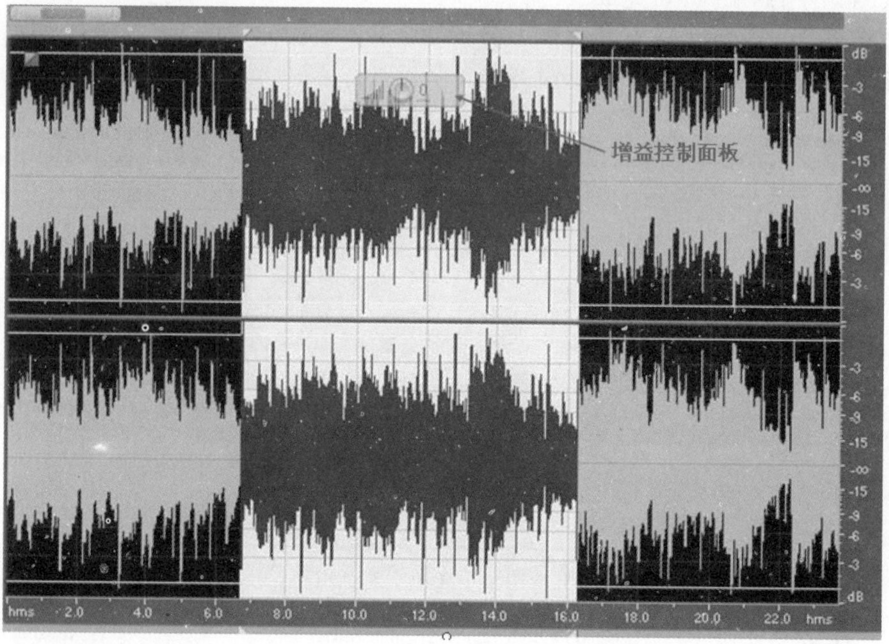

图 6-26 增益控制面板

将鼠标指针放在增益控制面板上面，这时指针会变成手形标志，按住鼠标左键左右拖动，增益控制面板上的蓝色数字会发生改变，选择合适的数值，释放左键就可以降低或升高振幅，从而改变音量。

注意：蓝色数值是相对值，是新振幅对比当前振幅的增量。当释放鼠标左键后，数值就会归为 0dB，以便继续调节。

6.4 音频媒体的教学功能及应用

6.4.1 音频媒体的教学功能

1. 提供标准的典型示范

在语言、音乐等课程的教学中，教师可以使用多媒体教学设备或数字录音机播放音频进行课文范读、词句范读、声乐范唱、乐器范奏等。在学习过程中，学生可根据示范反复练习，直到合乎要求，达到标准。如在普通话的训练中，课文的朗读，文章中的字、词、句的读音读法，断句断意，文章的感情色彩，可让受训者反复听标准的示范音频，模仿每一细节，这样可迅速掌握课文朗读的要领，提高普通话水平。坚持听外语，并进行模仿，可以迅速提高外语的听说水平。

2. 提供声音的真实情境

人们对事物的认识，除了通过视觉形象感知外，还需要通过声音去感知，这样才能构成完整的认识。大自然和日常生活中的各种声响，以及机械正常和不正常的运转声，心脏正常与不正常的跳动声等，通过录音设备记录、保存下来，在课堂上播放，可以为学生提供各种声音的直观感受，加深学生对事物的感知。利用录音还可以将学生带入特定的氛围，为学生创造学习的环境，为教学创设必要的情境，从而培养学生的能力，提高教学效果。

3. 提供听说对比反馈

学生在语言、音乐或其他声音训练的学习过程中，可利用MP3等设备将自己的发声、朗读、唱歌等录下来，然后重放，进行自我反馈评价，也可以与标准的示范声音比较，不断地纠正自己的错误，从而形成正确的技能技巧。通过这种方法学习技能技巧时，对错误的纠正极为容易，能提高学习效率，达到较好的学习效果，是学生自学时的得力手段。

4. 有利于个别化学习

数字音频播放设备使用简单，价格便宜，携带方便，其种类和数量也越来越多。数字音频的普及使个别化学习成为可能，学生可根据自己的需要和知识技能水平，选择适合自己的听觉教材进行自学，这样的学习充分发挥了学生的自主性，并适应个别化学习的需要。这不仅可以促进学生的个性化发展，而且在学习效果方面也极为理想。另外，音频媒体的个别化学习功能还有利于教师因材施教，教师可以根据学生水平和能力的不同，有针对性地编制或选择不同层次与水平的学习材料，供学生学习或训练，使不同水平和能力的学生都能在原有的基础上得到发展和提高。如英语听力训练，教师提供的音频资料的语速就应适合学生的不同水平。另外即使是同一材料，对不同水平的学生听觉要求也不相同，这样才能有效地训练每一个学生的听力，使每一个学生的听力都有所提高。

5. 解决教学中的难点

在教学过程中，总会出现一些很难用简单的语言讲清楚的内容，这也是教学的难点。这时换个教学方法，运用听觉教材进行教学，教学的难点可能会迎刃而解，学生听了录音就会水到渠成地理解教学中的难点。例如，教师讲解各种乐器的音色时，其直观感受很难用语言描述，因而成为教学的难点。利用听觉媒体的特点，对各种乐器的声音进行记录和再现，让学生亲自感受，教师稍作讲解就可轻易突破教学的难点，加速学生对知识的理解与掌握。

6. 扩大教学范围

数字音频可以通过复制或网络进行传播，扩大教学范围。

6.4.2 音频媒体的教学应用

1. 应用于课堂教学

音频媒体应用于课堂教学，主要辅助与声音有关的内容的教学，如外语教学中的语音、语调、听力训练、语文教学中的朗读等。在课堂教学中应用音频媒体，应做到准确、适时。为此，除课前进行周密准备外，教师还应熟练掌握音频播放设备的操作和使用方法。

2. 应用于课外活动

在课外活动中应用音频媒体，有利于发展学生的智力，提高学生的能力，如进行课外活动的现场录音，录制辩论赛、歌咏、朗读、讲演、讲故事、外语对话等。

3. 用于提高师资水平

利用录音设备可以把优秀教师的讲课记录下来，提供给新教师听，让他们揣摩优秀教师的讲课艺术。

4. 应用于社会和家庭教育

音频媒体还可以应用在社会和家庭教育中。函授单位在发放文字教材的同时，还可发放配套的录音辅导教材，供函授学员自学使用。此外，还可给婴幼儿播放开发智力的录音材料。

思　考　题

1. 简述模拟音频数字化的基本过程。

2. 常见的数字音频文件格式有哪些？各有什么特点？

3. 获取数字音频资源的途径有哪些？

4. 根据教学需要，用 Audition 3.0 录制一段音频，然后对其进行简单的编辑，并在教学中应用。

5. 简述音频媒体的教学功能。

第7章　数字视频资源

【学习目标】

- 了解视频的基础知识
- 了解常用的数字视频文件格式
- 掌握常用数字视频格式转换软件的使用方法
- 了解数字视频获取的途径
- 了解数字摄像机的基本组成，掌握数字摄像机的基本操作方法和摄像技巧
- 理解蒙太奇的艺术手法，掌握镜头组接的原则和技巧
- 掌握使用会声会影编辑视频的基本过程和方法
- 了解视频媒体的教学特性和教学应用

【内容结构】

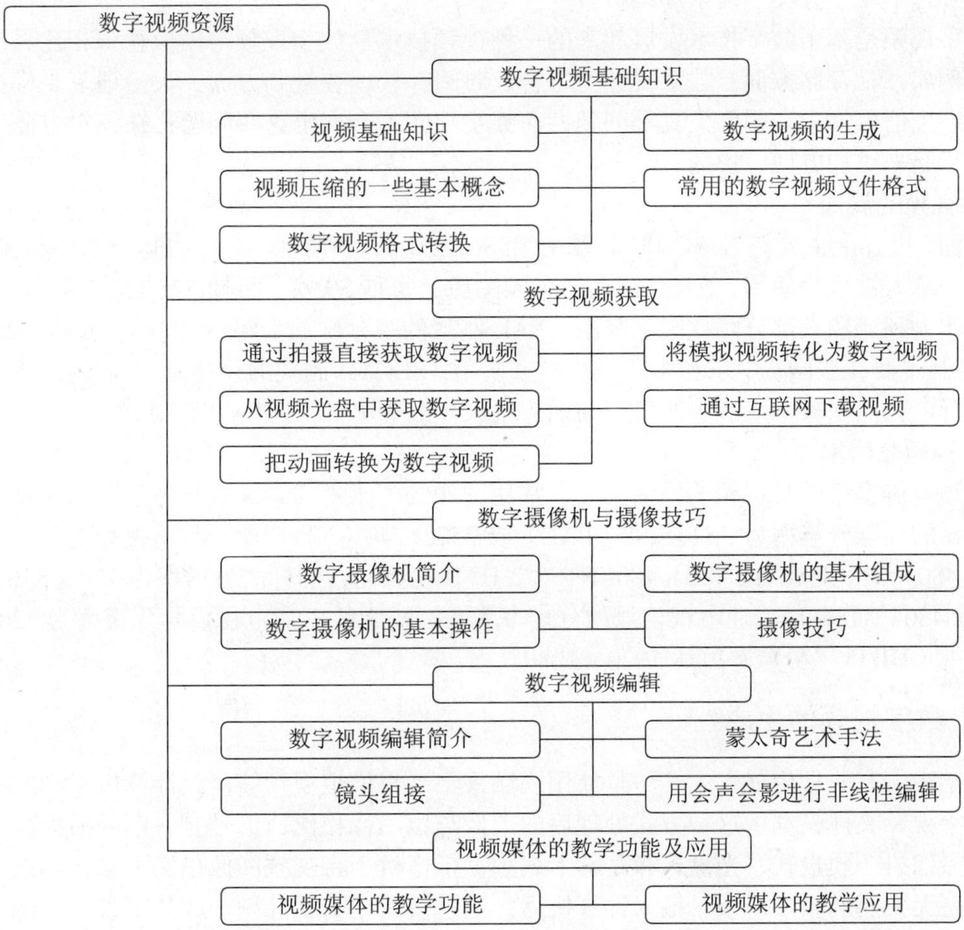

在人类接收的信息中，有70%来自视觉，其中视频是最直观、最具体、信息量最丰富的。我们在日常生活中看到的电视、电影、VCD、DVD以及用摄像机、手机等拍摄的活动图像等都属于视频的范畴。在教育教学中，视频因其直观、生动、具体、承载信息量大、易于传播等特点而成为一种必不可少的资源。科学技术的进步促使视频技术不断发展，如今视频技术正在全面向数字化迈进，教育教学中的视频资源也正在数字化。

7.1 数字视频基础知识

7.1.1 视频基础知识

1. 视频的定义

视频，又称为运动图像或活动图像，指的是内容随时间变化的一组动态图像（25帧/s），每秒钟有25帧或30帧画面。一帧就是一幅静态画面，快速连续地显示帧，便能形成运动的图像，每秒钟显示的帧数越多，即帧频越高，所显示的动作就会越流畅。

2. 模拟视频和数字视频

模拟视频是一种用于传输图像和声音且随时间连续变化的电信号。传统视频的获取、存储和传输都是采用模拟方式。模拟视频不适于网络传输，其信号在处理与传送时会有一定的衰减，并且不便于分类、检索和编辑。

数字视频是基于数字技术发展起来的一种视频技术。数字视频与模拟视频相比具有很多优点。例如，在存储方面，数字视频更适合长时间存放；在复制方面，大量地复制模拟视频制品会产生信号损失和图像失真等问题，而数字视频不会产生这些问题；在编辑方面，数字视频编辑起来更加方便、快捷。

3. 视频的制式

目前，世界上主要有NTSC制、PAL制和SECAM制三种视频制式标准。NTSC制在美国、日本和加拿大被广为使用，NTSC制式的视频图像为每秒30帧，每帧525行；PAL制主要被中国、澳大利亚和大部分西欧国家采用，PAL制式的视频画面为每秒25帧，每帧625行；SECAM制主要在法国、中东和东欧一些国家使用，SECAM制式的视频画面为每秒25帧，每帧625行。我们在日常生活中所见到的视频绝大多数为PAL制和NTSC制。

4. 视频分辨率

视频分辨率指的是视频的画面大小，常用图像的“水平像素×垂直像素”来表示。VCD视频光盘的标准分辨率为352×288（PAL）或352×240（NTSC），SVCD视频光盘的标准分辨率为480×576（PAL）或480×480（NTSC），DVD视频光盘的标准分辨率为720×576（PAL）或720×480（NTSC）。普通电视信号的分辨率为640×480，标清电视信号分辨率为720×576，高清电视（HDTV）分辨率可达1920×1080。

7.1.2 数字视频的生成

数字视频有两种生成方式：一是使用视频采集卡将模拟视频信号经计算机模/数转换后，生成数字视频文件，利用这种方式处理后的图像与原图像相比，信号有一定的损失；二是利用数字摄像机（硬盘式、光盘式和存储卡式数字摄像机）将视频图像拍摄下来，从信号源开始，就是无失真的数字视频，输入计算机后，通过使用编辑软件制作成数字视频文件。

7.1.3　视频压缩的一些基本概念

视频压缩（Compression）的目标是在尽可能保证视觉效果的前提下减少视频数据率。视频压缩比一般指压缩后的数据量与压缩前的数据量之比。由于视频是连续的静态图像，因此其压缩编码算法与静态图像的压缩编码算法有某些共同之处，但是运动的视频还有其自身的特性，因此在压缩时还应考虑其运动特性才能达到高压缩的目标。在视频压缩中常需用到以下一些基本概念。

1. 有损和无损压缩

在视频压缩中有损和无损的概念与静态图像中基本类似。无损压缩也即压缩前与解压缩后的数据完全一致。多数的无损压缩都采用 RLE 行程编码算法。有损压缩意味着解压缩后的数据与压缩前的数据不一致。在压缩的过程中要丢失一些人眼和人耳所不敏感的图像或音频信息，而且丢失的信息不可恢复。几乎所有高压缩的算法都采用有损压缩，这样才能达到低数据率的目标。丢失的数据率与压缩比有关，压缩比越小，丢失的数据越多，解压缩后的效果一般越差。此外，某些有损压缩算法采用多次重复压缩的方式，这样还会引起额外的数据丢失。

2. 帧内和帧间压缩

帧内压缩也称为空间压缩。当压缩一帧图像时，仅考虑本帧的数据而不考虑相邻帧之间的冗余信息，这实际上与静态图像压缩类似。帧内一般采用有损压缩算法，由于帧内压缩时各个帧之间没有相互关系，所以压缩后的视频数据仍可以以帧为单位进行编辑。帧内压缩一般达不到很高的压缩比。

帧间压缩是基于许多视频或动画的连续前后两帧具有很大的相关性，或者说前后两帧信息变化很小的特点而进行的，也即连续的视频其相邻帧之间具有冗余信息。根据这一特性，压缩相邻帧之间的冗余量就可以进一步提高压缩量，减小压缩比。帧间压缩也称为时间压缩，它通过比较时间轴上不同帧之间的数据进行压缩。帧间压缩一般是无损的。帧差值算法是一种典型的时间压缩法，它通过比较本帧与相邻帧之间的差异，仅记录本帧与其相邻帧的差值，这样可以大大减少数据量。

3. 对称和不对称编码

对称性是压缩编码的一个关键特征。对称意味着压缩和解压缩占用相同的计算处理能力和时间，对称算法适合于实时压缩和传送视频，如视频会议应用就以采用对称的压缩编码算法为好。而在电子出版和其他多媒体应用中，一般是把视频预先压缩处理好，然后再播放，因此可以采用不对称编码。不对称或非对称意味着压缩时需要花费大量的处理能力和时间，而解压缩时则能较好地实时回放，也即以不同的速度进行压缩和解压缩。一般地说，压缩一段视频的时间比回放（解压缩）该视频的时间要多得多。例如，压缩一段 3 min 的视频片断可能需要 10 多分钟的时间，而该片断实时回放时间只有 3 min。

7.1.4　常用的数字视频文件格式

1. AVI 格式

AVI（Audio Video Interleaved，音频视频交错）格式是一种可以将视频和音频交织在一起进行同步播放的数字视频文件格式。AVI 格式由 Microsoft 公司于 1992 年推出，随 Windows 3.1 一起被人们所认识和熟知。它采用的压缩算法没有统一的标准，除 Microsoft 公司之外，其他公司也推出了自己的压缩算法，只要把某算法的驱动加到 Windows 系统中，就可以播放该算法压缩的 AVI 文件。AVI 格式的优点是图像质量好，可以跨多个平台使用，但是其缺点是体积过于庞大，其文件扩展名为 avi。

2. MPEG 格式

MPEG（Moving Pictures Experts Group，动态图像专家组）是 1988 年成立的一个专家组，其任务是负责制定有关运动图像和声音的压缩、解压缩、处理以及编码表示的国际标准。MPEG 格式是采用了有损压缩方法，从而减少运动图像中的冗余信息的数字视频文件格式。目前 MPEG 格式有三个压缩标准，分别是 MPEG -1、MPEG-2 和 MPEG-4。

MPEG-1 制定于 1992 年，它是针对 1.5 Mb/s 以下数据传输率的数字存储媒体运动图像及其伴音编码而设计的国际标准。使用 MPEG-1 的压缩算法，可以把一部时长 120 min 的电影（视频文件）压缩到 1.2 GB 左右。这种数字视频格式的文件扩展名包括 mpg、mpeg 以及 VCD 光盘中的 dat 等。

MPEG-2 制定于 1994 年，是为高级工业标准的图像质量以及更高的传输率而设计的。这种格式主要应用在 DVD 和 SVCD 的制作（压缩）方面，同时在一些 HDTV（高清晰电视广播）和一些高要求视频编辑、处理上面也有较广的应用。使用 MPEG-2 的压缩算法，可以把一部时长 120 min 的电影压缩到 4 ~ 8 GB。这种数字视频格式的文件扩展名包括 mpg、mpeg、m2v 及 DVD 光盘中的 vob 等。

MPEG-4 制定于 1998 年，是为播放流式媒体的高质量视频而专门设计的，它可利用很窄的带度，通过帧重建技术，压缩和传输数据，以求使用最少的数据获得最佳的图像质量。MPEG-4 能够保存接近于 DVD 画质的小体积视频文件，还包括以前 MPEG 压缩标准所不具备的比特率的可伸缩性、动画精灵、交互性甚至版权保护等一些特殊功能。使用 MPEG-4 的压缩算法的 ASF 格式可以把一部 120 min 的电影（视频文件）压缩到 300 MB 左右的视频流，可供在线观看。这种数字视频格式的文件扩展名包括 asf 和 mov。

3. RM 格式

RM（RealMedia）格式是 Networks 公司所制定的音频视频压缩规范。用户可以使用 RealPlayer 或 RealOnePlayer 对符合 RealMedia 技术规范的网络音频/视频资源进行实况转播，并且 RealMedia 还可以根据不同的网络传输速率制定出不同的压缩比率，从而实现在低速率的网络上进行影像数据实时传送和播放。这种数字视频格式的文件扩展名为 rm。

4. RMVB 格式

RMVB 格式是一种由 RM 视频格式升级延伸出的新视频格式，它的先进之处在于 RMVB 视频格式打破了原先 RM 格式那种平均压缩采样的方式，在保证平均压缩比的基础上合理利用比特率资源，也就是说，静止和动作场面少的画面场景采用较低的编码速率，这样可以留出更多的带宽空间，而这些带宽会在出现快速运动的画面场景时被利用。这样在保证了静止画面质量的前提下，大幅地提高了运动图像的画面质量，使图像质量和文件大小之间达到微妙的平衡。这种数字视频格式的文件扩展名为 rmvb。

5. WMV 格式

WMV（Windows MediaVideo）格式是 Microsoft 公司将其名下的 ASF（Advanced Stream Format）格式升级延伸出来的一种流媒体格式。WMV 格式的主要优点包括：本地或网络回放、可扩充的媒体类型、可伸缩的媒体类型、多语言支持、环境独立性、丰富的流间关系以及扩展性等。其文件扩展名为 wmv。

6. MOV 格式

MOV 格式是美国 Apple 公司开发的一种视频格式，默认的播放器是 Apple 公司的 QuickTime Player。MOV 格式不仅能支持 MacOS，同样也能支持 Windows 操作系统，有较高的压缩比率和较完美的视频清晰度。MOV 格式定义了存储数字媒体内容的标准方法，使用这种文件格式不仅可以存储单个媒体内容，如视频帧或音频采样数据，而且还能保存对该媒体作品的完整描述。因为这种文件格式能用来描述几乎所有的媒体结构，所以它是不同系统的应用程序间交换数据的理想格式。这种数字视频格式的文件扩展名包括 qt 和 mov 等。

7. DivX 格式

DivX 格式是由 MPEG-4 衍生出的另一种视频编码（压缩）标准，也即通常所说的 DVDrip 格式，它采用了 MPEG-4 的压缩算法，同时又综合了 MPEG-4 与 MP3 各方面的技术，即使用 DivX 压缩技术对 DVD 盘片的视频图像进行高质量压缩，同时用 MP3 或 AC3 对音频进行压缩，然后再将视频与音频合成并加上相应的外挂字幕文件而形成的视频格式。其画质直逼 DVD，但文件大小只有 DVD 的几分之一，并且对机器的要求也不高，因此 DivX 格式可以说是一种对 DVD 造成威胁最大的新生视频压缩格式。其文件扩展名为 avi。

8. FLV 格式

FLV（Flash Video）格式是随着 Flash MX 的推出发展而出现的流媒体视频格式。它的出现有效地解决了视频文件导入 Flash 后，导出的 SWF 文件体积庞大，不能在网络上很好使用等缺点。FLV 文件体积极小，1 min 清晰的 FLV 视频大小在 1 MB 左右，加上 CPU 占用率低，视频质量良好等特点使其在网络上极为盛行。目前多数视频网站使用这种格式的视频。其文件扩展名为 flv。

9. 3GP 格式

3GP 是一种 3G 流媒体的视频编码格式，主要是为了配合 3G 网络的高速率传输而开发的一种媒体格式，具有很高的压缩比，特别适合手机上观看电影。3GP 格式的视频文件体积小，移动性强，适合在手机、PSP 等移动设备上使用，缺点是在 PC 上兼容性差，支持软件少，且播放质量差，帧数低，较 AVI 等格式相差很多。其文件扩展名为 3gp。

10. MTS 格式

MTS 视频格式是一种新兴的高清视频格式，常用于 Sony 高清 DV 录制的视频，其视频编码通常采用 H264，音频编码采用 AC-3，分辨率为 1920 × 1080 或 1440 × 1080，是一种达到高清甚至全高清标准的格式，也是一种蓝光标准的格式。播放 MTS 视频格式不同于 AVI 等传统格式，所有计算机都能良好地兼容播放，如果机器性能较弱，就有可能发生播放不流畅的情况。MTS 视频格式画质非常高，也就决定了它体积非常大，所以通过高清录像机录制的 MTS，常常需要进行转换，以减小视频的体积。另外，如果需要在影碟机上播放录制的视频，也需要转换成 DVD 格式。MTS 格式的文件扩展名为 mts。

7.1.5　数字视频格式转换

由于数字视频格式繁多，用途各不相同，所以在教育教学中，经常需要使用视频格式转换软件对制作好的视频进行格式转换。视频格式转换软件很多，并且每种软件都有自己的独特之处，操作起来也不尽相同，以下介绍几种常用的视频格式转换软件。

1. WinAVI Video Converter

WinAVI Video Converter 是一款非常优秀的视频格式转换软件，如图 7-1 所示。该软件内置有 Real Dolby AC3 音频解码器和 Real DVD 导航器，支持 Direct AC3 技术，可以将 AVI、MOV、WMV、ASF、RM、RMVB、SWF、MPG、MKV、VOB 以及 OGG 等格式转化成 DVD、VCD、SVCD、MPEG-1、MPEG-2、AVI、WMV 和 RM 等格式。该软件还支持对输出视频的质量、分辨率和长宽比的设置，具有视频合并、批量转换、实时预览，完成自动关机，烧录 VCD、SVCD 和 DVD 的功能。

图 7-1　WinAVI Video Converter

2. Total Video Converter

Total Video Converter 是一款功能强大的视频格式转换软件，如图 7-2 所示。该软件内置有强大的转换引擎，能快速地进行文件格式转换。可以把十多种视频格式转换成手机、PDA、苹果 iPOD、MP3 播放器等便携设备使用的视频格式，能把各种视频转换并烧制成标准的 DVD/SVCD/VCD 光盘，具有将多段视频文件合并成一个文件，从视频文件中提取视频或音频，将视频和音频合并成一个文件，按时间切割视频的功能。该软件支持导入扩展名为 rm、rmvb、mpg、vob、dat、mov、avi、wmv、asf、flv、3gp 等的视频文件，可以转换输出成扩展名为 3gp、asf、avi、flv、mpg、mov、wmv、mkv 等的视频文件。

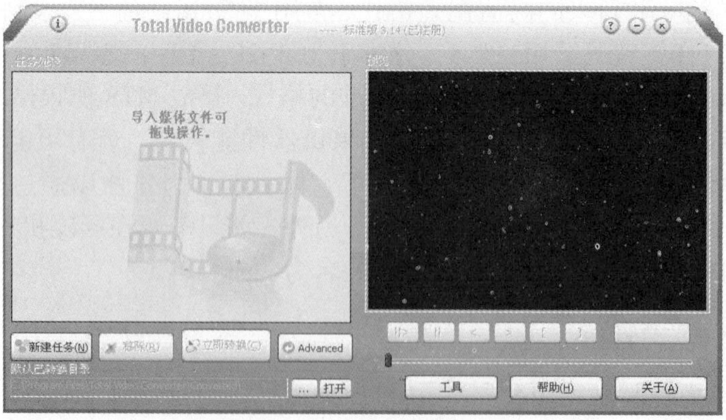

图 7-2　Total Video Converter

3. 艾奇 MTS 视频格式转换器

艾奇 MTS 视频格式转换器是一款全能高清视频格式转换软件，如图 7-3 所示。该软件支持各种高清视频之间互转，如高清视频到普清视频转换以及一些常见普清视频之间的转换。它的每种输出格式都预设有高清晰、高压缩等不同需求的输出格式，对于一般转换，无需设置各种复杂参数，只需简单点击选择即可完成，而对于有特殊要求的转换，则可以通过高级设置来对视频的输出尺寸、码率、音频、质量、体积等进行调控。该软件支持批量转换，还拥有编辑功能，如可以为视频添加文字水印和图片水印、剪辑视频、调整视频比例等。该软件支持输入视频格式主要有 MP4、MTS、AVI、3GP、DAT、VOB、MPG、ASF、WMV、RM、RMVB、MOV、MKV、TS、M2TS 和 MOD 等，输出视频格式包括普通的 MP4、AVI、ASF、MOV、MPG、VOB、RM、WMV、MKV、FLV 等格式，以及符合高清标准的 MP4、ASF、AVI、MOV、MPG、TS 和 VOB 等格式。

图 7-3　艾奇 MTS 视频格式转换器

7.2　数字视频获取

数字视频在教育教学中发挥着重要作用，数字视频质量的高低直接影响着教育教学的效果，因此，应该采用多种方式来获得高质量的视频。目前，常用的数字视频获取方式有以下几种。

7.2.1　通过拍摄直接获取数字视频

硬盘式、光盘式和存储卡式数字摄像机的出现，让使用摄像机拍摄直接获取数字视频成为可能。与磁带式摄像机相比，硬盘式、光盘式和存储卡式数字摄像机的最大优点就是拍摄的视频以数字视频文件的形式存储在介质上，使用者不需要繁琐、专业的视频采集设备就可以将拍摄的素材传输到计算机上。这些数字视频再经过编辑制作就成为我们需要的数字视频了。

数字摄像机是最常用的数字视频拍摄设备。要想拍摄出高质量的数字视频，必须清楚数字摄像机的构造，懂得摄像的基本知识，具有一定的摄像技巧，这些会在下一节中加以介绍。

7.2.2　将模拟视频转化为数字视频

目前，绝大多数摄像机还是使用磁带作为存储介质的，录像机、电视机、影碟机等视频源输出的都是模拟信号，因此利用视频采集卡将模拟视频转化为数字视频还是最重要、最常用的数字视频获取形式。

视频采集卡（Video Capture Card）又称视频捕捉卡，是一种将录像机、电视机、影碟机等视频源输出的视频信号或者视音频信号，采集并转换成计算机可辨别的数字信号，存储在计算机中，成为可编辑处理的数字视频文件的设备。视频采集卡是视频处理必不可少的硬件设备，模拟视频数字化中所包含的采样、量化和编码过程都在这里进行。

目前市场上常见的视频采集卡可以分为两类：IEEE 1394 卡（见图 7-4）和非线性编辑卡（见图 7-5）。

图 7-4　IEEE 1394 卡

图 7-5　非线性编辑卡

IEEE 1394 卡可以通过 1394 数据接口高速、快捷、无损失地传输数字视频信号，使采集工作更加简单、有效。这类产品一般具有采集功能，其他功能如编辑、压缩均由软件实现。IEEE 1394 卡只有 1394 数据接口，因此其视频信号源只能来自数字摄像机及其他一些数字化设备。

非线性编辑卡除了具有采集功能外，还具有实时编辑、添加字幕、特技效果等功能，并且这些功能都是由硬件完成的。非线性编辑卡不但具有 IEEE 1394 接口，而且还有 AV、S-Video 等接口，其视频信号源不但可以来自数字摄像机及其他数字化设备，而且还可以来自录像机、电视机、影碟机和模拟摄像机等设备。

视频采集卡有高低档次的区别，其性能参数不同，采集出来的视频质量也不一样。采集图像的分辨率、图像的深度、帧率以及可提供的采集数据率和压缩算法等性能参数是决定采集卡的性能和档次的主要因素。

视频采集的过程一般包含以下几个步骤：

（1）设置好视频信号源，使用 AV 线或其他线材把提供视频信号源外设的视频输出与采集卡相连。

（2）准备好计算机系统环境，如显示的设置、硬盘的优化、关闭其他程序等。

（3）启动采集程序，预览采集信号，设置采集参数，启动视频信号源，然后开始采集。

（4）播放采集的数据，如果丢帧严重可修改采集参数或进一步优化采集环境，然后重新采集。

（5）由于视频信号源是不间断地往视频采集卡中传送数据的，可以根据需要，对采集的原始数据进行简单的编辑，如剪切掉开始、结尾以及中间无用的视频，以减少数据所占的硬盘空间。

7.2.3 从视频光盘中获取数字视频

VCD 和 DVD 视频光盘是重要的视频文件资源库。从 VCD 和 DVD 视频光盘中获取数字视频主要有两种方式：一是通过光驱直接将光盘的数字视频文件复制到计算机中，不过复制出来的视频文件在有些时候需要经过格式转换才能使用；二是利用视频播放软件或视频处理软件来截取 VCD 或 DVD 中的视频片段。

下面以“豪杰超级解霸 9”软件截取 DVD 视频光盘中的视频片段为例，介绍获取数字视频文件的操作步骤。

（1）启动“豪杰超级解霸 9”软件。

（2）播放 DVD 视频光盘：将 DVD 光盘放入光驱，软件会自动识别计算机光驱中的 DVD，并开始播放。如果不能自动播放，可以执行【文件】→【自动搜索播放光盘】命令，或者单击【播放 DVD/VCD】按钮，DVD 将开始播放，如图 7-6 所示。

图 7-6 用“豪杰超级解霸”播放 DVD

（3）选择需要截取的视频片断。执行【控制】→【循环播放】命令，或者单击【循环播放】按钮，播放区域被激活，如图 7-7 所示。

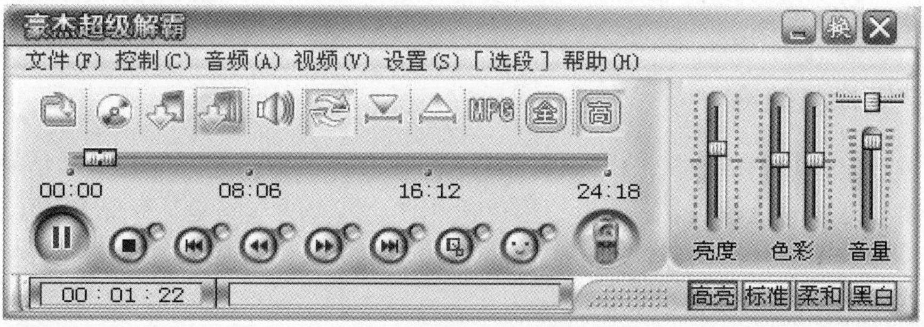

图 7-7 播放区域被激活

在播放区域中，将播放进度标记拖至需要截取画面的开始位置，执行【控制】→【选择开始点】命令，或者单击【选择开始点】按钮，选择开始位置。同样，将播放进度标记拖放到需要截取画面的结束位置，执行【控制】→【选择结束点】命令，或者单击【选择结束点】按钮，选择结束位置。

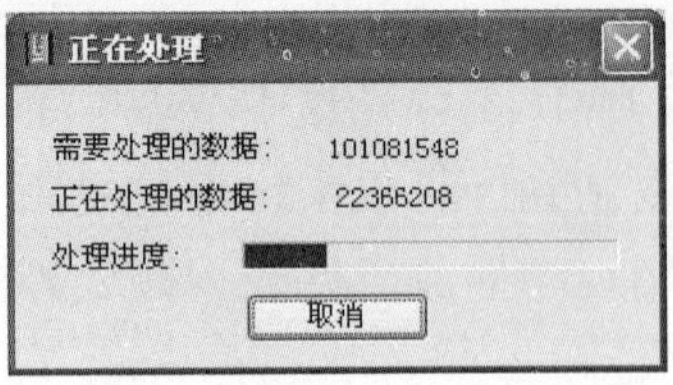

图 7-8 【正在处理】信息框

（4）输出截取到的视频片断。

执行【控制】→【保存 MPG 片段】命令，或者单击【保存 MPG】按钮，在打开的【保存 MPEG 文件】对话框中，设置文件的存储路径和文件名，然后单击【保存】按钮，系统开始转换，并出现【正在处理】信息框，以提示用户转换的进度。转换完毕后，信息框自动消失，期间用户可以随时单击【取消】按钮停止转换，如图 7-8 所示。

7.2.4 通过互联网下载视频

现在有很多网站，如迅雷、优酷网、土豆网、VeryCD 等，都提供数字视频的下载服务，可以使用专门的下载软件把数字视频直接下载到计算机上。通过互联网下载的数字视频的质量参差不齐，有的是专门摄制的，有的是个人随便拍摄的，有的清晰，有的模糊，我们要根据自己的需要对它们进行鉴别后再去使用。此外，从互联网下载的数字视频的文件格式多种多样，长短也不一定符合我们的需要，因此在使用前还需要对它们进行格式转换或剪辑处理。

数字视频下载服务分为免费和付费两种：免费服务一般都可以直接下载；付费服务需要通过注册，并以各种支付方式付费后，才能下载。

7.2.5 把动画转换为数字视频

有某些特殊情况下，还可以通过转换动画获取数字视频。例如，把 GIF 动画格式转换成 AVI 视频格式，或者利用 Flash、MAYA、3D Max 等二维或三维动画制作软件生成视频文件或文件序列作为数字视频素材等。

7.3 数字摄像机与摄像技巧

要想拍摄出高质量的数字视频，不仅需要清楚数字摄像机的组成，能熟练地操作数字摄像机，还需要具备一定的摄像技巧。

7.3.1 数字摄像机简介

数字摄像机也称数码摄像机（Digital Video，简称 DV），指的是图像处理和信号的记录全部使用数字信号完成的摄像机。它与模拟摄像机相比，最大的不同是其存储介质（包括磁带）上记录的信号为数字信号，而非模拟信号。数字摄像机具有图像质量好、画面丢帧少、记录密度高、机器体积小、使用成本低等特点。

数字摄像机种类很多，用途广泛，可以按照不同的标准对其进行分类。

按照存储介质分，数字摄像机可分为磁带式数字摄像机、存储卡式数字摄像机、硬盘式数字摄像机和光盘式数字摄像机。

按性能和用途分，数字摄像机可分为广播级数字摄像机、专业级数字摄像机和家用级数字摄像机。其中，广播级数字摄像机主要应用于广播电视领域，其清晰度最高，信噪比最大，图像质量最好，性能全面，但价格昂贵，体积大，重量重，如 SONY 公司的 XDCAM 系列、Panasonic 公司的 DVCPRO 50 系列等；专业级数字摄像机一般应用在广播电视以外的专业电视领域，如电化教育、闭路电视、工业、医疗等，图像质量低于广播级，价格适中，体积较小，重量较轻，如SONY公司的DVCAM系列、Panasonic公司的DVCPRO系列等；家用级数字摄像机适合于家庭使用，自动化程度高，操作简单，便于携带，价格便宜，体积小，重量轻，其各项技术指标低于专业摄像机，如SONY公司的DCR系列、Panasonic公司的NV系列等。

7.3.2　数字摄像机的基本组成

无论哪种档次的数字摄像机，一般都是由摄像系统、录像系统、电子寻像器、话筒和电源等组成的。

1. 摄像系统

摄像系统包括镜头系统、影像传感器、聚焦系统、光圈控制系统、白平衡调整系统、摄像信号处理电路和音频信号拾取与处理系统等部分。下面仅介绍前四种。

（1）镜头系统。

摄像机镜头系统的作用，是将被摄景物的光像聚焦在影像传感器的感光区，由变焦镜头、红外滤光镜、晶体滤光片、光圈电机、聚焦电机和变焦电机等组成。

摄像机变焦镜头的变焦比一般很大，既可电动变焦又可手动变焦，利用它可在拍摄点不变的条件下，连续地改变画面景物大小，使被摄画面具有强烈的真实感和艺术表现力。

红外滤光镜是防止红外线到达CCD图像传感器，避免出现由红外线影响而导致的影像颜色失真。

晶体滤光片又称光学低通滤光器，用于滤掉过细的景物细节，避免拍摄黑白图像时从摄像器件上输出假彩色信号。

光圈电机受光圈控制电路的控制，可驱动镜头上光圈组件动作，自动调整镜头光圈的大小，使不同光照条件下拍摄的影像都清晰明亮。

聚焦电机用于驱动镜头聚焦环运动，以实现自动聚焦。

变焦电机受摄像机上变焦按键（通常为两端分别标有W、T字样的船形按钮）信号的控制，驱动镜头中变焦透镜组运动，改变变焦镜头的焦距，实现推、拉等摄像效果。

（2）影像传感器。

影像传感器的作用是将图像在感光区上的光信号转变为电信号。数字摄像机所用的影像传感器有CCD和CMOS之分，多数采用CCD。

根据所用CCD数量的不同，数字摄像机有3CCD和单CCD之分。3CCD是用3个CCD芯片分别感受不同颜色的光线；单CCD是在感光区前面设置网格状的滤色片，使单个CCD芯片上不同的像元分别感受不同颜色的光线。3CCD摄像机的成像质量要优于单CCD摄像机的成像质量。

（3）聚焦系统。

数字摄像机普遍采用CCD检测自动聚焦方式，此外还提供手动聚焦方式。

（4）光圈控制系统。

光圈控制系统用于调整光圈的大小，以使影像传感器得到合适的光强度。

2. 录像系统

数字摄像机中录像系统的作用是将所生成的数字视频信号加以存储。

3. 寻像器

寻像器是数字摄像机上的取景器，数字摄像机的寻像器都是电子寻像器，它不仅可以用于取景和显示摄像机的工作状态，而且可以根据需要呈现已摄取的影像。

4. 话筒

话筒用于拍摄时拾取声音以及编辑时录制声音。

7.3.3 数字摄像机的基本操作

用数字摄像机摄像的基本操作流程为：首先给数字摄像机供电（用电池或交流适配器供电），开启电源开关，置入录像带或其他存储设备，调整寻像器；然后调节镜头或摄像机机位，通过寻像器观察景物，在需要正式录像时按下摄像机上的开始/停止按钮进行拍摄，再按开始/停止按钮即可暂停录像。在拍摄过程中，要视需要进行以下技术性调整与选择。

1. 摄像机工作状态选择

摄像机的工作模式一般有自动、手动和程序拍摄三种模式。

在自动模式下，聚焦、光圈、快门、白平衡等全部处于自动调整状态，绝大多数拍摄都采用该模式。但是，在一些特殊拍摄条件下，或者为了取得某些特殊的拍摄效果，则采用手动模式或程序拍摄模式。例如，要在白天获得夜景效果，要获得朦胧美效果等，都要使用手动拍摄模式。

2. 变焦

摄像时的变焦分为手动变焦和电动变焦两种。

电动变焦通常是用右手中指和食指按摄像机握机把手上部的两端标有 T、W 字样的船形按钮。按下标有“T”字样的船形按钮，镜头焦距变长，拍摄范围变小，景物所成像变大；按下标有“W”字样的船形按钮，焦距变短，拍摄范围变大，景物所成像变小。有的摄像机在改变按下“T”端或“W”端的力量大小时，还可改变变焦速度，按力大，焦距改变快，轻按则变焦慢。

手动变焦是用左手操作变焦环或用变焦手柄改变焦距。

电动变焦时焦距的改变速度均匀，摄像时较多使用电动变焦，只是在要快速改变拍摄物成像大小时，才使用手动变焦。

3. 聚焦

摄像聚焦有手动聚焦和自动聚焦两种形式。绝大多数情况下应使用自动聚焦，只是在自动聚焦不能使主体清晰成像或想取得某些特殊效果时，才用手动聚焦。

4. 光圈调整

摄像机中光圈调整分为手动调整和自动调整两种方式。绝大多数条件下的摄像应该用自动光圈调整，因为手动调整光圈操作繁琐，又难以准确把握。光圈的自动调整类似于照相机上的快门先决式自动曝光。

摄像机的自动光圈调整是以被摄物总体亮度的平均值为调整基准，当被摄主体与周围环境亮度相差过分悬殊时，采用自动光圈调整所拍摄画面的主体影像，就会显得太亮或太暗。例如，环境较亮主体较暗，从主体的局部“拉”出带有较大环境的全景时，主体便会黑下去，细部层次无法表现。又如，从比较暗的环境“摇”到比较亮的环境，画面会出现短暂的发亮、发白，物体的色彩与质感会丧失，而后才慢慢恢复正常。

在以下几种情况下摄像，手动调整光圈能拍摄到更好的效果：

（1）逆光下摄像。

（2）被摄主体明亮而背景很暗。

（3）照度非常低。

（4）要忠实表现黑暗下的环境气氛。

（5）要获得所需要大小的景深。

手动调整光圈时一定要注意技术技巧，比如从暗处“摇”向亮处时，应兼顾落幅时画面亮度和起幅时画面亮度，取其适中光圈；正式拍摄前要先行预演，效果满意后才正式摄取。

有些摄像机具有逆光补偿功能。在逆光下采用自动光圈摄像时，摄在画面上的主体若较小时会显得非常暗，逆光补偿是指在此条件下按下逆光补偿按钮（通常标有 BACK LIGHT），让摄像机用更大的光圈拍摄，从而使处于逆光下的景物清晰明亮。若没有逆光补偿按钮，则此条件下拍摄必须手动调整光圈。

5. 白平衡调整

摄像机的白平衡调整功能（White Balance，WB 或 WHT BAL），分为自动调整和手动调整两种方式。

（1）自动白平衡调整是由摄像机根据照明光线的色温情况自动调整。

（2）手动白平衡调整有选择滤色片挡位和改变电路增益调整两种方法。

在一些摄像机上，在白平衡调整开关处标有不同光源或不同色温的挡位，使用这类摄像机手动调整白平衡时，只要将挡位开关拨于与摄像光源种类或色温一致的挡位即可。

改变电路增益的手动白平衡调整方式大体操作为：将白平衡调整处于手动方式，盖上纯白色的镜头盖或对准白纸或纯白的物体，变焦至电子寻像器的屏幕完全变白，此时按下白平衡调整按钮（标有 WB 或 W.BAL、WHT BAL），直至寻像器中表示白平衡调整完毕的指示出现为止。

手动调整白平衡后，当拍摄环境的光线色温条件发生了变化，或更换了电池时，都必须重新调整白平衡。

摄像时一般采用自动白平衡调整，只是在以下几种情况下，才用手动调整白平衡。

（1）在水银灯、钠光灯或某些荧光灯下拍摄。

（2）在摄像机镜头前加用特殊效果的单色滤色镜拍摄。

（3）拍摄环境的照度突然发生变化，如在舞厅变幻的灯光下拍摄。

（4）日落、日出时拍摄。

（5）拍摄室外夜景（如焰火、霓虹灯）。

（6）拍摄单色物体或单色背景前的物体。

（7）拍摄时摄像机与被摄物不在同一照明光源下。

（8）在逆光下手动调整光圈拍摄，以及用微距功能拍摄大特写。

7.3.4　摄像技巧

同一台摄像机，让不同的人使用，拍摄出来的效果却不同，其原因就在于使用者具有不同的摄像技巧。摄像技巧越高，拍摄的效果就越好。要想高质量地完成拍摄工作，不但要掌握摄像的基本操作要领和摄像构图的基本方法，还需要熟悉固定镜头和运动镜头的拍摄技巧。

1. 摄像的基本操作要领

摄像一般可以采用两种方式进行：一是三角架拍摄；二是肩扛或手持拍摄。无论哪种方式都需要做到平、准、稳、匀、清。

（1）平。

“平”是指所摄画面中的地平线要保持水平，不能倾斜，这是正常画面的基本要求。通常来说，“七扭八歪”的画面会给观众带来难以接受的视觉感受。在使用三脚架拍摄时，要借助三脚架上水平仪上的汽泡校准画面水平。在肩扛或手持摄像机进行拍摄时，要借助寻像器的横边与景物的地平线平行，其纵边与垂直线平行，使画面水平。

（2）准。

“准”是指拍摄对象与范围、起幅落幅、镜头运动、景深运用、焦点变化、镜头用光、色彩还原等都要准确。例如，在摇摄时，起幅和落幅画面要准确到位，时间要足够长。起幅是指镜头运动开始时静止的画面。落幅是指镜头运动结束时静止的画面。摇摄时，既不能摇过头，又不能摇不到位，并且起幅和落幅画面起码要有 5 s 以上的时间，以备将来编辑时使用。

（3）稳。

“稳”是指拍摄的画面要稳定、平滑，消除任何不必要的晃动。使用三脚架固定摄像机拍摄是减轻画面摇晃的有效方法。但值得注意的是，在使用三脚架时，要养成良好的操作习惯，身体不能贴在三脚架或摄像机上，更不能将身体的某一部分压在摄像机上面，以免因人体动作或呼吸等原因造成画面不稳定。如果拍摄现场只能肩扛或手持摄像机，则要保证自己的重心稳定，呼吸均匀，最好能够去借助一切有助于维持平衡身体的实物，如墙壁、桌椅等。另外，情况允许的话，要尽量选用广角镜头拍摄，因为焦距越长，相同的振动引起拍摄画面的晃动就越大。

（4）匀。

“匀”是指推、拉、摇、移等技巧镜头的拍摄中，运动过程的速度要连续均匀，使画面节奏符合人的视觉习惯。通常在开始时，运动节奏应由慢而快，中间匀速，最后由快到慢，中间的匀速过程中决不可出现时动时停或者忽慢忽快的现象。在同一镜头内，速度时快时慢，会让人感觉到视觉上摇摆不定，不清楚画面要表现的主体内容。为此，在拍摄变焦镜头时，要匀速操作摄像机镜头上的手动变焦装置或者机身上电动变焦的按钮，要保证用力均匀。一般而言，采用电动变焦比手动变焦匀速些；在改变视角的拍摄中，首先要调整摄像机绕三脚架转动部分的阻尼大小适中，使摄像机转动灵活，然后匀速操作三脚架手柄，使摄像机均匀地转动；在肩扛或手持摄像机进行运动拍摄时，如果要人和机器一起改变运动，那么要保证自己的重心下垂，膝盖微曲，步履均匀；如果只是机器改变状态，那么要保证腰间着力。

（5）清。

“清”是指拍摄出来的画面效果要清晰，聚焦要准确，保证画面细节的清晰、完整。从本质上讲，“清”也属于“准”的一部分，这里单列出来主要是为了强调其重要性。保证画面清晰的关键，一是场景照度不能太低，二是练好手动聚焦的基本功，在自动聚焦无法聚焦准确的情况下，及时采用手动聚焦。

2. 摄像构图

构图是指在拍摄中把被摄对象及各种造型元素加以有机组织、选择和安排，以塑造视觉形象，构成画面样式的一种创作活动。构图是摄像中一个很重要的环节，它直接决定了画面在艺术上的美观程度和效果。摄像构图是一个动态、多变的过程，其中所涉及的内容非常多，既需要准确地选择拍摄方向、高度和景别，又需要对画面中各要素做出合理的安排。

（1）拍摄方向的选择。

拍摄方向是指摄像机镜头光轴与被摄主体正面所形成的角度，可以分为正面、背面、侧面和斜侧面拍摄。拍摄方向发生变化，所拍摄的画面中的主体形象特征和画面意境等也会随之发生明显的改变。

① 正面拍摄。摄像机镜头在被摄主体的正前方拍摄，这样有利于了解被摄主体的正面特征，相当于观众正面面对被摄主体交流。但此时被摄主体的立体透视感不强。

② 背面拍摄。摄像机镜头从被摄主体的背后即正后方拍摄，这可以使画面所展现的场景方向与被摄主体所观察的方向相同。观众在观看此类画面时，可以获得与画面中被摄主体相一致的视觉感受，给人以强烈的主观参与感。

③ 侧面拍摄。侧面拍摄是指摄像机镜头在与被摄主体正面方向成90°的位置上，即正左方和正右方进行拍摄。侧面拍摄有利于表现被摄物体的运动姿态及富有变化的外沿轮廓线条，不足之处是不利于展示立体空间。

④ 斜侧面拍摄。斜侧面拍摄是指摄像机镜头在被摄主体正面、背面和侧面以外的任意一个水平方向进行的拍摄。斜侧拍摄能够产生明显的形体透视变化，使画面活泼生动，有较强的纵深感和立体感，有利于表现物体的立体形态和空间深度，同时也有利于主体和客体的安排。

（2）拍摄高度的选择。

摄像高度是指摄像机镜头与被摄主体在垂直平面上的相对位置或相对高度。一般分为平摄、俯摄和仰摄三种。三种拍摄所形成的造型效果和感情色彩各不相同。

① 平摄。平摄是指摄像机镜头与被摄主体在同一水平面上进行拍摄。平摄形成的视觉效果与日常生活中人们观察事物的正常情况相似，符合人们的视觉习惯。平摄画面结构稳固、安定，能够给观众平等、公正、公平、客观、平易近人的感觉。

② 俯摄。俯摄是指摄像机镜头高于被摄主体的水平线向下拍摄。俯摄能产生俯视的视觉效果，能够很好地传达地面景物的层次、数量、位置，给人以深远辽阔的感受。

③ 仰摄。仰摄是指摄像机镜头低于被摄主体的水平线向上拍摄。仰摄可以产生从下往上、由低向高的仰视效果，类似于人们日常生活中抬头看景物时所获得的感受。仰摄能够起到强调被摄主体的高度和气势的作用，也能够在垂直方向上扩展人的视觉范围。仰摄人物，能使人物形象显得高大、挺拔，常用来表现赞颂、敬仰、自豪等感情。仰摄跳跃、腾空等动作，能够夸大跳跃高度和腾空力度，具有很强的视觉冲击力。

（3）景别的选择。

景别是指被摄主体和画面形象在画面边框内所呈现出的大小和范围。景别的改变取决于两个方面的因素：一是摄像机与被摄物之间的实际距离；二是所使用镜头的焦距长短。一般情况下，把景别大致分为远景、全景、中景、近景、特写和大特写。景别选择得当，有利于突出被摄主体，也有利于交代主体与环境的关系。

① 远景。远景是视距最远、表现空间范围最大，完全无人或者即使有人也在画面中微不足道的景别。远景视野广阔，景深悠远，常用来展示巨大的空间、介绍环境、展现事物的规模和气势。

② 全景。全景包括被摄对象的全貌和它周围的环境。与远景相比，全景有明显的内容中心和结构主体，主要用来确定事物、人物的空间关系，展示环境特征，为后续情节定向。

③ 中景。中景画面中，人和物的形象及形状特征占主要成分，它更注重具体动作和情

节，可以清楚地看到人与人之间的关系和感情交流，也能看清人与物、物与物之间的相对位置关系。

④ 近景。近景是人胸部以上的部分或物体局部的画面，主要用于介绍人物、展示人物面部表情的变化、突出表现人物的情绪和幅度不太大的动作。

⑤ 特写。特写是表现人肩部以上及头部或某些被摄对象细部的画面。特写可以作更细致的展示，揭示特定的含义。它反映的内容比较单一，起到形象放大、内容深化、强化本质的作用。主要用于表达、刻画人物的心理活动和情绪特点，起到震撼人心、引起注意的作用。

⑥ 大特写。大特写是表现人或物的某一细节的画面，如一双眼睛、一件饰物等。大特写给观众的感染力更大，给观众造成的视觉冲击力更强。

（4）画面布局。

画面布局是指构思、组织、安排画面主体、陪体、前景、背景及空白各成分的相互关系，以便组成思想、内容与表现形式统一的完美画面。构图处理得如何，根本上取决于画面布局得是否合理、得当。需要说明的是，与摄影不同，摄像的一个镜头画面可以不完整，但一组镜头画面要有完整的构思与总体设计。镜头运动与机位变化使画面成分也会发生相应的变化。

① 主体。主体是画面中所要表现的主要对象和主体思想，也是画面的构图中心。没有明确主体的构图是失败的构图。在取景构图时，需要通过对各种被摄体的相互比较，找出最具特性、最具典型性的物体作为被摄主体。

在摄像构图中，突出主体的方法一般有两种：一种是直接表现法，即运用一切可能因素，在画面中给主体以最大的面积、最佳的光线、最醒目的位置、最显眼的颜色，将主体以最直接的结构形式突现在观众面前，如拍摄主体的近景或特写镜头就是一种典型的直接表现手法；另一种是间接表现法，即通过环境来侧面烘托和映衬画面中的主体，此时，主体在画面中的面积一般较小。

② 陪体。陪体是画面中主体的主要陪衬物，在画面中处于次要位置，常常与主体形成一定情节或构成依附关系，帮助主体完整、准确地表达思想，与主体构成情节或形成对比，起到烘托主体、美化画面、平衡构图和作为镜头转换的作用。

③ 前景。前景是主体前面或靠近镜头位置的人或物。前景有时可能是陪体，但在大多数情况下是环境的组成部分。

前景的作用主要有五点：第一，增加画面的层次，强化画面的纵深感和空间感，前景的存在可以使人感觉到主体离镜头的距离；第二，装饰美化画面，如满是鲜花的主讲台后面发言人的近景；第三，表现时间概念、季节特征和地方色彩，也可以表现拍摄现场的气氛；第四，充当陪体，帮助主体直接表达主题、交待内容；第五，在运动摄像中，前景能增强节奏感和韵律感，如在运动汽车上拍摄某高楼时，路旁飞退的电线杆。

在摄像构图中，前景的比例要合适，要在面积、色调上服从、服务于主体的需要，避免造成人为的视觉障碍。此外，还要注意与主体相呼应，使画面形成统一整体。

④ 背景。背景是指那些位于主体后面的人或物。背景主要用于表明主体活动的地理位置或环境氛围，从内容和形式上衬托、突出主体，达到增强气氛和现场感，表达思想情绪的目的。在选择和运用背景时要从表现内容和主题需要出发，要尽量简洁，避免杂乱。

⑤ 空白。空白是指画面中看不出实体形象而趋于单一色调的部分。空白具有抒发感情、调整节奏、创造意境、展现动势等作用。在摄像构图中，空白在画面中要分配得当，使各个实体前后呼应，和谐统一。通常用天空和地面做空白。

（5）摄影构图的原则和要求。

摄像构图的原则有以下两条：一是突出主体，揭示主题思想；二是从主题思想出发，正确处理好主体、陪体和环境的关系。一切造型手段，诸如拍摄点的选择，不同视角的运用，空间位置的安排，光线、影调的处理等，都要从内容的需要出发，尽可能地构成完美的表现形式，使画面产生更大的表现力、感染力和说服力，这就是摄像构图的目的。

构图的要求是简洁、完整、生动和稳定。简洁就是简明扼要，与主题无关的、不必要的景物一律舍弃。完整是指被摄对象在画面中应该给观众以相对完整的视觉印象，特别是主体不能残缺不全，影响主体和主题的表现。生动是指在拍摄人物时，要抓住最能反映其性格特征、表情、动作的瞬间姿态，而在拍摄某一事件时则必须抓住事件发展的高潮，要注意其典型性。稳定是指画面景物能够给观众均衡安定的感觉，不会使人感到一头重、一头轻，或上重下轻，要在视觉感受上给人以安定之感，除非是画面内容的需要或摄像者有意追求某种特殊效果。

3. 固定镜头的拍摄

固定镜头是在拍摄一个镜头的过程中，摄影机机位、镜头光轴和焦距都固定不变，而被摄对象可以处于静止状态，也可以处于运动状态。它的核心点就是画面所依附的框架不动。

拍摄固定镜头最基本的要求就是要"稳"，不能有任何颤抖的感觉。因此，拍摄时最好用三脚架或者其他的固定设备。此外，还要注意以下几个方面事项。

第一，在拍摄固定镜头时应注意捕捉活跃因素，尽可能利用画面所能纳入的"活"的、"动"的因素让固定镜头"活"起来。

第二，在选择拍摄方向、拍摄角度和拍摄距离时，要有目的、有意识地提炼纵深方向上的线、形、色等造型元素，使其具有立体感。

第三，在拍摄时最好就充分考虑到后期编辑的组接问题，要从不同角度、不同景别来拍摄固定镜头。

第四，注意构图的艺术效果，要从视觉形象的塑造、光色影调的表现、主体陪体的提炼等多个层面上加强锻炼和创作，拍摄出构图精美、画面主体突出、画面信息凝练集中的固定镜头。

4. 运动镜头的拍摄

运动镜头是通过运动摄像拍摄到的镜头。运动摄像是指在拍摄一个镜头时，通过移动摄像机机位，变动镜头光轴，或者改变镜头焦距所进行的拍摄。常用的运动镜头拍摄技巧有推、拉、摇、移、跟、甩和旋转等。

（1）推摄。推摄是指摄像机由远而近向被摄主体直线推进，或摄像机机位不动而使变焦镜头向较长焦距变焦，使拍摄的范围由大到小连续变化的拍摄方法。用这种方法拍摄出的镜头称为推镜头。推镜头形成的向前运动画面是对观众视觉空间的一种改变和调整，其景别由大到小，既是对观众视觉空间的一种限制，也是一种引导。

（2）拉摄。拉摄是指摄像机逐渐远离拍摄对象，或摄像机机位不动而使变焦镜头的焦距由长焦距向短焦距变化，使拍摄的范围由小到大连续变化的拍摄方法。用这种方法拍摄出的镜头称为拉镜头。拉镜头可用于从局部引出全局，由个别到整体，有总结收场、概括归纳的表达功能，并有一种稳定的趋向性。

（3）摇摄。摇摄是指在保持摄像机机位固定、景别不变的情况下，借助于三角架上的活动底盘或拍摄者的人体，变动摄像机光学镜头轴线的拍摄方法。用摇摄的方式拍摄的镜头叫摇镜头。摇镜头犹如人们转动头部环顾四周或将视线由一点移向另一点的视觉效果，常用于展示广阔的空间、介绍事物之间的联系等。

（4）移摄。移摄是指边移动摄像机位置边进行拍摄。用移摄的方法拍摄的镜头称为移镜头，移镜头包括横移、斜移、曲线移以及升降移等多种形式。移镜头可以直接调动观众生活中运动的视觉感受，唤起人们在各种交通工具上及行走时的视觉体验，能使观众产生一种身临其境的感觉。

（5）跟摄。跟摄是指摄像机始终跟着运动的被摄物进行拍摄，使被摄物始终保持在画面内的相对位置，有移跟和变焦跟之分。用这种方式拍摄的镜头称跟镜头。“准”是跟摄的最起码要求。

（6）甩摄。甩摄是指一个画面结束后不停止拍摄，而将镜头急速“摇转”向另一个方向，从而将镜头的画面改变为另一个内容，而摇转过程中拍摄的内容模糊不清。它实际上是用于处理具有内在关联或因果关系的镜头组接技巧。

（7）旋转拍摄。旋转拍摄是使被拍摄主体或背景呈旋转效果的拍摄，往往用于表现人物旋转中的主观视线或者眩晕感，或者以此来烘托情绪，渲染气氛。

7.4 数字视频编辑

通过拍摄或收集所获得的数字视频，通常需要经过后期编辑才能更好地应用于教育教学。

7.4.1 数字视频编辑简介

视频编辑是对所获取的视频素材进行选择、修剪和组合操作，形成完整的视频节目的过程。数字视频的编辑是以非线性编辑的方式进行的。

非线性编辑是相对于传统上以时间顺序进行的线性编辑而言的一种视频编辑方式。传统的线性编辑是利用录像机的磁带为记录媒体，根据节目内容的要求，通过从磁带中重放视频素材，将视频素材以线性的方式一个镜头接一个镜头记录在另一盘磁带上，形成完整的视频节目的过程。传统的线性编辑需要较多的外部设备，如放像机、录像机、切换台、数字特技机、字幕机等，工作流程十分复杂，制作好的节目修改起来非常麻烦。与之不同的是，非线性编辑是借助计算机进行的数字化编辑制作。它把输入的各种视音频信号进行模/数转换，采用数字压缩技术存储在计算机硬盘中，利用计算机、视音频处理卡和编辑软件所构成的系统（即非线性编辑系统）对视频进行编辑和处理，几乎所有的工作都在计算机里完成，对素材的调用可以在瞬间实现，突破了单一的时间顺序编辑限制，可以按各种顺序排列素材，并且还可以随意地缩短或加长某一段素材，对素材添加各种效果等，节目制作和修改起来快捷、简便。使用非线性编辑系统，可以尽情发挥想象力，不再受线性编辑系统的束缚。

非线性编辑系统可以应用于各种不同的视频制作领域，大致可分为高级专业非线性编辑系统和初级非线性编辑系统。

高级专业非线性编辑系统一般由一台高性能计算机、高档的视音频处理卡（又称非线编卡）、专用卡（如特技卡、字幕卡等）、用于存储视音频素材的大容量 SCSI 磁盘阵列、视音频外围设备（如录像机、监视器和音箱等）和专用的非线性编辑软件等组成，功能强大，结构复杂，价格也非常昂贵，主要用于专业视频制作和编辑电影片。

初级非线性编辑系统结构相对简单，主要为家庭和教学用户设计。随着DV的流行和普及，初级非线性编辑系统已经逐步开始大众化，在一台普通电脑上加装一块视频卡或IEEE 1394卡，再配合常用的非线性编辑软件就可以构成一个简单的非线性编辑系统。

7.4.2 蒙太奇艺术手法

谈到视频编辑，往往会联系到电影的蒙太奇艺术手法。在视频编辑过程中，恰当地运用这一艺术手法会增强节目的艺术表现力。

1. 蒙太奇的含义

蒙太奇是法语Montage的译音，原本是建筑学上的用语，意为装配、安装。影视理论家将其引伸到影视艺术领域，就成了影视艺术的一个术语。目前世界上对蒙太奇还没有一个统一、公认的定义，但归纳起来，可分为狭义和广义两种理解方式。

从狭义上理解，蒙太奇是指在影视制作中，导演按照剧本或影片的主题思想，分别拍成许多镜头，然后再按原定的创作构思，把这些不同的镜头有机地、艺术地组织、剪辑在一起，使之产生连贯、对比、联想、衬托、悬念等效果以及快慢不同的节奏，构成一个有机连续的艺术整体，即一部反映一定的社会生活和思想感情、为广大观众所理解和喜爱的影视作品。简单地说，狭义的蒙太奇就是镜头组接的章法和技巧。

广义的蒙太奇不仅指镜头组接的章法和技巧，也指从影视剧作开始直到作品完成整个过程中艺术家的一种独特的艺术思维方法，指导着导演、摄像以及编辑人员对形象体系的建立。随着影视艺术的发展，蒙太奇已经成为影视作品的思维方法、结构方法和全部艺术手段的总称。

2. 蒙太奇的形式

常见的蒙太奇形式主要有两种，即叙事蒙太奇和表现蒙太奇。

（1）叙事蒙太奇 。

叙事蒙太奇是以交代情节、展示事件为主要目的，按照事件发展的时间顺序、逻辑顺序、因果关系来组接镜头。

例如，以下几个镜头组接。

镜头1：主人伏在写字桌前看书，听到敲门声。

镜头2：客人在门外敲门。

镜头3：主人站起，走向房门开门。

镜头4：主客人握手打招呼。

这四个镜头组成一组连贯的动作，就属于叙事蒙太奇。这里镜头之间组接的依据是生活的逻辑。

（2）表现蒙太奇。

表现蒙太奇是为了某种艺术表现的需要，把不同时间、地点、内容的画面组接在一起，产生不曾有的新含义。它不注重事件的连贯、时间的连续，而是注重画面的内在联系。

例如，把以下六个镜头按次序连接在一起放映。

镜头1：大腹便便的富豪用过丰盛的晚餐以后坐在沙发上。

镜头2：在这个富豪开设的工厂里工作的一位工人，因“罪”被关进监狱，坐在电椅上。

镜头3：富豪按一下开关，天花板上的枝形吊灯亮了。

镜头4：监狱里也按了一下开关。

镜头5：富豪打了一个哈欠躺在椅子上。

镜头6：工人躺在那里已经死了。

这就是一个典型的表现蒙太奇的例子，它生动地表明了资本家与工人之间强烈的阶级对比关系。

（3）蒙太奇的作用。

蒙太奇主要有以下三方面的作用：

第一，通过镜头、场面、段落的分切与组接，对素材进行选择和取舍，使表现内容主次分明，达到高度的概括和集中；

第二，引导观众的注意力，激发观众的联想，每个镜头虽然只表现一定的内容，但组接一定顺序的镜头，能够规范和引导观众的情绪和心理，启迪观众思考；

第三，创造独特的影视时间和空间，每个镜头都是对现实时空的记录，经过剪辑，实现对时空的再造，形成独特的影视时空。

7.4.3 镜头组接

镜头是影视作品的最小单位，镜头与镜头之间的组接是构成场景、段落乃至整个影视作品的基本形式。在蒙太奇艺术的基础上，镜头组接是否合理，直接影响着影视作品最终的内容表达和艺术表现。镜头组接必须遵循一定的原则，使用恰当的方法。

1. 镜头组接的原则

镜头组接要符合人们的生活习惯和认知规律，因此要遵循以下原则。

（1）镜头组接要合乎逻辑。

镜头组接不是随意的，必须合乎逻辑，合乎事物发展的逻辑，合乎生活的习惯，合乎认识和思维的逻辑。

（2）遵循镜头调度的轴线规律。

遵循镜头调度的轴线规律拍摄下来的镜头，在进行组接时，就能使镜头中主体物的位置、运动方向保持一致，合乎人们的观察规律，否则，就会出现方向性混乱。为了避免出现这种方向性混乱的镜头，在拍摄时必须遵守镜头调度的轴线规律，即在处理两个以上人物的动作方向及相互间的交流时，人物中间有一条无形的线，称为“轴线”。摄像机若跳过轴线到另一边，拍摄的镜头组接后就会破坏空间的统一感，造成方向性的错误。

（3）景别的过渡要自然、合理。

在一组叙事性的镜头中，要使表现同一拍摄对象的两个相邻镜头组接得合理、顺畅、不跳动，须遵守以下三条规则：

① 景别必须有明显的变化，否则将产生画面的明显跳动；

② 景别差别不大时，必须改变摄像机的机位，否则也会产生跳动，好像一个连续镜头从中间被截去了一段一样；

③ 不能将同景别镜头相接。

（4）动接动，静接静。

动指的是画面内主体的运动，静指的是画面主体的静和画面本身是固定的镜头。静接静与动接动一样，都是利用画面内在节奏的一致性衔接，这样就不会觉得突然。但主体运动的镜头要与主体静止的镜头相接时，要等运动的要素停下后才能与静止的主体画面连接。

（5）光线、色调的过渡要自然。

相邻镜头的光线与色调不能相差太大，否则也会导致变化突然，使人感到不连贯、不流畅。

2. 镜头组接的技巧

影视作品中镜头的组接技巧，一般可分为技巧组接和无技巧组接两大类。

（1）技巧组接。

① 淡出、淡入。淡出是指上一段落最后一个镜头的画面逐渐隐去直至黑场，淡入是指下一段落第一个镜头的画面逐渐显现直至正常的亮度。淡出、淡入适用于自然段落的转换。

② 叠化。叠化是指前一个镜头的画面和后一个镜头的画面相叠加，前一个镜头的画面逐渐隐去，后一个镜头的画面逐渐显现的过程，两个画面有一段过渡时间。叠化可以用于表现时间的消逝，空间的转换，梦境，想象，回忆，景物变幻莫测、琳琅满目、目不暇接等。

③ 划像。划像可分为划出和划入。前一画面从某一方向退出荧屏称为划出，下一个画面从某一方向进入荧屏称为划入。划像一般用于两个内容意义差别较大的镜头的组接。

（2）无技巧组接。

无技巧组接是指两个镜头以直接切换的方式进行组接，中间不需要任何技巧。无技巧组接在影视镜头的转换中占据着主要地位，使用也最为频繁。它可以使内容更精练、简洁，同时还能加强情节的内在联系，使之更自然、真实、可信。无技巧组接强调视觉的连续性，运用无技巧组接镜头时，需要注意寻找合理的转换和造型因素。常见的转换和造型因素有事物变化发展中的动作、出画入画、同类或外形相似的物体、因果关系、声音和空镜头等。

7.4.4　用会声会影进行非线性编辑

非线性编辑工作主要依靠软件来完成。目前比较流行的视频编辑软件有 Ulead 公司的 Video Studio（会声会影）、Adobe 公司的 Premiere、Sony 公司的 Vegas、Canopus 公司的 Edius 以及 Microsoft 公司的 Windows Movie Maker 等，每种软件都有自己的优点和特色。任何非线性编辑的工作流程，都可以简单地分为素材输入、视频编辑和节目输出三个步骤。不同的软件其流程还可以进一步细化。

本节将以会声会影 X2 为例介绍非线性编辑的一般过程和方法。

1. 会声会影 X2 对系统的配置要求

会声会影 X2 的运行需要系统硬件的支持，它对系统的最低要求如下：

（1）Intel Pentium 4 或以上处理器；

（2）512 MB 内存（建议使用 1GB 或以上内存）；

（3）7200 转 IDE 硬盘；

（4）Windows XP SP2 家用版/专业版、Windows XP Professional X64 版、Windows Vista TM；

（5）1.5 GB 可用硬盘空间，以安装程序；

（6）Windows 兼容显示器，至少具备 1024×768 的分辨率；

（7）Windows 兼容声卡；

（8）Windows 兼容 DVD ± R/RW 光盘驱动器。

虽然这里提供了最低的系统要求，但并不提倡在如此低的配置下使用会声会影 X2 进行非线性编辑，建议使用更高、更快的系统配置，以提高编辑的速度和效率。

2. 会声会影界面组成

启动会声会影 X2，就可进入会声会影 X2 的模式选择界面，如图 7-9 所示。它提供了三种可供选择的模式，即会声会影编辑器、影片向导和 DV 转 DVD 向导。会声会影编辑器功能强大，通过它可以制作一部完整的影片；影片向导简单实用，操作简单，可以在一步步提示下，快速制作影片；DV 转 DVD 向导的功能是从 DV 设备捕获视频，并直接将其刻录到 DVD 光盘上。

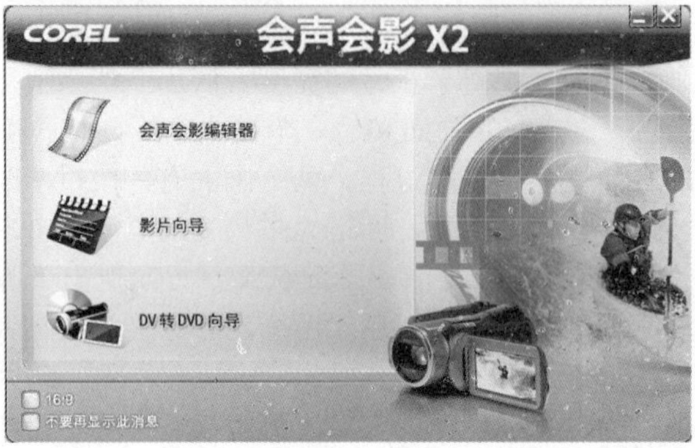

图 7-9　会声会影 X2 模式选择界面

3. 会声会影编辑器简介

非线性编辑需要在会声会影编辑器中进行，单击模式选择界面中的【会声会影编辑器】进入编辑器的主界面，如图 7-10 所示。

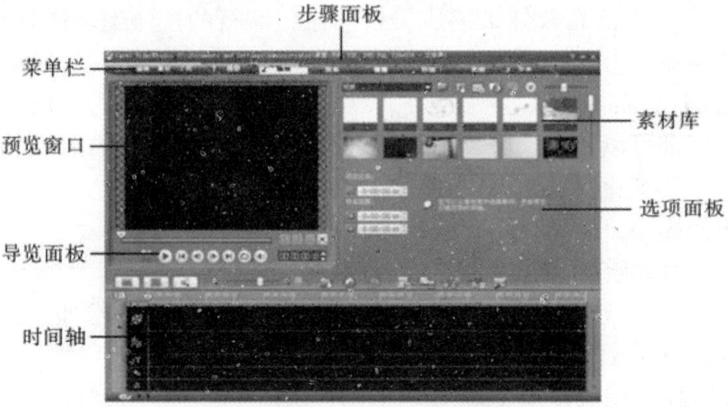

图 7-10　会声会影编辑器主界面

会声会影编辑器的主界面分为菜单栏、步骤面板、预览窗口、导览面板、素材库、选项面板和时间轴七个部分。

（1）菜单栏。

菜单栏包括文件、编辑、素材和工具四个下拉菜单。

① 文件菜单。

在文件菜单中，可以进行项目的新建、打开、保存等操作，也可以进行项目属性、参数设置等全局性的设置，还可以进行素材的重新链接、将媒体文件添加到时间轴或素材库等操作。打开的文件菜单如图 7-11 所示。

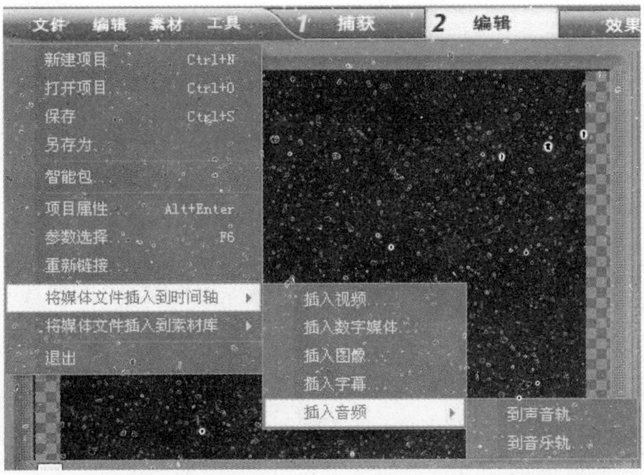

图 7-11 文件菜单

② 编辑菜单。

在编辑菜单中，可以进行撤销、重复、复制、粘贴或删除等操作，如图 7-12 所示。

③ 素材菜单。

在素材菜单中，可以对素材进行修整、保存、导出和查看属性等操作，如图 7-13 所示。这些操作一般都可以在各操作界面中完成，比较特殊的是“保存修整后的视频”操作，它可以对修整或多重修整后的素材进行换名保护，而不对原来的素材进行修改。

图 7-12 编辑菜单

④ 工具菜单。

工具菜单包括启动会声会影的其他形式、设备及捕获外挂的程序修改、成批转换、创建光盘、打印等方面的操作，另外还提供了一些影片制作过程中的管理器的设置方面的命令。工具菜单如图 7-14 所示。

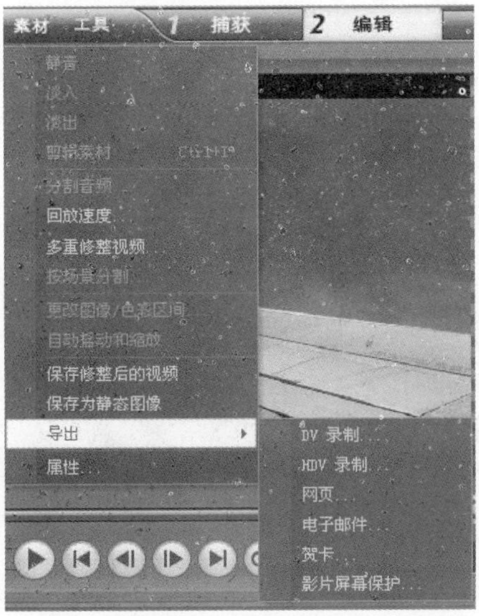

图 7-13 素材菜单

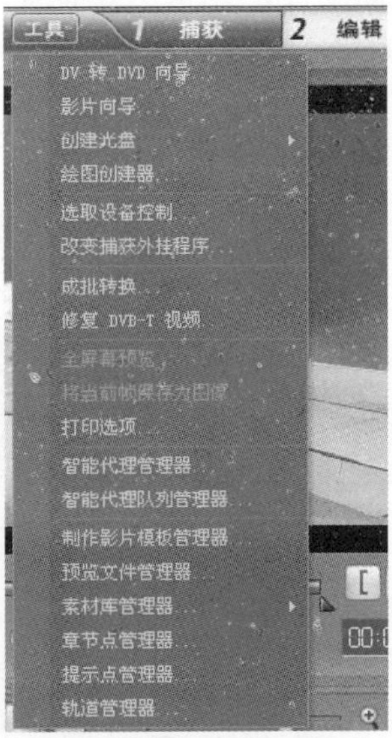

图 7-14 工具菜单

（2）步骤面板。

会声会影编辑器采用步骤式操作，共分为捕获、编辑、效果、覆盖、标题、音频和分享七个步骤，按下步骤面板上的某个按钮，可以跳转到相应步骤的操作界面。

① 捕获。可以将 DV 中的视频及音频采集到计算机中，还能从 DVD 光盘和苹果 iPOD、智能手机等移动设备中导入媒体文件。

② 编辑。这是对影片创作的主操作区，可以完成可视化素材的主要编辑过程，如对视频素材进行区间设置、声音设置、翻转视频、色彩较正、回放速度设置、分割音频、多重修整视频、使用视频滤镜、素材变形等，对图像素材进行区间设置、旋转、色彩校正、重新采样设置、使用滤镜、变形等。

③ 效果。效果是处理视频的辅助功能，可以为上一步骤中导入的素材之间添加转场效果，并且还可以通过选项面板中各种转场效果对应的参数，控制其在影片中的表现形式。

④ 覆叠。可以将视频、图像等可见素材添加到时间轴的覆盖轨上，完成覆盖素材的添加，制作成画中画或具有边框的效果。

⑤ 标题。为影片添加字幕，可以改变字幕的字体、形态、颜色、大小等，并且能为字幕添加所需要的动画效果，使文字在显示过程中富有动感。

⑥ 音频。为影片添加旁白、背景音乐等，另外还专门设置了时间轴音频视图，可以在音频视图上进行音量调节、声道控制、混音设置等。

⑦ 分享：影片制作完成之后，可以对项目文件或选中的素材进行创建视频文件、光盘、DV 录制等输出操作。

（3）预览窗口。

预览窗口用以显示当前素材、视频滤镜、效果或标题。

（4）导览面板。

导览面板是与预览窗口协同工作的，使用导览面板上的按钮可以控制预览窗口中显示的内容，并且还可以对当前所显示的素材进行分割和修整。

（5）素材库。

素材库用于保存和管理各种媒体素材，包括视频、图像、音频、色彩、转场、视频滤镜、标题、装饰等。从素材库右上角的下拉菜单中可选择所需的素材类别，如图 7-15 所示。

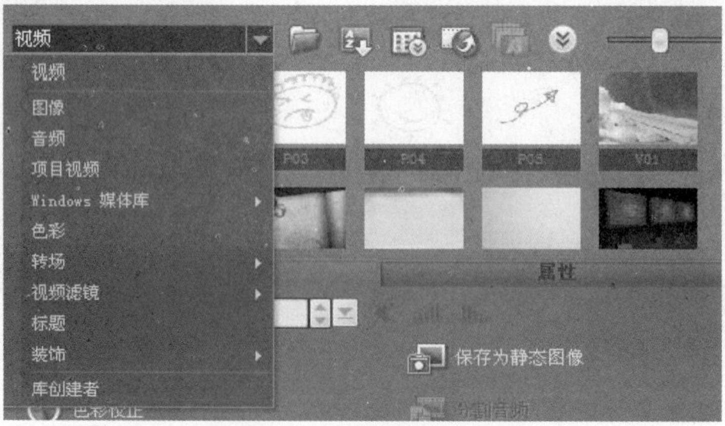

图 7-15　素材类别

普通高等学校师范专业规划教材

（6）选项面板。

不同步骤和不同素材对应的选项面板不同，主要包含用于对所选素材自定义设置的控件、按钮和其他信息。

（7）时间轴。

时间轴是会声会影最主要的编辑窗口。在时间轴上，可以添加或修整素材、设置转场效果、进行覆盖和文字设置、进行音频文件的添加和修整等。时间轴共有三种视图模式，即故事板视图、时间轴视图和音频视图，可以通过时间轴上方的模式切换按钮来切换，如图 7-16 所示。

图 7-16　时间轴模式切换

4. 使用会声会影进行非线性编辑的基本过程与方法

使用会声会影编辑数字视频的基本过程与方法主要包括如下几个方面的工作。

（1）添加和删除素材。

在会声会影中，添加素材分为向素材库和时间轴中添加素材，常用的方法有以下几种。

① 通过添加按钮添加。在素材库和时间轴上方各有一个素材添加按钮，如图 7-17 所示。单击素材添加按钮，在弹出的对话框中选择需要添加的素材就可以将素材添加到素材库或时间轴中。

图 7-17　素材添加按钮

② 按右键添加素材。在素材库或时间轴的空白处按右键，在弹出的下拉菜单中选择插入素材的类型，在弹出的对话框中选择需要添加的素材就可以将素材添加到素材库或时间轴上，如图 7-18 所示。

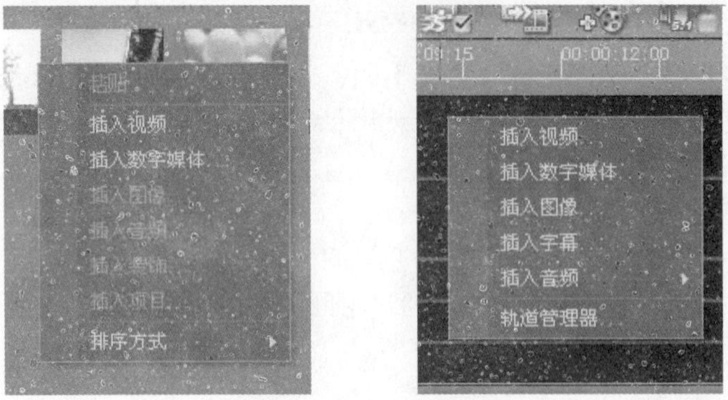

图 7-18　按右键添加素材

③ 通过拖拽可以直接将素材库中的素材添加到时间轴上。

删除素材库或时间轴上素材的方法非常简单，只需选择要删除的素材，执行菜单栏中的【编辑】→【删除】命令，或单击右键，在弹出的下拉菜单中选择【删除】就可以将素材删除。

（2）编辑素材。

① 分割视频。

将视频素材添加到时间轴上后，有时需要将视频素材分割为多段，以便在各个片段之间添加转场效果，比较方便的是用剪刀分割。

a. 在时间轴上将光标移到要分割的位置。

b. 单击导览面板中的剪刀按钮，即可将视频素材从当前位置分割为两段视频。

② 调整素材长度。

对素材长度的调整取决于该素材的类型，对于视频素材，长度调整不能超过源文件的长度。对于图像和声音素材，可以扩大其长度。常用的调整方法有以下两种。

a. 用缩图调整。

第一步：在时间轴上选取一段素材，这时选中的素材两端会出现黄色标记，如图 7-19 所示。

图 7-19　黄色标记

第二步：将鼠标指针放在黄色标记上，指针将变成用于调整素材的双向箭头，然后按住鼠标左键并向左或向右拖动，同时在预览窗口中查看当前标记所对应的视频内容；在合适的位置放下鼠标即可。

b. 用区间调整。

第一步：在时间轴上选中需要修整的素材，这时选项面板中将显示当前选中的视频的长度，如图 7-20 所示。

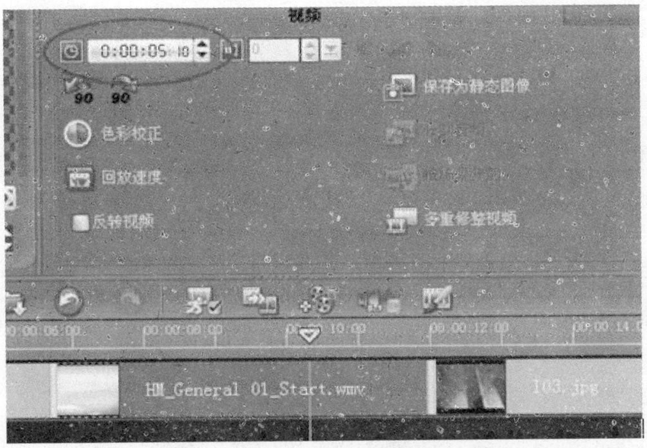

图 7-20　素材的长度

第二步：单击时间显示框上需要修改的数值，这时数字将会跳动，通过单击区间右侧的上下箭头来增加或减少视频的长度，也可以直接输入需要的数值。

（3）添加效果。

① 添加和设置转场效果。

在视频素材之间插入转场效果，可以使视频素材更好地融合在一起，过渡会更加自然、流畅，其方法如下。

第一步：在素材库列表中选择【转场】选项，并从中选择一项，这时素材库中就列出这一项的所有效果；

第二步：将时间轴切换到故事模板视图，或将时间轴上的【当前位置】标记移到两个视频之间，在素材库中选中一项效果，按住鼠标左键拖动到时间轴上的两个视频之间。

第三步：添加转场效果后，选项面板上就会出现当前所添加效果的属性，这时可以对转场效果持续的时间、运动方向、边框宽度和色彩等进行设置，如图 7-21 所示。需要说明的是，不同的转场效果其属性也是不同的。

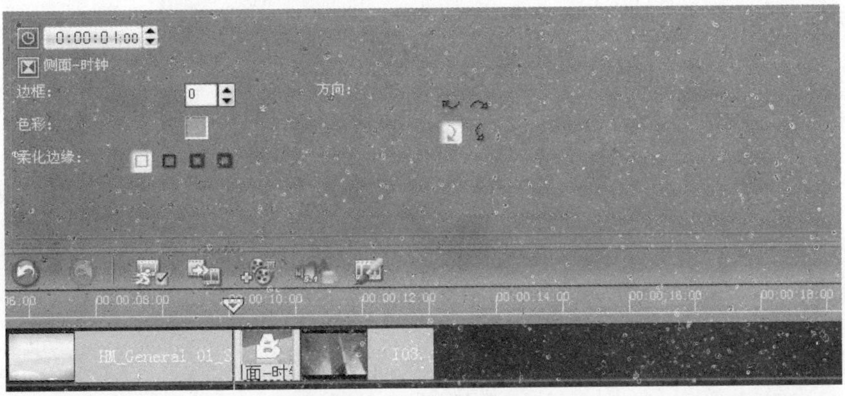

图 7-21　设置转场效果的属性

② 添加视频滤镜。

视频滤镜是利用数字技术处理图像，以获得类似电影或电视节目中的特殊效果。它可将特殊的效果添加到视频中，用以改变素材的样式或外观。例如，可以改善素材的色彩平衡、为素材添加动态的光照效果、使素材呈现出绘画效果等。添加视频滤镜后，滤镜效果会应用到素材的每一帧上。通过调整滤镜属性，可以控制起始帧到结束帧之间的滤镜强度、效果和速度。用户还可以将多个视频滤镜应用到一个视频素材，这时只需选取另一个视频滤镜，然后将它拖到相应的视频素材上即可。

③ 添加淡入淡出效果。

许多场景中需要视频的淡入淡出效果，这在绘声绘影中制作方法也比较简单。只要将需要淡入淡出的视频插入到时间轴视图中，再对其各种属性进行设置，就可以得到不同的淡入淡出效果。

（4）标题与字幕制作。

方法一：将时间轴上的光标移到需加字幕的地方，单击步骤面板中的【标题】或时间轴上的“T”字图标，在预览窗口中双击鼠标，接着在光标出现处输入文字即可。还可以在选项面板中设置文字的属性。

方法二：在素材库中选取已有的样式并将其拖到时间轴上，接着双击该样式，然后在预览窗口中替换掉现有样式中的文字即可。

（5）录制旁白。

会声会影无须借助其他软件就可以在音频轨道上直接通过话筒录制旁白。在录制时，首先对计算机的声卡进行录音的基本设置；然后单击步骤面板中的【音频】或时间轴上的话筒按钮进入【音频】操作界面；接着通过拖动时间轴上的【当前位置】标记，来设置录制旁白所要插入的位置；最后单击选项面板中的【录音】按钮，则会出现如图 7-22 所示的【调整音量】对话框，单击对话框中的【开始】按钮即可开始录制。录制结束后，单击选项面板中的【停止】按钮即可结束录制。值得注意的是，在录制前要确保声音轨道上对应的位置处于空白状态，否则所放音频就会被覆盖掉。

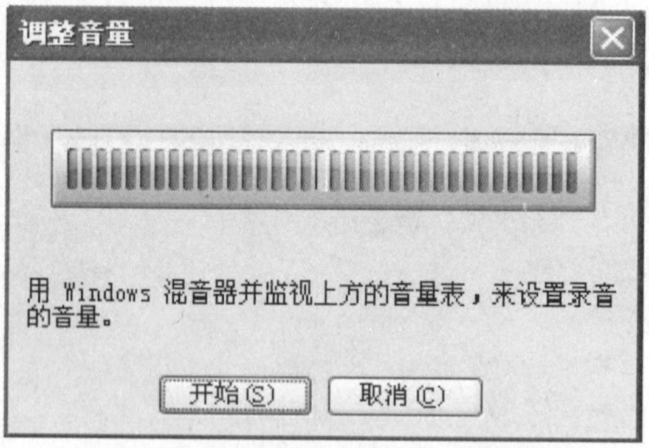

图 7-22 【调整音量】对话框

（6）渲染与输出。

节目制作好后，就可以渲染和输出视频了。一般的输出主要是生成各种格式的视频文件或刻录光盘。

① 输出为所需的视频文件。

单击步骤面板中的【分享】进入渲染输出界面，在选项面板中单击【创建视频文件】，在弹出的下拉菜单中选择【自定义】选项，这时会弹出一个【创建视频文件】对话框，如图 7-23 所示。

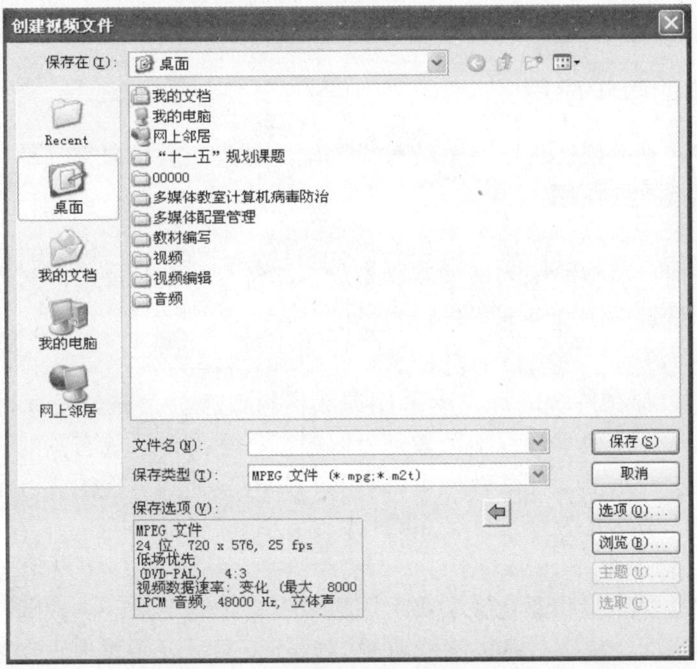

图 7-23　【创建视频文件】对话框

在弹出的对话框中为文件命名，选择所要保存的文件类型，还可以单击对话框中的【选项】按钮设置保存视频的属性，最后单击【保存】按钮即可渲染和输出视频。

② 刻录成光盘。

单击选项面板中的【创建光盘】，在弹出的下拉菜单中选择所要创建的光盘类型（DVD、VCD 或 SVCD），然后按照制作向导的提示就可以创建光盘了。

7.5　视频媒体的教学功能及应用

视频媒体所呈现的信息具有声画并茂、富有动态感、表现手法丰富、感染力强等特点，对于突破教学中的重点和难点非常有益。

7.5.1　视频媒体的教学功能

（1）视频媒体集视觉媒体和听觉媒体的功能于一身，能动态呈现视觉和听觉信息，把知识从静止的文字形态转化为动态的、具有强烈感染力的教学信息。这一方面可以为学习者提供丰富多彩、生动直观、声画并茂的感性材料，有效地弥补学习者直接经验的不足；另一方面还可以激发学习兴趣，调动学习者的积极性，从而提高教学效率、提升教学效果。

（2）视频媒体能够突破时空限制，向学习者充分展现宏观、微观、瞬间和漫长的过程与事物，拓宽学习者的知识领域，并有利于在教学中让学习者深入观察、认识、理解和思考。

（3）视频媒体在播放的过程中，可以随时暂停、快放或慢放，并且还能反复播放，这有利于学习者更清晰地观察他们所需要进一步了解或巩固的知识。

（4）视频媒体可以通过复制或在网络上进行传播，并且还可以在便携移动设备（如 MP4 播放器、手机等）中播放，学习者可以随时使用，方便地进行移动学习，还能扩大受众面。

7.5.2 视频媒体的教学应用

在教育教学中，视频媒体可以在系统教学、辅助教学、教学研究活动、各种培训和思想政治教育等方面发挥重要作用。

1. 系统教学

系统教学是指通过电视或网络播放视频教材，系统学习某门课程的教学形式。例如，我国的广播电视大学就是采用这种形式进行教学的。

2. 辅助教学

辅助教学是指教师在传统的课堂上采用视频资料或教材，充分发挥视频媒体的教学特性，来辅助课堂教学。在教学过程中，教师可以根据教学需要播放有关的视频资料，来引发学生思考，进行提示或示范，突破教学重难点等，并与教师的讲授构成一个有机的整体。在这种形式的教学中，依然是教师发挥其主导作用。

3. 开展教学研究活动

将优秀教师的教学经验和课堂教学实况用摄像设备录制下来，供教师们观看、研究，学习优秀教师的教学经验，提高教师的教学水平。此外，也可以在教学研究过程中，录制任一研究对象的活动过程，并进行前后比较、分析和研究。

4. 各种培训

视频媒体是大面积开展培训的有效手段。根据教学设计，将培训内容请有经验的教师讲授，并录制成课堂实况系列片，通过电视、网络播放，或将视频资料分发到各地区放映，供学习者观看、学习。通过视频资料，可以有效地提高培训的效果和效率。

另外，针对实验操作、体育技巧、艺术表演等训练内容，也可以采用视频节目的形式，供学习者观摩、对照、仿效。

5. 思想政治教育

运用视频资料对学习者进行思想政治教育，比其他教学媒体更加生动、活泼，作用更大。例如，学校的网络电视台或视频点播服务就是一个很好的思想政治教育平台。学习者可以在教师的指导下，拍摄发生在身边的事物，制作校园新闻、活动专题等电视节目，并通过学校闭路电视系统或校园网进行播放，能起到很好的教育效果。

思 考 题

1. 常用的数字视频格式有哪些？各有什么特点？
2. 数字视频获取的途径有哪些？
3. 视频采集的过程一般包含哪几个步骤？
4. 简述摄像的基本操作要领。
5. 摄像构图过程中需要注意哪些问题？
6. 拍摄固定镜头需要注意哪些问题？

7. 运动镜头包括哪些?
8. 蒙太奇的含义是什么?它有哪些作用?
9. 简述镜头组接的原则和技巧。
10. 根据自己的教学需要,使用会声会影制作一段教学视频。
11. 简述视频媒体的教学功能。

第8章 Flash 教学动画资源开发

【学习目标】

- 了解动画在教学中的作用
- 能用 Flash 软件制作基本动画
- 能用 Flash 制作具有交互功能的多场景动画
- 能设计自身学科需要的教学动画

【内容结构】

8.1 动画概述

8.1.1 动画的内涵

动画是一个概念，也是一种艺术形式，与“纪录片”、“剧情片”、“实验电影”一样，是电影的类型之一。动画是指把一些原本没有生命（不活动）的东西，经过加工制作成影片（或电视），成为有生命（活动）的东西。因此，广义的动画包含了“剪纸片”、“木偶片”等艺术形式。在中国它们也被称为“美术片”或“卡通片”。随着计算机技术的发展，动画的制作和传播逐渐进入了计算机应用的范畴。

通常所说的动画有两点重要的特征。

（1）它们的影像是用电影胶片或录影带以逐格（这里所说的“格”其实就是Flash里面的帧）记录的方式制作出来的。

（2）这些影像的“动作”是由人的视觉暂留生理现象所呈现出来的。

这里谈谈视觉暂留现象。当人们看到某个物体时，即使它马上消失，但它在人的视觉中还会停留大约0.1秒的时间。当投影机以每秒24格的速度投射在银幕上，或录像机以每秒30格的扫描方式在电视屏幕上呈现影像时，它会把每格不同的画面连接起来，从而在我们脑中产生物体在“运动”的印象。所以动画大师诺曼·麦克拉伦（Norman Mclaren）说：“动画不是‘会动的画’的艺术，而是‘画出来的运动’的艺术。”

很显然，在动画片的制作中，研究物体怎样运动（包括运动的轨迹、方向，以及所需的时间）的意义，远大于对单张画面安排的考虑，虽然后者也是如此重要。所以相对每一格画面来说，我们应该更关心“每一格画面与下一格画面之间所产生的效果”。从这里也可以看出动画与漫画的重大差别，以及为什么一名优秀的画家也要经过多年艰苦的学习、探索，才能成为一位真正杰出的动画家。

8.1.2 Flash动画的教学功用

众所周知，Flash可以制作令人目眩的动画。Flash起初是专为网站设计的交互式矢量图形动画的软件，后来该软件的发展却大大出乎设计者的意料之外——应用范围已经涉及网页制作、广告设计、网络多媒体MTV的制作、网络多媒体课件的制作等。

Flash动画是由简洁的矢量图形组成，文件小，下载速度快，而且动画的大小可以由用户在播放屏幕上任意调整。

Flash动画还有一个优点，就是它能独立于浏览器之外进行播放。只要加入相应的插件就可以观看Flash动画，与高版本的浏览器看到的效果几乎相同。

如今，Flash不仅可以设计制作网页，而且还可以生成多媒体的图形和界面，并能使文件的体积小、效果佳，因而逐渐成为交互式矢量动画的标准、网络多媒体的开发软件。Flash动画凭借其诸多优点在教学中的应用也越来越广泛，从大的方面看，动画在教学中具有以下独特的作用。

1. 删繁就简，揭示本质

心理学研究表明，教学资源中非本质的特征越多、越明显，学习者学习时领会新知识、掌握概念就越困难；相反，教学资源中有关本质的特征越明显、越突出，知识就越容易被学习者接受，概念就越容易被学习者掌握。教学资源在设计时，要特别注意突出事物的本质特征，充分展现事物的本质特性，避免非本质的方面掩盖本质的特征。

动画与建立在拍摄真实景物基础之上的活动影像相比，更能选择一定的形象和动作加以表现，能有效地去粗存精，保留教学内容所需要的形象，删除现实中虽存在但教学内容不需要甚至起干扰作用的部分，更好地突出主体形象和关键动作。比如，要利用课件把人体内的神经系统或血液循环系统清楚地展现在学习者面前，就必须在课件中对人体的其他器官组织进行简化、虚化，甚至隐去，动画可以很好地做到这一点。

2. 分解形象与运动

动画能分解重叠物，使物体各部分形象及其相互关系完整、清楚地展现，能使复杂而又密切关联或交织在一起的运动分解演示，使叙述的运动内容条理清晰、层次分明，起化整为零、由零及整的作用，同时能较好地表现物体的内部状态及其与外部的联系，即从内外两个层面上同时加以表现，展示出通常难以看到的情景，起到展现内部、沟通外部的作用。假如要掀去照相机的外壳让人们观看照相机的曝光过程，由于照相机内部各部件纵横交错、相互遮掩，按下快门按钮的瞬间便完成了曝光过程，使人无法看清楚，但利用动画将按下快门按钮后的动作分别展示、缓慢呈现。

3. 虚拟形象和运动

动画能夸张、比拟、想象和象征各种假定的形象，使抽象概念或难以理解的理论形象化、具体化、通俗化，从而以形喻理、深入浅出。

4. 突破时空限制

动画可以不受时间、空间、地理位置、自然环境、历史年代的影响，不受抽象内容的束缚和运动速度的限制，能化大为小、化小为大、变快为慢、变慢为快，使真实状态下慢得变化现象不明显、快得来不及看清楚、小得无法看清晰、大得难以看到完整的形象，将不同时间、空间的事物会聚一堂，以展现事物的直接或间接的联系，演绎事物间的相互关系或变化。例如，利用动画可以表现天体的运动和结构，地壳的结构和变化，史前生物的生活情况、原子结构、电子旋转、分子的运动、化学反应，植物在土壤中吸收水分等这些看不见、摸不着、拍不到的景象。

5. 唤起注意，提高兴趣

网络教育、自主学习的发展，使学习者的学习可远离教师，在没有教师在场组织、引导学习者学习的情况下，教育资源如何吸引学习者的注意力，增强内容表现的生机与活力，增强感染力，使学习者通过资源学习时在大脑中不断产生兴奋点，激发学习兴趣，是现代教育必须探讨的重要课题。而动画在这方面大有可为，它能使画面产生运动感、速度感和节奏感，既可以很容易地增加教学内容的吸引力、感染力，引起学习者的兴趣，又能够有效地缩短学习者的感知时间，还可更好地将学习者的观察引导到资源设计者所需要的方面，起到很好的引导作用，让学习者有的放矢地把握学习的重点。

与其他媒体相比，动画还具有可以充分发挥人的想象力和创造力，帮助学习者理解事物的本质等功用。

8.2 Flash 的工作环境

Flash 软件的界面主要由菜单栏、主工具栏、工具箱、时间轴、舞台和浮动面板等部分组成，如图 8-1 所示。

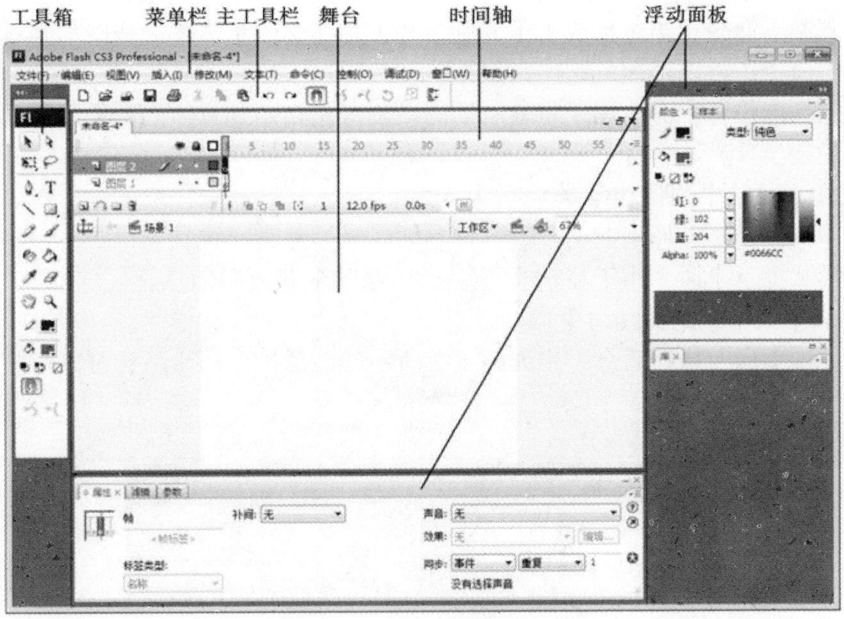

图 8-1　Flash 软件的界面构成

由图 8-1 可知，Flash 软件的界面主要由以下几个部分组成。

工具箱：包含了编辑矢量图的工具，使用这些工具，用户可以很方便地编辑动画元素而不需要调用其他外部程序。

菜单栏：列出 Flash CS3 的操作命令。

主工具栏：列出经常使用的主要工具按钮。

舞台：又名主窗口，显示了动画当前帧的状态。用户在舞台窗口中编辑的动画输出时可以看见，舞台窗口之外的部分不可见。

时间轴：显示了动画的运行过程，以及不同层次之间的关系。

浮动面板：包含了属性、滤镜、动作、颜色、库等面板，使用时可以展开，不使用时可以折叠起来以节省空间。

8.2.1　菜单栏

Flash CS3 的菜单栏包含了【文件】、【编辑】、【视图】、【插入】、【修改】、【文本】、【命令】、【控制】、【调试】、【窗口】及【帮助】菜单，下面就常用菜单中的某些特殊命令作简单的介绍。

1. 【文件】菜单中的特殊命令

【导入】和【导出】命令，用于与外部应用程序交换图像、声音和动画等文件。【导入】命令包括【导入到舞台】、【导入到库】、【打开外部库】和【导入视频】等四种导入方式。【导出】命令包括【导出图像】和【导出影片】命令。

2. 【编辑】菜单中的特殊命令

【编辑】菜单中的基本命令与其他软件的相似，所不同的只是针对的对象不同。

【时间轴】命令下有一系列对帧的操作命令，如剪切帧、复制帧、粘贴帧、删除帧和选择所有帧。

【直接复制】命令相当于集成了【复制】和【粘贴】两个命令。选中动画对象后，利用【直接复制】命令，可以迅速复制出其副本。

【粘贴到当前位置】命令用于将复制到的动画对象粘贴到具体的图层或场景中，有利于元件和素材的定位。

3. 【视图】菜单中的特殊命令

【转到】命令用于选择当前动画的各种不同场景，并直接跳到场景。

【显示形状提示】命令用于显示/隐藏动画对象的形状提示信息。

4. 【插入】菜单中的特殊命令

【新建元件】命令执行后会弹出如图 8-2 所示的对话框，用于新建可以存储在库中并重复利用的动画对象——元件。

图 8-2 【新建元件】对话框

【时间轴】命令的子命令用于插入与时间轴相关的元素，如图层、帧、关键帧和运动引导层等。

【时间轴特效】命令的子命令用于启用 Flash 内置的分离、展开、投影、模糊、变形等动画特效。

【场景】命令用于向动画中添加新的场景。

5. 【修改】菜单中的特殊命令

【文档】命令用于启动【文档属性】对话框，以对动画的显示尺寸、帧频、背景颜色等进行设置。

【转换为元件】命令可调出【转换为元件】对话框，用于将舞台上的动画对象转换为元件。

【分离】命令用于分离文本和对象等。

【位图】命令的子命令用于将位图转换为矢量图或进行位图交换。

【形状】命令的子命令用于对各种形状进行【平滑】、【伸直】、【优化】以及【将线条转换为填充】、【扩展填充】和【柔化填充边缘】等处理。

【时间轴】命令下可进行【翻转帧】——使帧的先后次序倒转、【转换为关键帧】——将所选帧转换为关键帧、【转换为空白关键帧】和【清除关键帧】等操作，以及打开【图层属性】对话框进行设置。

【时间轴特效】命令打开相应的对话框修改或删除时间轴特效。

8.2.2 主工具栏

Flash 的主工具栏如图 8-3 所示，其中前十个工具采用 Windows 系统的标准工具，后六个工具为工具箱中选择工具的附加选项工具。

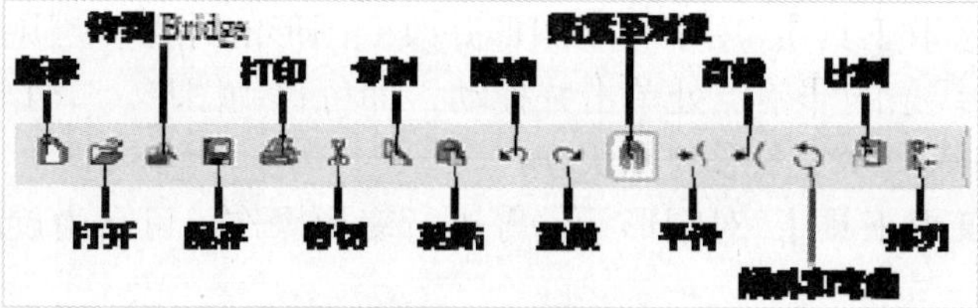

图 8-3　Flash 主工具栏

这些常用工具简介如下。

（1）【新建】：新建一个文件。

（2）【打开】：打开一个已有文件。

（3）【转到 Bridge】：打开 Bridge。

（4）【保存】：保存文件。

（5）【打印】：打印文件。

（6）【剪切】：将当前舞台上选定的内容移到剪贴板上暂时保存。

（7）【复制】：将当前舞台上选定的内容复制到剪贴板上保存。

（8）【粘贴】：将剪贴板上的内容复制一次到指定位置。

（9）【还原】：取消最近一次操作。

（10）【重做】：回到前一次的操作。

（11）【贴紧对象】：此按钮按下时进入编辑时的“规整贴紧”状态。在此状态下，绘图时可以使绘图的终点精确地落在图中另一矢量曲线上；移动当前场景中的图形对象时，可以帮助操作者将移动对象准确定位在水平或垂直方向上；在进行动画设置时，可以使动画对象自动粘在移动路径上。总之，此按钮的作用在于能够帮助用户方便定位。

（12）【平滑】：此按钮激活后，可以使被选取图形的外形（或线条）变得更加平滑。

（13）【直线】：此按钮激活后，可以使被选取图形的外形（或线条）变得更加平直。

（14）【倾斜和弯曲】：此按钮激活后，可以调整对象的倾斜和使对象弯曲变形。

（15）【比例】：此按钮激活后，可以调整对象的大小和使对象变形。

（16）【对齐】：可以设置场景中多个图形对象的对齐方式和相对位置。

8.2.3　工具箱

Flash CS3 绘图工具箱中的工具可以绘图、填色、选择和修改图形以及改变舞台视图，如图 8-4 所示。

（1）【选择工具】：既可以选择各种动画对象，又可以将图形的轮廓和填充区域分别加以选择，还可以修改图形形状。当将选择工具移动到图形旁边出现弧线或直角拐线时，就可以通过拖动鼠标修改对象。

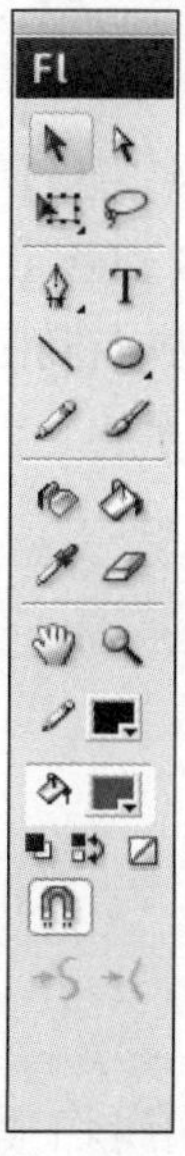

图 8-4　工具箱

普通高等学校师范专业规划教材

（2）【部分选取工具】：用于移动图形并改变图形的外形。当用它单击图形边线时，图形将显示锚点，在线条的非锚点处单击并拖动，即可移动图形，单击锚点即显示控制柄，进而可通过拖动控制柄来改变图形的形状。

（3）【任意变形工具】：对图形元件等进行变形操作，可自由旋转、放大、缩小、切变、扭曲等。

（4）【渐变变形工具】：用于对填充效果进行旋转、拉伸、倾斜和缩放等各种转换，从而改变填充方向、大小和形状等。在填充效果图上使用该工具后，会显示出控制线和控制点，分别如图 8-5 和图 8-6 所示。

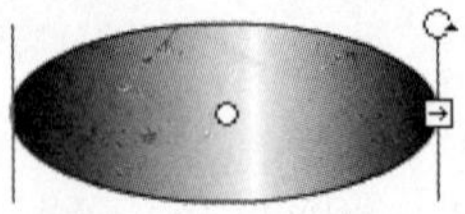

图 8-5　线性渐变填充的控制线与控制点

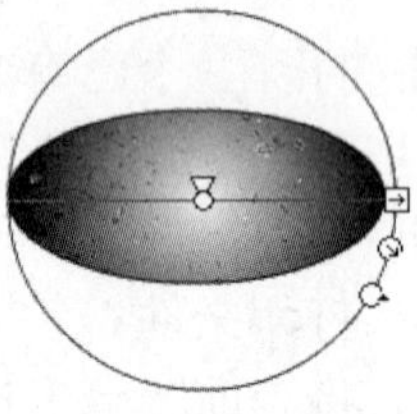

图 8-6　放射性渐变填充的效果

（5）【套索工具】：有时候在对复杂场景进行选取操作时，用【套索工具】可以方便、快速地进行选取。用法：选取【套索工具】，在场景中圈中要进行选取的图形元件即可将圈中的部分选择。

（6）【钢笔工具】：这是一个工具组，包含【钢笔工具】、【添加锚点工具】、【删除锚点工具】和【转换锚点工具】，如图 8-7 所示。

【钢笔工具】：画出任意弯曲的曲线，并可用【部分选择工具】对节点进行调整。

【添加锚点工具】：添加锚点可使用户更好地控制路径，也可以扩展开放路径。

【删除锚点工具】：为降低路径的复杂性，可以使用【删除锚点工具】删除不必要的点。

【转换锚点工具】：可以将平滑路径变成直线路径。

（7）【文本工具】：在场景中添加文字。

（8）【线条工具】：画单条直线，同时按住 Ctrl 键，画绝对平行、垂直或对角斜线。

（9）【矩形工具】：这是一个工具组，包含【矩形工具】、【椭圆工具】、【基本矩形工具】、【基本椭圆工具】和【多角星形工具】，如图 8-8 所示。

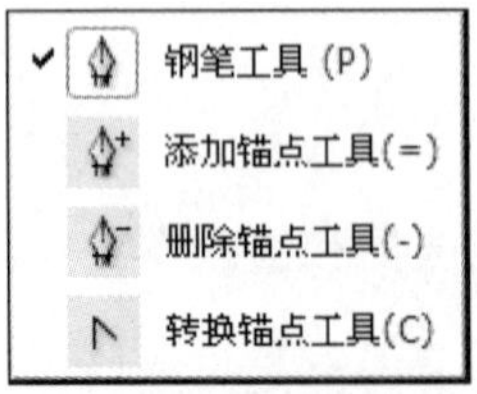

图 8-7　钢笔工具组

图 8-8　矩形工具组

【矩形工具】：画矩形。同时按住 Shift 键，画出正方形。

【椭圆工具】：在场景上画圆。同时按住 Shift 键可画出绝对正圆。

【基本矩形工具】和【基本椭圆工具】：它们绘制的是图元对象，用户可以在创建了形状之后，任何时候都可以精确地控制形状的大小、边角半径以及其他属性，而无须从头开始重新绘制。

【多角星形工具】：可以绘制多边形和多角形。

（10）【铅笔工具】：手绘铅笔，在画布上随心所欲地绘画。

（11）【画笔工具】：选取【画笔工具】后，在工具选项区内会出现多种画笔样式供选择。在场景中任意拖动，画出图形。

（12）【墨水瓶工具】：给图形添加边框线条。

（13）【颜料桶工具】：对闭合线条内的图形填充颜色。

（14）【滴管工具】：吸取颜色，【滴管工具】可对软件界面中的任何物体进行吸色，包括软件的不可编辑区，如工具面板中的任何颜色。

（15）【橡皮擦工具】：擦除图形，选中【橡皮擦工具】后，在工具选项区内出现四种选项，如图8-9所示。

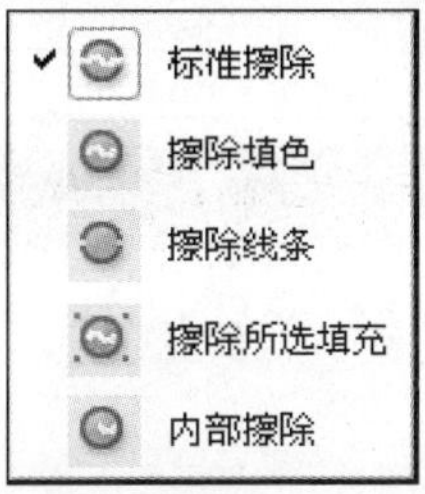

图8-9　橡皮擦工具选项

【标准擦除】：擦除同一层上的笔触和填充。

【擦除填色】：只擦除填充；不影响笔触。

【擦除线条】：只擦除笔触；不影响填充。

【擦除所选填充】：只擦除当前选定的填充，不影响笔触（不论笔触是否被选中）（以这种模式使用橡皮擦工具之前，请选择要擦除的填充）。

【内部擦除】：只擦除橡皮擦笔触开始处的填充。如果从空白点开始擦除，则不会擦除任何内容，以这种模式使用橡皮擦并不影响笔触。

（16）【手形工具】：对场景进行左右上下平面移动操作，也可以按下空格键并拖动鼠标左键进行移动。

（17）【缩放工具】：对场景视图进行放大或缩小，对场景或物体无任何影响。

（18）【笔触颜色】：对边框线条的颜色进行填充。

（19）【填充颜色】：对图形填充颜色进行设置。

（20）【填充选项】：填充选项有两个选项，分别是将颜色设置为默认黑白、笔触填充和对填充色进行交换。

（21）【工具选项区】：当选取一种工具后，相对应的选项会出现在工具选项区中。

8.2.4　浮动面板

浮动面板包含属性、滤镜、动作、颜色、库等面板，使用时可以展开，不使用时可以折叠起来以节省空间。

1. 属性面板

默认情况下，在界面的底部由上到下依次是属性面板、滤镜面板和参数面板，单击面板的标题栏或面板文字，可打开或折叠面板。属性面板是动态变化的，当进行一种操作，属性面板会自动变化为相应的可操作内容。默认的文档属性面板如图8-10所示。

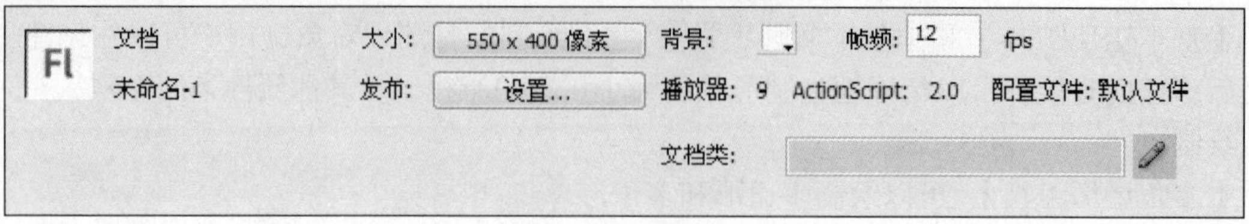

图 8-10 属性面板

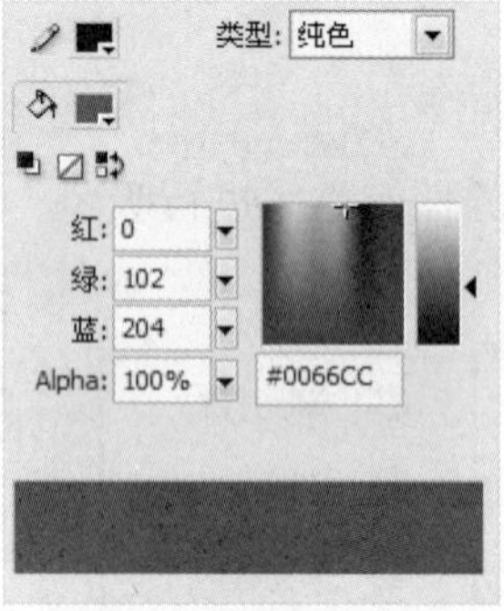

图 8-11 混色器面板

2. 混色器面板

在 Flash 中绘制图形、填充与调整颜色参数都在混色器浮动面板中进行，如图 8-11 所示。

（1）混色器中笔形填充框是调整图形边框线条颜色。

（2）填充框为填充颜色选项，右边为填充模式，可选择纯色填充、线性填充、放射状填充、位图填充。

（3）在红、绿、蓝参数选择填写框中可以精确地输入颜色值，进行准确地选择。

（4）【Alpha】设置颜色填充的透明度。

（5）在调色板中任意拖动鼠标可以选取喜欢的颜色，并可在左侧的浏览框中看到效果。

8.2.5 舞台

舞台是用户在创建 Flash 文档时放置图形内容的矩形区域。创作环境中的舞台相当于 Flash Player 或 Web 浏览器窗口中在回放期间显示文档的矩形空间。要在工作时更改舞台的视图，可使用放大和缩小功能。若要帮助在舞台上定位项目，可以使用网格、辅助线和标尺，如图 8-12 所示。

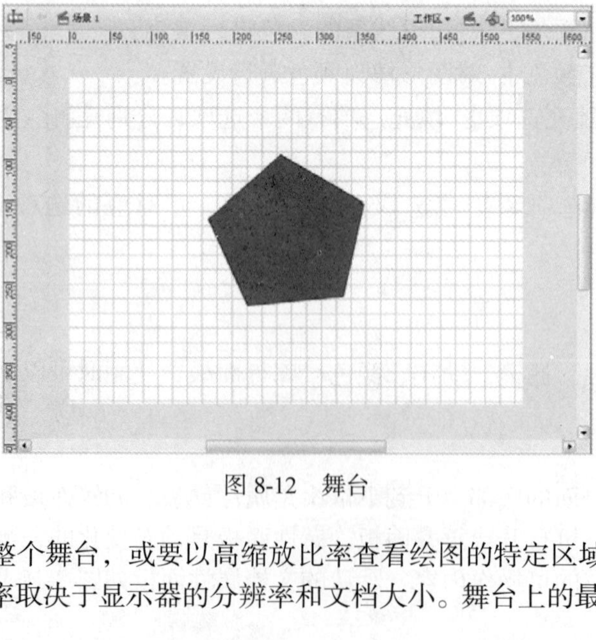

图 8-12 舞台

要在屏幕上查看整个舞台，或要以高缩放比率查看绘图的特定区域，可以更改缩放比率级别。最大的缩放比率取决于显示器的分辨率和文档大小。舞台上的最小缩小比率为8%，舞台上的最大放大比率为 2000%。

8.2.6　时间轴

在 Flash 中，时间轴是以时间为基础的线性的进度安排表，让设计者以时间的发展为基础，从帧和图层两方面进行设计。时间轴的主要组成是图层、帧和播放头，如图 8-13 所示。

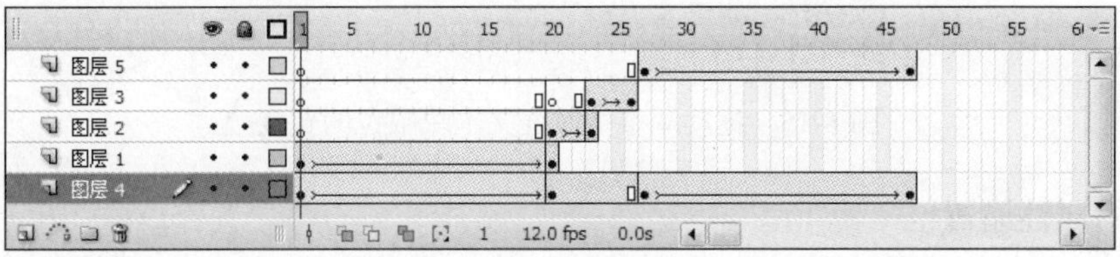

图 8-13　时间轴

在时间轴面板的左边显示图层名字和对时间轴的基本控制，右边是时间轴详细分布窗口，在时间轴上，每一个方格代表一帧，帧分为空白帧、关键帧、空白关键帧等，如图 8-13 所示。

在任意帧上单击右键，在弹出的菜单中可对该帧进行各种操作。例如，插入各种类型的帧，删除、复制、粘贴帧，创建补间动画，进行帧的翻转操作与同步等。

时间轴的上面显示帧数，下面是各种显示方式切换按钮，可对时间轴进行更复杂的显示和操作，如显示或编辑多个帧的内容。

单击时间轴上右上角的【时间轴显示方式】按钮，在弹出的下拉菜单中，可对时间轴上帧的显示方式进行设置，如图 8-14 所示。

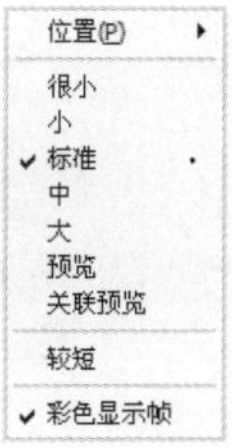

图 8-14　时间轴显示方式

选择【预览】命令，将在时间轴上显示场景小缩略图。

8.3　常用对象的编辑

8.3.1　文本的编辑

在 Adobe Flash CS3 影片中可以按多种方式使用文字：用户可以创建文本块，包含静态文本，指定其内容和显示外观；用户也可以创建动态文本或可输入的文本域，从文本域中输入动态文本；用户还可以得到各种文本的编排方式，如从左到右排列、从右到左排列、横排、竖排；用户当然可以设置文字的字体、字号、样式、间距、颜色和对齐方式等。

1. 创建文本

Flash CS3 提供的文本工具 T 位于绘图工具箱中，当用户单击选择绘图工具箱中的文本工具按钮 T 后，在舞台某处单击鼠标，在单击位置处会出现一个空白的字符输入框，此时用户可以在输入框中输入文字。

在文本输入框中输入文字时，我们注意到此框右上角有一个小方框，这个小方框是固定宽度文本块的调整柄，如果用鼠标左右拖动此调整柄，会改变文本块限位的宽度，如图 8-15 所示。

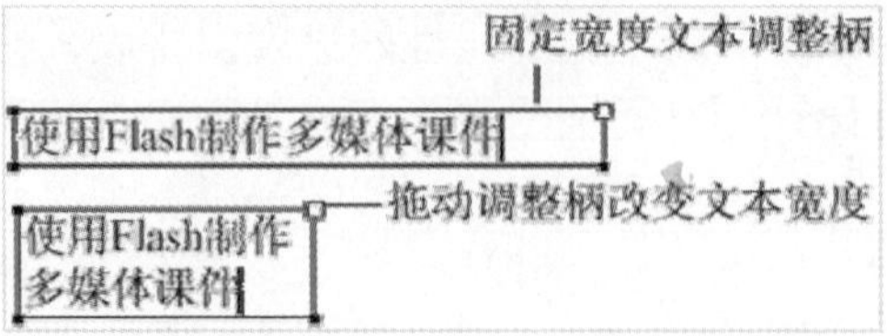

图 8-15　拖动调整柄改变文本块限位的宽度

2. 文本的属性设置

文本的属性包括文字的字体、字号、颜色和样式等。设置文本的不同属性可以在输入文本之前，也可以在输入文本之后。

当文本框在舞台上出现后，用鼠标右键点击此框，立即弹出快捷菜单。在快捷菜单的下面选择【属性】，便可以弹出文本属性面板。文本属性面板各部分的功能如图 8-16 所示。

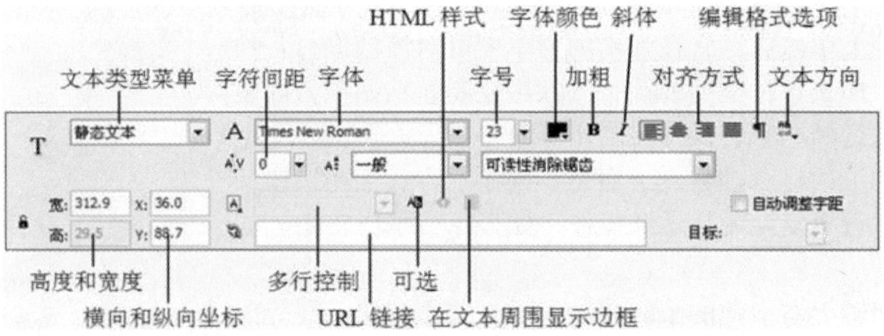

图 8-16　文本属性面板各个部分的功能

（1）设置文本的字体、字号、样式和颜色。

要在文本属性面板中选择字体、字号、样式和颜色，操作步骤如下。

① 选择工具箱中的文本工具T。

② 可使用文本工具选择舞台上的文本块。

③ 当文本块在舞台上出现后，用鼠标右键点击此框，立即弹出快捷菜单。在快捷菜单的下面选择【属性】，便可以弹出文本属性面板。

④ 在文本属性面板上，单击字体右边列表栏按钮，弹出字体列表。从字体列表中选择一种字体或直接输入字体名称。

⑤ 单击字号框旁边的列表栏按钮，然后拖动滑块选择一个值，也可以直接输入字号的大小。注意：无论当前电影属性中设置的单位是什么，Flash CS3 字号的单位总是磅。

⑥ 要应用加粗或倾斜样式，可单击加粗或倾斜按钮。

⑦ 要选择文本的填充颜色，可单击颜色框并执行以下操作之一：

从颜色弹出窗口中选择一种颜色；

在颜色弹出窗口的文本框中输入颜色的十六进制值；

单击颜色弹出窗口右上角的选取颜色按钮，然后从系统调色板中选择一种颜色。

（2）设置字符间距和字符位置。

字符间距将统一设置在字符之间插入的空间量。用户使用字符间距可以调整选定文本或整个文本块的间距。

字符位置可以控制文本相对于基底线的位置。对于横排文本，字符位置可以上下移动，对于竖排文本，字符位置可以左右移动。

要设置字符间距和字符位置，可以执行以下操作步骤。

① 选择工具箱中的文本工具T。

② 要对已存在的文本应用设置，可使用文本工具选择舞台上的文本块，然后单击鼠标右键调出快捷菜单，选择【属性】打开文本属性面板。

③ 在文本属性面板中，设置以下选项。

指定字符间距：单击字符间距栏的列表栏按钮，然后拖动滑杆选择一个值，也可以直接输入所需要的值。

指定字符位置：单击字符位置选项，会呈现三种字符位置选项。这三种字符位置的含义是：标准（Normal）是普通文本的位置；上标（Superscript）在横排文本中，是指文本位于基底线之上（对于竖排文本，是指文本位于基底线之右）；下标（Subscript）在横排文本中，是指文本位于基底线之下（对于竖排文本，是指文本位于基底线之左）。

（3）设置对齐方式、边距、缩进和行间距。

对齐方式决定了段落中每行文本相对于文本块边缘的位置。横排文本相对于文本块的左右边缘对齐，竖排文本相对于文本块的上下边缘对齐。文本可对齐文本块的某一边，也可居中对齐或对齐文本块的两边。

边距将决定文本块的边框和文本段落之间的空间大小。

缩进将决定段落边距和首行开始位置之间的距离。对于横排文本，首行缩进将向右移动若干距离，对于竖排文本，首行缩进将向下移动若干距离。

行距将决定段落中相邻行之间的距离。对于竖排文本，行距将调整两个竖行之间的距离。

其实，字符的格式也可以通过【格式】选项按钮来设置，如图 8-17 所示。

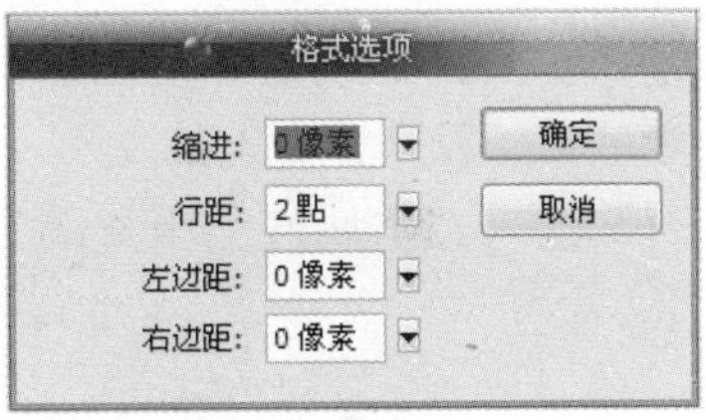

图 8-17　【格式】选项

3. 文本的类型

在 Flash CS3 中，文本类型可分为三种：静态文本（Static Text）、动态文本（Dynamic Text）和输入文本（Input Text）。

（1）静态文本。

通常情况下，输入的文本都是静态文本。对于非静态文本，也可以通过文本属性面板中文本类型选项将其改变成静态文本。

对于静态文本的属性设置，参见图 8-16。

完成静态文本输入后，文本块周围会显示一个蓝色的线框，此线框是文本块的表示，在影片输出显示时看不见。

（2）动态文本。

如果在文本属性面板的文本类型选项中选择了【动态文本】，该文本的类型就是动态文本。

动态文本的属性面板与静态文本的属性面板略有差异，如图 8-18 所示。

图 8-18　动态文本的属性面板

在动画播放过程中，文本区域的文本是不可编辑和改变的，动态文本就是可编辑的文本。在动画播放过程中，文本区域的文本内容可以通过事件的激发来改变。动态文本一定要有变量名，否则，该动态文本不能在事件激发时被动作（Action）控制。

请读者注意，Flash CS3 为了将静态文本与动态文本相区别，静态文本的控制手柄出现在文本框的右上角，动态文本的控制手柄出现在文本框的右下角。双击每种文本框的方形控制手柄都可以使其变成圆形控制手柄，如图 8-19 所示。圆形手柄表示以单行的形式显示文本。

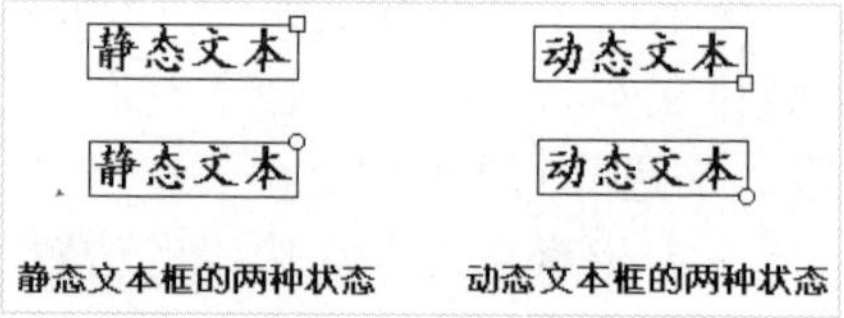

图 8-19　文本框的两种状态

（3）输入文本。

输入文本就是在动画播放过程中，提供用户输入文本，产生交互。输入文本也必须具有变量名，否则，输入的文本不能实现用户与动画的交互。当用户选择文本类型为【输入文本】时，输入文本属性面板如图 8-20 所示。

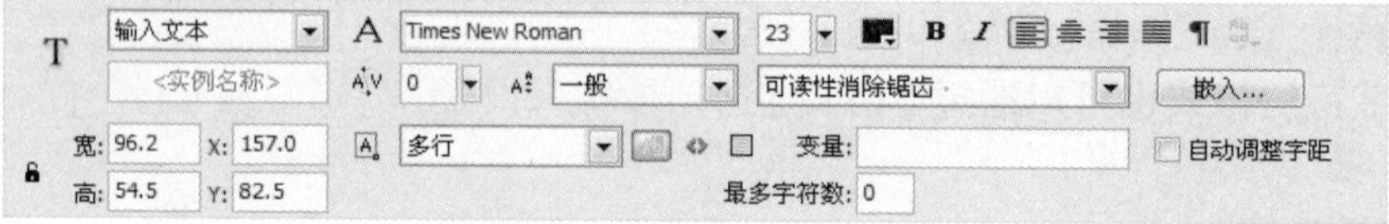

图 8-20　输入文本属性面板

如果在输入文本对应的属性设置面板中单击渲染文本作为 HTML 按钮，则表示在文本区域内输入 HTML 代码。如果单击图标按钮，则会显示文本区域的边界以及背景。如果不选择该项，在动画播放过程中文本区域的边框以及文本区域的背景是被隐藏看不见的，文本区域的背景被整个动画的背景所代替，此时文本区域与普通的文本框在外观上没有区别。

还需要说明的是，横线类型列表框中有以下四个选项。

【单行】(Single)：只允许单行输入。

【多行】(Multiline)：允许多行输入。

【多行不换行】(Multiline no Warp)：允许多行不换行（即新段落）输入。

【密码】(Password)：输入的信息将以星号代替，不允许任何人观看。

在舞台上，若文本没有被选中时，Flash CS3 也将它们的显示有所区别，如图 8-21 所示。静态文本通常情况下不显示边框，而动态文本和输入文本都会显示虚线框。

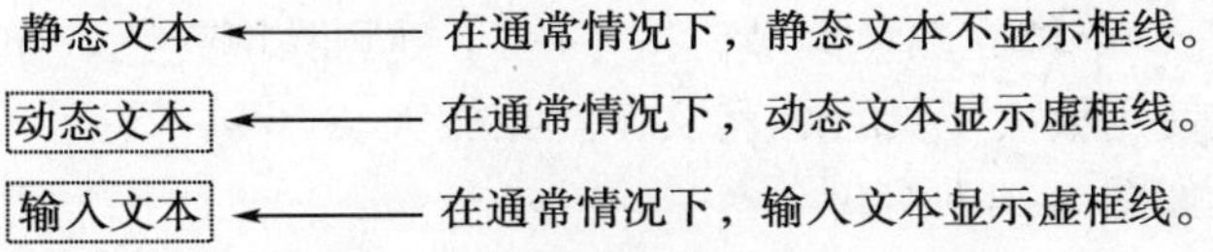

图 8-21　文本框通常情况下的显示状态

4. 分离文字并进行编辑

输入的文字都是文字对象，不能作为图形进行处理。要想将文字作为图形处理，必须先把文字分离（Break Apart）。

分离文字的操作是：先选中文字对象，然后执行菜单命令【修改】→【分离】即可，也可以选中文字对象后直接执行快捷命令【Ctrl+B】。

对于分离后的文字，就可以像图形一样进行编辑。下面针对分离后的文字，讨论几种常见的编辑方法。

（1）加入渐变色。

加入渐变色的操作步骤如下：

① 选中已分离的文字；

② 在工具箱中选择【颜料桶工具】；

③ 在工具箱中选择【填充颜色】，打开调色板；

④ 在调色板中选择一种渐变色。

加入渐变色前、后的文字效果如图 8-22 所示。

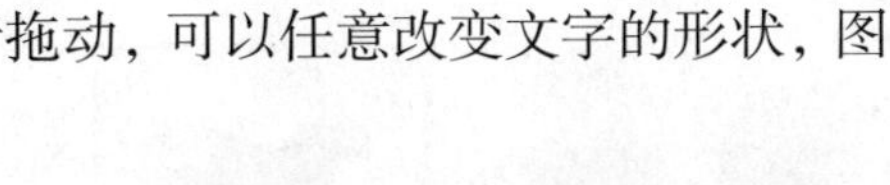

图 8-22　加入渐变色前、后的文字效果

（2）修改文字曲线。

对于打散后的文字，要修改文字曲线的操作比较容易：先选择工具箱中的箭头工具，直接移动光标到文字上进行拖动，可以任意改变文字的形状，图 8-23 所示是修改文字曲线的示意图。

图 8-23　修改文字曲线示意图

（3）编辑轮廓线。

编辑文字轮廓线的操作步骤如下：

① 选中已打散的文字；

② 在工具箱中选择墨水瓶工具；

③ 在工具箱下面的选项栏选择墨水瓶右边的描绘颜色按钮，打开调色板；

④ 在调色板中选择一种颜色；

⑤ 使用墨水瓶工具在文字上点击，给文字加上轮廓线；

注意，对于文字中每一个独立部分和被包围部分都必须进行点击。

⑥ 选中文字的每一个填充颜色区域，按【Del】键删除填充色。如果文字太小，不易选中填充区域时，可以使用放大工具，将文字对象放大。

操作过程的效果如图 8-24 所示。

图 8-24　编辑文字轮廓线

8.3.2　编辑图形对象

当在舞台上创建图形后，常常需要对其进行修改编辑等操作。Flash CS3 允许用户移动、复制、删除、变形、层叠、对齐和组合图形对象。为编辑图形，Flash CS3 提供了多种编辑矢量图形的工具，其中包括墨水瓶工具、颜料桶工具、吸管工具、橡皮工具、箭头工具、变形工具、套索工具等。使用这些工具可以对已经创建的矢量图形进行加工处理，是使基本的对象最终变得丰富多彩的必要手段。

1. 选择对象

在对象进行编辑修改之前，必须先选择对象。选择对象的工具，主要由箭头工具完成。

单击工具箱内的箭头工具，然后可单击选择对象。选择对象通常有四种方法。

（1）单击一个对象，即可选中该对象。

如图 8-25 所示：选中的矢量图像、打散的位图和文字会蒙上一层白点，参看图 8-25（a）和图 8-25（b）；选中的文字和组件实例会被一个蓝色的矩形包围，参看图 8-25（c）和图 8-25（d）；选中的位图会被矩形虚线框包围，参看图 8-25（e）。

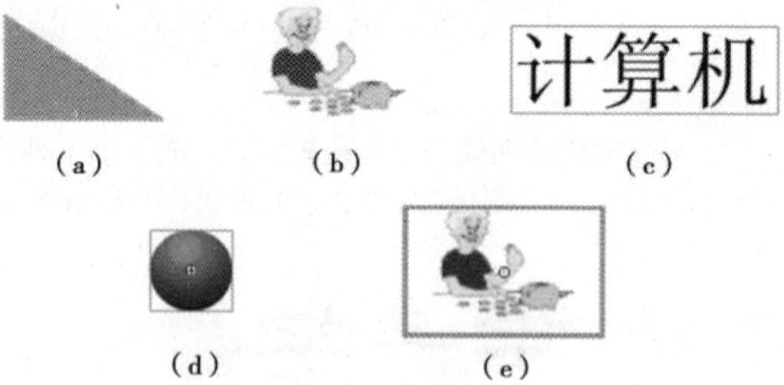

图 8-25　选择对象

（2）按住【Shift】键，同时依次单击各个对象，可以选中多个图形对象。

（3）用鼠标拖曳出一个矩形，可以将矩形中的所有对象都选中。如果某个图形、被打散的图像或被打散的文字的一部分被包围在矩形框中时，这些对象会被分割为两个互相独立的部分，处于矩形框中的部分对象会被选中。图 8-26 所示就是选择了矢量图形的一部分并将其进行移动操作。

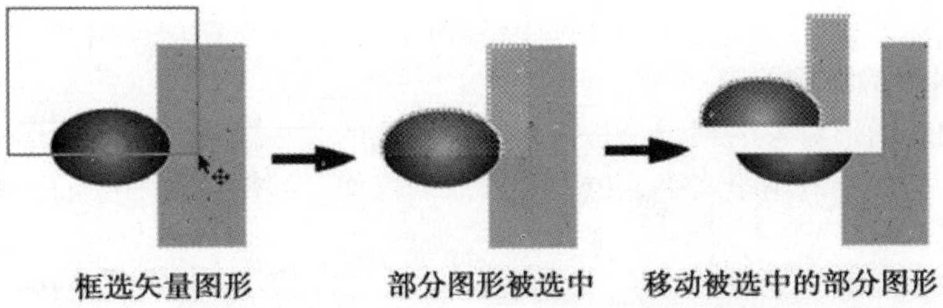

图 8-26 选择矢量图形的一部分进行编辑操作

（4）对于矢量图形，双击轮廓线，会同时选中与此线条相连接的其他线条。双击一个填充物，不但会选中被双击的填充物，同时还会选中它的轮廓线。

2. 删除、移动和复制对象

（1）删除对象。

利用箭头工具选中一个或多个对象，然后按 Delete 键，即可删除选中的对象。

（2）移动对象。

使用箭头工具，将鼠标指针移动到已选中的对象，此时鼠标指针右下方会增加一个四个方向的箭头，拖曳鼠标即可移动对象。

按住 Shift 键，同时用鼠标拖曳选中的对象，可以将选中的对象沿 45°、90° 等角度移动。

另外，利用光标移动键，可以微调选中对象的位置：每按一次光标键，可以移动 1 个像素点的距离。若按住 Shift 键的同时，再按光标移动键，可以一次将选中的对象移动 8 个像素点的距离。

（3）复制对象。

按住 Ctrl 键的同时，用鼠标拖曳已选中的对象，可以在舞台上复制选中的对象。

利用剪贴板也可以进行复制、剪切、粘贴操作。

在不同图层里复制对象，并希望粘贴到复制对象时所在的位置处，可以执行命令【编辑】→【粘贴到当前位置】。

3. 使用橡皮工具擦除图形对象

橡皮工具主要用来擦除舞台上的图形对象。在激活橡皮工具后，选项栏将立即出现如图 8-27 所示的工具选项。各个选项分别是：橡皮模式（Erase Mode）、水龙头（Faucet）和橡皮形状（Erase Shape）。

点击橡皮模式右下角的三角符号，将弹出 5 个擦除模式按钮，如图 8-28 所示。这 5

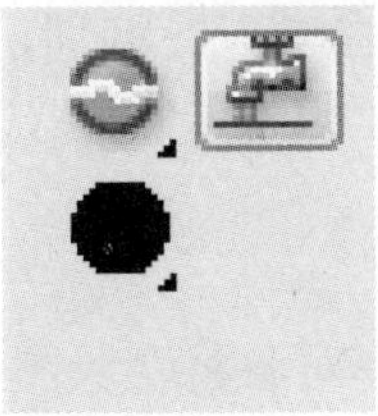

图 8-27 橡皮工具选项

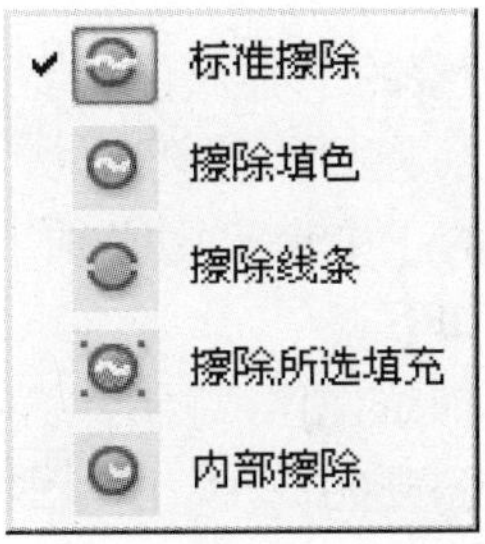

图 8-28 擦除模式

个擦除模式的擦除方式各不相同，一旦选中某种模式后，该按钮前会出现一个“√”。

4. 对图形对象的常用编辑

这里所说的对图形对象的编辑，是指对图形对象的大小缩放、改变图形对象的中心点、旋转图形对象，这些也适用于文字、位图等对象的操作。编辑图形对象的工具主要是自由变换工具。

（1）图形对象的大小缩放。

要改变图形对象的大小，按下面操作步骤进行。

① 选中准备编辑的图形对象。

② 在工具箱中点击自由变换工具，被选中的图形对象将变成图 8-29 中左图所示，图形对象的周围有 8 个小黑框（即控制柄），中心有一个小圆（即中心点）。

③ 将光标移动到四个角的控制柄上，光标会变成“⤡”、“⤢”。

④ 按住鼠标左键向框内方向拖动，图形对象将缩小；按住鼠标左键向框外方向拖动，图形对象将放大，结果如图 8-29 中右图所示。

对图形对象的缩放也可以沿水平横向和竖直纵向进行。将光标移动到上、下、左、右四条边的控制柄上，光标会变成“↔”、“↕”形，表示可沿竖直和水平方向缩放图形对象。按住鼠标左键拖动，可以将图形对象进行横向缩放和纵向缩放，如图 8-30 所示。

图 8-29　改变图形对象的大小

图 8-30　将图形对象进行横向缩放和纵向缩放

（2）改变图形对象的中心点位置。

图形对象的中心点是图形对象移动、旋转等操作的参考点。特别是在旋转图形对象时，若旋转轴心不在图形的正中央，则必须事先对图形对象的中心点位置进行调整。改变图形对象中心点的操作步骤如下。

① 先选中准备编辑的图形对象。

② 在工具箱中点击自由变换工具，被选中的图形对象将变成图 8-31 中左图所示，图形对象的中心有一个小圆，这个小圆就是图形对象的中心点。

③ 将光标移动到中心点上，光标会变成“↖。”。

④ 按住鼠标左键拖动，中心标志的小圆也会被移动。小圆所在位置，是图形对象新的

中心点，如图 8-31 中右图所示。

图 8-31 图形对象的中心点

（3）旋转图形对象。

图形对象的旋转是围绕中心点进行的，操作步骤如下。

① 先选中准备编辑的图形对象。

② 在工具箱中点击自由变换工具，被选中的图形对象将变成图 8-32 中左图所示，此时图形对象的中心点在图形对象的左下角。

图 8-32 图形对象的旋转

③ 将光标移动到四个角之外（注意不是移在四个角上），光标会变成“↶”，此时说明图形对象呈可旋转型。

④ 按住鼠标左键向上拖动，图形对象将绕中心点逆时针旋转；按住鼠标左键向下拖动，图形对象将绕中心点顺时针旋转，如图 8-32 中右图所示。

（4）使图形对象发生切变。

使图形对象变形可以沿切变方向进行。下面以矩形为例，要使它沿切变方向变成平行四边形，操作步骤如下。

① 先选中准备编辑的矩形。

② 在工具箱中点击自由变换工具，被选中的矩形将变成图 8-33 中第二幅图所示。

③ 将光标移动到自由变换框的上下两条边线上，光标会变成“⇌”（若要沿竖直方向切变，就将光标移动到左右两条边线上）。

④ 按住鼠标左键向右拖动，图形对象将沿水平方向切变，如图 8-33 中第三幅图所示。

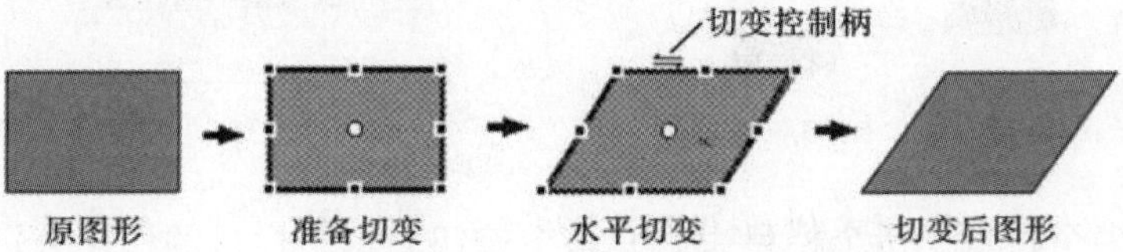

图 8-33 使图形对象发生切变

5. 对多个图形对象的编辑

（1）群组。

对于单幅矢量图形而言，群组就是将轮廓线与填充区组合成一个整体。对于多个对象而言，所谓群组就是将多个对象组合成一个对象。

组成群组的方法是：选择所要组成群组的对象，执行菜单命令【修改】→【群组】即可。

把一些图形对象组成群组后，可以把这个群组图形作为一个对象来进行操作。例如，群组后的图形对象也有中心点，也可以进行移动、复制、旋转和变形操作。

要撤销群组的方法是：选择准备撤销群组的对象，执行菜单命令【修改】→【撤销群组】即可。对于撤销后的图形对象可以单独处理。

（2）多个对象的层次。

同一图层中不同图形对象叠放时，存在对象显示时的前后顺序。这里所说的对象，不包括矢量图形中的线条与填充物，也不包括打散的文字和位图图像，但可以是文字、位图图像和群组对象。

对象的显示层次可以改变：选择【修改】→【排列】命令，即可看到子命令菜单，如图 8-34 所示。在此命令菜单中选择【移至顶层】、【上移一层】、【下移一层】、【移到底层】，即可改变对象的层次。

图 8-34　调整层次的子菜单

（3）对齐对象。

有时需要将多个图形对象对齐，图 8-35 中有四个图形对象，它们处于无序状态，要对多个图形对象进行对齐，操作步骤如下。

① 先选择准备对齐的图形对象。

② 执行【窗口】→【对齐】命令，弹出【对齐】面板，如图 8-36 所示。

图 8-35　多个图形对象对齐

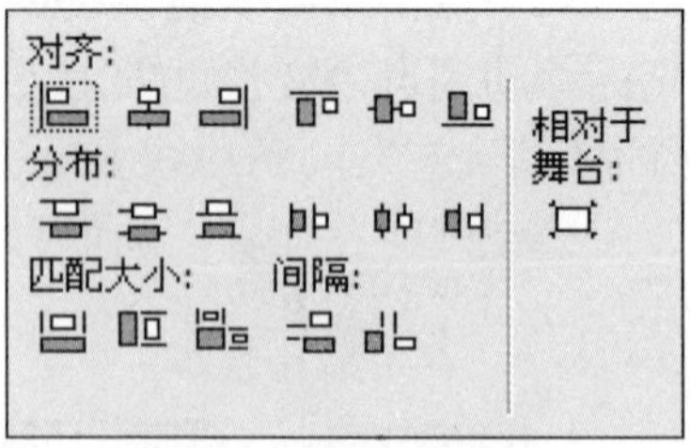

图 8-36 【对齐】面板

对齐面板有多个栏目，每个栏目中都有多个按钮。每个栏目的作用分别如下。

对齐：在水平方向（左边的 3 个图标按钮）可以选择左侧对齐、中间水平对齐和右侧对齐；在竖直方向（右边的3个图标按钮）可以选择顶部对齐、中间垂直对齐和底部对齐。

分布：在水平方向（左边的3个图标按钮）可以选择顶部分布、垂直中间分布和底部分布；在竖直方向（右边的3个图标按钮）可以选择左侧分布、水平中间分布和右侧分布。

匹配大小：可以选择匹配宽度（选择对象之间的宽度相等）、匹配高度（选择对象之间的高度相等）和匹配高和宽（选择对象之间的高度和宽度都相等）。

空间：两个按钮垂直平均间隔和水平平均间隔完成等间距控制。

相对于舞台：对齐/分布场景。按住它后，可以以整个舞台为标准进行对齐。它抬起时，以选中的对象所在区域为标准进行对齐。

③ 将几幅图沿水平方向对齐，操作步骤是：先点击选择顶部分布按钮，再选择水平平均间隔按钮。对齐后的结果如图8-37所示。

图8-37　对齐后的结果

（4）多个对象分配到层。

可以将一个图层中某一帧内多个对象分配到不同图层的第一帧中，操作步骤如下。

① 选中要移到其他图层的对象。

② 执行【修改】→【分配到层】菜单命令，即可将选中的对象分配到不同的图层的第1帧中。新图层是系统自动添加的。

6. 调整多个对象的位置

（1）利用【信息】面板精确调整对象的位置与大小。

利用箭头工具选中对象，再单击【窗口】→【信息】菜单命令，弹出信息面板，如图8-38所示。

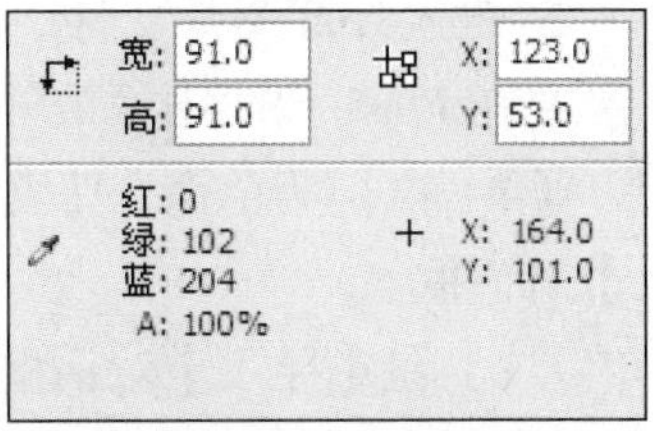

图8-38　信息面板

利用信息面板可以精确调整对象的位置与大小。这里简要说明信息面板的使用方法。

位置与颜色信息：信息面板左下角给出了线和位图当前颜色的R、G、B和Alpha的值。右下角给出了当前鼠标指针位置的坐标值。随着鼠标指针的移动，R、G、B和Alpha的值会发生改变。

宽度与高度信息：信息面板左上方的【宽】和【高】文本框内给出了选中对象的宽度和高度值（单位为像素）。改变文本框内的数值，再按回车键，可以改变选中对象的大小。

对象的坐标信息：信息面板右上方的【X】和【Y】文本框内给出了选中对象的坐标值（单位为像素）。改变文本框内的数值，再按回车键，可以改变选中对象的位置。

（2）利用【属性】面板精确调整对象的位置与大小。

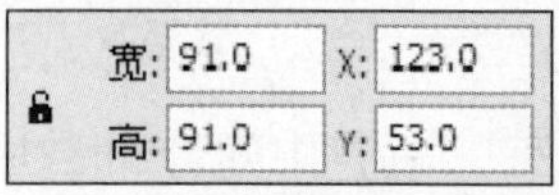

图 8-39　精确调整对象的大小和位置

如图 8-39 所示，利用属性面板中左下角的【宽】和【高】、【X】和【Y】文本框，也可以精确调整对象的大小与位置，调整方法与信息面板相同。

8.3.3　使用外部图片

Flash CS3 可以自己绘制出矢量图，同时也接纳外部的矢量图与位图。

1. Flash CS3 支持的图片格式

Flash CS3 支持非常多的图片格式，几乎常用的一些图片都能导入到 Flash CS3 中应用。表 8-1 列出了所有可导入到 Flash CS3 中的图片的格式，只要用户使用表格内的图片格式，就能轻松地导入到 Flash CS3 中去。

表 8-1　　常用外部图片的格式

图片格式	文件扩展名
Adobe illustrator	*.ai
Photoshop	*.psd
Bitmap	*.bmp　*.dib
Windows Metafiles	*.emf　*.wmf
FreeHand	*.fh*　*.ft*
GIF and Animated GIF	*.gif
JPEG	*.jpg
AutoCAD	*.dxf
PNG	*.png
Flash	*.swf　*.spl

2. 输入外部图片文件

要在 Flash CS3 中输入外部的图片文件，操作步骤如下。

（1）执行菜单命令【文件】→【导入】→【导入到库】(或【导入到舞台】)，打开【导入】对话框。

（2）在【导入】对话框中搜寻到目标图片文件，并点击【打开】确认。

每次从外部导入的矢量图，可以像绘制出来的图形一样直接在舞台上进行编辑。对于输入的外部位图文件，由于输入后即转变成元件，所以此位图不仅导入到舞台上，同时也保存到库中。

我们可以从库中观看到导入的位图，操作方法是：导入位图后，执行菜单命令【窗口】→【库】，即可以从库中看到刚导入的位图，如图 8-40 所示。

利用 Windows 的剪贴板，使用【复制】→【粘贴】方式，同样可以将其他软件中的图片引入到 Flash CS3 中来。

图 8-40　导入图片

3. 将导入的位图作为填充内容

导入的位图也可以作为填充内容，将大大丰富我们绘图，操作方法如下。

（1）执行菜单命令【文件】→【导入】→【导入到库】，打开【导入】对话框。

（2）在【导入】对话框中搜寻到目标图片文件，并点击【打开】确认。

（3）可以使用自由转换工具，先调整导入位图的大小。

（4）选择准备填充的位图，执行菜单命令【修改】→【分离】，将位图打散。

（5）点选工具箱中的吸管工具，再移动光标到打散的位图上单击。这时你会发现目前颜色栏中的填充内容变成位图填充方式。

（6）使用颜料桶工具，点击任何填充区域，都可以看到填充内容是刚才导入的位图，如图 8-41 所示。

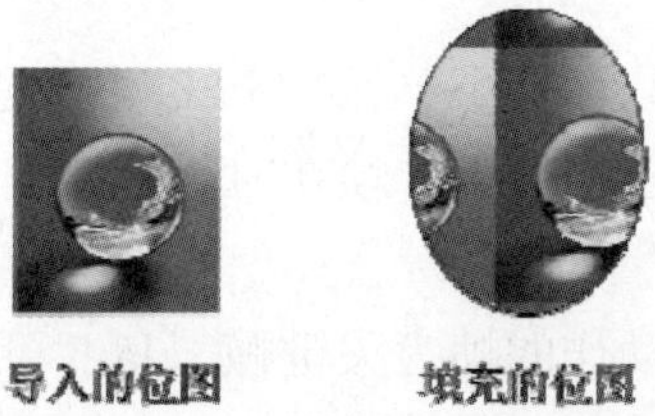

图 8-41　将导入的位图作为填充内容

4. 调整填充位图的大小与位置

读者注意到上面的位图填充后，填充的位图大小位置并不合适，可以使用渐变变形工具对其进行调整。

调整已经填充的位图操作方法如下。

（1）选择渐变变形工具。

（2）在舞台上单击准备调整的填充位图，会出现一个蓝色框，框的四周有多个控制柄。每个控制柄的作用如图 8-42 所示。

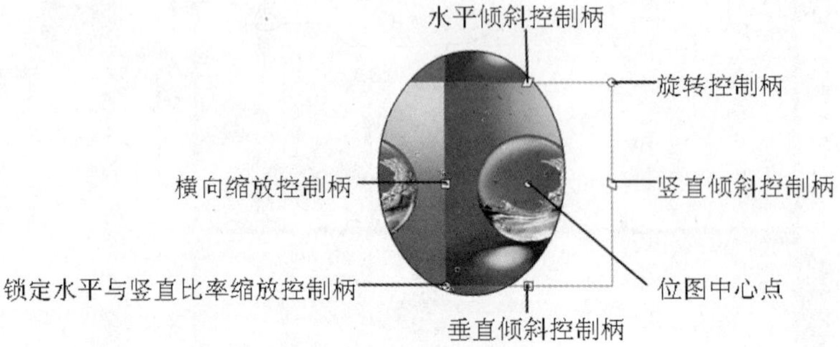

图 8-42　控制柄的作用

（3）调节位图中心点，将位图中心点移动到填充区域中心。

（4）调节各个控制柄，可以调节位图的形状和大小，如图 8-43 所示。

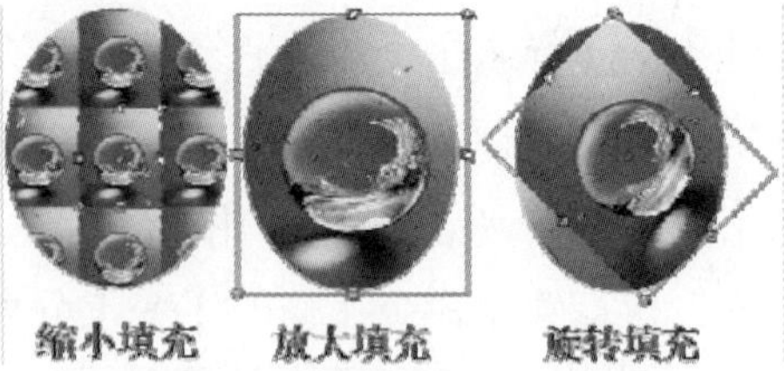

图 8-43　利用控制柄编辑位图

8.4　Flash 动画制作的基本概念

8.4.1　帧和关键帧

帧是动画在时间上的基本单位和最小单元。Flash 动画是由一帧帧的画面组成的，动画的形成过程就是由一帧到另一帧的转变过程。帧在时间轴中出现的顺序，决定了它们在动画中显示顺序的先后。

用于定义动画变化的或包含动作的帧为关键帧，Flash 可通过在两个关键帧之间补间或填充帧来产生动画，从而大大简化动画的创建过程。

帧分为多种类型，并且用不同符号和颜色表示。在时间轴上，实心圆点表示有内容的关键帧，空心圆点表示没有内容的关键帧，也被称为空白关键帧，灰色表示静止帧，空白表示空白帧，蓝色表示动画补间动画帧，绿色表示形状补间动画帧，箭头表示动画或形状补间动画的变化方向。如图 8-44 所示。

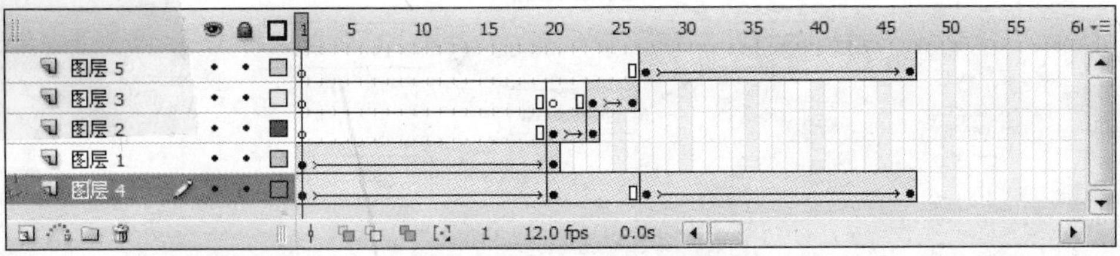

图 8-44　各类帧的表示

8.4.2　图层

图层是 Flash 中的重要概念。Flash 中的图层与 Photoshop 中的图层类似，但不完全相同，它既可以用于设置各对象之间的层次关系，也可以用于设置各图层的动画特性，是制作对象动画、遮罩动画、按钮交互动画和沿特定路径运动动画的基础和前提。

Flash 的图层包括普通图层、图层文件夹、遮罩层和被遮罩层、引导层和被引导层。

下面来了解一下层操作按钮。

如图 8-45 所示是图层窗口，它包含了层的各个操作按钮，它们的作用如下。

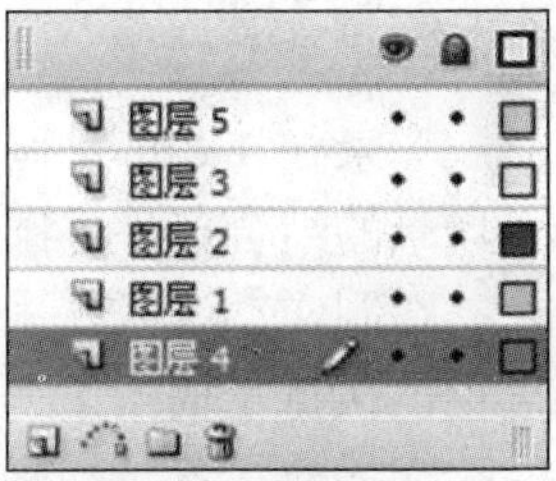

图 8-45　图层窗口

显示按钮又称为“显示/隐含图层”按钮，可以通过单击层中对应的小白点来让该图层显示或隐含。隐含的图层标志着此图层不可见，当然也是不可编辑的。

锁定按钮的目的是让编辑好的层不要因误操作影响到该层，锁定的图层是不可编辑的。

显示轮廓按钮是为了知道图形间的位置关系。

编辑层表示该层是在编辑中，这一层名称栏会显示黑色背景，并以一支铅笔标示为制作层。

插入图层按钮，可在当前图层的上面插入一个新的图层。

添加引导图层，可引导某一运动对象的运动轨迹。点击添加引导图层按钮，将在当前动画图层的上面创建一个引导图层，且以此引导图层中的曲线作为引导轨迹。

图层目录又称图层文件夹，图层目录用来管理图层，众多同一操作目标的图层可以置于同一图层目录下，这样分类管理就方便多了。如果要做一个较大的程序，图层目录会给用户提供方便。点击插入图层目录按钮，将在当前图层上面创建一个图层目录。

删除图层，若要删除某图层，可选中该图层后点击删除图层按钮。

8.4.3　逐帧动画和补间动画

制作 Flash 动画既可以一帧一帧地绘制，也可以只设定两个关键帧，由计算机运算逐渐改变的中间画面来完成。因此，按动画创作的方法不同，Flash 动画可分为逐帧动画和补间动画两大类。补间动画又可以根据两关键帧之间的变化对象分成形状补间动画（变化对象是图形）和动画补间动画（变化对象是元件），如图 8-46 所示。

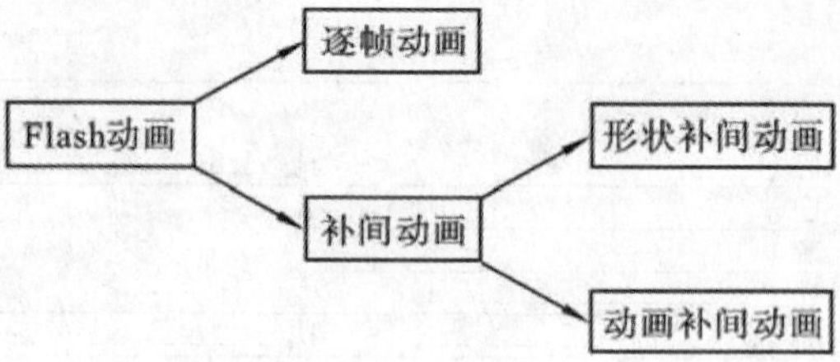

图 8-46　Flash 动画分类

逐帧动画又称帧并帧动画，是必须对时间轴轨道中的每一帧进行定义的动画，即所有帧都为关键帧的动画。帧并帧动画具有能随心所欲地创建各种动画效果的优势，但制作费时费力，生成的动画占据的存储空间大。

补间动画又称渐变动画，只需要创建起始关键帧的对象和结束关键帧的对象，并设置两关键帧之间的变化形式，Flash 就能根据给定的设置自动生成中间各帧的动画。补间动画具有设计制作效率高、动画文件占据的存储空间小等特点，是教学动画的主流形式。

8.4.4　场景

场景在 Flash 动画中类似于电视制作中的分镜头。每个场景是一个完整的动画序列，多个场景的组合产生不同的交互播放效果，复杂的 Flash 动画由多个场景组成。

在制作动画时，主要利用【场景】面板增减场景、改变不同场景的顺序以及选择场景，也可以执行【插入】→【场景】命令新增场景，执行【视图】→【转到】命令选择场景。

在播放多场景动画时，可利用交互按钮进行场景与场景之间的切换，若没有交互，则自动按照【场景】面板中的列表顺序依次播放各场景。

8.4.5　元件、实例和库

1. 元件基本概念

“元件”（Symbol）是指在 Flash 中可以重复使用的图形、图像、文字、声音、视频、影片、按钮等。元件是 Flash 中非常重要的元素，它主要存放在库面板中。用户想使用时，可以打开库面板，直接引用它。

2. 实例的基本概念

实例（Instance）是指元件在舞台工作区中的应用。

在舞台上若要使用库中的某个元件，打开库后，将准备使用的元件（图形、图像、文字、声音、视频、影片、按钮）拖放到舞台上，这时它不再叫元件，应该称为实例（Instance）。

与元件一样，实例也有不同的称呼，如“实体”、“替身”等。

元件与实例究竟有哪些区别呢？可以将元件看做一种模板，使用同一个模板能够创建多个互有差异的实例。在舞台上表演的是元件的实例，而不是元件本身。对元件的实例可以作各种变换操作，如对实例进行旋转、放大或缩小等。但是，无论怎样对实例进行变换操作，这些操作都不会更改元件的属性。

当然，也可以改变元件的属性，如颜色、形状以及边线的粗细等。当对这些属性加以修改后，舞台上的所有实例的相应属性也发生了变化。

Flash 中引入元件与实例这种操作模型，自然有其道理。从上面介绍可以看出使用元件的优势：将图形等转换成为元件后，可以创建理论上的无限多个实例，并且对该元件的修改可以一下赋予它的所有实例，而不必一个一个地都去修改。当要制作多个相同的阵列式的图像时，尤其可以方便用户的工作。另一方面，使用元件可以大大减小文件的体积，将多个分离的图形元素合并成一个元件后，需要存储的空间远远小于单独存储时占用的空间，不必增加体积，这样就能加快动画的播放速度，因为它的各个实例用不着逐个地去下载。

3. 创建元件

Flash 中常用元件有图形、影片剪辑和按钮三种形式。

（1）怎样创建新元件。

当需要创建新元件时，执行菜单命令【插入】→【新建元件…】，将打开【创建新元件】对话框，如图 8-47 所示。

图 8-47 【创建新元件】对话框

这时，创建的新元件有三种类型可供用户选择一项（即单选）：图形（Graphics）、按钮（Buttons）、影片剪辑（Movie Clips）。选择一种元件类型后，在【名称】栏输入元件的名称后，点击【确定】按钮后就进入元件编辑状态。元件的名称既可以使用英文，也可以使用中文。

（2）创建图形元件。

图形（Graphics）元件可以是矢量图形、图像、动画。它主要用来制作动画中的静态图形，没有交互性。图形元件有相对独立的编辑区域和播放时间，当应用到场景中时，会受到当前场景中帧序列和其他交互式设置的影响。

用户可以使用菜单命令创建图形元件，也可以将舞台工作区中的图形、图像转换为图形元件，还可以将外部的 GIF 动画转换为图形元件，甚至将舞台工作区的动画转换为图形元件。

舞台工作区中的图形、图像转换为图形元件的操作步骤如下。

① 选中舞台工作区中的图形或图像。

② 执行菜单命令【修改插入】→【转换成元件…】，打开【转换成元件】对话框。

③ 在【转换成元件】对话框中选择【图形】，并单击【确定】。

已经转换成元件的图形或图像周围，将出现一个淡蓝色的矩形框，中心出现一个“”，表示元件的中心点。

外部的 GIF 动画转换为图形元件的操作步骤如下。

① 执行菜单命令【插入】→【创建新元件…】，打开【创建新元件】对话框。

② 在【创建新元件】对话框中选择【图形】，在【名称】栏中输入一个图形元件的名称后单击【确定】按钮，进入元件时间轴编辑窗口。

元件时间轴编辑窗口与舞台有本质的不同。从表面上看，元件时间轴编辑窗口正中央有一个“+”形准星，表示元件的中心定位点。但主时间轴的舞台上是没有任何标记的，仅仅只有一个表示舞台大小的矩形框。

③ 执行菜单命令【文件】→【导入】→【导入到舞台】，打开【导入】对话框，如图 8-48 所示，选择预先准备好的 GIF 文件后点击【确定】。

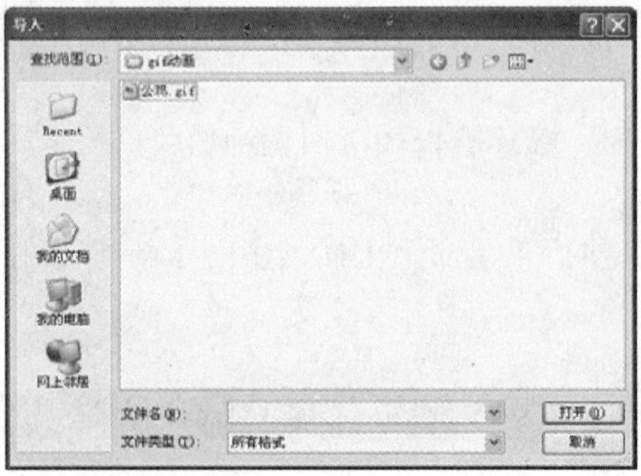

图 8-48 【导入】对话框

④在前一步骤点击【确定】之后，GIF 动画也就导入成为图形元件，如图 8-49 所示。

图 8-49 导入的 GIF 动画成为图形元件

GIF 动画一般都是多帧图片，因此在时间轴上显示的就是逐帧动画。

将外部的 GIF 动画转换为图形元件后，将其拖曳到舞台上的实例可以播放动画。但若主时间轴上只有单帧是不够的，必须在后面插入帧（起始帧与最后插入帧之间的帧数必须大于 GIF 动画帧数）。

（3）创建按钮元件。

按钮（Buttons）元件与图形元件不一样，它不是一个单一的图形，当用鼠标指针移动到按钮上或单击该按钮时，可以产生交互。

按钮是一种比较特殊的元件，它仅仅只有 4 帧（每一帧都是关键帧）。这 4 帧分别代表按钮元件的四种状态：向上（Up）、经过（Over）、按下（Down）和反应区（Hit）。这四种状态中，前三种定义了按钮可能的三种操作状态，最后一个反应区帧定义了按钮的反应区域。按钮的时间轴还会像其他时间轴那样播放,它们仅仅捕捉光标的移动和点击来跳转到相应的帧。

按钮主要用来实现交互。通过添加按钮元件的实例到舞台上，然后给按钮实例添加 ActionScript 动作，来指定按钮在不同事件中进行各种交互处理，如控制动画的跳转、播放声音、改变音量值等。所以说，按钮只是捕捉事件的工具，至于发生了不同事件以后该干什么，是由附加在按钮实例上的 ActionScript 动作决定的。按钮的 ActionScript 动作一定要添加在按钮实例上，而不要添加在按钮元件中的帧里。

按钮元件 4 个帧的具体作用如下。

向上（Up）：是按钮的第 1 帧。当光标不在按钮上面停留时，按钮会自动执行此帧。这种状态是按钮的常态。

经过（Over）：是按钮的第 2 帧。当光标经过按钮或停留在按钮上时，按钮会自动执行此帧。

按下（Down）：是按钮的第 3 帧。当光标指针在按钮上时，鼠标左键按下去时按钮会自动执行此帧。鼠标左键释放时，按钮执行第 2 帧。

反应区（Hit）：是按钮的第 4 帧，此帧定义了按钮的反应区域。在此帧中，Flash 只关心其形状，该形状确定了按钮的反应区域。也就是说，如果定义了此帧后，则判断光标是否停留在按钮的上面、是否点击了按钮，都是以此帧中的内容为对象而言的。如果没有定义此帧，则按钮的反应区域由向上（Up）帧中的内容的形状所决定。另外，此帧中的内容在动画中是不可见的。

（4）创建影片剪辑元件。

影片剪辑（Movie Clips）元件通常是一个可以重复使用的动画或动画片段。影片剪辑就像是主电影中的小电影片断，可以包括交互性控制、声音甚至其他影片剪辑的实例，也可以把影片剪辑的实例放在按钮的时间轴中，从而实现动画按钮。有时为了实现交互性，单独的图像也可以做成影片剪辑。

影片剪辑用来制作独立于主时间轴的动画。与图形实例不同，影片剪辑实例不需要增加帧就可以播放完整的动画。

4. 库

"库（Library）"在 Flash 中是一个重要的概念。在其他书中，有人将它称为"图库"或"素材库"。在库中，Flash 电影中的全部元件的组织和管理都在它里面进行。

每一个 Flash 文件中都可以打开两个库：本文件的"库"和共享资源的"公用库"。每一个 Flash 文件都有一个"库"，此库中装有本文件舞台上的各种元件。公用库是永久保存的，主要存放 Flash 软件自带的元件。公用库中的元件可供所有 Flash 文件使用。当然，用户可以自己建立常用的公用库。

在 Flash 操作中，用户可以打开任意 FLA 格式文件的库，并且在当前电影中使用其他文件的库项目。

（1）库窗口的组成。

打开库的操作是：执行菜单命令【窗口】→【库】，打开库窗口，如图 8-50 所示。

图 8-50　库窗口

（2）库内的元件类型。

库内的元件有的是新建的，也有的是从外部引入的。库的元件主要有图形、按钮、影片剪辑、位图、声音、视频剪辑、字体等。这些元件的主要特性如下。

图形（Graphics）：使用图形元件来组织静态的图像，或者用来创建可重复使用的动画序列。这些动画序列在使用时与主时间轴同步播放，相当于与主时间轴捆绑在一起，图形元件中的动作和主时间轴是同步的。交互的控制和声音在图形元件中是无效的。

按钮（Buttons）：使用按钮元件可以在动画中创建交互的按钮。当鼠标在按钮上单击、经过、按下或者抬起时，按钮都可以捕获这些事件，并且可以作出反应。用户可以给按钮的不同状态设置不同的外观，而且可以给按钮的实例添加 ActionScript 动作以响应各种事件。

影片剪辑（Movie Clips）：影片剪辑也称为 MC。影片剪辑不仅拥有自己的时间轴，而且它本身还可以包含其他的元件，因此它是多时间轴的。而且它在播放的时候是独立的，不像图形元件那样，依赖于主时间轴。影片剪辑中可以包含交互的控制和声音，它就如同一个小动画一样，还可以将影片剪辑元件的实例放在按钮当中，创建动画按钮。

位图（Bitmap）：使用【导入】命令可以从外部导入位图到 Flash 中来，或者是使用剪贴板复制粘贴过来的位图，都会在库中产生这种位图元件的符号。位图可以直接使用，也可以做简单的变形。

声音（Sound）：从外部导入声音文件，就会在库中产生这种符号。声音可以被附加到任何一个时间轴的任何一帧中播放。

视频（Video）：可以直接使用【导入】命令导入外部的视频到 Flash 动画之中。导入视频后，库中会立即产生这种符号。如同 Flash 中所有的元件一样，视频元件也可以多次使用而不增加最终动画文件的大小。当然，如果觉得视频文件过于庞大的话，可以仅仅将视频文件链接到 Flash 动画中。

A 字体（Font）：使用字体符号可以将字体输出，在其他的动画中使用。这是一个很不错的功能，尤其是对于使用汉字的用户非常有用。由于汉字的文字数目庞大，如果每个动画中都加入字体信息的话，将会大大增加文件的大小。如果不输出字体信息的话，只能使用默认的字体，影响美观。使用该功能，可以将字体信息输出成一个文件，在观看所有使用该文件中字体的动画时，只需要下载一次字体信息就可以了。新建字体元件要从库窗口右上角调出窗口菜单，执行【新建字型…】命令才能建立新的字体元件。

8.5 Flash 动画制作的一般过程

用 Flash 制作动画，大体按照新建文件、设置文档属性、创建加工动画对象、设置变化、测试、发布的过程进行。

8.5.1 新建及保存动画文件

Flash 软件新建的动画文件为.fla 格式，制作好的动画源文件也应以.fla 格式保存，Internet

上常见的.swf 格式的文件，为动画发布后的文件，它在 Flash 中只能播放不能修改。

8.5.2 设置文档属性

执行【修改】→【文档】(【Ctrl+J】) 命令打开如图 8-51 所示的【文档属性】对话框，根据需要设置合适的帧频、尺寸和背景颜色。制作 Flash 动画前应通盘考虑这几方面，就像演戏前必须考虑舞台背景及舞台大小一样。教学动画以像素量表示显示尺寸，一般不得大于显示器和投影机的像素量。帧频以 8~12 f/s 为宜，帧频过高将导致动画文件占据的存储空间较大，帧频过低将导致各帧画面无法连贯播放。以上设置也可利用【属性】面板设置。

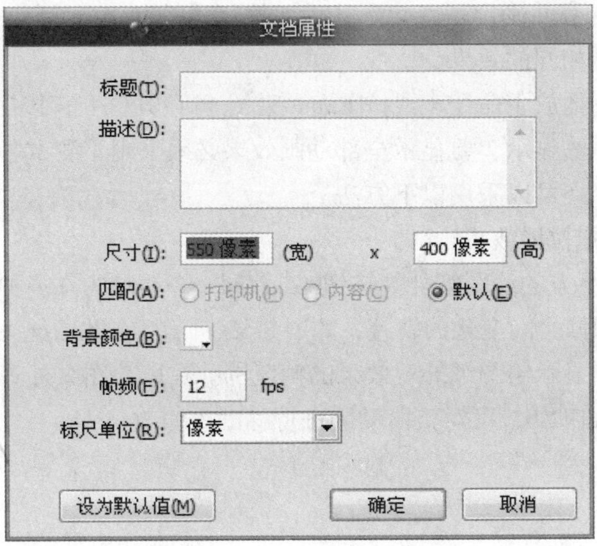

图 8-51 【文档属性】对话框

8.5.3 创建动画对象及设置变化

创建动画对象及设置变化，是动画制作的关键。动画的创意和技巧，主要在该过程得以实现。

（1）创建动画对象。

Flash 中的动画对象多为图形，通常是用绘图工具绘制，也可导入已有图形、图像进行编辑加工后使用。

（2）建立关键帧。

选择时间轴上要插入关键帧的单元格后，执行【插入】→【关键帧】命令，或按【F6】功能键，都可以建立关键帧。

在时间轴上，有内容的关键帧用实心圆点表示；没有具体内容的关键帧称为空白关键帧，用空心圆点表示。每一图层的首帧自动设置为关键帧，图层中新添加的关键帧位置之前的所有帧，都将继承前一关键帧的所有内容。

设计逐帧动画时，动画的每一帧都为关键帧，要为所有的帧设计内容；设计补间动画时，只要将其中的部分帧设为关键帧，并设置关键帧的内容即可。

（3）设置变化。

设置变化是在设计补间动画时，设置两个关键帧之间的变化——“补间”形式。设置方式为：选中时间轴上的两个关键帧中的前一关键帧，在【属性】面板的【补间】栏中选择【动画】或【形状】。

如果是制作动画补间动画，也可以在时间轴两个关键帧中的前一关键帧上右键单击鼠标，选择【创建补间动画】。

8.5.4 测试或播放

设置好附件中的内容并确定了变化形式后，执行【控制】→【测试影片】，屏幕上将呈现出与发布该动画完全相同的效果。

执行【控制】→【播放】命令（或按 Enter 键），可在舞台上直接播放正在编辑的动画，但此时有些动画效果无法显示，要显示全部动画效果必须采用【测试影片】方式。

要检视动画效果，还可以采用以下方法。

（1）在时间轴上拖拉播放头。

（2）单击时间轴下方的绘图纸外观按钮或，将动画的许多种效果在舞台上同时显示，从而看到动画不同帧之间变化的轨迹，如图 8-52 所示。在此情况下，在帧号位置会出现范围栏，用鼠标可调整显示绘图纸外观效果的帧范围。在以绘图纸外观方式显示所有帧的情况下，单击多帧编辑按钮，可对整段动画进行移动等修改。

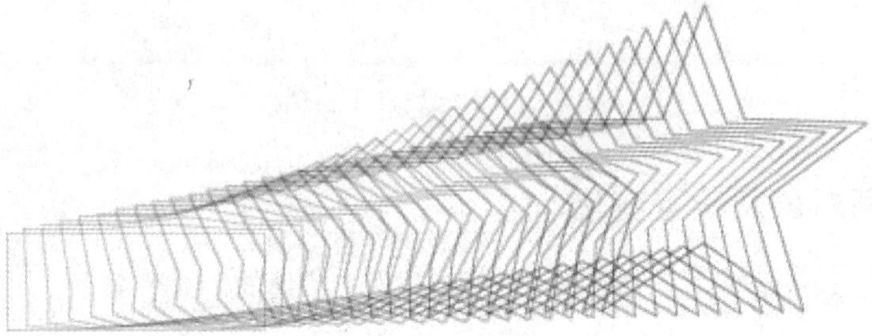

图 8-52　利用绘图纸外观显示动画的轨迹

8.5.5 发布动画

发布动画是指将 Flash 动画创建为能用 Flash 播放器播放的.swf 文件格式，或根据需要生成 HTML 文件、.exe 文件，从而可通过浏览器播放动画或在操作系统中直接播放动画。

执行【文件】→【发布设置】命令，在随后出现的【发布设置】对话框中选择发布文件的类型，选择的类型不同，出现的选项卡也不同，选择.swf 格式出现的【Flash】选项卡的【发布设置】对话框，如图 8-53 所示。

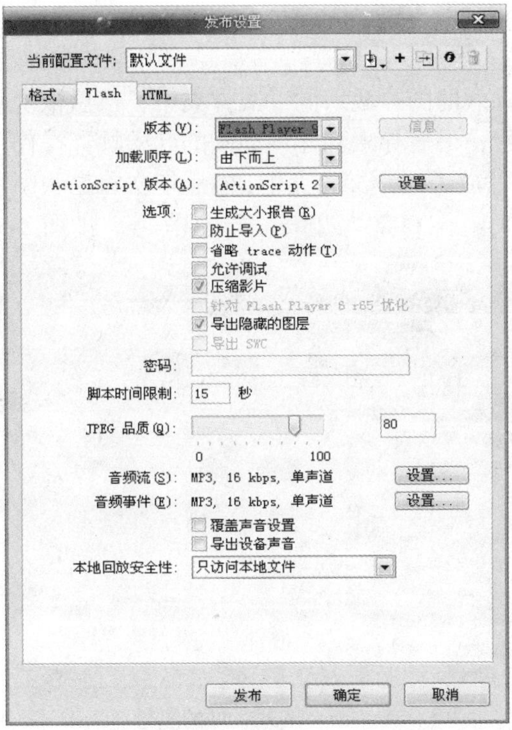

图 8-53　【Flash】选项卡的【发布设置】对话框

8.6 Flash 基本类型动画的制作方法

8.6.1　逐帧动画的制作

逐帧动画的每一幅画面均是由关键帧构成。图 8-54 所示是一个逐帧动画的时间轴示意，通过此图可以看到连续的画面都是关键帧。

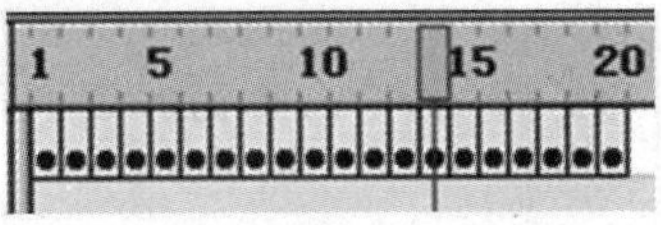

图 8-54　逐帧动画的时间轴

逐帧动画可以使用绘图工具在每一帧中绘制，也可以从外部逐帧导入图片。

这里就不演示逐帧绘制画面的逐帧动画，下面介绍从外部导入图片的两种逐帧动画制作方法。

1. 逐帧动画方法一

这种方法是先建立连续空白关键帧，再逐帧从外部导入图片，操作步骤如下。

（1）先选中第 1 帧，接着按住 Shift 键选定逐帧动画的最后 1 帧后点击鼠标右键，在弹出的快捷菜单中选择【转换为关键帧（Convert to Key frames）】命令，将所有选中的帧都转换成空白关键帧。

（2）逐次选中每一空白关键帧，执行菜单命令【文件】→【导入】→【导入到库】（或

【导入的舞台】)，从预定的目标位置导入图片。

2. 逐帧动画方法二

这种方法是先将准备导入的图片放入同一文件夹中，然后依次将这些图片文件取同一文件名且加上图片出现的序号，最后导入到逐帧动画的起始帧，操作步骤如下。

（1）将准备导入的图片放入同一文件夹中，然后依次将这些图片文件取同一文件名且加上图片出现的序号，如“001”、“002”、“003”、“004”等，如图 8-55 所示。

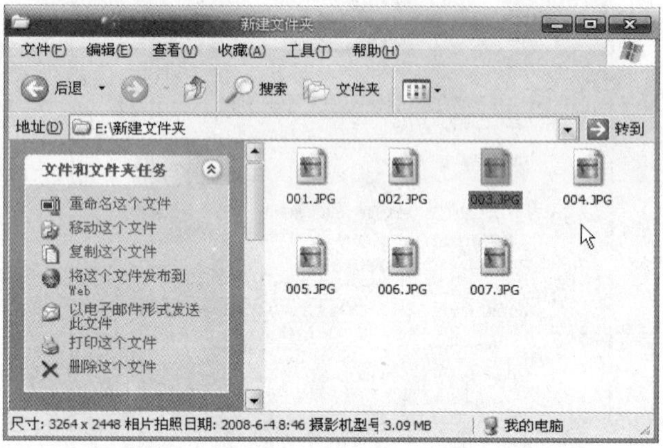

图 8-55　图片文件的序号

（2）在 Flash CS3 的时间轴中，选定准备插入逐帧动画的起始帧，执行菜单命令【文件】→【导入】→【导入的舞台】，从预定的文件夹中导入图片，此时系统会弹出一个如图 8-56 所示的对话框。

图 8-56　询问是否输入全部图像序列的对话框

（3）在图 8-56 所示的对话框中选定【是】，系统将按序号导入所有的图片形成逐帧动画，完成这部分的逐帧动画制作。

8.6.2　形状补间动画的制作

对象形状逐渐改变的动画称为形状补间动画。在形状补间动画中，对象的位置可以移动，对象的颜色可以改变，但这种变化是以矢量图形对象为动画主角。

舞台上的矢量图形，在没有转化为素材库中的元件之前，只是普通的图形，因此只能用来制作形状补间动画，不能用来制作动画补间动画。

1. 形状补间动画

形状补间动画发生在两个不同形状的矢量图形之间，只要在两个关键帧上绘制不同的图形就可以了。

实例一：燃烧的蜡烛。

（1）运行 Flash CS3，新建的一个 Flash 文件，保存文件名为“燃烧的蜡烛”。

（2）先在工具箱中选择矩形工具按钮，接着在颜色选项栏选定描绘颜色工具，再点击下面的没有颜色按钮，随后在舞台上绘出一个没有轮廓线的矩形。

（3）执行菜单命令【窗口】→【颜色】，打开调色板面板。选择【线性】填充方式，在色彩区域调整区设定左侧为白色，右侧为深红色，如图 8-57 所示。设置完成后关闭窗口。

（4）选择工具箱的填充工具，在矩形中心单击，完成线性填充。

（5）为矩形所在图层取名为【蜡烛】，然后中第 60 帧点击鼠标右键，从快捷菜单中选择【插入帧（Insert Frame）】命令。这是为了使静止的蜡烛图像作为背景一直保持在场景中。

（6）点击时间轴左侧插入图层按钮，新建一个图层，取名为“火焰”。

（7）在“火焰”图层第 1 帧，先在工具箱中选择椭圆工具按钮，接着在颜色选项栏选定描绘颜色工具，再点击下面的没有颜色按钮，随后在舞台上绘出一个没有轮廓线的椭圆。

（8）再次执行菜单命令【窗口】→【颜色】，打开调色板面板。选择【放射状】填充方式，在色彩区域调整区设定左侧为白色，中间为红色，右侧为浅黄色，如图 8-58 所示。设置完成后关闭窗口。

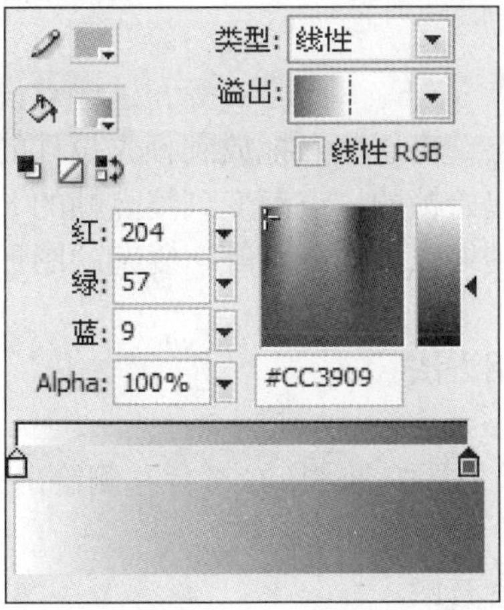

图 8-57 设置第（3）步的调色板

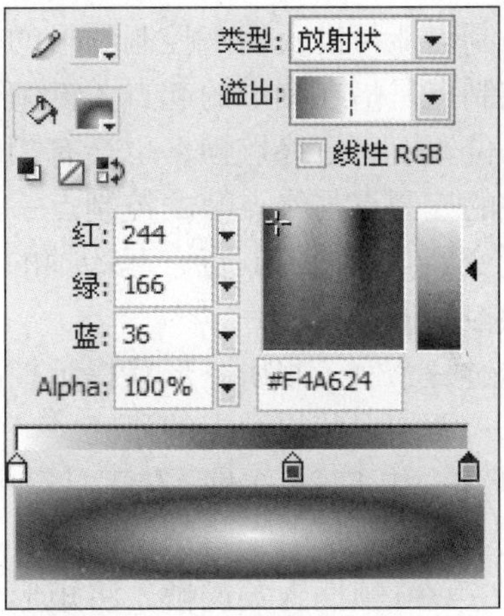

图 8-58 设置第（8）步的调色板

（9）选择工具箱的填充工具，在椭圆下端单击，完成径向填充。再用工具编辑椭圆，使之成为火焰状。

（10）分别在“火焰”图层的第 15 帧、第 30 帧、第 45 帧、第 60 帧插入关键帧，并对每一帧的火焰形状进行修改，如图 8-59 所示。

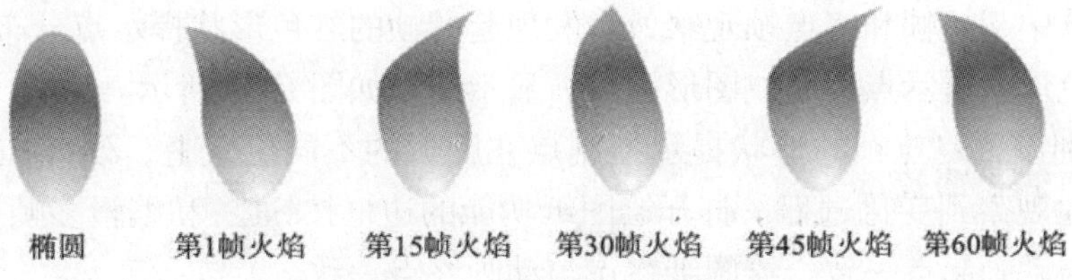

图 8-59 各关键帧的火焰形状

（11）分别选定【火焰】图层的第 15 帧、第 30 帧、第 45 帧后，展开【属性】面板。在选项【补间】栏下拉列表中选择【形状】，依次形成形状补间动画。

（12）再次保存文件，按 Ctrl+Enter 组合键测试影片并输出一个同名的 Flash 电影。通过动画展示窗口可以看到蜡烛的火焰在微风中摇曳。

如果在这个实例中选择黑色作为背景，可以得到更真实的效果。

通过上面这个例子，可以看到要设计燃烧的酒精灯、篝火等都可以如法炮制。它还给我们一个启示：凡是要制作一个动态的图形在静止的背景中变化，可以将它们分别放在动态图层和静止图层之中以作对比，这样便于编辑修改。

2. 颜色变化的形状补间动画

在 Flash CS3 中，颜色变化的形状补间动画在制作上与普通形状补间动画没有什么差异，只要在动画的起始帧图形与终点帧图形上设定不同的颜色即可。无论起始帧图形颜色与终点帧图形颜色有什么差别，也不管填充颜色采用的是纯色填充还是渐变填充（即线性填充或放射状填充），计算机都会自动完成这种颜色变化的动画。

3. 添加形状提示控制点的形状补间动画

有时候在形状补间动画中设定起始图形和终点图形，在测试结果的影片中，动画确实是由起始图形变成终点图形，但我们却感觉失望，这是为什么呢？这是因为我们有时不仅要求图形变化由起始图形变成终端图形，同时还希望变化过程能按我们的设计进行。这时，运用形状提示控制点能帮助我们来控制图形的变化过程。

形状控制点是指在图形的起点关键帧设定控制点 a、b、c、d、e 等，这些点设置在图形的某些重要位置上。在终点帧，也会有相应的控制点，将这些点拖放到预先设计的特定位置上。起始帧的控制点与终点帧的控制点一一对应：起始帧的 a 点渐变到终点帧的 a 点，起始帧的 b 点渐变到终点帧的 b 点，起始帧的 c 点渐变到终点帧的 c 点等，复杂的图形变化也能在控制点的控制下进行。

下面通过一个例子来研究形状提示控制点的使用方法。

实例二：添加形状提示点的研究

（1）新建一个 Flash 文件，在工具箱中选择矩形工具按钮，在舞台左侧绘出一个矩形，去掉填充色。

（2）在第 30 帧插入关键帧，将矩形拖放到舞台右侧。

（3）选定第 1 帧，展开【属性】面板。在选项【补间】栏下拉列表中选择【形状】。

（4）按 Ctrl+Enter 组合键测试影片，可以看到图形补间动画已经成功。

下面是研究形状提示控制点的使用。

（5）选定第 1 帧，执行菜单命令【修改】→【形状】→【添加形状提示】，会在矩形中央出现一个红色的 a 点。接着按 Ctrl+Shift+H 组合键多次，会依次出现控制点 b、c、d。将这些点按顺序拖放到四个角上。

此时分别选中起始帧和终点帧观察，会发现起始帧的红色形状提示点分布在四个角上，而终点帧的红色形状提示点还叠放图形中央。显示结果如图 8-60 所示。

下面将分别设置终点帧的形状提示控制点在图形的不同位置上，研究控制点的控制效果。为了清晰地观察到变化过程，打开绘图纸功能的边框按钮和编辑多帧按钮，并设置绘图纸起点与动画起点一致、绘图纸终点与动画终点一致。

图 8-60 起始帧和终点帧形状控制点

（6）设置终点帧形状提示控制点的位置与起点帧的形状提示控制点相同，按 Enter 键，运行结果如图 8-61 所示。

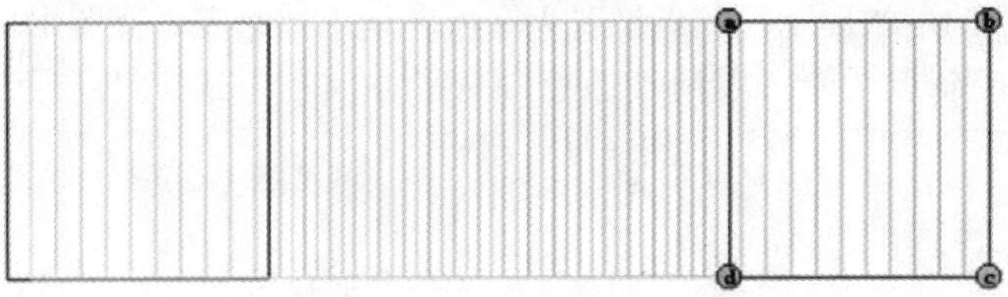

图 8-61 终点帧与起点帧的形状提示控制点位置相同的动画

（7）设置终点帧每一个形状提示控制点的位置依次逆时针移动一个角，按 Enter 键，运行结果如图 8-62 所示，可以清晰地看到图形逆时针逐渐变化。

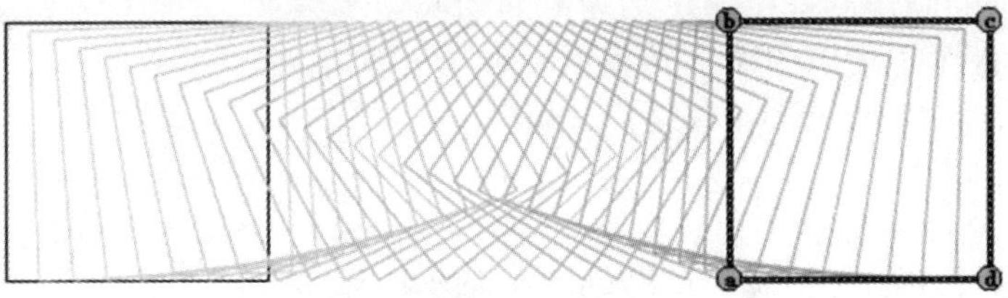

图 8-62 图形逆时针逐渐变化

（8）相对于步骤（6），设置终点帧的 a 点和 c 点到对角线的角上（即交换两个点的位置），按 Enter 键，运行结果如图 8-63 所示。读者可以清晰地看到图形绕 bd 对角线进行翻转。

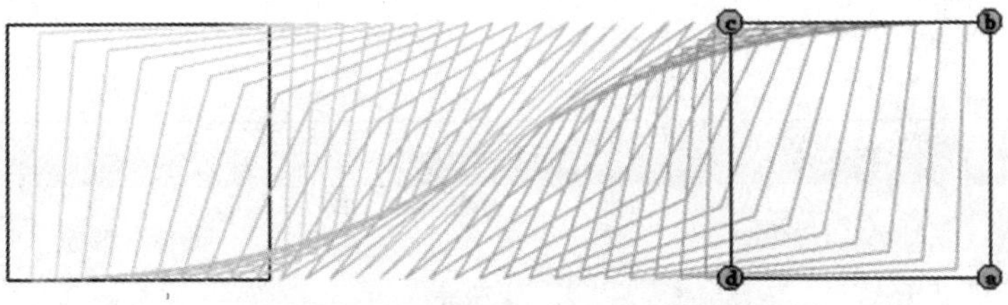

图 8-63 图形绕 bd 对角线进行翻转

（9）相对于步骤（6），设置终点帧各形状提示控制点到对角，按 Enter 键，运行结果如图 8-64 所示。

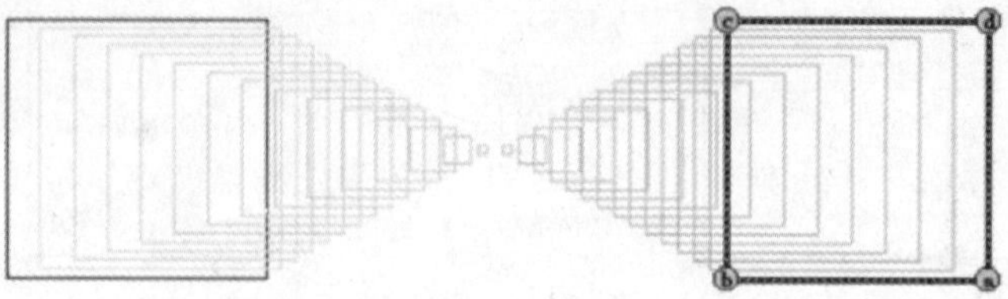

图 8-64 终点帧各形状提示控制点到对角

关于形状提示控制点，还有两点要说明：Flash CS3 的形状控制点共有 26 个，即从英文字母 a~z。一般情况下，无论怎样复杂的图形变化都能够控制。

在起始帧和终点帧的形状提示控制点设置完毕时，起始关键帧的变形提示控制点呈现为黄色，而终点关键帧中的形状提示控制点呈现为绿色，如果控制点不在图形曲线上，则呈现红色。

利用形状提示控制点功能可以精确地控制变形方向和方式，并使变形效果趋于平滑。具体的效果和妙用还需要读者在实际应用中认真琢磨。

8.6.3 动画补间动画的制作

动画补间动画是 Flash 动画中的主力军，大量的 Flash 创作作品，大多以动画补间动画为主。

1. 动画补间动画基本操作过程

动画补间动画与形状补间动画的最大不同在于动画的对象：动画补间动画的动画对象是元件，形状补间动画的动画对象是矢量图形。因此，凡是需要制作动画补间动画时，必须先确认动画对象已是元件。

动画补间动画的制作过程可以总结为下面的操作步骤：

（1）建立元件（也可以由图形转换成元件）。

（2）设定动画的起始关键帧和终点关键帧。

（3）设定动画动作。

（4）设定动画效果。

下面以一个最简单的实例说明这种动画的基本操作步骤。

（1）运行 Flash CS3，新建一个文件。

（2）选择矩形工具，在舞台左侧绘制一个矩形。接着使用箭头工具选择这个矩形，执行菜单命令【修改（Modify）】→【转换为元件（Convert to Symbol）】，随后在【转换为元件】对话框中选择【图形】类型，为元件取名为“矩形”，如图 8-65 所示。最后点击【确定】按钮关闭对话框。此时矩形中央出现一个符号⊕（表示元件中心），矩形周围出现一个淡蓝色的边框，这说明矩形已经转换成元件。

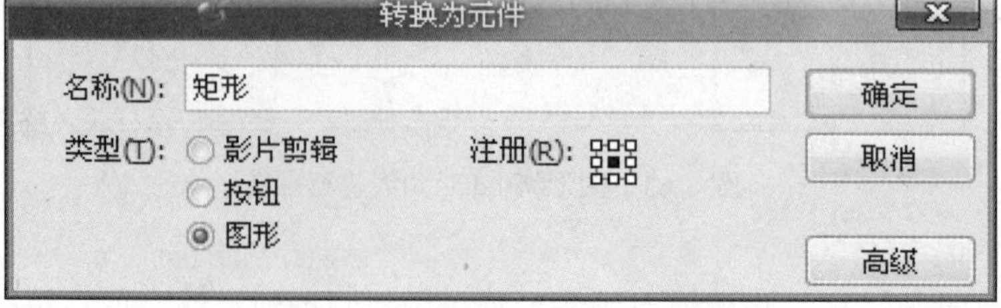

图 8-65 【转换为元件】对话框

（3）在第 30 帧点击鼠标右键，从快捷菜单中选择【插入关键帧】。

（4）选定第 1 帧点击鼠标右键，从快捷菜单的最上面选择【创建补间动画（Create Motion Tween）】命令。此时时间轴上起始关键帧与终点关键帧之间呈现淡蓝色，有一箭头由起始关键帧指向终点关键帧。

（5）按 Ctrl+Enter 组合键测试影片——一个最简单的动画补间动画已经完成，后面就可以为动画加各种效果。

导入 GIF 动画作为影片剪辑元件，能够得到更有趣味的动画补间动画。

实例三：走动的小公鸡。

（1）运行 Flash CS3，新建一个文件。

（2）选择矩形工具，在舞台下方绘制出一个矩形，这个矩形将作为地面的背景存在。双击该图层名称栏，为此图层取名为【地面】。

（3）选择第 50 帧点击鼠标右键，从快捷菜单中选择【插入帧（Insert Frame）】。这一操作步骤是为了使地面背景从第 1 帧延伸到动画结束（动画共 50 帧）。

（4）执行菜单命令【插入】→【新建元件（Convert to Symbol）】，随后在【创建新元件】对话框中选择【影片剪辑】类型，为元件取名为“公鸡”，如图 8-66 所示。最后点击【确定】按钮，关闭对话框，进入元件编辑窗口。

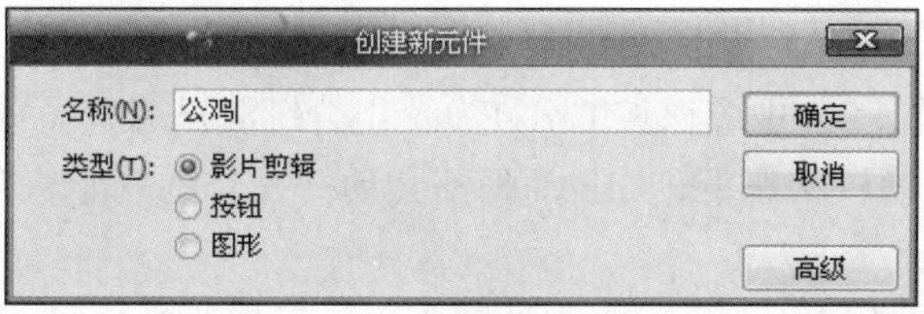

图 8-66　新建“公鸡”元件

（5）在元件编辑窗口中，执行菜单命令【文件】→【导入】，从外部导入预先准备好的 GIF 动画，在素材编辑窗口的时间轴上呈现出逐帧动画，如图 8-67 所示。

图 8-67　时间轴上呈现出逐帧动画

（6）点击素材编辑窗口时间轴下方的【场景 1】，回到主场景中来。

（7）新建一个图层，取名为【公鸡】。选定第 1 帧，执行菜单命令【窗口】→【库】，打开元件库窗口，从元件库中拖放影片剪辑元件“公鸡”到舞台上，调整初始位置在舞台右侧的地面上。

（8）选择第 50 帧并点击鼠标右键，从快捷菜单中选择【插入关键帧】。接着在该帧将公鸡拖放到舞台左侧的地面上，使得在动画移动过程中，公鸡从右侧走到左侧。

（9）按 Ctrl+Enter 组合键测试影片，我们将看见小公鸡神气活现地从地面上走过去，如图 8-68 所示。

图 8-68　测试影片的效果

强调指出，在步骤（9）中应该按 Ctrl+Enter 组合键测试影片。如果只按 Enter 键检验效果，此时 Flash 动画在播放状态下，GIF 动画不会动——公鸡只能从右侧滑向左侧！

2. 旋转效果的动画

如果已经完成动画补间动画，再要为动画添加效果就非常容易。以前面制作的简单动画为基础，接着添加旋转效果。

实例四：旋转的矩形

（1）选择【插入】→【新建元件】，随后在【创建新元件】对话框中选择【影片剪辑】类型，为元件取名为“矩形”。

（2）在元件编辑窗口画一个矩形，然后回到主场景。

（3）将元件“矩形”从库中拖放到舞台上，选择第 20 帧，按【F6】键插入一个关键帧。

（4）选定第 1 帧，展开属性面板。从面板中设定补间类型为【动画】，设定旋转方向和旋转次数，如图 8-69 所示。

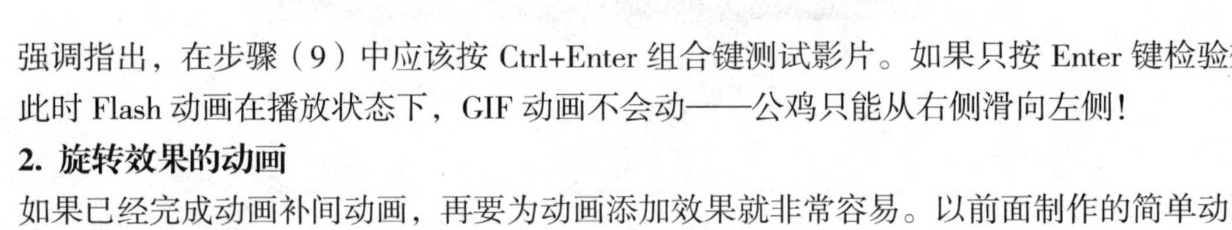

图 8-69　设定旋转方向和旋转次数

为了清楚地看到旋转过程，打开绘图纸功能的边框按钮和编辑多帧按钮，最后按 Ctrl+Enter 组合键测试影片，将看到矩形旋转效果，如图 8-70 所示。

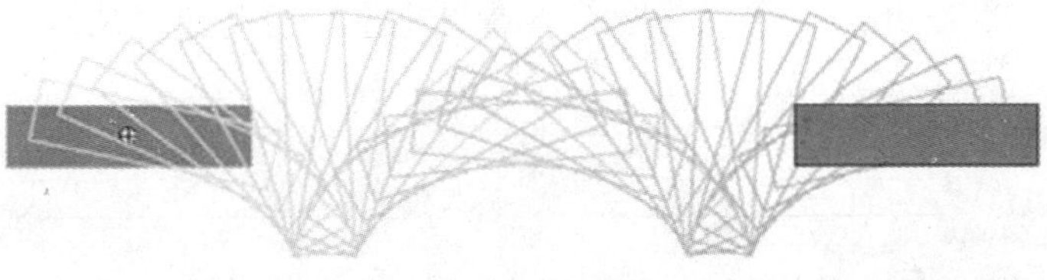

图 8-70　矩形旋转效果

3. 改变速度的动画补间动画

在不作设定的情况下，动画对象的运动是匀速运动。我们可以使动画对象运动越来越快或者越来越慢，就需要设置对象的属性。

下面设计一辆小汽车水平运动时，速度减慢到逐渐停止下来。

实例五：减速停车。

（1）运行 Flash CS3，新建一个文件。

（2）选择矩形工具，在舞台下方绘制出一个矩形，这个矩形将作为地面的背景存在。双击该图层名称栏，为此图层取名为【地面】。

（3）选择第 40 帧并点击鼠标右键，从快捷菜单中选择【插入帧（Insert Frame）】，使地面背景从第 1 帧延伸到动画结束（动画共 40 帧）。

（4）执行菜单命令【插入】→【新建元件（Convert to Symbol）】，随后在【创建新元件】对话框中选择【影片剪辑】，为元件取名为“小汽车”，最后点击【确定】关闭对话框。

（5）在元件编辑窗口中，执行菜单命令【文件】→【导入】→【导入到舞台】，从外部导入预先准备好的 GIF 动画，在素材编辑窗口的时间轴上呈现出逐帧动画。

（6）点击素材编辑窗口时间轴下方的【场景 1】，回到主场景中来。

（7）新建一个图层，取名为【汽车】。选定第 1 帧，执行菜单命令【窗口】→【库】，打开元件库窗口，从元件库中拖放影片剪辑元件“小汽车”到舞台上，调整初始位置在舞台右侧的地面上。

（8）选择第 40 帧并点击鼠标右键，从快捷菜单中选择【插入关键帧】。接着在该帧将小汽车拖放到舞台左侧的地面上，使得在动画移动过程中，汽车从右侧运动到左侧并停下来。

（9）选定【汽车】图层第 1 帧，在【属性】面板【补间】栏先选择【动画】，再在【缓动】栏点击右侧按钮显现出滑杆与指针。

用鼠标拖动指针可以使指针上下滑动：指针滑向上方，物体运动越来越慢；指针滑向下方，物体运动越来越快。

在这个示例中，我们将指针滑向上方，使小汽车减速运动并停下来，如图 8-71 所示。设置完毕后关闭属性面板回到舞台上。

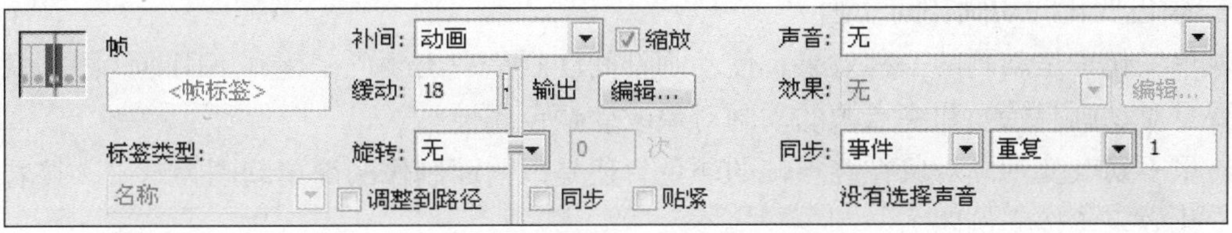

图 8-71　将指针滑向上方改变速度

（10）按 Ctrl+Enter 组合键测试影片，将看见小汽车运动速度减慢并最后停止运动，如图 8-72 所示。

图 8-72　动画效果

4. 改变大小的动画补间动画

动画对象在动画补间过程中可以改变大小，这种操作也称为缩放对象的动画补间动画。

实例六：回家的小公鸡。

（1）运行 Flash CS3，新建一个文件。

（2）执行菜单命令【文件】→【导入】→【导入到舞台】，从预先准备的文件夹中导入一幅有山、水、房子、树木的图片作为动画背景。调整图片的大小和位置，然后双击该图层名称栏，取名为【背景】。

（3）在【背景】图层中选择第 20 帧并点击鼠标右键，从快捷菜单中选择【插入帧（Insert Frame）】，使背景从第 1 帧延伸到动画结束。

（4）执行菜单命令【插入】→【新建元件】，随后在【创建新元件】对话框中选择【影片剪辑】素材，为元件取名为"公鸡"。

（5）在元件编辑窗口中，执行菜单命令【文件】→【导入】→【导入到舞台】，从外部导入预先准备好的小公鸡 GIF 动画。点击时间轴下方的【场景 1】，回到主场景中来。

（6）新建一个图层，取名为【公鸡】。选定第 1 帧，执行菜单命令【窗口】→【库】，打开元件库窗口，从元件库中拖放影片剪辑元件 "公鸡"到舞台上，调整初始位置在舞台右侧。

（7）选择【公鸡】图层第 20 帧并点击鼠标右键，从快捷菜单中选择【插入关键帧】。接着在该帧将公鸡拖放到图片中小房子的门口，使用自由转换工具，改变小公鸡的大小，使得小公鸡能走进小房子的门。

（8）选定第 1 帧并点击鼠标右键，从快捷菜单的最上面选择【创建补间动画（Create Motion Tween）】命令。

（9）为了清楚地看到动画对象的大小变化过程，打开绘图纸功能的绘图纸外观按钮和编辑多帧按钮。按 Ctrl+Enter 组合键测试影片，将看见小公鸡向小房子走去，体形越来越小（似乎越走越远），最后走进小房子，如图 8-73 所示。

5. 颜色变化的动画补间动画

颜色变化也是动画的一种效果，使动画补间动画呈现出颜色变化并不困难。添加颜色效果主要是对动画起始帧和终点帧的动画对象改变颜色属性。

这里不妨改变动画对象在终点帧的颜色。还是以前面制作的简单动画为基础，接着添加颜色变化效果（按实例四）。

图 8-73　小公鸡向小房子走去

（1）选中第 20 帧并选中舞台上的矩形对象，在属性面板右方选择颜色列表中的【色调】，接着打开调色板，选定一种不同于起始帧对象的颜色，如图 8-74 所示。

图 8-74　选定一种不同于起始帧对象的颜色

（2）按 Ctrl+Enter 组合键测试影片，可以看到矩形在动画过程中颜色逐渐改变，直到改变成终点帧对象的颜色。

6. 淡入淡出效果的动画

当动画对象登上舞台时，由淡淡的看不见到逐渐显示清晰，这种效果称为淡入效果；当动画对象退出舞台时，由清晰可见经逐渐淡化直到完全无影无踪，这种效果称为淡出效果。淡入淡出效果能够充分展示 Flash 的魅力：动画对象逐渐由无到有，从淡淡的形象到鲜艳的色彩；完成舞台表演后，又逐渐淡化直到消失。

淡入淡出效果只能产生在图形、图像、文字等元件对象上，因此只有在动画补间动画中才有效。

下面以文字元件为例，来讨论淡入淡出效果的制作过程。

实例七：淡入淡出效果。

（1）运行 Flash CS3，新建一个文件。

（2）运用文字工具 T，在舞台上输入文字“淡入淡出”。选中文字（文字周围会显示淡蓝色的线框），执行菜单命令【修改】→【转换为元件】，随后在【转换为元件】对话框中选择【图形】，为元件取名为“文字”并确定。

（3）分别在第 20 帧、40 帧、60 帧插入关键帧，并分别选定第 1 帧和第 40 帧后点击鼠标右键，从快捷菜单中选择【创建补间动画】，时间轴显示如图 8-75 所示。

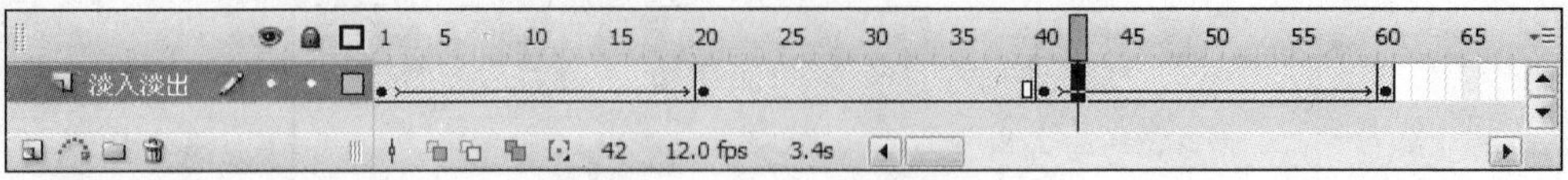

图 8-75　时间轴

（4）在动画关键帧，设定如下：

选定第 1 帧，将文字拖放到舞台右边的台下；

选定第 20 帧，将文字拖放到舞台中央；

选定第 60 帧，将文字拖放到舞台左边的台下；

选定第 20 帧后点击复制按钮，对第 20 帧内容进行复制。接着选定第 40 帧，删除该帧内容，再执行菜单命令【编辑】→【粘贴到当前位置】，这样使第 20 帧与第 40 帧中的文字都在相同位置上。

（5）选定第 1 帧并点击鼠标右键，从快捷菜单的最上面选择【创建补间动画】命令。

下面开始设置淡入与淡出效果了。

（6）在第 1 帧，选中“淡入淡出”文字元件后，展开元件属性面板。在【颜色】栏列表中选择【Alpha】，确认滑杆指针在最下端，栏中显示为【0%】，如图 8-76 所示，最后关闭属性面板。由于第 1 帧是文字进入舞台的起始关键帧，因此这里实际上已完成了淡入效果的设置。

图 8-76　设置【Alpha】

（7）在第 60 帧，同步骤（6）一样操作，完成文字的淡出效果。

（8）按 Ctrl+Enter 组合键测试影片，体会淡入淡出的效果。

7. 自定义路径的动画

在动画补间动画中，动画对象在起始帧处于某一位置，在终点帧可能在另一位置上（也可以位置不变而改变对象的属性）。如果不设定对象运动的路径，对象从起点到终点的运动将是直线运动。很多动画必须根据实际情况使得对象沿设计者指定的路径运动，怎么办呢？引导层可以满足这个要求。

使用引导层先必须了解以下几点：引导层只能对动画补间动画起定义移动路径的作用，对形状补间动画不起作用（因为形状补间动画不能自定义移动路径）；一个动画图层只能添加一个引导层；引导层的线条、文字等各种内容在影片输出时将不会显示出来。

使用引导层操作步骤如下。

（1）先设定动画。

对于动画对象，必须事先将其转换成元件（或预先建立图形动画元件），再设定好动画的起始帧和终点帧。

（2）绘制引导层的路径线条。

引导层是用来绘制自定义动画移动路径的。路径的绘制最好使用铅笔工具或线条工具，绘制出草图之后再使用其他工具进行修改。绘制线条的颜色可以任意挑选，因为播放动画时路径是隐藏的，不会显示任何线条。

（3）建立图层属性为引导层。

如果在已完成动画图层的上面建立引导层，只需要在时间轴上点击添加引导图层按钮，在动画图层上面将建立一个新图层，在此图层上绘制的线条就是下面一个图层中动画的引导线。

如果开始绘制路径线条的图层是普通图层，那么就必须建立图层属性为引导层。操作方法是：在该图层名称栏点击鼠标右键，从快捷菜单中选择【引导层（Guide）】命令。只是还未确定引导层的引导对象之前，该图层名称栏的图标为；等到确定引导层的引导对象之后，该图层名称栏的图标会自动变成。

（4）让动画对象在起始帧和终点帧贴齐路径。

在动画的起始帧，要设定动画对象与路径线条上的某一点贴齐；在动画的终点帧，也要设定动画对象与路径线条终点贴齐。播放动画时，动画对象将从起始帧的引导线所在位置运动到终点帧的引导线和所在位置。

要让动画对象在起始帧与终点帧贴齐路径，最好先确认工具栏中贴紧对象按钮已选中，这样可以确保对象很容易贴齐路径线条。

下面以一个实际例子进行操作练习。

实例八：飞翔的小鸟。

（1）运行 Flash CS3，新建一个文件。

（2）执行菜单命令【插入】→【新建元件】，随后在【创建新元件】对话框中选择【影片剪辑】，为元件取名为“小鸟”。

（3）在元件编辑窗口中，执行菜单命令【文件】→【导入】→【导入到舞台】，从外部导入预先准备好的小鸟 GIF 动画。点击时间轴下方的【场景 1】，回到主场景中来。

（4）新建一个图层，取名为【小鸟】。选定第 1 帧，执行菜单命令【窗口】→【库】，打开元件库窗口，从元件库中拖放影片剪辑元件“小鸟”到舞台上。

（5）选择第 30 帧点击鼠标右键，从快捷菜单中选择【插入关键帧】。

（6）选定第 1 帧并点击鼠标右键，从快捷菜单的最上面选择【创建补间动画】命令。到此已完成了动画的设定。

（7）在时间轴上点击添加引导图层按钮，在【小鸟】图层上面新建一个引导层，该图层名称栏的图标是。在此图层绘制一根线条，作为小鸟的运动路径。用箭头工具修改线条成曲线。

（8）确认工具栏中贴紧对象按钮已选中后，选择【小鸟】图层第 1 帧，用鼠标拖动小鸟到线条起点释放（注意让中心标记⊕贴齐路径线条的起点），如图 8-77 所示。

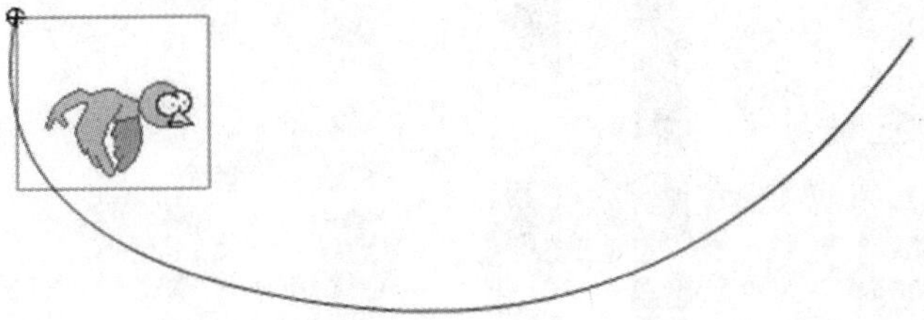

图 8-77　中心标记⊕贴齐路径线条的起点

（9）接着选择【小鸟】图层第 30 帧，用鼠标拖动小鸟到线条终点释放（注意让中心标记⊕贴齐路径线条的终点），如图 8-78 所示。

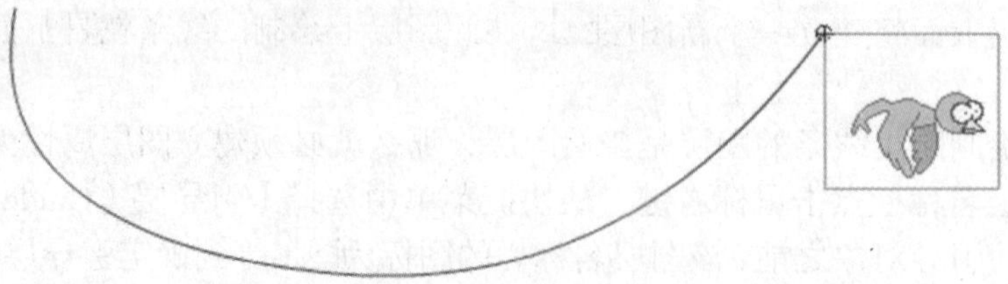

图 8-78　中心标记⊕贴齐路径线条的终点

（10）按 Ctrl+Enter 组合键测试影片，检查小鸟是否按照路径飞行。

8. 遮罩功能的动画

（1）遮罩概述。

Flash 动画有一项神奇的功能——遮罩功能。

先来认识一下遮罩：建立两个图层，一个图层导入一幅风景图片，在风景图层上面建立另一图层，在上面图层仅绘制几个矩形，按 Ctrl+Enter 组合键可以看到上面图层的矩形遮挡了下面图层的风景图片，如图 8-79 所示。

图 8-79　上面图层的矩形遮挡了下面图层的风景图片

接着回到舞台上，在上面图层名称栏点击鼠标右键，从快捷菜单中选择【遮蔽（Mask）】，此时上面图层的图标变成▩，表示遮罩图层；下面图层的图标变成▨，表示此图层为被遮罩图层。按 Ctrl+Enter 组合键后，看到的效果如图 8-80 所示。

图 8-80　遮罩效果

遮罩显示内容由遮罩图层的矢量图形的形状决定：在遮罩图层中没有矢量图形的位置，下面图层的图片内容将被隐蔽起来；在遮罩图层中有矢量图形的位置，下面图层的图片内容将显示出来——这就是遮罩功能。

（2）遮罩动画注意事项。

遮罩图层中图形的颜色对遮罩没有影响，即矢量图形是白色或红色，遮罩效果都是一样的。

静止图层可以作为遮罩图层，动画图层也可以作为遮罩图层。同理，静止图层可以作为被遮罩图层，动画图层也可以作为被遮罩图层。

遮罩效果在动画模式下是无法显示出来的，只有在动画播放（即按 Ctrl+Enter 组合键）时才能显示出来。

（3）动画图层作为遮罩图层。

下面以一个示例说明动画图层作为遮罩图层的效果。

实例九：探照灯效果

① 运行 Flash CS3，保存文件为“探照灯效果”。

② 在系统默认的图层上新建两个图层，共三个图层。最下面的图层取名为【底色】，中间图层命名为【文字】，最上面图层取名为【遮罩片】。

③ 执行菜单命令【修改】→【影片】，打开【影片属性】对话框。宽度不变，修改高度为 100 px；点击背景颜色的色块，设定背景颜色为黑色，其余不变，如图 8-81 所示。设定完毕后，点击【确定】按钮关闭对话框。

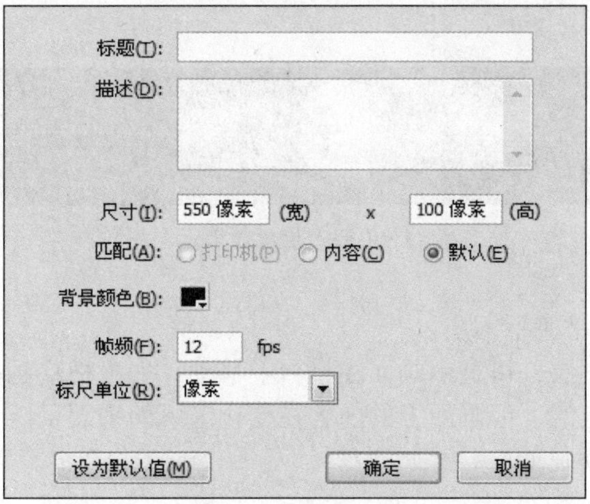

图 8-81　设置影片属性

④ 选中【文字】图层第 1 帧，输入文字“河南省许昌学院”。输入完毕后，选定文字，展开文字属性面板，改变文字大小至刚好布满整个舞台宽度，设置文字颜色为红色。选中本图层的第 40 帧，点击鼠标右键从快捷菜单中选择【插入帧】。

⑤ 选中【遮罩片】第 1 帧，绘制一个无线框的白颜色的圆形后，拖动圆形到文字的起始位置。确认选中圆形后执行菜单命令【修改】→【转换成元件】，将圆形转换成元件。选择第 40 帧并点击鼠标右键，从快捷菜单中选择【插入关键帧】。在第 40 帧，拖动圆形元件到文字

的右侧。

⑥ 再重新选定第 1 帧并点击鼠标右键，从快捷菜单的最上面选择【创建补间动画(Create Motion Tween)】命令。

⑦ 在【遮罩片】图层选定第 1 帧，再按住【Shift】键选定该图层第 40 帧的关键帧，选中全部帧格。在选定的帧格上点击鼠标右键，从快捷菜单中选择【复制帧（Copy Frames）】命令。

⑧ 选定【底色】图层第 1 帧并点击鼠标右键，执行快捷菜单命令【粘贴帧(Paste Frames)】，将【遮罩片】图层的内容全部复制到【底色】图层。

⑨ 选择【遮罩片】图层的名称栏，点击鼠标右键，从快捷菜单中选择【遮罩层（Mask）】命令。由于【遮罩片】图层在【文字】图层的上面，因而【遮罩片】图层的图标变成，表示为遮罩图层；下面【文字】图层的图标变成，表示文字图层为被遮罩图层。在各图层上取消，舞台上的效果如图 8-82 所示。

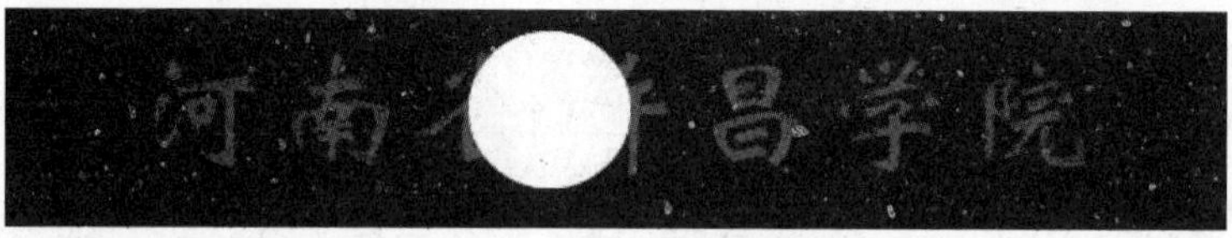

图 8-82　舞台上的效果

⑩ 按 Ctrl+Enter 组合键，可以看到白色的圆形像探照灯一样从文字上扫过。图 8-83 所示是其中一瞬间的显示效果。

图 8-83　显示效果

（4）动画图层作为被遮罩图层。

动画图层作为遮罩图层，可显示画面在舞台上移动。如果把动画图层作为被遮罩图层，看见的可显示画面是固定的，但画面上的内容在变化。下面来展示后者的动画效果。

实例十：狗身上的动画。

① 运行 Flash CS3，保存文件。

② 在系统默认的图层上新建一个图层，共两个图层。下面的图层取名为【运动层】，上面图层取名为【遮罩层】。

③ 选定【遮罩层】和第 1 帧，导入一幅狗的矢量图。在第 30 帧插入帧，使起点帧的静止画面延伸到此帧。

④ 选择【运动层】第 1 帧，连续导入三幅风景画，将风景画首尾相接并群组，对齐群组画面的首端在舞台上。在第 30 帧插入关键帧，移动画面的尾端在舞台上。再重新选定第 1 帧并点击鼠标右键，从快捷菜单的最上面选择【创建补间动画（Create Motion Tween）】命令，做成一个 30 帧的动画。

⑤ 选择【遮罩层】图层的名称栏，点击鼠标右键，从快捷菜单中选择【遮罩层（Mask）】命令。由于【遮罩层】图层在【运动层】图层的上面，因而【遮罩层】图层的图标变成▩，表示为遮罩图层；下面【运动层】图层的图标变成▨，表示群组图片为被遮罩图层。

⑥ 按【Ctrl+Enter】组合键，可以看到以狗身为显示窗口，风景图片在窗口中运动，效果如图 8-84 所示。

图 8-84 遮罩效果显示为狗

8.6.4 有声动画的制作

1. Flash CS3 中声音文件类型与格式

（1）Flash CS3 中声音文件类型。

Flash CS3 中有两种类型的声音：事件声音（Event Sounds）和流式声音（Stream Sounds）。

事件声音：事件声音在播放之前必须下载完全，它可以持续播放，直到被明确命令停止。

流式声音：流式声音在下载若干帧之后，只要数据足够，流式声音就可以开始播放。它还可以做到与网络上播放的时间轴同步。

事件声音与流式声音的区别是，事件声音一般作用在按钮或固定的动作上，只有在声音文件完全载入后才开始播放，并且直到有明确命令要它停止时才会停止播放，否则，事件声音会无限制地播放下去；而流式声音只要载入的前面几帧声音数据已经能够配合时间轴上动画的播放，就可以边下载边播放，这也是流式声音在网上能够流行的原因。流式声音一般作为动画的背景音乐使用，或者使用于不需要与场景内容很配合的情况。

（2）Flash CS3 中可以使用的声音文件格式。

在 Flash 作品中，可以给图形、按钮动作和动画等配上背景声音。从音效考虑，可以导入各种采样频率的声音格式文件。从减少文件大小方面考虑，可以导入 11 kHz、8 位声道的声音格式文件。

Flash CS3 可以导入使用的声音文件有：WAVE（仅可用于 Windows）、AIFF（仅可用于 Macintosh）、MP3（Windows 和 Macintosh 均可）

如果系统中已经安装了 QuickTime 4 或更新版本，则还可以导入以下格式：

WAVE（Windows 和 Macintosh 均可用）、AIFF（Windows 和 Macintosh 均可用）、Sound DesignerⅡ（仅可用于 Macintosh）、QuickTime 电影的声音（Windows 和 Macintosh 均可用）、

图 8-85　导入的声音自动加载到库中

Sun AU（Windows 和 Macintosh 均可用）、System 7 声音（仅可用于 Macintosh）。

2. 导入声音

导入声音的操作步骤如下：

（1）首先，为声音创建一个或多个图层。创建多个图层，可以同时播放多个声音。

（2）执行菜单命令【文件】→【导入】→【导入到库】，打开【导入】对话框，搜寻到目标声音文件后点击【打开】。

导入的声音会自动加载到库中，如图 8-85 所示。在库窗口中，选择声音素材后，点击窗口内的播放按钮，可以检验导入的声音效果。

（3）在图层中，设定好声音播放的起始关键帧。

（4）用鼠标拖曳库中的声音文件到舞台上，即可看到图层中显示出声音的波形，如图 8-86 所示。

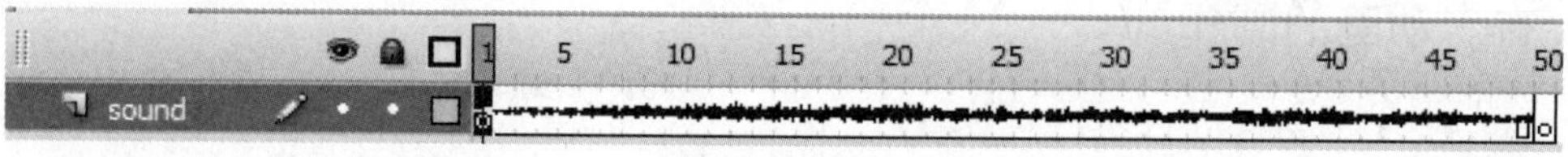

图 8-86　图层中显示出声音的波形

（5）用鼠标拖曳图层中的声音波形，可以调整它的位置，如图 8-87 所示。调整声音的位置能够使声音与动画同步播放。

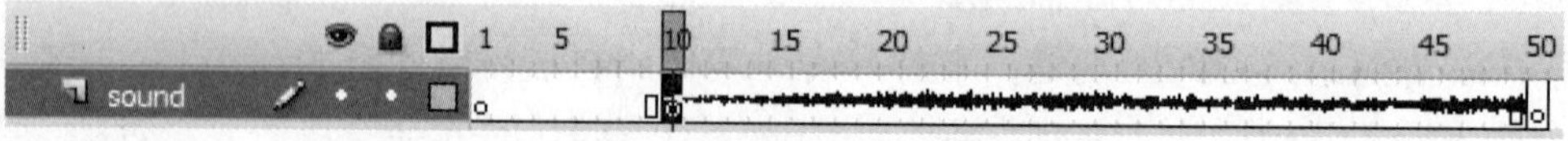

图 8-87　调整声音的位置

用同样的方法，也可将声音导入到按钮的各帧中，在按钮交互响应时发出交互声音。

3. 编辑声音

（1）声音属性面板。

前面已经介绍了将声音素材引入到舞台上的操作，这里介绍对于声音的编辑。

点击时间轴上声音图层的起始关键帧，展开属性面板，如图 8-88 所示。

图 8-88　声音属性面板

各选项作用如下。

【声音（Sound）】：原始声音文件的名称。

【效果（Effect）】：此列表框中列出了各种播放声音的效果选项。其中，

①【左声道（Left Channel）】：选择此项，声音只在左声道播放；

②【右声道（Right Channel）】：选择此项，声音只在右声道播放；

③【从左向右淡出（Fade Left to Right）】：选择此项，声音从左声道传到右声道；

④【从右向左淡出（Fade Right to Left）】：选择此项，声音从右声道传到左声道；

⑤【淡入（Fade In）】：选择此项，声音音量会逐渐增大；

⑥【淡出（Fade Out）】：选择此项，声音音量会逐渐减小；

⑦【自定（Custom）】：如果选择此项，用户可以在旁边的【编辑】按钮打开的声音编辑器中对声音的播放方式进行编辑；

【同步（Sync）】：利用同步列表框可以选择声音的同步方式，一共有四种声音的同步方式。

【事件（Event）】：选择此项后，即设置了事件方式，可使声音与某一事件同步，当动画播放到引入声音的帧时，开始播放声音，而且不受时间轴的限制，直到声音播放完毕，如果在【重复】文本框内输入了播放次数，则将按照给出的次数循环播放声音；

【开始（Start）】：选择此项后，即设置了声音的开始方式，当动画播放到导入声音的帧时，声音开始播放，如果声音播放中再次遇到导入的同一声音帧时，将继续播放该声音，而不播放再次导入的声音；

【停止（Stop）】：选择此项，即设置了声音的停止方式，用于停止声音播放的按钮；

【数据流（Stream）】：选择此项后，即设置了流方式，在此方式下，Flash将强制声音与动画同步，即当动画开始播放时，声音也随之播放，当动画停止时，声音也随之停止，在声音与动画同时在网上播放时，如果选择了此项，则Flash CS3将强迫动画以声音的下载速度来播放（声音下载速率慢于动画的下载速率时），或Flash CS3将强迫动画减少一些帧来匹配声音的速度（声音下载速率快于动画的下载速率时）。选择【事件】或【开始】选项后，播放的声音与截取声音无关，从声音的开始播放，选择【数据流】选项后，播放的声音与截取声音有关，只播放截取的声音；

【重复】：声音播放的循环次数。

（2）编辑声音。

在前面声音属性面板上单击【编辑】按钮，将打开【编辑封套】对话框，如图8-89所示。利用【编辑封套】对话框可以编辑声音。

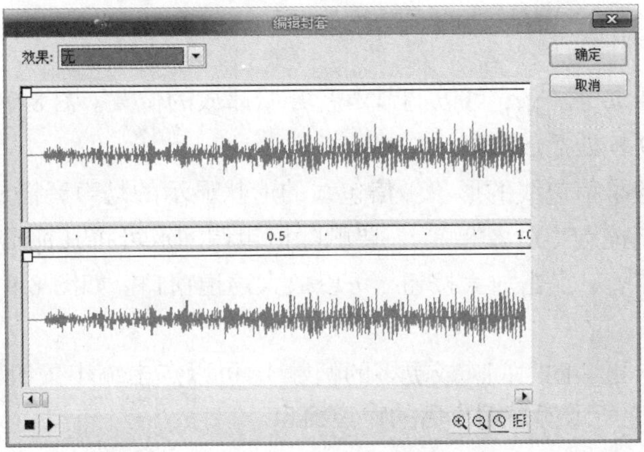

图8-89 【编辑封套】对话框

单击对话框左下角的播放按钮，可以播放编辑后的声音。单击停止按钮，可以使播放的声音停止。对于编辑好的声音，点击【确定】就关闭【编辑封套】对话框回到舞台上。

选择【效果】列表框，将看见声音效果列表栏有：【无（None）】、【左声道（Left Channel）】、【右声道（Right Channel）】、【从左向右淡出（Fade Left to Right）】、【从右向左淡出（Fade Right to Left）】、【淡入（Fade In）】、【淡出（Fade Out）】和【自定（Custom）】八个选项。这八个选项的作用请参看前一节的内容。

窗口的右下方有四个辅助选项按钮、、、。它们的作用分别如下。

【放大】：单击它，可以使声音波形在水平方向放大。

【缩小】：单击它，可以使声音波形在水平方向缩小。

【时间】：单击它，可以使声音波形显示窗口内水平轴为时间轴。

【帧数】：单击它，可以使声音波形显示窗口内水平轴为帧数轴，从而可以观察到该声音共占了多少帧。知道该声音共占了多少帧后，可以调整时间轴中声音帧的个数。

声音编辑的重要工具是信包调控点和信包线，如图 8-90 所示。

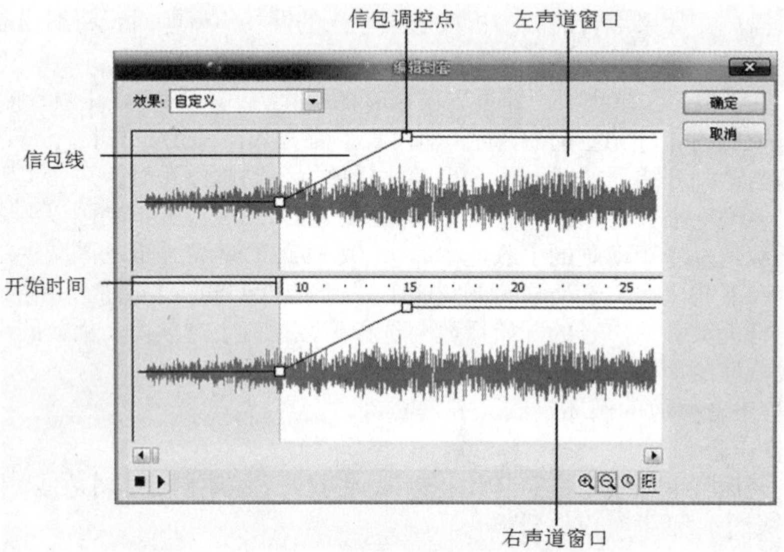

图 8-90　信包调控点和信包线

移动开始时间滑动分隔条，可以调节声音开始播放的位置。图 8-90 中的开始位置就是从原始声音文件头第 9 帧处播放声音。

信包调控点决定了信包线的形状。信包线的形状显示的是声音播放时的音量。单击信包线就可以创建信包调控点（最多 8 个），要删除信包调控点可将其拖出窗口。

若要精心调节声音，点击放大按钮可以放大声道窗口。如图 8-91 所示，就是放大声道后的声音编辑窗口。

若要显示声道上更多的时间（或更多的帧数），可以点击缩小按钮，将声音波形显示更多甚至全部。图 8-92 所示就是缩小后的声道窗口。

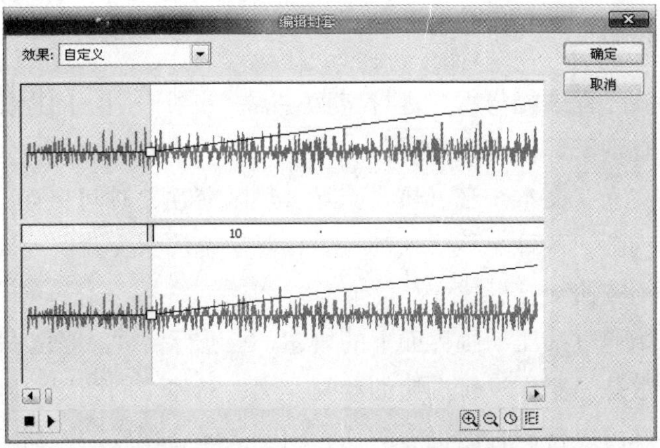

图 8-91　放大声道后的声音编辑窗口

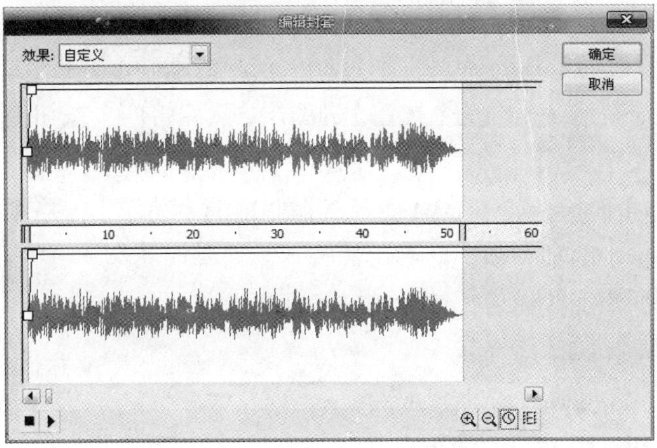

图 8-92　缩小后的声道窗口

调整信包调控点的位置，可以控制所播放声音的幅度。例如，调整信包调控点后的声音效果如图 8-93 所示。图 8-93 中显示的调整效果是：左声道从 0.5 s 处开始正常播放声音，从 1.0~1.5 s 时间段，声音音量逐渐减小到零，直到结束都是无声；右声道从 0.5 s 处开始播放，从 0.5~1.0 s 声音逐渐增大，至 1.0 s 结束，声音正常播放。

人们通常将声音开始播放时音量逐渐增大称为【淡入】效果，声音要结束播放时音量逐渐减小称为【淡出】效果。

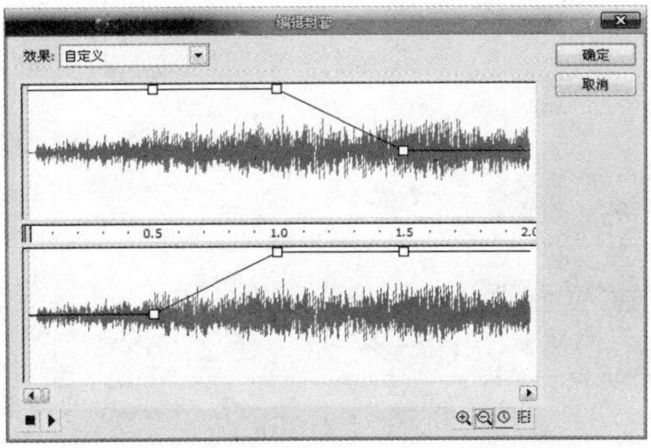

图 8-93　调整信包调控点后的声音效果

8.6.5 交互动画的制作

交互动画是指播放过程中能与用户进行交互对话，并根据用户的操作给予不同反馈的动画。交互是教学动画有别于其他动画的特色。

交互动画有按钮交互、文本交互、热物交互、热区交互、时间交互、事件交互、重试次数交互等形式。教学动画中各种交互形式都有，相对来说按钮交互实际应用较多，而且也容易实现，本书主要介绍按钮交互形式。

按钮交互动画是指通过按压动画界面上的按钮，能进行播放、停止、跳转等控制的动画。制作按钮交互动画通常是先制作没有按钮的动画，然后新建专门图层放置按钮元件，再对按钮设置动作。按钮元件可以自制，但更多的是利用公共库中现成的按钮。

如果要在一个包含三个场景的动画中设置四个交互按钮，分别表示停止■、继续播放▶、到结束停止⏭和从头重新播放⏮，则应该制作好按钮元件和三个场景（本例中分别为场景 1、场景 2 和场景 3，并假设场景 3 的最大帧数为 50）动画的基础上，按以下过程制作。

（1）进入场景 1，新建一个名为【按钮】的图层，然后将四个按钮拖放到该层的舞台上，并在每个按钮上加注文字。

（2）打开【动作】面板，如图 8-94 所示，在左边的【动作】窗格中找到合适的项目后，通过双击【动作】窗格中的某一项，向右边的脚本窗格添加动作。也可在【动作】面板的右边单击脚本窗格上方的添加按钮后，添加相应的动作。

给按钮⏮添加的动作脚本应为：

on（press）{gotoAndPlay（"场景 1",1）;}

给按钮■添加的动作脚本应为：

on（press）{stop（）;}

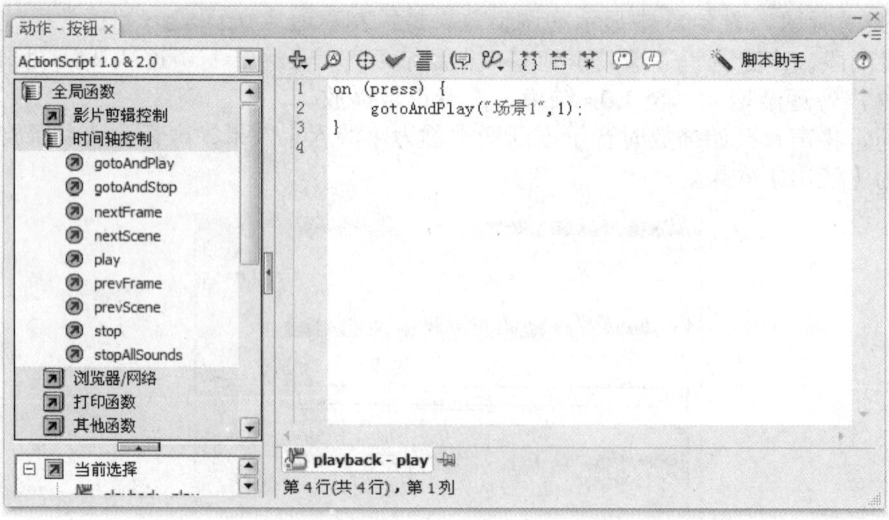

图 8-94 【动作】面板

给按钮添加的动作脚本应为：

on（press）{play（）;}

给按钮添加的动作脚本应为：

on（press）{gotoAndStop（"场景 3",50）;}

（3）复制场景 1 中【按钮】图层的第 1 帧，在场景 2 和场景 3 中各新建一图层，分别在第 1 帧执行【粘贴帧】。

Flash 的脚本语言（ActionScript 语言）非常丰富，充分利用它，可制作各式各样的动画。

8.7　Flash 动画的优化与发布

8.7.1　Flash 动画的优化

Flash 影片下载和回放时间取决于文件的大小。如果文件大小增加了，那么下载时间和回放的时间也会增加，因此对 Flash 影片的优化就显得非常重要。

1. 动画文件的优化

如果制作的 Flash 文件过大，常常会让网上的浏览者在不断等待中失去耐心，因此对 Flash 动画的优化非常必要，但前提是不能有损电影的播放质量。

（1）多使用元件。

如果 Flash 动画中的对象使用超过一次的，则应考虑将其转化为元件，重复使用元件不会使 Flash 动画文件明显增大，这是因为 Flash 文件只需存储一次元件的数据。

（2）尽量使用补间动画。

在 Flash 动画制作过程中，应该尽量使用补间动画，而避免使用逐帧动画，这是因为关键帧使用得越多，Flash 动画文件就会越大。

（3）多用实线，少用虚线。

在 Flash 动画制作过程中，应该尽量多使用实线，而少使用如短画线、虚线和波浪线等虚线。这是因为实线的线条构图最简单，使用实线将使文件更小。

（4）多用矢量图，少用位图。

矢量图可以任意缩放而不影响 Flash 动画的画质，位图一般只作为静态元件或背景图，而 Flash 并不擅长处理位图图像的动作，所以应该避免使用位图图像元素。

（5）优化矢量图。

矢量图越复杂，Flash 运算起来就越费力。通过执行【修改】→【形状】→【优化】命令，可以将矢量图形中不必要的线条删除，从而减小文件。

（6）导入位图格式。

在导入位图图像的时候，应该尽量导入以 JPEG 方式压缩的图像文件，以减小文件的大小。

（7）音频格式。

在 Flash 动画中尽量使用以 MP3 方式压缩的音频，因为 MP3 是声音文件最小的格式。

（8）限制字体和字体样式的数量。

在 Flash 动画中尽量不要使用太多不同的字体，使用的字体越多，动画文件就会越大，此外，应该尽量使用 Flash 内置的字体。

（9）尽量避免打散字体。

在 Flash 动画中尽量不要将字体打散，因为字体打散后就变成图形，这样会增加动画文件的大小。

（10）尽量避免使用渐变色和 Alpha 透明度。

在 Flash 动画制作的过程中，应该尽量避免使用渐变色和 Alpha 透明度，使用过渡填充颜色比使用纯色填充更能增加文件的大小。

（11）尽量缩小动作区域。

在 Flash 动画制作的过程中，应尽量限制每个关键帧发生变化的区域，应使动作发生在尽可能小的区域中。

（12）尽量避免在同一时间内安排多个对象同时产生动作。

在 Flash 动画制作的过程中，有动作的对象不要与其他静态对象安排在同一图层里，应该将有动作的对象安排在各自专属的图层内，这样有利于加速 Flash 对动画的处理。

（13）控制尺寸。

动画的长宽尺寸越小越好，尺寸越小，动画文件就越小。

8.7.2 Flash 动画的发布

用 Flash 软件制作的动画必须进行发布，这既是保护自己知识产权的需要，又是使动画体积小巧的需要，同时也是方便使用的需要，并且 Flash 的源程序只能在 Flash 环境下打开和应用。

动画发布前，应首先执行【文件】→【发布设置】命令，调出如图 8-95 所示的对话框，选择和指定所需要的发布用文件格式。选择文件格式后，就在对话框的当前界面上添加对应的选项卡，但选择.exe 不出现相应的选项卡。

扩展名为.swf 的发布格式是 Flash 动画文件格式，是 Flash 源程序的压缩版本。它为通过网络查看进行了优化，可以在浏览器中播放，但无法在 Flash 程序中进行再编辑。在网页、多媒体课件中插入 Flash 动画时，应插入.swf 格式的文件，而不是.fla 格式的文件。

当将 Flash 动画以.swf 格式发布时，要在 Flash 的【发布设置】选项卡中（见图 8-96）重点设置好以下几项。

①【版本】：指定导出的动画将在哪个版本的 Flash 播放器中播放。有些功能在低版本的 Flash 播放器中无效，如【压缩影片】只对 Flash Player 6.0 以上版本有效。

②【防止导入】：选择该项后，可防止别人从网上下载后再利用 Flash 进行修改，可更好地保护自己的劳动成果。

③【压缩影片】：如果动画中包含大量的文本或 ActionScript 脚本，选择该项将减小文件占据的存储空间，但压缩后的动画只能在 Flash Player 6.0 以上版本中播放。

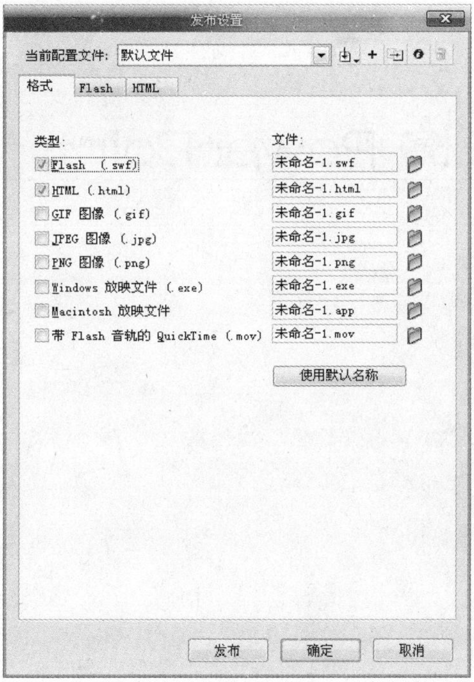

图 8-95 【发布设置】的【格式】选项卡

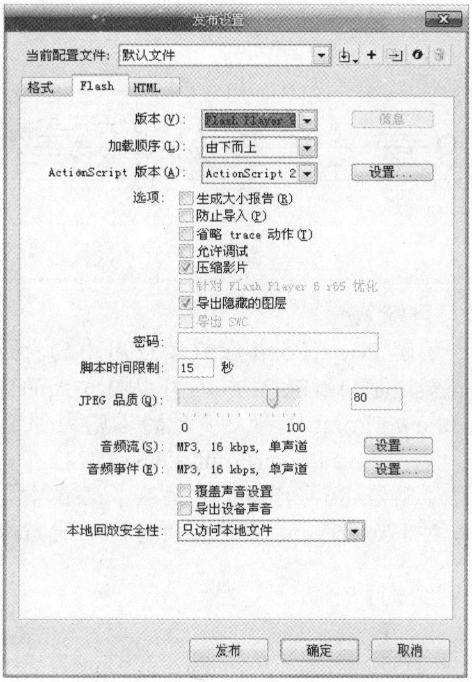

图 8-96 【发布设置】的【Flash】选项卡

思 考 题

1. 动画有哪些特征?在教学方面有哪些功用?
2. 部分选取工具和选择工具有什么区别?
3. 帧、关键帧、元件、实例、场景、帧频、库分别表示什么?
4. Flash 软件包含哪几类元件? 在什么情况下要创建元件?
5. 制作动画补间动画和形状补间动画时，在操作方面它们有哪些区别?
6. 什么是形状提示? 如何进行设置?
7. Flash 动画制作的一般过程包括哪些环节?
8. 对 Flash 动画进行优化时应注意哪些方面?

第9章 多媒体演示文稿 PowerPoint

【学习目标】

- 了解 PowerPoint 在教学应用中的特点
- 知道 PowerPoint 中不同视图方式的区别
- PowerPoint 保存文件时的不同文件类型
- 修饰美化 PowerPoint 的不同途径
- 了解在 PowerPoint 中插入多媒体素材的不同方法
- 对 PowerPoint 的动画效果能够进行合理设计

【内容结构】

- 多媒体演示文稿 PowerPoint
  - PowerPoint 2003 基础
    - PowerPoint 2003 概述
    - PowerPoint 2003 程序的启动
    - PowerPoint 的存盘操作
  - PowerPoint 基本操作
    - 对演示文稿的操作
    - 幻灯片的一般修饰
  - 对象的插入与编辑
    - 文本插入与编辑
    - 图片的插入及其编辑
    - 自选图形的插入与编辑
    - 艺术字的插入与编辑
    - 影片、声音的插入与播放设置
    - 图表的插入与编辑
    - 添加其他多媒体对象
  - 动画设计及幻灯片放映
    - 动画设计
    - 幻灯片切换效果
    - 自动播放演示文稿
    - 设定交互放映
    - 幻灯片放映演示
  - 演示文稿的打包

PowerPoint 2003 是 Microsoft Office 2003 办公套装软件的一个组件，是一种功能强大且灵活的多媒体制作软件，它提供了应用工具，能制作出生动、多姿多彩的幻灯片集，并且能设置许多特殊的播放效果，能在计算机屏幕或投影幕布上播放，也可以打印成幻灯片或者投影胶片，供教学使用。

9.1 PowerPoint 2003 基础

9.1.1 PowerPoint 2003 概述

1. 简单易学

PowerPoint 是一种面向广大非计算机专业人员的电子演示软件，因此易学性显得相当重要。PowerPoint 运行在 Microsoft Windows 环境下，其操作界面和操作方法与 Windows 的其他应用程序基本类似。PowerPoint 作为 Microsoft Office 套装办公软件中的一员，操作界面及风格与其他成员保持高度一致，甚至很多图标与菜单都是一样的。如果用户熟悉其他 Office 软件，则可以很快地掌握操作 PowerPoint 的方法。PowerPoint 提供了很多按钮（图标）形式的操作命令，使用户在创作演示文稿时更加得心应手。另外，PowerPoint 2003 更加注重对 PowerPoint 新用户的技术支持，它提供了很多工具，帮助和指导新用户快速掌握 PowerPoint 的使用技术。

比如，对于演示文稿创作一无所知的用户来讲，如何迅速地建立一个演示文稿的大体结构是首先要面对的基本问题。PowerPoint 的“内容提示向导”可以自动方式帮助用户建立演示文稿大体结构，然后用户只需简单地将内容填入组成演示文稿的各张幻灯片中，即可创作出颇具专业水准的演示文稿。

简单易学的实用功能进一步提高了 PowerPoint 的易用性。

2. 强大的编辑创作能力

PowerPoint 提供了功能很强的文字及图形的编辑能力。在文字处理方面，使用 TrueType 字体，可以做到字体大小的任意变化而不会出现失真，并且可任意执行插、删、改等操作，操作方法既简单又方便，与 Windows 通用的操作方法完全相同。在图形及图像的编辑创作方面，用户完全可以使用 PowerPoint 提供的大量模板及剪贴画中所提供的底图及小图像，在其基础上，通过改变其大小及形状或者添加其他的文字或图形，增加演示文稿的感染力，可达到非常好的视觉效果。用户还可以利用统计图生成程序，生成各种类型的统计图，便于观众一目了然地了解演示内容。

3. 提供了大量专业化的模板及剪贴画

PowerPoint 用户的创作从来都不是从零开始的，而是站在专家的肩膀上进行的。用户使用的 PowerPoint 模板及剪贴画均由专家设计，包括多种模板及图像供用户选择使用。

一般创作幻灯片的方法是：首先选择所喜欢的一种模板作为幻灯片的底图，然后从剪辑艺术库中选择相应的剪贴画以增强视觉效果，并且可以根据需要任意放大、缩小图像。在此基础上，用户的创作工作只是输入特殊的演示文稿内容。如果剪辑库的剪贴画尚未满足要求，PowerPoint 还提供绘图工具供用户建立专用图形。如果对创作的图像满意，PowerPoint 允许用户将其保存到剪辑艺术库中供以后（或其他人）使用。

4. 方便灵活的对象处理方式

在 PowerPoint 中创作演示文稿时，为了便于用户编辑幻灯片中的内容，引入了对象的概念。在幻灯片中输入一段文字、加入一张图片或者绘制一个几何图形等都被认为是一个PowerPoint 的对象。对象之间相互独立，用户编辑其中一个对象时，不影响其他对象（即使两个对象重叠在一起），使得调整幻灯片布局以及移动、放大、缩小对象等变得非常容易。

5. 可方便地与其他应用程序共享数据

PowerPoint 作为 Microsoft Office 办公套件中的一种，与工具软件 Word 字处理及 Excel 电子表格等软件之间的联系非常密切，不论是工具栏，还是鼠标及键盘命令都大致相同。因此，如果掌握其中一种工具软件的使用，即可以很容易地操作另外两种工具软件（当然必须了解每个工具软件的基本概念），并且还可以很容易地在三种工具软件之间实现相互调用，处理结果也能共享使用，真正实现了多种工具软件之间的资源共享。事实上，Office 系统的许多内部功能模块是共享的。

另外，还可以利用 Windows 提供的剪贴板功能实现 PowerPoint 与各种 Windows 应用程序（如画图等）之间的信息交换。

6. 强大的多媒体支持功能

PowerPoint 的使用范围广泛，可以集成文字、图形图像、声音、动画、视频等多媒体元素，可创建高度交互式的多媒体演示文稿。通过使用“动画效果”工具栏上的按钮动态显示字母和对象。也可以创建某些按钮，在幻灯片放映时单击它们，即可以跳转到特定幻灯片，运行另一个嵌入的演示文稿或激活另一个程序。

9.1.2 PowerPoint 2003 程序的启动

1. PowerPoint 2003 的启动

单击【开始】→【程序】→【Microsoft office/Microsoft office PowerPoint 2003】即可进入 PowerPoint 2003。在打开 PowerPoint 的时候，屏幕上会出现如图 9-1 所示的 PowerPoint 启动对话框，用户从上面的四个选项开始进一步的工作。

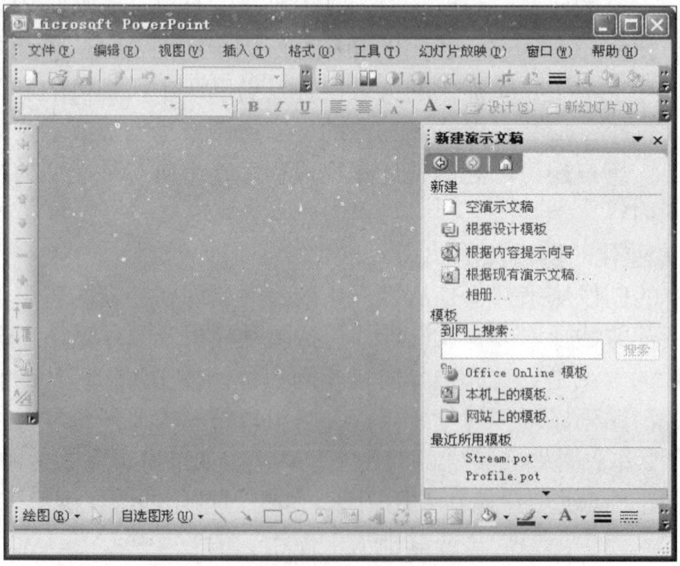

图 9-1 启动对话框

选项的功能分别如下。

（1）空演示文稿：选择该项并单击【确定】按钮后，系统将为用户提供一份空白文稿，并要求用户选择一种布局形式来开始工作。

（2）根据设计模板：单击【设计模板】按钮并单击【确定】按钮，即弹出【新建演示文稿】对话框。用户即可以用 PowerPoint 自带的模板开始自己的文稿设计。

（3）根据内容提示向导：【内容提示向导】是用户按照文稿的内容和形式，在向导的引导下选择一套已经建立好的模板和一个基本大纲。

（4）根据现有演示文稿：用户将从中选出一个磁盘中已有的文件或从以前编辑过的一份演示文稿，继续进行编辑。

2. PowerPoint 的视图

当建立一份文稿时，PowerPoint 对这份文稿有不同的表现方式，这些表现方式被称为 PowerPoint 的视图，视图如下：

（1）普通视图：在普通视图中，可以一次处理一张幻灯片和相关的大纲内容以及备注。修改幻灯片主要在这种视图中进行。

（2）大纲视图：用户只能编辑处理大纲中的标题及主要文字部分。在大纲视图中编辑演示文稿是组织文稿并快速编辑简报内容的最佳方式。

（3）幻灯片视图：用户可以编辑幻灯片的文本、图像、声音等各个方面，是制作幻灯片细节的主要视图。在这个视图的左侧有整个文稿的大纲结构，是用来辅助编辑的。

（4）浏览视图：可以用于观看每张幻灯片的缩略图，并在此观察整份文稿的流程，以及重新安排播放顺序，在幻灯片上加入一些播放方式、切换动画等并设定放映时间。

（5）放映视图：用户所编辑的文稿将以幻灯片的形式全屏幕播放，这时在编辑时所设计的多媒体效果也将展现出来。

切换视图最简单的方法就是从图 9-2 中的五个按钮中选择一个，即可完成切换。默认的是普通视图。

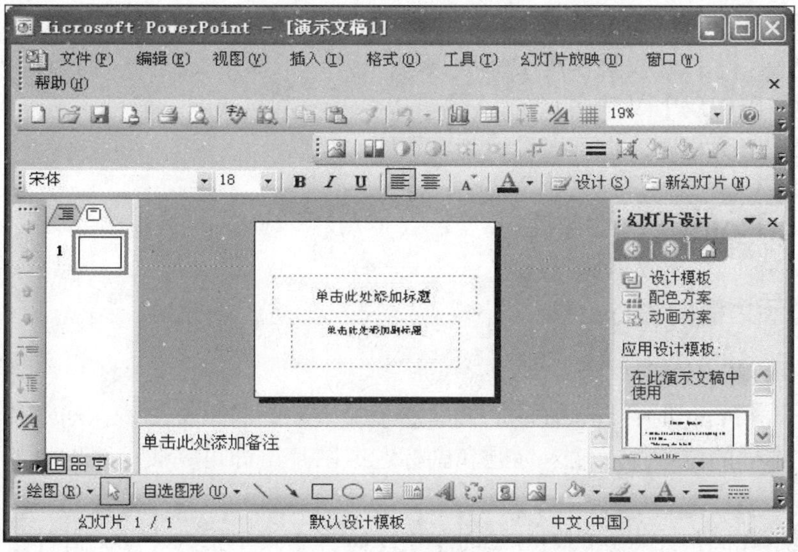

图 9-2　视图模式

3. PowerPoint 2003 窗口介绍

启动 PowerPoint 后，PowerPoint 的窗口如图 9-2 所示，分别有窗口标题栏、菜单栏、工具栏、任务窗格、状态栏等内容，PowerPoint 提供的工具栏很多，可以显示、隐藏或随意移动工具栏的位置以方便自己的操作。

9.1.3 PowerPoint 的存盘操作

也许用户已经听到过很多有关存盘的忠告：要经常存盘，不要等到工作到一定时间之后再存盘。经常存盘会减少一些因意外事故（如突然断电、误操作、系统死机、键盘出现意外故障等）导致的损失。

制作好一个演示文稿后，在保存该演示文稿时，选择【文件】菜单中的【保存】或【另存为】，保存演示文稿。

微软公司的软件有一个很好的传统，那就是向下的兼容性。这一点在 PowerPoint 2003 中也有很明显的体现，从【另存为】对话框中的【保存类型】列表框中就可以看出。PowerPoint 2003 可以将文稿存成以下几种格式：演示文稿（*.ppt）、PowerPoint 95（*.ppt）、PowerPoint 97-2003&95 演示文稿（*.ppt）。

另外，PowerPoint 2003 还能将一份演示文稿另存为以下几种格式：网页（*.htm，*.html）、演示文稿设计模版（*.pot）、PowerPoint 放映（*.pps）、PowerPoint 加载宏、GIF 可交换的图形模式（*.gif）、JPEG 文件交换格式（*.jpg）、PNG 便携网络图形格式（*.png）、设备无关位图（*.bmp）、Windows 图元文件（*.wmf）、大纲/RTF 文件（*.rtf）、Tag Image File Format（*.tif，*.tiff）。

PowerPoint 2003 支持这么多文件格式的好处：一是可以保持工作成果有更大的使用范围，可以在低版本的 PowerPoint 上放映；二是可以利用 PowerPoint 制作其他需要的文件，如网页、GIF 图形等其他的文件。

在【另存为】对话框中，按右上方的【工具】按钮，在随后弹出的下拉列表中，选择【安全选项】，打开【安全选项】对话框，在【打开权限密码】或【修改权限密码】中输入密码，确定返回，再保存文档，即可对演示文稿进行加密。

注意：设置了【打开权限密码】，以后要打开相应的演示文稿时，需要输入正确的密码；设置好【修改权限密码】，相应的演示文稿可以打开浏览或演示，但是，不能对其进行修改。两种密码可以设置为相同，也可以设置为不相同。

9.2 PowerPoint 基本操作

9.2.1 对演示文稿的操作

1. 新建一个演示文稿

在进入 PowerPoint 时，PowerPoint 就建立了一个新的演示文稿。在幻灯片中选择需要的版式，根据文本框的位置提示输入标题和副标题或图片，即可完成一张幻灯片的编辑。

2. 插入幻灯片

在当前演示文稿中插入新的幻灯片时单击【选择】菜单下的【新幻灯片】命令，既可以插入一张新的幻灯片，也可以插入其他演示文稿中的部分或所有幻灯片，操作步骤如下：

（1）选择要插入幻灯片的位置。

（2）单击【插入】菜单中的【幻灯片（从文件）】。

（3）在弹出的【幻灯片搜索器】对话框中选择【搜索演示文稿】标签，如图 9-3 所示。

（4）点击【浏览】，选择包含要插入幻灯片的演示文稿（此演示文稿可以加入个人收藏夹以方便以后的查找）。

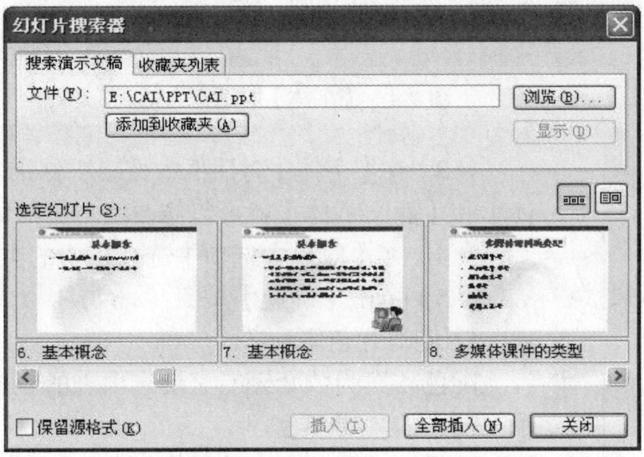

图 9-3　【幻灯片搜索器】对话框

（5）单击【显示】按钮显示所选演示文稿中的所有幻灯片（按滚动条可以查看这些幻灯片）。

（6）在【选择幻灯片】列表中单击要插入的幻灯片，可以直接单击鼠标选择多张幻灯片，再次单击取消选择，最后单击【插入】按钮。如果要插入所有幻灯片，直接单击【全部插入】按钮。

（7）单击【关闭】按钮。

3. 删除幻灯片

选择不需要的幻灯片，单击【编辑】菜单中的【删除幻灯片】命令，可以删除一些多余的幻灯片，也可以用剪切、复制和粘贴的方法来复制、移动幻灯片。

9.2.2　幻灯片的一般修饰

前面建立的幻灯片，无论从字符的外观上，还是从色彩配置上以及其他方面都不够理想，要想使幻灯片在放映时取得较好的视觉效果，就有必要对幻灯片进行修饰。

1. 文字修饰

可以通过使用【格式/字体】对话框或格式工具栏中的各种工具来修饰自己的文本。如果一次要为文本添加几项修饰（字体、字号、颜色），则可以使用【字体】对话框；如果只需添加一项，则可使用格式化工具栏。

用【格式/字体】对话框修饰文本的操作步骤如下：

（1）选择要修饰的文本。

（2）单击【格式】菜单中的【字体】命令，弹出【字体】对话框，如图 9-4 所示。

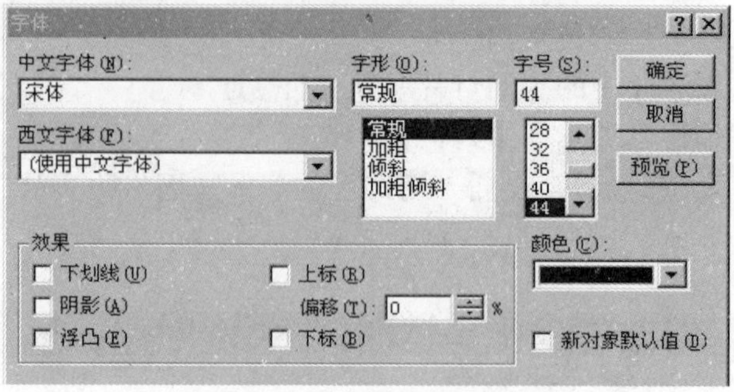

图 9-4 【字体】对话框

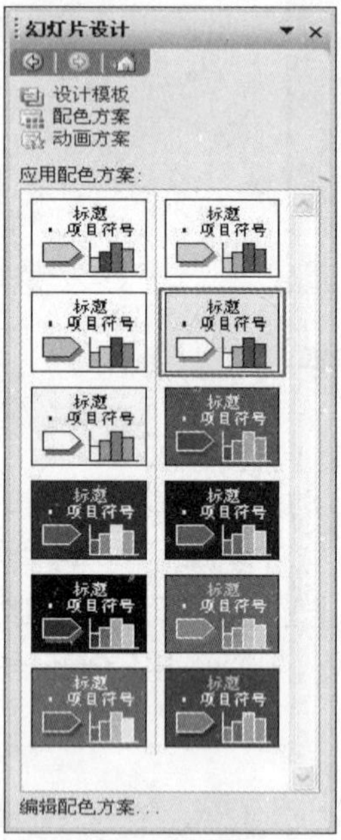

图 9-5 幻灯片配色方案

（3）在【字体】对话框中按要求修饰文本，设置【中文字体】和【西文字体】就可以修改文本中的中文和西文字体。

（4）在【效果】选项中选择需要的文字效果。

（5）单击【确定】按钮。

2. 幻灯片色彩配置

配色方案为数套经专家挑选出来的互补颜色，并可作为演示文稿中的主要颜色。

选择标准配色方案的操作如下：

（1）显示或选择要改变配色方案的幻灯片。

（2）在【任务窗格】中单击【幻灯片设计】→【幻灯片配色方案】，如图 9-5 所示。

（3）单击选择所需要的配色方案，

（4）单击【应用】或【全部应用】按钮。

注意："应用"是指把所选择的配色方案用于所选的一张或多张幻灯片，而"全部应用"是指把所选择的配色方案用于该演示文稿的所有幻灯片。

如果对系统自带的配色方案不满意，单击【编辑配色方案】进一步修改，如图 9-6 所示。完成颜色搭配后，单击【应用】或【全部应用】按钮，幻灯片的外观即按照自定义的颜色发生了变化。

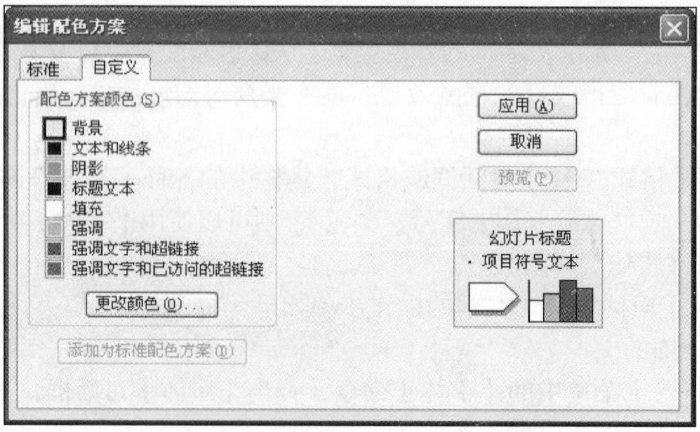

图 9-6 【编辑配色方案】窗口

3. 改变背景设计方案

美观漂亮的背景可使文稿具有专业化的外观，若要改变或修改文稿中已有的背景设计，基本操作如下：

（1）在【格式】菜单中单击【背景】命令，单击【背景填充】下拉列表，可以在下拉列表中选取一项，如果颜色列表中的颜色不能满足要求，则可以单击【其他颜色】或【填充效果】按钮，进入下一级对话框，进行高级的背景定义。

（2）选择【其他颜色】选项，进入【颜色】对话框。

（3）在“填充效果”对话框中有四种填充效果：过渡、纹理、图案、图片，这四种效果各不一样。在选定背景的填充方案后，单击【确定】按钮返回【背景】对话框。

（4）单击【应用】或【全部应用】按钮将背景设计应用于幻灯片中。

4. 使用模板

除了应用上面介绍的几种方法来改变幻灯片的外观外，还可应用模板来改变幻灯片的外观。模板是事先设计好的背景图案，模板能用于所有的幻灯片，操作方法如下：单击【任务窗格】中的【幻灯片设计】，选择【设计模板】，如图 9-7 所示；单击【浏览】可以查找新的幻灯片模板，选中需要的模板【应用于选定幻灯片】或【应用于所有幻灯片】，改变幻灯片原来的外观，达到美化的目的。

如果对所选择的模板不满意，可以重新选择新的模板。

图 9-7　设计模板

9.3 对象的插入与编辑

前面介绍的幻灯片的建立，是根据幻灯片的自动版式来建立的，也可以在新建幻灯片时，选择空白版式，然后在空白幻灯片中插入各种对象，按自己的要求放置各对象的位置。这里的对象有很多种，如文本、图形、图像、声音、动画、视频以及 Microsoft 的各种文档等。

9.3.1 文本插入与编辑

幻灯片的各种版式中的文本其实都是预订好文本格式的文本，利用【幻灯片版式】（见图 9-8）可以快速定位自己输入的文字的位置，并且页面布局结构合理。在应用时单击其中的一种版式，在幻灯片页面中根据提示框直接输入需要编辑的文字即可显示在幻灯片中。

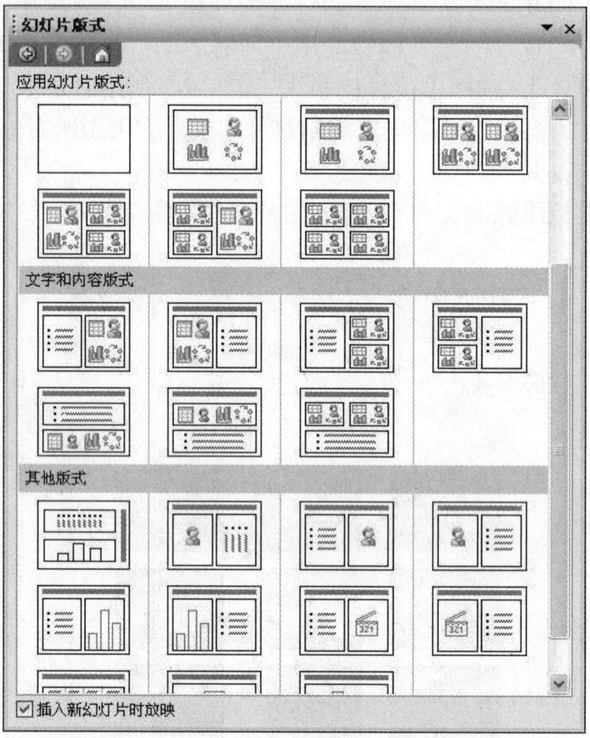

图 9-8 幻灯片版式

利用 PowerPoint 制作幻灯片，幻灯片中的文字内容较少时可利用幻灯片版式的文字提示框直接输入，如果文字内容较多，例如你手头有一个现成的 Word 文稿讲义，能够快速转换成 PowerPoint 演示文稿，而不用打开 PowerPoint 重新输入文字。因为 Word 和 PowerPoint 两个软件之间可以相互转换，这种转换无疑将减少课件制作中文字的录入工作量，会给制作带来很大方便。

首先在 Word 的大纲视图下，创建一个 Word 大纲文件，应用格式工具栏中的格式样式设置文档中的文字格式，设置原则是：Word 大纲文档的一级标题变为 PowerPoint 演示文稿页面的标题，Word 大纲文档的二级标题变为 PowerPoint 演示文稿页面的第一级正文，Word 大纲文档的三级标题变为 PowerPoint 演示文稿页面第一级正文下的主要内容，其余以此类推。设置完成后，单击【文件】→【发送】→【Microsoft Office PowerPoint】，就可以自动成为一个PowerPoint 演示文稿，也可以保存 Word 文档，然后在 PowerPoint 里执行【打开】命令打开刚才编辑的 Word 文件，Word 里面的文字内容就可以按照设置好的格式自动转换到 PowerPoint 演示文稿中。

已有的 TXT 文件也可以方便地调到 PowerPoint 演示文稿中加以利用，操作方法为：利用记事本编辑文本文件，在拟将其成为幻灯片标题或层次小标题的文本行尾，按【Enter】键，使之各自独立成为一个段落，并通过在各段落前加 Tab 字符（通过按键盘上的【Tab】键实现）的多少，确定标题、小标题的层次。凡是在段落左端不出现 Tab 字符的，转制后成为幻灯片标题；凡是在段落左端只出现一个 Tab 字符的，转制后成为第一层次小标题（即对应最高级项目符号）；凡是在段落左端出现两个 Tab 字符的，转制后成为第二层次小标题（即对应二级项目符号），其余以此类推。将文本文件处理后，以纯文本（.txt）类型存盘即可。在 PowerPoint 里执行【打开】命令打开刚才编辑的记事本文件，记事本里面的文字内容可以按照设置好的格式自动转换到 PowerPoint 演示文稿中。

把 PowerPoint 中的文字转换为 Word 时，单击【文件】菜单栏的【发送】命令，在弹出的下拉列表中选择【Microsoft Office Word】选项。如果要发送到 Word 的是大纲，选择【只使用大纲】，最后单击【确定】按钮即可转换到 Word 中。如图 9-9 所示。

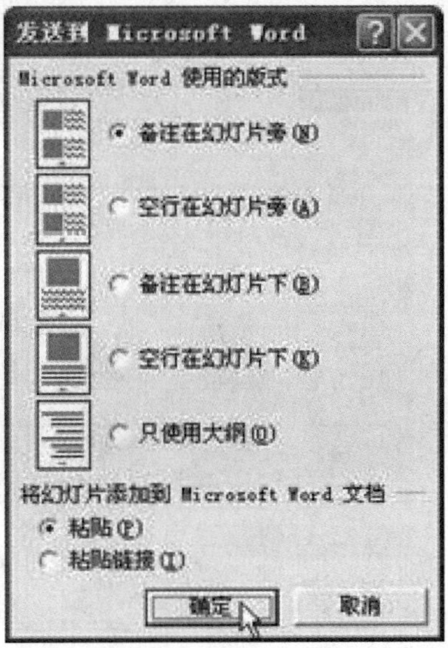

图 9-9　设置发送方式

当然也可以通过插入文本框的形式在 PowerPoint 中输入文字，这样的文字不会出现在【大纲】视图中。

1. 文本框的插入

单击【插入】菜单，在【文本框】子菜单中按需要选取【文本框】或【竖排文本框】下一级子菜单。在屏幕上移动光标至要建立的文本框的左上角，按下左键向右下角拖动鼠标，当白色方框达到一定的宽度后松开左键即可，在新建立的文本框中输入文本。

2. 文本框的修饰

编辑文本框中文本的方法与前面所介绍的修饰文字的方法是一样的，另外还可以把文本作为一个整体对象进行编辑，如文本框的旋转、颜色填充、加边框等。

9.3.2　图片的插入及其编辑

在 PowerPoint 中，剪贴画、自选图形、艺术字、组织结构图等都是作为图片来处理的，这些不同形式的图片的插入方法不尽相同，其编辑方法也不完全相同，下面分别加以介绍。

1. 剪贴画的插入与编辑

（1）剪贴画的插入。

剪贴画是 office 自带的一些图片，它的插入方法如下：

单击【插入】→【图片】→【剪贴画】命令，或者在【任务窗格】中选择【剪贴画】，打开插入剪贴画选项，如图 9-10 所示。

在【搜索文字】内输入需要查找的关键词，点击【搜索】查找自己需要的剪贴画。在【搜索范围】内选择自己的搜索范围，在【结果类型】内可以选择【剪贴画】也可以选择【照片】、【影片】、【声音】。在搜索结果中单击图片既可以把剪贴画插入到幻灯片中，也可以选择在【Office 网上剪辑】进行下载。

（2）在【格式/图片】菜单中对剪贴画的编辑。

单击选中要编辑的图片（被选中的四周有八个控点），再运行【格式】菜单下的【图片】命令，就弹出如图 9-11 所示的对话框，在这个对话框中从左到右有四个可用的标签：颜色和线条、尺寸、位置、图片，单击【图片】标签编辑剪辑画。

① 颜色和线条、尺寸、位置等标签的作用和操作方法与上文基本相同，这里不再重复。

② 图片：在【设置图片格式】对话框中，可以调整图片的如下属性。

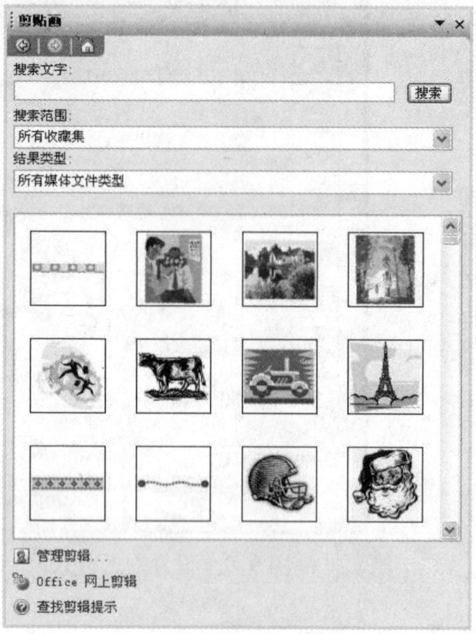

图 9-10　剪贴画

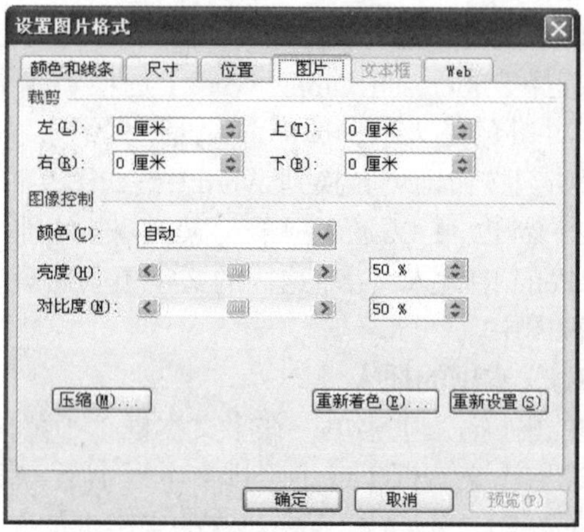

图 9-11　【设置图片格式】对话框

a. 剪裁：分别按“左”、“右”、“上”、“下”数值框中的数值剪裁图片的边缘。

b. 图像控制/颜色列表框：把剪贴画转换成其他形式的图片，在此下拉列表框中有四种选择，即“自动”、“灰度”、“黑白”、“冲蚀”。自动是图片的缺省状态，灰度是指把彩色图像转换成相应等级灰度的图片，黑白是把彩色图像转换成只有黑白两色的图片，冲蚀把剪贴画转换成高亮度和低对比度效果的图片。

c. 亮度控制条：改变剪贴画的明亮度。

d. 对比度控制条：改变剪贴画的色彩对比度。

e. 重新着色按钮：用其他颜色来替换剪贴画上的现有颜色。

（3）用绘图工具栏中的工具对剪贴画进行编辑。

当剪贴画处于选中状态时，就可利用绘图工具栏中的工具对剪贴画进行编辑，如改变阴影设置、多个图片对象的组合与取消、多个对象的叠放次序等。

① 阴影设置。

对于一个选中的图形对象，可以用绘图工具栏中的工具为它加上如图 9-12 所示的各种阴影形式，还可以对当前的阴影进行重新设置。

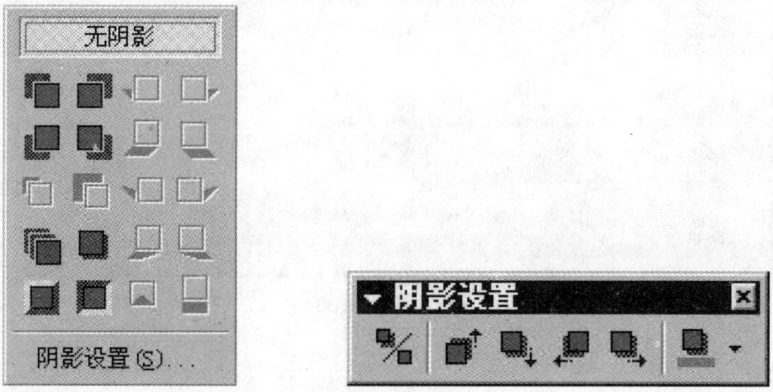

图 9-12　阴影设置

a. 单击要加阴影的图片。

b. 单击绘图工具栏中的阴影工具，在弹出的阴影形式中单击合适的阴影。

c. 如果对当前的阴影不满意，还可以用【阴影设置】选项来设置阴影的位置、大小和颜色。

② 对象的组合与取消。

在 PowerPoint 中插入的剪贴画其实是由多个小的图形对象组合起来的，这多个对象可以组合（重新组合）起来，对于组合起来的新的对象也可以取消。

③ 叠放次序。

一张幻灯片上有多个对象存在时，会出现重叠现象，调整不同对象的叠放次序的操作如下：单击要调整叠放次序的对象，单击绘图工具栏中的【绘图】菜单，移动鼠标至【叠放次序】，在【叠放次序】的下级子菜单中，有四条命令，即置于顶层、置于底层、上移一层、下移一层，它们的作用如下。

a. 置于顶层：当前图片盖住其他所有对象。

b. 置于底层：其他对象盖住当前图片。

c. 上移一层与下移一层：当前图片盖住一些对象，而另有一些对象盖住当前的图片。

2. 从文件中插入图片

上面所述的插入图片的方法只能插入已经输入到剪贴画库中的图片，对于没有输入到剪贴画库的图片可以从文件中直接插入，操作步骤如下：

（1）单击执行【插入】→【图片】→【来自文件】命令，弹出【插入图片】对话框，如图 9-13 所示。

（2）在【查找范围】、【文件类型】、【文件名】等文本框输入相应的参数。

（3）最后单击【插入】按钮。

插入的图片的可以利用图片工具栏进行简单的编辑修改。

图 9-13　插入图片

3. 插入多张图片

当有大量的图片需要插入到 PowerPoint 中时，通过【插入】→【图片】→【新建相册】命令，如图 9-14 所示，选择图片所在的文件夹，并且设置【图片版式】可以快速批量插入较多的图片。

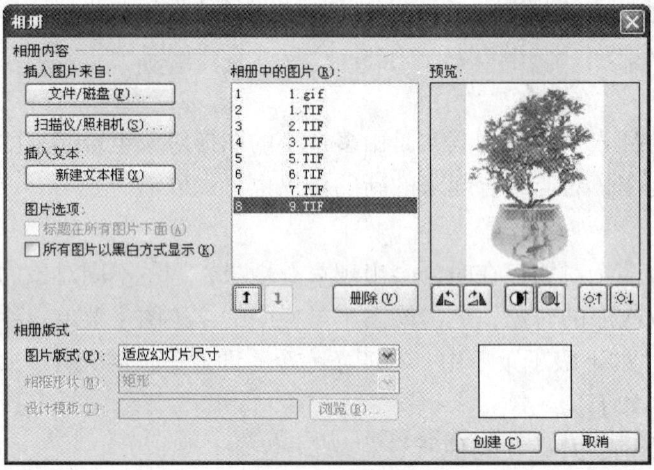

图 9-14　新建相册

9.3.3　自选图形的插入与编辑

在 PowerPoint 中，除了插入剪辑库和文件中已有的图片外，还可以根据需要插入一些自选图形，在 PowerPoint 的自选图形工具栏中提供了线条、连接符、基本形状、箭头总汇、流程图、星与旗帜、标注、动作按钮等八类图形工具。在制作多媒体课件中，可以有选择地使用。下面以五星红旗的制作为例叙述自选图形工具的使用和编辑。

1. 自选图形的插入

（1）单击绘图工具栏中的【自选图形】工具，在弹出的菜单中移动鼠标至【星与旗帜】子菜单，单击如图 9-15 所示的波形旗帜。

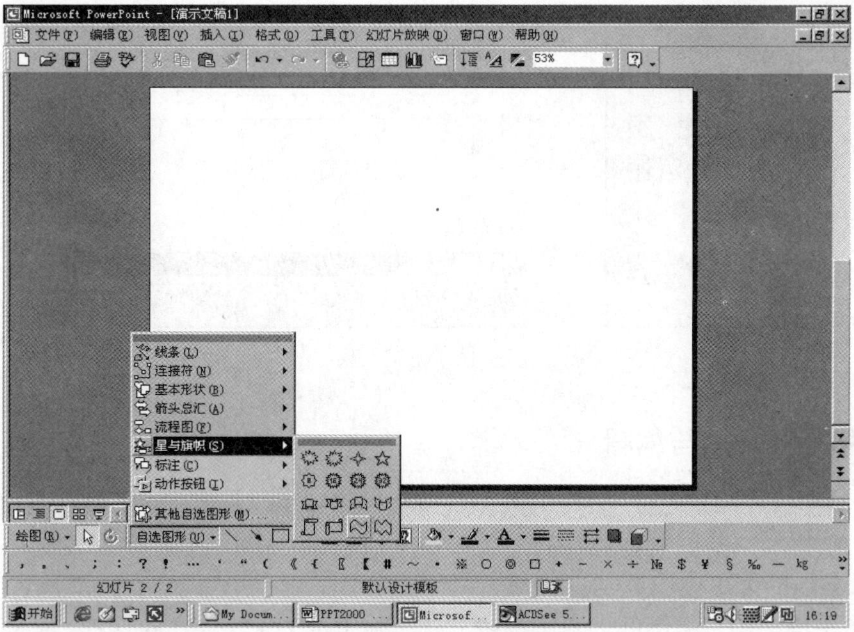

图 9-15　自选图形

（2）在屏幕上出现十字光标后，按下左键拖拉鼠标，在波形旗帜的大小合适后松开左键。

（3）用鼠标按住波形旗帜四周的八个控点后拖拉可以改变旗帜的大小，移动鼠标至黄色四菱形光标变成小三角时按下左键拖拉可以改变形状的弯曲程度。

（4）在旗帜处于选中状态时，单击格式菜单下的【自选图形】命令，在【设置自选图形格式】对话框中把旗帜的填充颜色改为红色。

（5）重复步骤（1）~（4）步，选择五星图形，绘制出一个黄色的五角星，再用复制、粘贴的方法复制出另外四个五角星。

（6）用鼠标拖拉的方法，把其中一个五角星拉大一点，再按照顺序排列五个五角星的位置。

（7）可以选中旗帜和所有的五角星，把它们组合成一个图形对象以方便操作。

2. 自选图形的编辑

对于插入的自选图形，除了可以像剪贴画那样进行颜色和线条填充，大小、位置的调整，阴影、叠放次序的设置等常规编辑外，还可以进行如下操作。

（1）旋转。

自选图形的旋转方法与文本框的旋转方法相同，这里不再重复。

（2）三维效果设置。

尽管在幻灯片上所绘制的是平面图形，但可以通过三维效果的设置，将它们制作出立体感很强的三维效果图，操作方法如下：

① 单击选中要编辑的图形，如矩形；

② 单击绘图工具栏中的【三维效果】按钮，就会出现如图 9-16 所示的多种三维效果。选择其中某个效果后单击就可以使图形产生立体三维效果；

③ 如果觉得三维效果不太强烈，还可以进一步加大三维效果，单击图中的【三维设置】命令，就会弹出三维效果工具栏，利用工具栏中的工具就可以进一步美化图形。

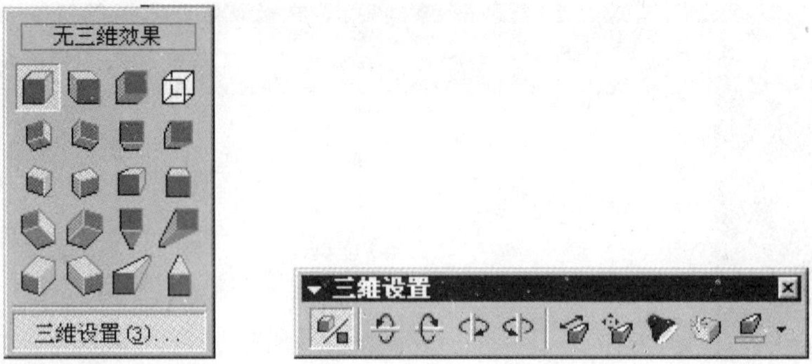

图 9-16　三维效果

9.3.4　艺术字的插入与编辑

在设计制作幻灯片封面标题时，会觉得一般的文字做标题不太美观，这时，就可以插入艺术字，使用艺术字作为软件的封面。

1. 艺术字的插入步骤

（1）单击绘图工具栏中的艺术字按钮，就会弹出【艺术字库】对话框。

（2）在【艺术字】库中有很多艺术字的样式可供选择，单击选择一种样式，如流线型，再单击【确定】按钮就会弹出【编辑“艺术字”文字】的对话框。

（3）在【编辑“艺术字”文字】对话框中要进行如下的操作：

① 【字体】下拉列表框中选择黑体或隶书等笔画较粗的字体，同时使用粗体样式；

② 【文字】文本框中删除原有的文字并输入新的文字，如现代教育技术，再单击【确定】按钮。

2. 艺术字的编辑

在 PowerPoint 中，尽管插入的是艺术字，但是，PowerPoint 是把它作为图片来处理的，所以对于艺术字仍然可以把它当做其他图片一样来进行编辑，还可以在艺术字工具栏（见图 9-17）中进行一些其他的编辑。

图 9-17　艺术字工具栏

9.3.5　影片、声音的插入与播放设置

在多媒体教学软件中，使用较多的媒体还有影片和声音，声音的来源有以下几种：剪辑库中的声音、文件中的声音、播放 CD 乐曲。PowerPoint 2003 支持的声音文件格式有*.mid、*.wav、*.aif、*.aiff 等。在 PowerPoint 中，影片和声音的插入、编辑方法基本相同，既可以从剪辑库中插入各种媒体剪辑，也可以从插入菜单中的【影片和声音】子命令中插入，操作方法如下。

1. 声音的插入

（1）在幻灯片视图中，选择要添加音乐或声音的幻灯片，单击【插入】→【影片和声音】→【文件中的声音】命令，出现【插入声音】的文件选择对话框。

（2）在对话框中选择合适的声音文件，单击【确定】出现【您希望在幻灯片播放时如何开始播放声音】对话框，选择【自动】或【在单击时】即插入一个声音文件，此时幻灯片上出现一个声音图标，在放映幻灯片时单击声音图标播放音乐或声音。如果要从媒体剪辑库中插入各种声音和影片剪辑，可以选用插入菜单中的【影片和声音】命令下的【剪辑库中的声音】和【剪辑库中的影片】。

2. 声音的播放设置

在默认情况下，声音播放是在单张幻灯片播放结束后就停止，若需要把声音作为一个背景音乐一直循环播放，则可以设置声音的播放选项：右键单击幻灯片中的声音图标（小喇叭）选择【自定义动画】，在任务窗格中选择声音文件的【效果选项】，弹出【声音设置】对话框，停止播放选项下由【单击时】改为【在...张幻灯片之后】，在数字中输入预设的幻灯片张数，此时声音文件作为背景音乐一直播放到幻灯片放映结束。【播放声音】对话框如图 9-18 所示。

3. 视频的插入

在 PowerPoint 中可以直接插入视频，也可以通过控件的方法插入视频。

（1）直接插入视频。

① 运行 PowerPoint 程序，打开需要插入视频文件的幻灯片。

② 将鼠标移动到菜单栏中，单击【插入】→【影片和声音】→【文件中的影片】命令。

③ 在随后弹出的文件选择对话框中，将事先准备好的视频文件选中，并单击【确定】按钮，选择开始播放视频的方式：【自动】或【在单击时】，这样就能将视频文件插入到幻灯片中。

④ 用鼠标选中视频文件，并将它移动到合适的位置。

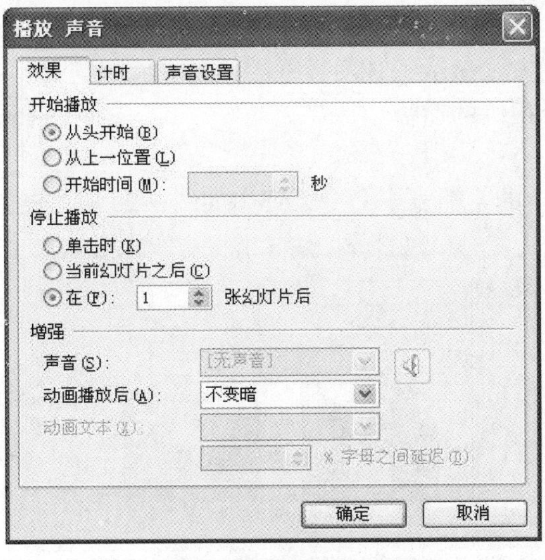

图 9-18　【播放声音】对话框

⑤在播放过程中，可以将鼠标移动到视频窗口中，单击鼠标，能够控制视频的暂停与继续播放。

（2）应用控件插入 Flash 动画。

在 PowerPoint 中以插入 Flash 动画为例插入控件，同样的方法也可以插入其他的控件。

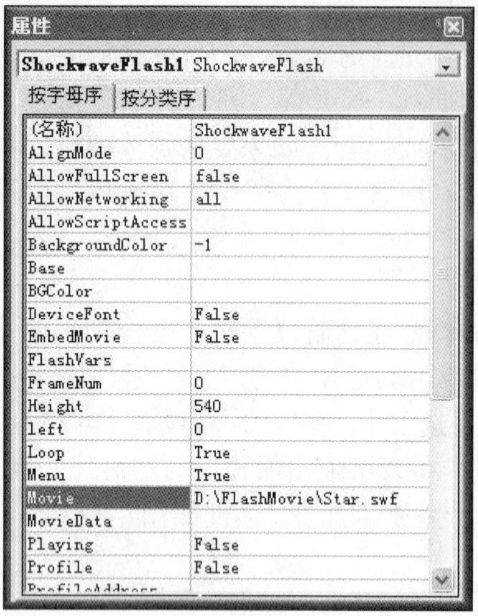

图 9-19 Flash 控件属性

① 选择需要插入 Flash 的 PowerPoint 页面。

② 选择菜单栏【视图】→【工具栏】→【控件工具箱】，打开【控件工具箱】面板。

③ 在【控件工具箱】面板中用鼠标单击【其他控件】按钮（即最后一个按钮），打开系统安装的 ActiveX 控件清单，选择【Shockwave Flash Object】，此时光标变成“十”字形，用鼠标在幻灯片上拖出一个任意大小的区域，此时拖出的图形呈矩形，以后 Flash 动画就将在其中播放。

④ 在刚拖出的区域中，单击鼠标右键打开快捷菜单，选择【属性】。

⑤ 在打开的【属性】窗口中选择 【Movie】栏，输入 Flash 动画（*.swf）文件的完整的路径，注意要加上扩展名.swf，例如，D 盘 FlashMovie 文件夹下的 Star 文件，输入“D:\FlashMovie\Star.swf”，关闭窗口，如图 9-19 所示。

⑥ 单击菜单栏【幻灯片放映】→【观看放映】命令，就可以看到演示效果了。

如果 Flash 动画的大小不合适，可以在 PowerPoint 编辑状态下先选中 Flash 动画，其四周会出现八个控制点，当鼠标形状变成双“十”字形时，拖动鼠标可调整动画的位置；当鼠标放至控制点上时，鼠标形状变成单“十”字形时，拖动鼠标可调整动画的大小。

9.3.6 图表的插入与编辑

图表以直观、形象的方式显示了各项数据的值及它们间的对比关系，在教学软件中，图表是传递教学信息的一个很好的途径。

1. 图表的插入

（1）单击插入菜单中的【图表】命令，弹出如图 9-20 所示的数据表。

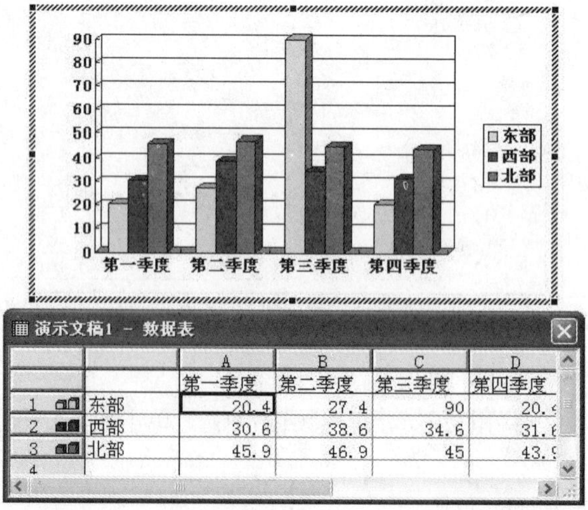

图 9-20 【图表】对话框

（2）按数据表中已有样式编辑好自己需要的新的数据表（删除原有的数据，填入新的数据），单击数据表右上角的关闭按钮，一个数据表就插入到幻灯片中。

2. 图表的编辑与修改

在插入的图表上双击鼠标就可以选中该图表（在选中的图表四周有较粗的虚线），再在图表上移动鼠标就会发现，一个完整的图表实际上是由图表区域、绘图区、坐标轴、分类轴、数据系列、背景墙、网格线、图例等几个部分组成，双击选中图表对象后再单击这些对象就可以进行编辑、修改了。

（1）图表区域：选中图表区后，单击格式菜单中的【图表区域】命令就可以对图表区域作一些内容修改。

（2）绘图区：绘图区的修改与图表区相类似，只是没有字体的编辑与修改。

（3）坐标轴：可以修改数值轴的图案、刻度、字体、数字、对齐等项。

（4）分类轴：分类轴的编辑方法与数值轴相同。

（5）数据系列：对于数值系列，既可以作格式菜单中的【数值系列】命令进行修改，也可以用鼠标右击数值系列，运行菜单中的【图表类型】命令，在弹出的【图表类型】对话框中修改图表的类型（柱形图、条形图、折线图、饼图等）。对于图表的背景墙、网格线、图例等对象用类似的方法可以作一些相应的修改。

9.3.7　添加其他多媒体对象

在 PowerPoint 中，幻灯片上的任何一个背景之外的东西都可以看做是一种对象，这种管理机制使得 PowerPoint 可以在幻灯片中加入各种类型的对象，诸如常见的位图图像、媒体剪辑、写字板文档、Microsoft Word 文档、Microsoft Excel 表格、Midi 序列等。这些对象既可以创建新的内容，也可以从现有文件中创建。

1. 以插入数学公式为例插入新建对象

首先要单击【插入】菜单中的【对象】命令，在弹出的对话框中的【对象类型】列表中选择【Microsoft 公式 3.0】，如图 9-21 所示，单击【确定】按钮后即可启动【公式编辑器】。

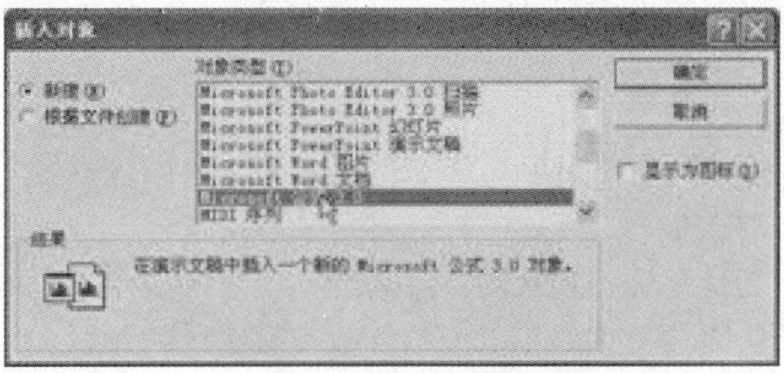

图 9-21　选择插入对象类型

在【公式编辑器】窗口中，可以利用该工具的强大功能，直接单击工具栏中的各类公式符号，即可非常简单地实现各类公式的输入，如图 9-22 所示。

单击【关闭】按钮返回到幻灯片编辑窗口后，就会发现公式已经插入到该幻灯片中。但是它的大小和位置都不符合要求，还需要对它进行改进。由于 PowerPoint 将插入的公式作为“图片”来对待，因此想移动公式的位置时，只需要选定该公式，当鼠标箭头变成双“十”

字形时，就可以按住鼠标左键调整公式位置。如果要改变公式大小，只要把鼠标指针移到该公式的控点上，当鼠标指针变成双箭头时，按住鼠标左键拖动即可。还可以用鼠标右键单击该公式，在弹出的菜单中选择【显示图片工具栏】选项。利用图片工具栏中的各个工具来对该公式进行颜色、格式等其他方面的改进。

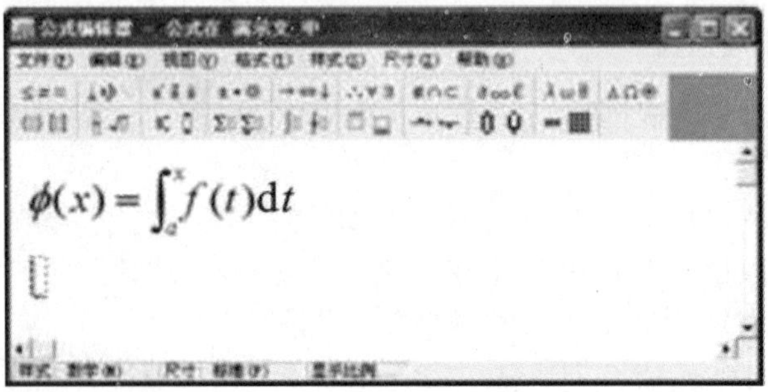

图 9-22 【公式编辑器】窗口

2. 以插入 Flash 为例插入文件对象

（1）运行 PowerPoint 程序，打开要插入动画的幻灯片。

（2）在菜单中选择【插入】选项，从打开的下拉菜单中选择【对象】，就会弹出【插入对象】对话框，选择【由文件创建】，单击【浏览】，选中需要插入的 Flash 动画文件，最后单击【确定】返回幻灯片。

（3）这时，在幻灯片上就出现了一个 Flash 文件的图标，可以更改图标的大小或者移动它的位置，然后在这图标上右击鼠标，选中【动作设置】。

（4）在弹出的窗口中选择【单击鼠标】或【鼠标移动】都可以，再单击【对象动作】，下拉菜单中选择【激活内容】，最后单击【确定】，完成了插入动画的操作。

（5）播放该页幻灯片，在 Flash 图标处单击或移动鼠标，就可以播放 Flash 动画。

（6）在这一节中向大家介绍了在 PowerPoint 插入、编辑常用对象的一般方法，只要是在 Windows 下注册的应用程序的格式文件，都可以作为 PowerPoint 的对象插入到幻灯片中，并在其中进行播放。

9.4 动画设计及幻灯片放映

生动形象的动画，无疑是吸引观众的一个重要手段。PowerPoint 2003 内置的动画生成、放映和制作具有简易、快捷的特点，较以前的各版本有了质的飞跃。

在 PowerPoint 中制作动画效果与在一般的动画制作软件中的不同，它不需要进行难度大、开发周期长的逐帧制作。在 PowerPoint 中，用户所要做的只是先选择要制作动画的对象，再从 PowerPoint 给定的动画效果中选择一个。当然，这样做的结果是动画效果有限，而且在灵活性和多变性上有些欠缺，但这会使用户将注意力集中到动画效果如何烘托演示效果上来。选择恰当的动画，会使文稿的演示效果更加完美，锦上添花。PowerPoint 2003 中提供了多种多样的动画方式，相信在用户努力下，一定会做出令人满意的文稿。

9.4.1　动画设计

1. PowerPoint 2003动画概述

PowerPoint 2003的动画制作是以“对象”为基础的。要制作动画效果，就必须先选择要赋予动画效果的对象。值得注意的是，动画本身只是对象的一个特征，它是对象的视觉效果，对对象的其他属性和内容并没有丝毫的影响。从另一个角度来看，只要是PowerPoint的对象，就可以添加动画效果。PowerPoint会处理好不同对象的动画效果的不同显示方式。

2. 幻灯片动画

幻灯片动画一般分为两大类：一类是预设的动画方案；另一类是自定义动画。动画方案主要针对文本对象，包括标题和幻灯片上的文本内容。因为计算机处理文字要比处理其他对象相对容易一些，也快捷一些。自定义动画针对幻灯片上的任何对象。

（1）动画方案。

选择【任务窗格】中的【幻灯片设计】→【动画方案】命令，弹出如图9-23所示的窗口，单击类型中的【细微型】、【温和型】和【华丽型】中的任何一种动画方案，若单击【应用于所有幻灯片】，则在所有幻灯片上应用该动画方案。如果感觉不满意，还可以应用自定义动画。

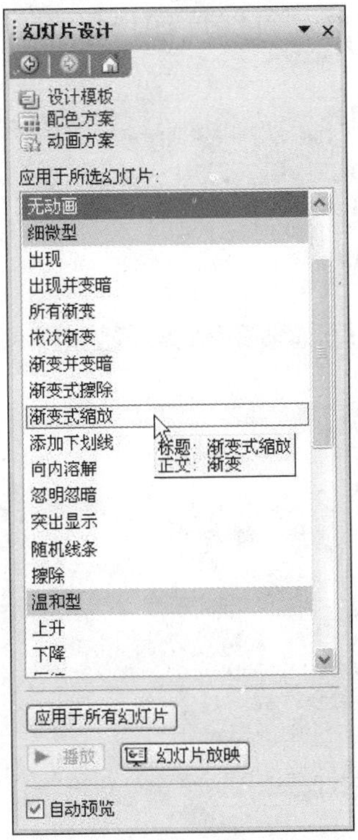

图9-23　动画方案

（2）自定义动画。

这种动画方式可用于各种选定的对象，即文本、图形、声音、影片等。自定义动画最大的特点是灵活、自由。

打开幻灯片，选择需要添加动画的对象，单击任务窗格中的【自定义动画】选项（见图9-24），可以通过“添加效果”中的“进入”、“强调”、“退出”、“动作路径”等功能实现相应

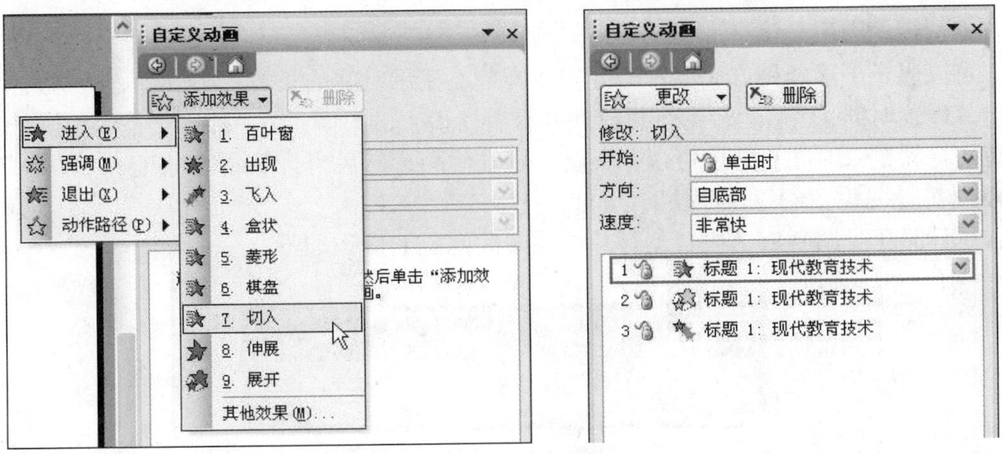

图9-24　自定义动画

的动态效果；开始方式可以设置为“单击时”、“之前”、“之后”；动画方向可以选择“自底部”、“自左侧”、“自右侧”、“自顶部”等不同方向；同时，在动画播放速度上有“非常慢”、“慢速”、“中速”、“快速”和“非常快”等多种选择。为了达到最佳效果，在【效果选项】对话框中可以进一步设置。

9.4.2　幻灯片切换效果

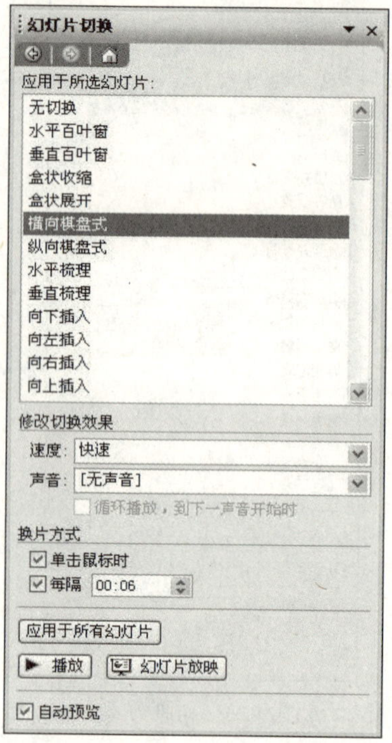

图 9-25　幻灯片切换

切换效果指幻灯片放映中的页面出现效果，如一张幻灯片可以从黑暗中淡入，也可以从一张幻灯片“溶解”到另一张幻灯片。

1. 设定切换效果

为幻灯片放映添加切换效果的操作如下：

（1）选择要添加切换效果的幻灯片。

（2）单击任务窗格中的【幻灯片切换】，如图 9-25 所示。

（3）单击合适的一种切换方式，即可应用于选定的灯片；要将切换效果应用到所有的幻灯片上，请单击【应用于所有幻灯片】。

要查看切换效果，单击【播放】按钮进行预览。

2. 换页方式及声音的设定

从图中可以看出，幻灯片切换时的换页方式有两种：一种是单击鼠标时切换；另一种就是每隔一定的时间后自动切换，如同时选中两种切换方式，两个条件中只要一个条件满足就进行幻灯片的切换。

要为幻灯片切换的同时加上声音效果，可以在【声音】下拉列表框中选择一种声音效果即可。

9.4.3　自动播放演示文稿

自动运行的演示文稿是进行信息交流的绝佳办法，它不需要由人来运行幻灯片放映演示文稿。可以通过下述两种方法设置幻灯片在屏幕上显示时间的长短：第一种方法是人工为每张幻灯片设置时间，然后运行幻灯片放映并查看所设置的时间；另一种方法是使用排练功能，在排练时自动记录时间。您也可以调整已设置的时间，然后再排练新的时间。

1. 排练计时设置幻灯片放映时间间隔

排练计时（见图 9-26）设置幻灯片放映时间间隔的操作如下：

图 9-26　排练计时

（1）单击【幻灯片放映】菜单中的【排练计时】，幻灯片放映将以排练模式打开并开始幻灯片计时。

（2）当准备放映下一张幻灯片时，请单击【下一张】。

（3）如果您对计时不满意并希望重试，则请单击重复使时钟重新从 0:00:00 开始。

（4）如果希望暂停时钟，则请单击暂停。

（5）对演示文稿中的每一张幻灯片重复上述步骤。

（6）在为最后一张幻灯片设置完时间后，会出现一个消息框，显示幻灯片放映的总时间，并询问您是否要为幻灯片放映保留这些计时，单击【是】按钮接受计时时间，单击【否】按钮取消。

2. 人工设置幻灯片放映时间间隔

人工设置幻灯片放映时间间隔的操作如下：

（1）在幻灯片视图或者幻灯片浏览视图中，选择要设置时间的幻灯片。

（2）单击【幻灯片放映】菜单中的【幻灯片切换】，如图 9-25 所示。

（3）在【换页方式】下单击【每隔】，然后输入希望幻灯片在屏幕上出现的秒数。

（4）如果要将此时间应用到选择的幻灯片上，请单击【应用】，如果要将此时间应用到所有的幻灯片上，请单击【全部应用】。

（5）对要设置时间的每张幻灯片重复上述步骤。

注意：

① 如果希望在单击鼠标或经过预定时间后都能换页（以较早发生者为准），则请同时选中【单击鼠标换页】和【每隔】复选框。

② 如果希望在幻灯片放映中，仅在单击快捷菜单上的【下一页】时换页，则请清除【单击鼠标换页】和【每隔】复选框。

③ 如果要查看时间，则请切换到幻灯片浏览视图，在幻灯片缩略图左下角的数字就是幻灯片放映时幻灯片显示在屏幕上的时间。

9.4.4　设定交互放映

在放映过程中，当不选择自动播放幻灯片时，设置交互式放映，也就是当鼠标移动到某个对象上或单击时，希望产生一定的动作，如切换到另外一张幻灯片、打开某个 Office 文档、运行某个程序、发出一个声音、播放一段音乐或电影等。

1. 动作设置

在演示文稿上创建动作设置的方法如下：

（1）打开要插入超级链接的演示文稿。

（2）切换到幻灯片视图，选择用于超级链接的文本或对象。

（3）选择【幻灯片放映】菜单中的【动作设置】命令，出现【动作设置】对话框，如图 9-27 所示。

（4）如果要使用单击启动跳转，请选中【单击鼠标】标签，如果要使用鼠标移过启动跳转，则请选中【鼠标移过】标签；如果要将一个以上的动作指定给相同的对象（如超级链接和声音），则请使用【单击鼠标】标签设置超级链接，并使用【鼠标移过】标签设置声音。

（5）选择【超级链接到】选项，然后从列表框中选择跳转目标，例如，选择【第一张幻灯片】、【最后一张幻灯片】或【幻灯片…】（某一张特定的幻灯片）等。

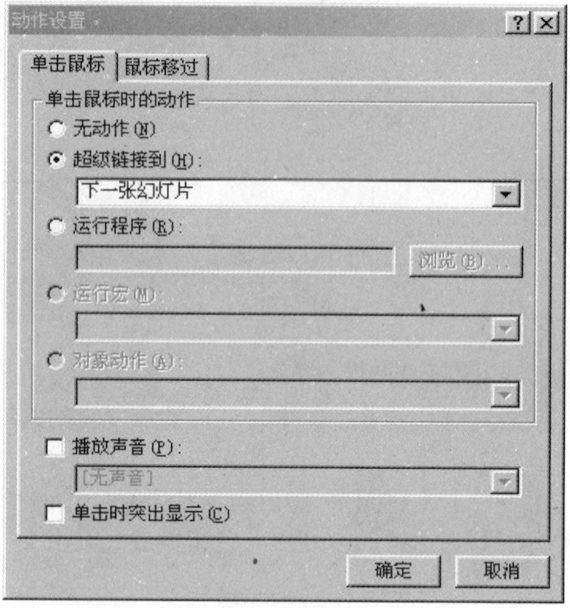

图 9-27　动作设置

（6）在【动作设置】对话框中还可以指定运行的程序、运行宏、对象动作、播放声音等选项。

（7）单击【确定】按钮。

在进行了如上的设置后，就可以按非线性的方式来随意浏览演示文稿中的内容。

2. 动作按钮

PowerPoint 提供了十二种动作按钮，从左到右、从上到下依次是：自定义、第一张、帮助、信息、前一项、下一项、开始、结束、上一张（最近查看过的一张）、文档、声音、影片等，它们的用法如下。

（1）切换到幻灯片视图，单击【幻灯片放映】→【动作按钮】，如图 9-28 所示，选择相应的动作按钮。

（2）鼠标光标变成“十”字形状时，按下左键拖拉鼠标，注意拖拉出来的矩形的大小就是按钮的大小，再松开左键，弹出【动作设置】对话框。

（3）接下来的操作过程与上述相同，这里不再重复。

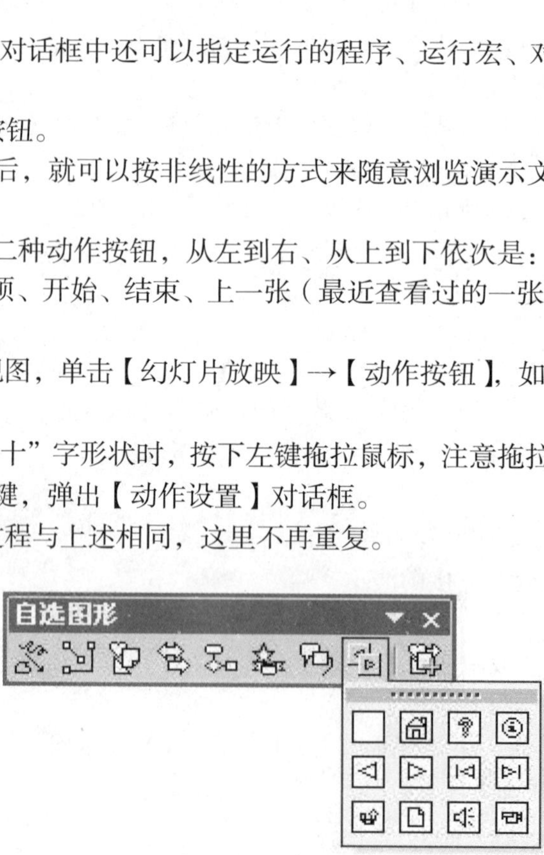

图 9-28　动作按钮

注意：

① 第一张、前一项、下一项、开始、结束、上一张（最近查看过的一张）这六个动作按钮一般不用设定，直接在【动作设置】对话框中按【确定】按钮就行了。

② 帮助、信息、文档、声音、影片这五个动作按钮要手工设定，方法是选择【超级链接到】下拉列表框中的【其他文件…】，再在弹出的对话框中选择相应的文档就行了。

③ 对于自定义动作按钮就很随便了，可以链接到其他文件、其他 PowerPoint 演示文稿、URL 地址、自定义放映等。

3. 插入超链接

直接利用工具栏上的【插入超链接】按钮。首先选定需要插入超链接的文字或图像，也可把光标移动到要插入超链接的相应位置；然后单击工具栏上的【插入超链接】按钮，在弹出的【插入超链接】对话框中选择要插入链接的文档、Web 页或电子邮件地址；再单击【确定】按钮即可。如图 9-29 所示。

需要注意的是，如果选定的是文字或图像等幻灯片中已有的对象，那么设置超链接后没有什么特殊标志。只有在幻灯片播放时，把鼠标移到相应的对象上，鼠标指针会变成一只“手”形，单击该对象即可启动超链接。如果没有选定任何对象，只是把光标移到幻灯片相应的位置，那么可以在【插入超链接】对话框的【要显示的文字】后给链接命名，以便幻灯片上出现相关的带下画线的提示，当鼠标指针移到该提示上时，同样会变成一只“手”形，单击便可打开超链接。

图 9-29　插入超链接

9.4.5 幻灯片放映演示

当 PowerPoint 制作完成后，单击【幻灯片放映】→【观看放映】或点击快捷键【F5】即可按照【幻灯片切换】中设置的切换效果进行放映，演示自己制作的多媒体演示文稿。在放映过程中，可以运用不同的技巧来控制演示效果，如按下【Ctrl+P】组合键可以把鼠标切换为绘图笔以在屏幕上做标记，完成后【E】组合键擦除标记，【Ctrl+A】组合又转换为箭头形状，可继续操作。在幻灯片放映时，常用的操作按键如图 9-30 所示。

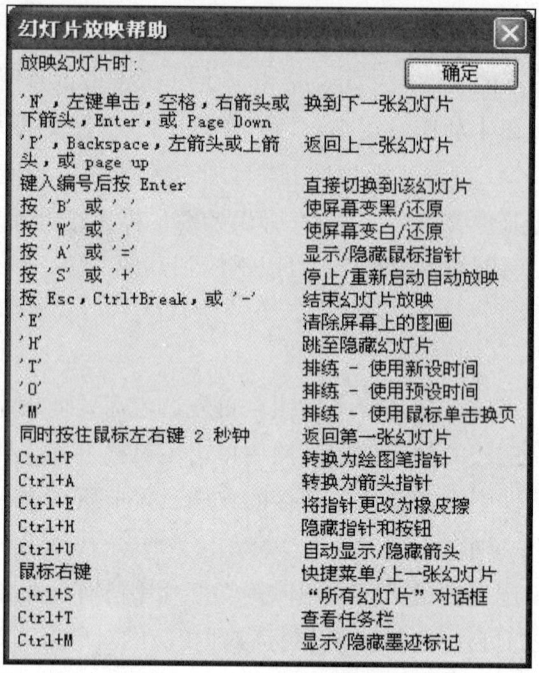

图 9-30　幻灯片放映帮助

9.5　演示文稿的打包

若想把制作好的演示文稿展示给其他人看，可以把演示文稿制成 Web 页后上传到服务器，也可以利用电子邮件或软盘进行分发，把文稿保存在磁盘中，需要运行 PowerPoint 提供的【打包】命令。Microsoft 还提供发送打包后的文件，并且在其他计算机上解包这个文件后，可以在无须安装 PowerPoint 的条件下演示此文稿。因为制作演示文稿的场合和正式放映的场合不同，使用的计算机也不可能完全一样，所以打包演示文稿是很有必要的。打包演示文稿的操作如下。

（1）打开要打包的演示文稿，如果正在处理以前未保存的新演示文稿，则先进行保存。

（2）将空白的可写入 CD 插入到刻录机的 CD 驱动器中。

（3）在【文件】菜单上，单击【打包成 CD】，如图 9-31 所示。

（4）在【将 CD 命名为】框中，为 CD 键入名称。

（5）若要添加其他演示文稿或其他不能自动包括的文件，请单击【添加文件】，选择要添加的文件，然后单击【添加】。默认情况下，演示文稿被设置为按照【要复制的文件】列表中排列的顺序进行自动运行，若要更改播放顺序，请选择一个演示文稿，然后单击向上键或向下键，将其移动到列表中的新位置；若要删除演示文稿，请选中它，然后单击【删除】。

（6）若要更改默认设置，则请单击【选项】，然后执行下列操作之一：

①若要排除播放器，请清除【PowerPoint 播放器】复选框；

②若要禁止演示文稿自动播放，或指定其他自动播放选项，请从【选择演示文稿在播放器中的播放方式】列表中进行选择；

③若要包括 TrueType 字体，请选中【嵌入的 TrueType 字体】复选框；

④若需要打开或编辑打包的演示文稿的密码，请在【帮助保护 PowerPoint 文件】下面输入要使用的密码；

⑤进行设置后，单击【确定】。

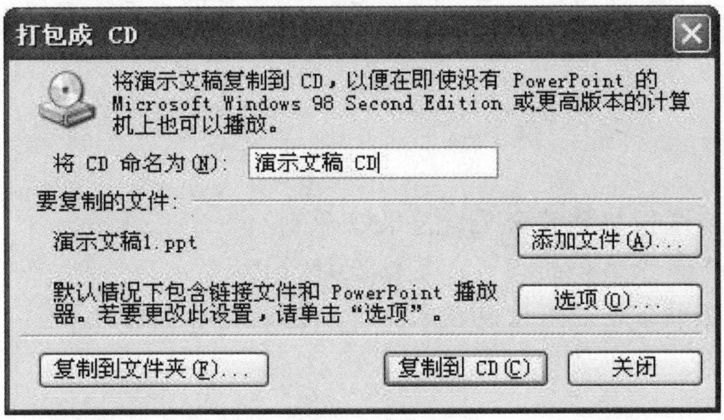

图 9-31　打包

（7）单击【复制到 CD】。

若计算机上没有安装刻录机，那么可使用以上方法将一个或多个演示文稿打包到计算机或某个网络位置上的文件夹中，而不是在 CD 上。其方法是：不单击【复制到 CD】，而单击【复制到文件夹】，然后提供文件夹信息。

如果是将演示文稿打包成 CD，则该 CD 能够自动播放。如果将 CD 盘插入光驱时，没有自动播放，或者是将演示文稿打包到文件夹中，要播放打包的演示文稿时，可以在“Windows 资源管理器”窗口中，转到 CD 或文件夹，双击 play.bat 文件进行自动播放，或者也可以双击 PowerPoint 播放器文件 Pptview.exe，然后选择要播放的演示文稿，单击【打开】播放演示文稿。

思　考　题

1. PowerPoint 在教学应用中有哪些特点？
2. 简述 PowerPoint 不同视图方式之间的区别。
3. PowerPoint 保存文件时有哪些文件类型？
4. 对 PowerPoint 的修饰美化有哪些不同的方法？
5. 在 PowerPoint 中可以插入多种多媒体素材，简述基本的插入方法。
6. PowerPoint 放映时常用的快捷键操作有哪些？
7. 如何进行演示文稿的打包？需要注意的事项有哪些？

第10章　信息技术与课程整合

【学习目标】

- 理解信息技术与课程整合的含义、意义及原则
- 掌握信息技术与课程整合的模式、策略及评价
- 能够在教学过程中合理应用信息技术与学科课程整合的方法

【内容结构】

- 信息技术与课程整合
  - 信息技术与课程整合的概述
    - 信息技术与课程整合的含义
    - 信息技术与课程整合的意义
    - 信息技术与课程整合的基本原则
    - 整合对教师提出的新要求
  - 信息技术与课程整合的运作
    - 信息技术与课程整合的三种基本模式
    - 信息技术与课程整合的策略
    - 信息技术与课程整合的评价
  - 信息技术与课程整合的实践
    - 信息技术与主要课程的整合
    - 信息技术与英语的整合
    - 信息技术与数学的整合
    - 信息技术与其他课程整合的案例

10.1　信息技术与课程整合的概述

10.1.1　信息技术与课程整合的含义

信息化教育的一个重要领域是信息技术与课程整合，尽管课堂教学存在着一些与生俱来的不足与缺陷，但是，就目前而言，课堂教学，或者说有意义的接受学习仍然是学校教学活动的主要方式，学生通过学校的正规课程的学习获得必要的知识和能力是学生发展的主渠道，因此我们应该十分重视学校正规课程的作用。

1. 课程

谈及信息技术与课程整合，首先应该理解课程是什么？所谓课程（Curriculum）是指为了实现一定的教育目的而设计的学习者的学习计划或学习方案。这个定义是从学习者的角度把课程作为一种计划或方案来理解的，在学习方案中对学习者的学习目标、学习内容和学习方式作了设计和规定。信息技术与课程整合应该从课程的各个方面入手，其中任何一个方面出现问题，整合的效果都会受到影响。有人认为信息技术与课程整合只应局限在教师与学生的具体活动之中，这显然过于狭隘，说明这种整合没有真正从课程的视角去思考，因此并不是真正意义上的课程整合。信息技术与课程整合应该考虑总体课程目标、总体课程的内容、总体课程的组织、科目内容、单元学习方案中具体学习活动等，应该与课程的各个要素进行整合，并且还要与各种类型的课程进行整合。这种整合应该是全方位的整合。

2. 信息技术与课程整合

"信息技术与课程整合"的概念最早源自西方的"课程整合"概念。在英文中，"整合"一词表述为"integration"，这一单词在汉语中有多重含义，如综合、融合、集成、一体化等，但它的主要含义是"整合"，即由系统的整体性及其在系统核心的统摄、凝聚作用而导致的使若干相关部分或因素合成为一个新的统一整体的建构、程序化的过程。整合可以使系统内各要素实现整体协调，相互渗透，使系统各要素发挥最大效益，这个过程会导致生成一个新的事物。课程整合（Curriculum Integration）的含义是指对课程设置、各课程教育教学的目标、教学设计、评价等要素作系统的考虑与操作，用整体的、联系的、辨证的观点，去认识和研究教育过程中各种教育教学要素之间的关系。课程整合的过程就是使分化了的教学系统中的各要素及其各成分形成有机联系并成为整体的过程。课程整合并不是指单纯地将被分割的东西拼凑在一起，也不是指简单地把各学科聚合起来，课程整合是指把本来具有内在联系而被人为地割裂开来的内容重新整合为一体的课程模式。这种内在联系是自然的、真实的、本质的，而非人为的和勉强的。牵强附会的联系只能使得课程变成一个大杂烩，如果两个内容之间的关系不是自然的，就不能把它们联系在一起，不是每个事物都必须与其他事物联系在一起的。因此，信息技术整合于学科课程绝不是简单的纳入或功能的叠加，也不仅仅是工具或技术手段层面的应用，而是如何将信息技术实际地融入学科课程的有机整体中，使其成为整体不可缺少的一部分，或成为一个新的统一体。在各学科教学中，有效地融入信息技术，将教学系统中的各种教学资源和各个教学要素有机地集合起来，将教学理论、方法、技能与教学媒体很好地结合起来，在整个教学过程中，保持协调一致，并发挥系统的整体优势以产生聚集效应。

那么，什么是信息技术与课程整合呢？所谓信息技术与课程整合是指将信息技术以工具的形式与课程融为一体，将信息技术融入课程教学体系各要素中，使之成为教师的教学工具，学生的认知工具，重要的教材形态，主要的教学媒体。也可以称为在课程教学过程中，把信息技术、信息资源、信息方法、人力资源和课程内容有机结合，共同完成课程教学任务的一种新型的教学方式。我们可以从以下三个方面来理解信息技术与课程整合：第一，应该在以网络和多媒体为基础的信息化环境中实施课程教学活动；第二，对课程内容进行信息化处理后成为学习者的学习资源；第三，利用信息加工工具让学习者改变学习方式，进行知识重构。在信息化学习环境中，由于将信息技术与学科课程进行整合，使得学习者的学习方式发生了重要的变化。主要变化在于学习是以学习者为主体的，学习可以是个性化的，能满足个体需要；学习是以问题为中心的；学习过程是通信交流的过程，学习者之间、教师与学生之间是协商的、合作的；学习过程具有创造性；学习可以随时随地进行的。可以说，学习者的学习可以不再只是依赖教师的讲授和学习课本，而是可以利用信息化平台和数字化资源，教师、学生之间展开协作学习，并通过对资源的收集利用、探究知识、创造知识、展示知识的方式进行学习，因此，通过信息技术与课程整合，可以使学习者掌握信息时代的学习方式，包括会利用资源进行学习；学会在数字化情境中进行自主学习；学会利用网络通信工具进行交流，协作学习；学会利用信息技术，进行实践创造性学习。总之，学习者可以利用文字处理、图像处理、信息集成的数字化工具，对课程知识内容进行重组、创作，使信息技术与课程整合不仅只是向学习者传授知识，而且能够使学习者进行知识重组和创新。

这里需要注意一个问题，信息技术与课程的整合具有双向性，应该是双向整合，即信息技术整合于学科课程和学科课程整合于信息技术，两者应该做到各取所需，前者是研究信息技术如何改造和创新课程，后者是研究课程创新中如何开发和利用信息技术。这个问题十分重要，它涉及建构信息文化背景里整合型的信息化课程新形态，以及如何利用各学科进行信息技术教育的问题。

3. 信息技术与学科课程整合的三大核心领域

信息技术与学科课程整合的特殊性何在？在教学实践中，信息技术与学科课程整合的含义已经远远超过了一般课程之间的整合，它的目标是多方位的，工作具有多样性，总结起来可以分为三大核心领域。

第一，信息技术作为学生必须掌握的一类学习内容——信息技术课程，可以把整合理解为信息技术课程的目的、任务与学科课程教学的目的、任务整合在同一教学过程之中，在这里，信息技术本身就是学生的学习对象和目标，然而，信息技术作为学习内容，无论是从教材形式设计，还是教学方式都应该有一个新视角，应该在与其他课程整合的过程中学习信息技术，学生也可以通过完成一项综合任务学习信息技术，很显然，这种学习方式使学生不仅学习了信息技术，提高了信息素养，而且还促进了其他学科的学习。可以说，信息技术的角色既是学习目标又是学习工具，学生是通过信息技术来学习信息技术。

第二，教师可以利用信息技术进行教学——教学工具。信息技术与学科课程相整合，可以将信息技术作为教学工具和手段融合到学科课程中。这是信息技术用于学科教学的最初形式，信息技术在学科教学中可以改善教学手段，提高教学效果。信息技术为教师的教学提供了一条超时空的隧道，把网络上的和光盘里丰富多彩的信息资源呈现给学生，为学生的学习创造了广阔天地，提供了学习环境，增强了对学生思维兴奋点的刺激。

第三，学生也可以利用信息技术进行学习——认知工具。教师作为主体可以运用信息技术，学生同样也可以作为主体运用信息技术。

学生掌握了必要的工具软件，就可以利用这些工具软件进行自主学习，以便更好地丰富原有的认知结构。

4. 四种整合观

对于信息技术与学科课程整合的认识，是一个不断发展和变化的过程，人们从不同的视角分析和理解这种教学和学习现象，产生了多种不同的观点，这些不同的观点各有各的合理性及意义，都在一定程度上从不同的侧面把握了信息技术进入教育教学领域的基本规律，同时，这些观点也可以在信息技术与课程整合的实践过程中找到例证。从总体上看，我们可以把 20 世纪 60 年代以来影响比较大的整合观概括为四大类。

（1）保护主义的整合观。

当信息技术对人类的影响力大到了人们不可忽视的程度时，便产生了一种要求学生远离信息技术的观点，这种观点要求将学生与现代媒体相隔离，特别强调将信息技术带给学生的消极影响彻底消除，有选择地整合信息技术，以减少信息技术对学生的消极影响，这种观点就是所谓的保护主义的整合观。因此，人们试图不允许学生收看某些节目或站点，并开发出了使学生不能浏览有害站点的应用软件。成年人在将媒体所表现的信息分为好与坏的二相对立的价值判断的指导下，将学生与媒体的消极影响相隔离的方法已经发展到了极限。学生与现代信息技术的接触点，已经远远超出了成人的控制范围，并且这种保护主义的做法有时还会起到一定的相反效果。

（2）技术主义的整合观。

如果说保护主义的整合观是明确地与社会行为规范紧密结合的理想主义，那么，技术主义的整合观就是以效率性和经济性为基础的机能主义。技术主义的核心目标是促进教学过程最优化，提高教学质量和学习质量。技术主义观认为教学和学习可以利用信息技术的各种功能解决各种实践性问题。技术主义的整合观对提高学生的学习兴趣，提高理解能力以及反复练习、巩固知识都是具有重要意义的。技术主义的整合观的问题主要有两个：第一，比较忽视对信息技术本身的思考，只将信息技术作为实现学科教学目标的手段，而忽视了信息技术的教学，因此，技术主义的整合观确实不利于培养学生的信息技术能力；第二，学生只是单向的信息接受者，也就是说，在将知识和能力的给予者与接受者完全分开作为基础之后，十分重视提高教学传递的效率。

（3）主体行动主义的整合观。

主体行动主义的整合观具有各种各样的特性，如批判性、开放性和能动性等，但是最重要的特性是它积极地面向社会的主体。社会的主体应该是构成社会的要素，并且应该具有变革社会的能力。同时，信息技术也是现代社会的构成要素之一。社会主体在接受信息技术所承载的信息时，并不是无意识地进行的。社会主体是依据自己的经历和所生存的社会环境来消化理解信息技术所提供的内容，利用信息技术表现自己感兴趣的内容。由此可知，信息技术一方面可以作为我们接受和理解社会信息的手段，另一方面它也是人们表达对社会各方面看法的手段。

从人本的角度出发，主体行动主义与保护主义、技术主义有很大的不同。它既不主张在恶劣环境中消极防守，也不提倡只是被动接受知识，它倡导能动地利用信息技术，运用信息技术进行交流，而且应该作为社会的主体积极主动地改变信息技术环境，实际上，对信息技术的应用也包括思考社会行为本质的问题，学生应该在实际行为活动中学习，并且应该充分发挥学习的主体性。在信息社会中生存的学习者，应该具备根据实际情况，自主性的、创造性的和负有责任感的行动能力。通过对学生与信息技术相联系的接触点的设计，可以提高学生社会行为的水平。根据以上的论述，在信息技术与学科课程整合中，教师为了提高学生的知识水平和促进学生的社会性及认知能力的发展，应该为学生创设可以亲身体验的和可以进行活动的良好条件。在具体操作时，整合的出发点应该是学生的实际生活，应该与学生目前和未来的生活状况相关联；整合应该在各种各样的交流方式中进行，应该不断扩大，学生与学生，学生与教师交流的可能性；应该收集学生的各种需求意见，按照学生的实际情况和需要改进方法；学生应该将自己亲身经验带入整合的学习过程之中，同时也应该在学习中形成信息技术的直接经验；整合应该从学生的社会和认知发展水平出发，促进学生的全面发展。

（4）工具主义整合观。

工具主义整合观是近年来在美国产生的一种新观念。美国国际教育技术协会（ISTE，2000）先后针对学生、教师和教育管理者等分别制定了教育技术标准和相应的绩效指标。

这个标准给我们的启示是信息技术用于教学和学习之中的作用应该是促进学生主体性的充分发挥，使得学生真正成为学习活动的主体；信息技术不仅可以作为教师的教具，而且更能成为学生的学具，作为学生的实践性学习工具；应该强调信息技术教育的目的，是获得对信息技术更深刻的理解，而不是仅仅能够使用一些信息技术工具；应该强调运用信息技术解决问题的重要性，信息技术教育不只是教信息技术，而是运用信息技术解决问题和处理信息，提高解决问题的能力；教师应该全面理解和掌握信息技术，重视设计能够保证充分发挥信息技术作用的学习环境和教学环境，解决整合的根本性问题，认真研究如何运用信息技术的教学策略，并重视信息技术与学科课程整合的人文问题。

10.1.2 信息技术与课程整合的意义

为什么应该将信息技术与学科课程整合？根据前面的论述，特别是借鉴美国国际教育技术协会的信息技术标准的基本思想，我们认为可以从以下几个方面去理解信息技术与课程整合的意义或作用。

1. 有利于实现教育教学的根本目的

信息技术与学科课程整合属于教育教学范畴之中的行为，教育教学的本质就是信息技术整合的本质，教育教学的目的就是信息技术整合的目的。因此，信息技术整合追求的目的应该是教育教学方面的目的，信息技术应该在促进教师教学、学生学习和学生全面发展等方面起到积极作用。信息技术与学科课程整合确实有利于实现教育教学的根本目的。信息技术和课程整合，为课程设计提供了丰富的手段，拓宽了课程设计的范围。信息技术强大的功能，使得教学形式呈现出多样化的特征。

2. 可以帮助教师教学

信息技术和课程整合，可以充分利用各种资源，发挥设备的最大潜力，实施高质量和高效率的教学。这似乎已经是一个老生常谈的话题，但在实践中却是一个长期困扰教师们的瓶颈。信息技术到底能够帮助教师干什么？教师自己应该负有什么教学责任？到底如何整合？这些问题一直没有得到很好的解决。关于作为教学工具的作用，一般的观点是学科教师可以借助信息技术备课，可提高备课质量和节约备课的时间。其次学科教师利用信息技术授课，延长了师生交流的时间，也更有利于学生与教师的深层次的交流与沟通。而且，通过计算机联网，可以大大减少教师的重复劳动，教师可以从大量的备课和讲课的任务中解放出来，能把较多的精力投入到教学和科研活动中，使教学活动从劳动密集型转变为技术密集型，从而提高了教学活动的效率。

任何一种媒体在教育教学过程中都有它的作用，因此，我们不能简单地将其视为一种替代关系。我们使用信息技术应该把重点放在解决那些传统教学不便解决或无力解决的教学和学习问题上，应该利用信息技术解决那些信息社会给我们提出的新问题，信息技术具有支持现代学习和教学的使命，应该充分发挥信息技术的优势才对。

3. 有利于提高学生的信息素养

信息技术与学科课程整合是培养学生形成信息素养的有效途径。所谓信息素养是指能够清楚地意识到何时需要信息，并能确定、评价、有效利用信息以及利用各种形式交流信息的能力。信息素养主要包含三个方面的内容：第一，信息应用的实践力，按照课题和目的应用适当的信息手段，主要包括积极独立地收集、判断、表现、处理和创造必要的信息，按照对方的具体情况发送和传递的能力；第二，对信息科学的理解，包括对信息手段特性的理解，对为了评价和改善处理、应用信息的基本理论和方法的理解，在信息收集、处理和利用的所有阶段，批评性地处理信息，在接受信息之前，认真思考信息的有效性和准确性。这些素养的形成不仅仅是通过计算机技术训练的，而是应该加强科学分析思维能力的训练来培养；第三，参与信息社会的态度，对社会生活中的信息和信息技术的作用的理解，思考信息道德的必要性以及对信息的责任，积极地、创造性地参与信息社会的态度，要求学生具有强烈的社会责任感、具有良好的与他人共事的精神。

4. 可以帮助学生学习

由于信息技术与学科课程的整合，使得传统的认知工具得到了充实，学生可以利用信息技术作为认知工具进行更有效的学习。认知工具可以包括以下几个方面：第一，作为课程学习内容和学习资源的获取工具。获取和占有信息是处理和应用信息的前提，将信息技术作为信息获取工具，是学生发现和获取信息的一种良好途径。第二，作为情境探究和发现学习的工具。信息技术与课程整合可以根据一定的课程学习内容，利用多媒体和网络开发工具将课程内容以多媒体、超文本、友好交互等方式转化为数字化学习资源，根据教学需要，创设一定的情境，让学生在这些情境中探究和发现。第三，作为协作学习和交流的通信工具。在传统的课堂教学中，由于人数、教学内容和课时等因素的限制，协作学习常常无法顺利进行，而信息技术为有效实现协作学习提供了良好的技术基础和支持环境。第四，作为自我评测和信息反馈的工具。信息技术可以为学生提供十分高效和准确的学习评测系统，学生可以不断地了解自己的学习情况，发现各种问题，为不断进步打下基础。

5. 有利于培养学生的创新性

学生创新能力的培养需要理想的教学和学习环境的支持，信息技术整合于教学过程之中可以为培养创新能力营造理想的环境。信息技术可以作为学生的创造工具。第一，现代教育技术的最新理论基础有力支持着创造性能力的培养。第二，基于计算机的课件开发平台有利于培养学生的直觉思维。第三，优秀的多媒体课件可以对形象思维的培养提供有力支持。第四，基于计算机网络的“协作式学习”和“发现式学习”可以对辨证思维和发散思维的培养提供有力的支持。

6. 作为整合多学科的工具

信息技术与课程整合可以促进多学科的相互渗透，可以作为整合多学科的工具。学生在制作关于地理内容的多媒体课件时，需要同时使用计算机、地理、美术、音乐等多学科的知识，需要综合运用多学科的知识分析、规划、制定有关内容。特别是在综合学习活动中，可以将多门学科聚拢在一起，学生可以学习多学科的交叉性知识。如果有效地使信息技术与学习活动整合，那么信息技术可以使学生不区分学科的界限。为了完成某一主题或课题，以学生的兴趣和爱好为基轴，经过体验和活动，进行问题解决的学习活动。这样，可以着重培养学生主体性地运用多种知识解决问题的资质和能力，创造性、协作性地处理事物的态度，促进“生存发展能力”的形成。因此，信息技术在教育中的应用，既是技术和工具，又是使学生综合运用其他学科知识的桥梁。

10.1.3 信息技术与课程整合的基本原则

信息技术与课程整合不等于信息技术与课程混合，其中影响信息技术整合效果的因素有很多。在利用信息技术之前，应该做好“三件”建设：首先是硬件建设，主要是信息技术设备、设施的建设；其次是软件建设，即课程和教材的建设；再次是潜件建设，即整合理论和方法的建设，这个建设是起决定作用的。教师要掌握一定的信息技术，清楚信息技术的优势和不足，以一定教育理论为指导，根据学科教学和教学对象需求，设法找出信息技术在哪些地方能优化教学效果。具体说来，信息技术和学科整合时需遵循以下基本原则。

1. 运用正确的教育理论指导信息技术与课程整合的实践

现代学习理论为信息技术与课程整合奠定了坚实的理论基础。在教学和学习的层面上，每一种理论都具有其特定的正确性，但是，一旦推及实践中却没有一种理论显现出普遍的合理性，换而言之，无论哪一个理论都不能涵盖其他理论而成为唯一的指导理论。否则，误入了二元分立的思维方式易导致为了克服一种片面性而又陷入另一种片面性。行为主义对需要机械地记忆知识或具有操练和训练教学目标的学习有其合理成分。认知主义的指导作用主要体现在激发学生的学习兴趣、控制和维持学生的学习动机。建构主义提倡给学生提供建构理解所需要的环境和广阔的建构空间，让学生自主地、发现式地学习。建构主义较适合于不良结构领域的高级学习，而对于中小学生来说，由于他们正处在知识积累和思维发展阶段，他们的认知结构还比较简单，自主学习能力还没有得到很好的培养，这个年龄阶段的学生还缺乏自制力，因此，教师的指导、传授及人格魅力的影响，就有着不可替代性。因此，在信息技术与课程整合的应用中应该兼顾各种理论的合理成分，根据教学对象、教学内容及教学媒体等多种变量，灵活地运用理论并指导实践。

2. 根据教学对象选择整合策略

人类的思维类型可按抽象思维、具体思维、有序思维和随机思维进行组合，不同的学习类型和思维类型的人的学习成效与他们所选择的学习环境和学习方法有关。在长期的教学实践中，我们也可以发现，有的学生不能主动地对外来信息进行加工，对于有人际交流的学习环境，需要明确的指导和讲授，而有的学生在认知活动中，更愿意独立学习、个人钻研，更适应结构松散的教学方法或个别化的自主学习环境。因此，信息技术与课程的整合应该根据不同的教学对象，实施多样化、多元化和多层次的整合策略。

3. 根据学科的特点构建整合的教学模式

每个学科有其固有的知识结构和学科特点，对学生的要求是不同的，如语言教学的一个任务是培养学生运用语言的能力，训练学生在各种不同的场合下，用正确的语言，流利地表达自己的思想，很好地与别人交流。为此我们应该利用信息技术，模拟出接近生活的真实的语境，提供给学生反复练习的机会。数学属于逻辑经验科学，主要由概念、公式、定理、法则以及它们的应用问题组成，数学教学的重点应放在开发学生的认知潜能，可以通过给学生创设认知环境，让他们经历由集体思维到抽象思维，再由抽象思维到具体思维的思维过程来完成对数学知识的建构。而物理学和化学，是与人们生活、生产密切相关的学科，应注意学生的观察能力、解决问题的能力和亲自做实验的动手能力等。对那些需要观察自然现象或事物变化过程的知识，形象和直观的讲解有助于学生理解和记忆，但对培养学生操作能力来说，如果用计算机的模拟实验全部代替学生亲手实验，则违背了学科的特点，背离了培养动手能力的学科教学目标。因此，对于不同的学科，既有相同的整合原则，也应该根据学科的特点采用不同的整合策略，信息技术与课程整合的方式不相同。

4. 应该加强学生的动手能力

因为信息技术是一个应用性很强的实践领域，而非纯理论性领域。因此，要求学生积极参与、积极探究和合作，更要求学生亲身体验，具体操作，反复练习。

5. 应该应用各种媒体

“信息技术”与“计算机技术”是两个不同的概念，信息技术的范围十分广泛，包括多种媒体，如摄像机、电视机、录音机、照相机等。应该要求学生掌握各种媒体的功能和操作方法，利用各种媒体制作电子作品。

6. 在教学后期，应该使学生的学习结果作品化，并做好学习成果的发表工作

获得学习成果之后，应该要求学生将学习成果发布给其他人，包括同学、老师、家长以及社会上的各种人员。这样能够培养学生更多的能力，包括交流能力、表现力、约束力，还能够使学生分享更多的学习成果，并能够大大提高学生的自我成就感，增强自信心。

10.1.4　整合对教师提出的新要求

教师综合素质的提高是有效整合的前提，信息技术与学科课程的整合对现代教师提出了更高的要求，整合之后的教学和学习会呈现出新的规律和特征。有人把网络时代的教育称为新教育，它的“新”不仅在于目标的新、手段的新，更在于它需要新的观念、新的方法和新的能力。新教育需要具有新素质的教师来保证新教育目标的实现。因此，教师能力结构的变化是整合的必然需要。

1. 系统教学设计能力

在现实的教学过程中，有一些教师只是为了使用新技术而使用新技术，缺乏将新的信息技术与教学过程有机结合的意识与具体方法。陈旧的教学观念和方法，成为教师能力和素质提高的瓶颈。因此，如何进行系统的、整体的教学设计，如何对教学过程中的各个要素及其关系进行统一的协调安排，如何用一种新的教学设计的思想与方法来促进与改进教学工作，是目前教师亟待发展的一种新能力。

2. 教学实施能力

教学实施能力是指教师在信息化教学设计的基础上，实现教学设计方案的能力。现代教育观念指导下的教学实施能力不同于传统教育中单纯的讲授能力和答疑能力，而是强调各个学科的相互整合、从单一的知识传递变为重视问题解决、强调学校教学与社会的连续性、强调对学生进行生存能力和创造性的培养。教师应该更加提高对基于问题式学习和合作学习的指导能力。

3. 教学研究能力

信息技术与课程整合的方方面面必将呈现新的规律。对新规律的发现和了解的深度，在一定程度上会影响教育信息化的进程。教育实践活动是发现新规律的重要过程，也是尝试新方法、创造新理论的过程。正如我们已经发现，尽管教育技术学在理论上已经为基于网络的现代教育提供了原则和方法，但教师仍然感到在实际教学中，现有的原则和方法确实不够用，其原因，一方面，是由于教育技术的理论落后于实践，实践需要教育从重视方法论层次的研究，必须向应用层次倾斜；另一方面，在社会变革时期，发现和创新的机会渗透在实践的各个环节，没有教师的参与和积极性，这种研究的深度只能限于方法论层面上。教师不仅是现代教育的实践者，还应该是现代教育规律的发现者和研究者。因此，教师的研究能力应该是时代对全体教师提出的新要求。

4. 教学监控能力

教学监控能力是指为了保证教学达到预期的目的而在教学的全过程中，将教学活动本身作为意识对象，不断对其进行积极主动的计划、检查、评价、反馈、控制和调节的能力。教学监控能力是教师教学能力结构的高级形式，是其他教学能力和教学行为的调节中枢。

信息化教学是教师促进学生完成正确知识建构的过程，教师要在充分满足学生个性需求的基础上，对教学进行全面的监控，教师的角色发生了变化，学生的学习形式又增加了利用媒体的独立学习和协作学习，因此教学过程复杂性和教师的角色变化，都对教师的监控能力提出了许多新的要求。例如，为了激发学生的学习积极性和正确导航，教师要向学生及时反馈其学习情况，这样教师对学生的了解由宏观把握发到微观掌握。信息技术与课程整合经常是在一定的学习情境中进行，教学监控必须从课堂监控到情景监控，从对集体监控到对个人监控、小组监控和同伴关系的监控。

5. 信息素养

在信息技术的教育教学应用的过程中，教师无论作为社会人，还是作为职业角色都应该掌握信息技术并具备一定的信息素养。作为职业角色的教师，还特别要学会选择信息技术和在教学中有效整合的技术。教师的信息素养应该包括：对信息技术的敏感性，应用信息的能力，教学媒体的整合能力。

10.2 信息技术与课程整合的运作

10.2.1 信息技术与课程整合的三种基本模式

在信息技术与课程整合的过程中，信息技术作为学习的有机组成部分，与课程内容、教学资源、教学实施与评价的有机结合是一致的，但由于整合目标的不同，可以将其分为三种基本的整合模式。

1. 本位型课程模式

本位型课程模式以培养学生的基本信息素养为目标，将信息技术作为学习的对象，开设专门的信息技术课程，传授信息技术的基本技能。根据具体操作流程的不同，课程整合理念指导下的本位型课程模式有以下两种形式。

（1）“带疑探究-讲授示范-动手操作”型。

首先，教师要根据信息技术课程的教学目标提出具有吸引力和探究性的问题，并用激励性和引导性的语言点拨学生进行思考与自主探究，引导学生运用已具备的信息技术技能主动探索问题的解决方法。

然后，教师将问题分解为若干个小的信息技术学科知识点，向学生讲授相关内容，再进行上机示范操作，学生通过动手操作产生对信息技术课程的兴趣。

最后，教师开展评价。

教师操作流程图如图 10-1 所示。

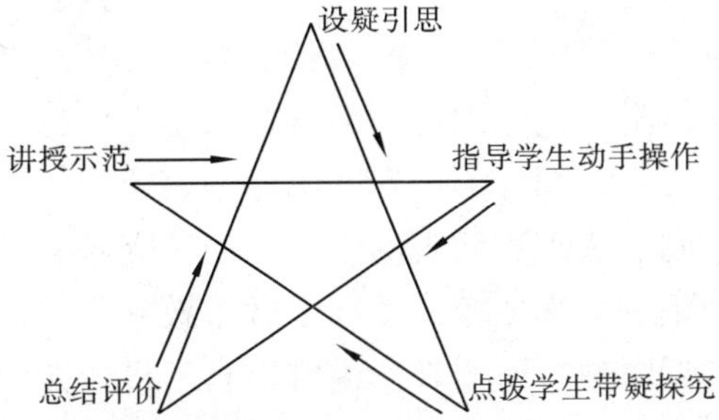

图 10-1　带疑探究—讲授示范—动手操作型模式流程图

（2）“任务驱动—协作学习”型。

这种模式采用了任务驱动策略，基本流程如下。

首先，教师根据教学重点、难点及不同的学校环境、教师特长和社会背景灵活多变地设计融合了信息技术教学目标的任务。任务应有层次性，构建由易到难的梯级状任务系统。

其次，教师将设计好的任务呈现给学生，学生则主动寻求学习伙伴，组成小组，采用协作学习的形式进行主动探究，并将其在学习过程中探索发现的信息和学习资料与小组中的其他成员共享，彼此之间互相交流，促进共同学习。从而，学生在教师的指导下完成任务。

最后，教师进行总结性评价，评价重点放在对学生信息技术应用能力的考查上，主要检查学生运用信息技术的能力和信息素养是否有所提高。

教师操作流程图如图 10-2 所示。

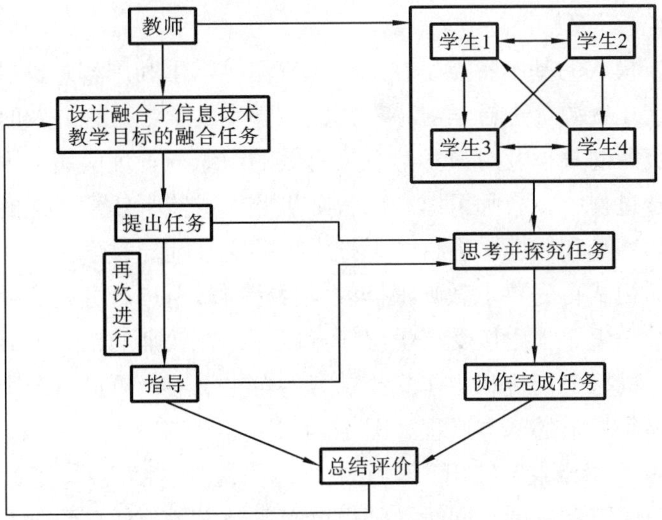

图 10-2　“任务驱动—协作学习”型模式流程图

2. 辅助型课程模式

辅助型课程模式是以提高教学效率、优化教学效果为目标，将信息技术作为教学的工具，并与其他学科进行整合。信息技术辅助下的课程有以下多种表现形式。

（1）“群体—讲授”型。

信息技术辅助下的“群体—讲授”模式是对传统教学方式的继承与发展。教学形式仍是在同一时间内对整个班级群体进行同样内容的教学，只是将信息技术也作为教学手段加以运用。它有三条优点：一是集文字、图片、声音、图像的表达于一身，使课堂教学变得生动活泼；二是可以不受时间、空间、宏观、微观的限制，便于突破教学重点和难点；三是简单、易操作，能够快速、及时地呈现教学内容，提高了教学效率。

该模式基本步骤为：备课时教师研究教学内容，自己设计课件或从资源库里选择课件。课上教师利用课件创设情境，展示教学信息，引导学生接受教学信息并认真思考，最后教师进行总结，如图 10-3 所示。

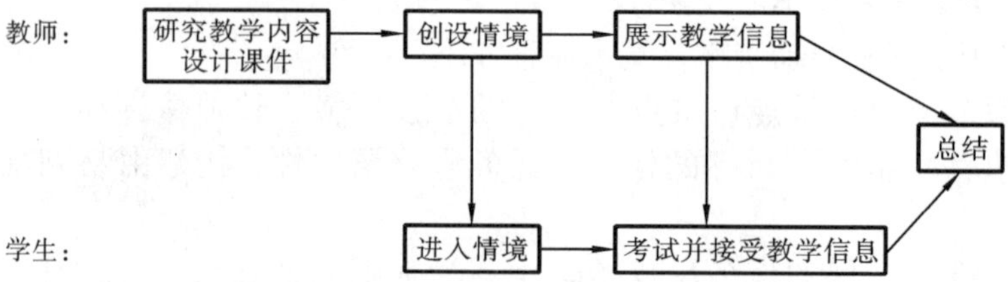

图 10-3　“群体—讲授”型模式图

“群体—讲授”型模式可以体现教师在教学过程中的主导地位，比较有利于学生获得系统的科学文化知识。它的不足之处在于过于关注学生群体，忽视学生个体；学生容易变为信息的被动接受者，缺乏自主性；信息技术的介入虽然会使课堂气氛活跃起来，但有时候也会分散学生的注意力；多媒体技术也有自身的缺陷，它把各种应由抽象思维得出的结论诠释为直观具体的过程，客观上可能会影响学生抽象思维能力的发展。

（2）“自主—监控”型。

“自主—监控”模式的基本特点是在网络教室里，学生利用教师提供的教学资源（包括数字化资源和非数字化资源）进行学习，教师监控学生的学习过程并及时辅导。由于超文本链接，实现了网络资源的共享及对教学信息最有效的组织与管理应用，因而学生可以自主使用网络资源。在教学过程中，教师可以利用教师机监看或监听任意指定的单个学生机上的学生活动，用教师机的键盘和鼠标来进行“手把手”的交互辅导教学。

“自主—监控”模式首先要求教师根据教学目标对教材进行分析和处理，决定用什么形式将教学内容呈现给学生。学生接受了学习任务以后，在教师的指导下，利用教师提供的资料或自己查找的信息进行个别化和协作式相结合的自主学习，再进行个别化评价。最后，教师总结教学内容。整个教学的基本过程如图 10-4 所示。

这种教学模式中的“自主”突出了学生主体地位，“监控”发挥了教师的主导作用。学生可以自己选择学习内容和进度，同时教师也可以避免学生放任自流，及时发现问题并给予解答。然而，这种模式的运用受到多方面的限制。例如，它对硬件设备、教学软件的要求比较高；如果是大班教学，教师主导作用的发挥就会受到限制；这种教学对学生的自学能力有一定的要求。

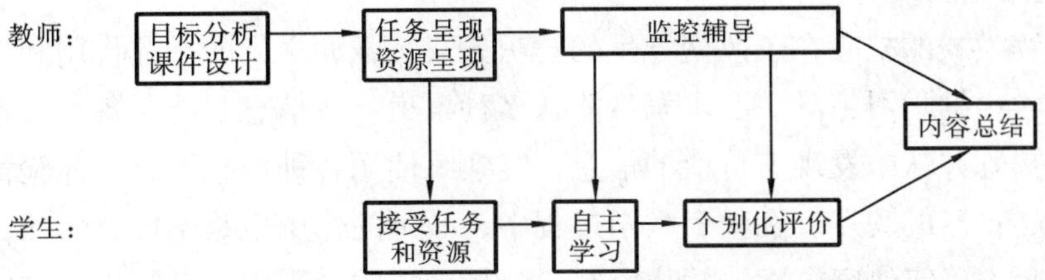

图 10-4　“自主—监控”型模式流程图

（3）“讨论”型。

“讨论”型模式的基本特点是师生利用网络交流工具实现实时和非实时的讨论。这种教学一般是由教师提出一个或多个讨论问题，学生就这些问题进行讨论。不论是实时讨论还是非实时讨论，教师都要认真倾听学生的发言，善于抓住学生思维的闪光点，及时发现学生出现的问题，给予反馈。教师还要注意防止讨论偏离当前学习的主题，保证学生的发言能符合教学目标的要求。最后，教师还要对讨论的问题做总结，对学生的表现进行恰如其分的评价。整个教学的基本过程如图 10-5 所示。

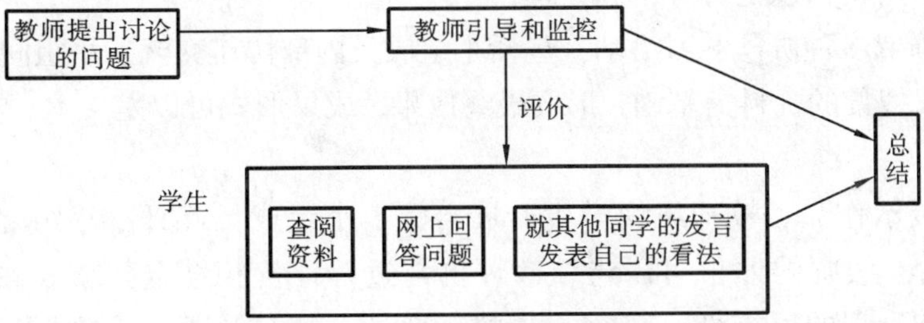

图 10-5　讨论型模式流程图

讨论型模式可以借助网络环境，学生可以克服心理障碍，畅所欲言，真正参与讨论。在这种模式下学生的积极性往往比较高。不过这种教学比较耗时。

集体—讲授型、自主—监控型、讨论型是三种比较常见的信息技术辅助教学模式，表 10-1 将它们作一个横向的比较。

表 10-1　　三种教学模式的比较

	群体—讲授型	自主—监控型	讨论型
适用环境	多媒体教室或网络教室	网络教室	网络教室
信息技术的支持	课件、网页、演示文稿	课件、网页、演示文稿	BBS、在线聊天系统
教师角色	知识的传授者	监控者、辅导者	引导者、监控者
学生角色	知识被动的接收者	知识主动建构者	讨论的主体

普通高等学校师范专业规划教材

虽然这三种辅助模式各有特点，但必须指出它们并不是截然分开的，在课堂教学中，完全可以结合在一起，充分发挥各自优势，最大限度地提高教学效率、优化教学效果。

3. 研究型课程模式

研究型课程模式的核心在于改变学生的学习方式，强调学生的主体作用和参与性，信息技术可以作为学生的学习工具。要求学生能从多种渠道寻找信息，能对各种资料进行分析、归纳、整理、提炼并从中发现有价值的信息，能熟练使用各种信息工具，体验科研的过程和方法，准确表达自己的观点。在整个教学过程中，教师的作用也是不可忽略的，特别是学生在进行主题选择、确定研究方案、搜集资料、分析结果的过程中，教师指导的成功与否直接关系到研究型学习的成败。

常见的研究型课程的步骤如下：

（1）教师设计有价值的研究型课题，然后组织学生进行社会调查，借助信息技术创设情境，使学生了解课题，进入研究的情境；

（2）学生根据各自学习兴趣的浓厚程度和认知、技能水平的不同，选择研究课题，并制订研究方案。学生也可以组成协作小组来研究，制定小组研究方案，同时有明确的成员分工；

（3）教师提供一些与学习主题相关的资源（包括社会资源、学校资源、网络资源）目录、网址，学生根据需要，浏览收集资料；

（4）学生对所得信息进行分析和处理；

（5）学生开展多种协作学习活动，包括小组成员内部协作交流、小组间的协作交流等；

（6）学生以搜集的资料为基础，形成最终成果，成果形式可以是文本、电子文稿，也可以是网页；

（7）学生展示作品，教师组织学生开展自评、小组成员互评、小组之间互评，最后由教师进行评价。教师的评价可以将绩效评价与过程评价相结合。绩效评价可以从学生设计的课题研究计划的可行性、研究方法的有效性、作品是否切合主题、内容丰富性、合理性、创新性等方面来考查，通过学生创作的电子作品来评价学生利用信息技术创新作品的能力，过程评价注重对学生探究学习时的积极性、态度、创造性、参与程度、协作意识等的评价。

研究型课程操作方案如图 10-6 所示。

研究型课程模式使学生主动参与研究活动，学生的创新意识、合作学习能力和终身学习能力都可以得到发展。不过它也存在以下不足：一是比较耗时；二是研究的课题也受限制，最好选用不确定的内容，有多种解决途径的问题作为研究课题，而不适宜研究那些已成为事实的内容；三是常常需要利用网络教学，对教学软、硬件环境要求较高。

本位型课程模式、辅助型课程模式和研究型课程模式是三种基本整合模式，有不同的课程定位和操作方式，但彼此之间又有内在的联系。这三种模式基本上都有教学内容问题化、教学过程探究化、教学活动网络化和教学成果创新化等特点，更适合信息时代的教学要求。

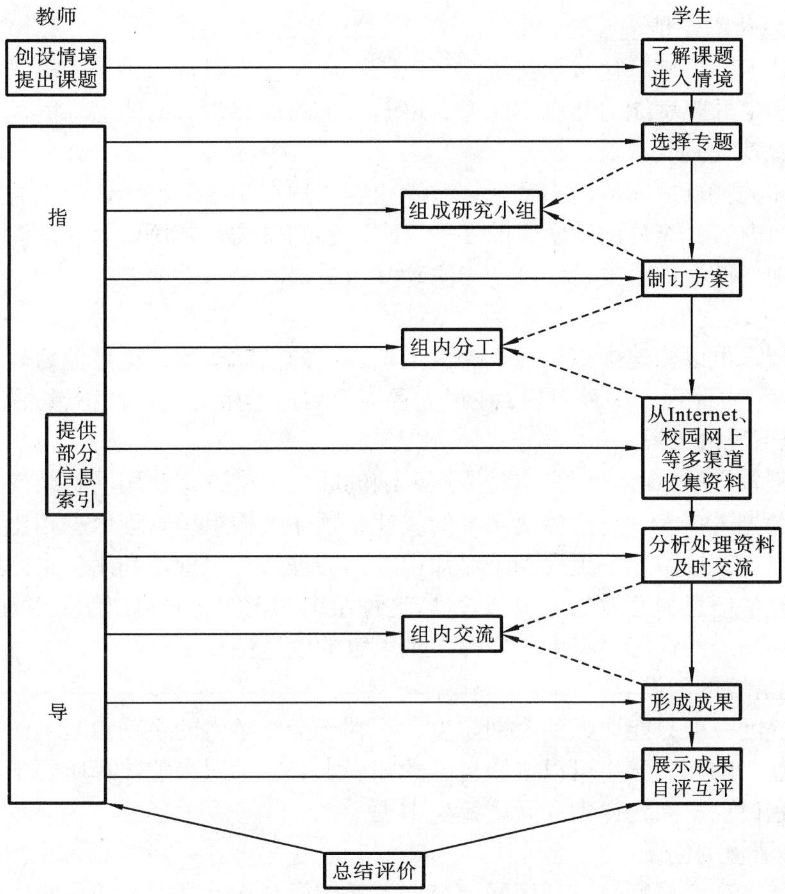

图 10-6　研究型课程模式流程图

10.2.2　信息技术与课程整合的策略

策略是指为了达到特定目的，在一定理论指导下，根据形势发展而研制的行动方针和措施，以及相应的活动手段、方式和方法。它分为两个层次：一个是定位于大范围行动的一般性的宏观策略；另一个是定位于具体活动进程的特殊性的微观策略。信息技术与课程整合的基本策略，宏观上指的是为了满足教育信息化和课程改革的需要，按照系统论基本原理提出的加强和促进信息技术与课程整合的行动方向，微观上指的是应用一定的信息技术理论及课程理论的具体措施。教学中四个最重要的教学要素分别是教师、学生、教学内容和教学媒体。在信息技术与课程整合策略的制定过程中，也要充分考虑这四个要素。

1. 按照学习者的需求进行整合

在信息技术与课程整合的过程中，应该从学生需求出发，充分尊重学生主体地位，建立民主型的师生关系。组织学生参与信息技术与课程整合的设计、实施和评价的全过程。通过各种自学软件开展学习活动，既能有计划地、系统地安排学习过程，又能利用多媒体技术的超文本和超媒体功能有效地突破重点与难点问题，从而为学生自主学习起到导航、导法、导疑、导思的作用。

2. 创设信息化教学情境

利用信息技术创设信息化教学情境，可以借助数字化学习资源为学生提供丰富多彩的学习内容，发展学生的观察能力和思维能力，培养学生的探究学习的能力。

（1）直观情境的创设。

利用多媒体的特点，简洁而丰富地把教学内容展现在学生面前，让学生通过外部多种刺激迅速感知学习内容，充分调动学生的多种感官，感知事物、领悟概念、掌握原理。体现教学的直观性原则，使学生由被动学习变为主动学习，提高学习效率。

（2）虚拟情境的创设。

利用信息技术可以构建虚拟环境，提供虚拟现实的活动空间，更好地为教学服务。虚拟不仅是一种技术，更体现了一种思想，在很大程度上启迪学生运用这种思想去拓宽学习思路。

（3）思维情境的创设。

思维训练是教学的核心。超文本是按照人脑的联想思维方式，用网状结构非线性地组织管理信息的一种先进技术。与按传统文本的线性、顺序结构组织管理信息相比较，它更符合人类的思维特点和阅读习惯，更有利于对知识结构的理解和识记。利用多媒体网络的超文本特性可实现对教学信息最有效的组织与管理，这种组织知识的方式可以激发学生思考的热情，加强对学生思维品质的训练，有助于发挥学生思维的创造性。

（4）问题情境的创设。

传统课堂提问一般只能照顾到个别学生，不利于全体学生的主动参与，然而利用信息技术就可以解决这一问题。学生可以按照自己的知识水平、学习兴趣选择所要学习的内容并参与到相应的问题讨论、问题探索和问题解决中去。

（5）合作情境的创设。

网络学习能体现合作特性。利用网上交流工具创设合作性学习情境，对于学生高级认知能力的发展、合作精神的培养以及良好人际关系的形成，都有明显的促进作用。

（6）创作情境的创设。

利用多媒体网络计算机创作工具平台，为学生创设一个充分发挥自己的想象、创作自己的作品或亲自动手模拟实验操作的情境。通过整合创设实践环节，建立以实践为基础的新型学习方式，激发学生的创新能力与协作精神。

3. 开发信息化课程资源

信息化课程资源是新型的教材体系观念。开发信息化课程资源是信息技术与课程整合的重要策略之一。

（1）课程材料观念的孕育和发展。

以往的教学过程大都以教科书为基础，形成以教科书为主体、以教师教授本位价值观为核心的“教材”观念。随着课程改革的深入，以及信息技术在课程教学中的广泛应用，“课程材料”的观念开始孕育起来。它既包括“教材”，又包括“学材”；既包括课本，还包括课本分析、教学指南、学习指南、多媒体材料和网络材料等。

新的课程材料观念建立在几个基本点上：一是从过去的重视教师的教授活动转移到重视学生的学习活动；二是开发的材料要从过去的教师教授本位转换为学生学习本位；三是开发的课程材料从过去的单一化转换为多样化；四是更新课程材料载体，从过去的印刷载体为主转换为多媒体网络载体为主，开发信息化的整合性课程包。新的课程材料也重视教师的教授，不过更强调教师的教授怎样更好地引导学生学习。教师所起到的作用主要是学生学习的指导者、帮助者、促进者和合作者。

（2）课程包的含义。

课程包概念经历了电子课本、课件、教学包、学习包和积件等概念的发展，以数字压缩技术和互联网技术为实现的条件。电子课本并不仅仅是电子化的课本，而且是以信息技术为工具开发的、超越时空的多媒体课本，具有字、音、形、色、义等的合成性、动态性及可再生性等特点。课件是专门为进行教学活动而设计的各种计算机应用软件。课件是文本、图形、图画、声音和动画等的集合体，包括用于控制和进行教学活动的程序，以及帮助开发、维护和使用这些程序的文档材料、附属的课本和练习册等。人们通常用 PowerPoint、Authorware、Photoshop 等多媒体编辑软件作为基本的技术平台来开发课件。"教学包"（instructional package）是经专门教学设计，由多种教学媒体组成的新型组合教学材料。包内一般有教科书、教学参考书、录音带、录像带、幻灯片、电影片、投影片等。有的专为教师使用，有的师生均可使用。所谓"学习包"（learning package）是专为学生学习设计的教学包。根据学生学习某种学科知识或技能的需要，包内选择配备有关的视听教材、模型、练习用的成套元器件及印刷材料。学生可以按照包内程序的指导，制订进度以安排和检查自己的学习。在这两种课程材料的概念和设计中，包含了人们有意识地将教学活动使用的课程材料和资源整合到课程规划和设计中。积件概念产生于人们这样的愿望：在保留课件优点的基础上，力图使开发出的 CAI 软件具有可修改性，从而使所有可供学习的课程资源通过计算机技术实现整合。人们创造了积件（integral ware）思想，开发了相应的技术。积件"是由教师和学生根据教学需要自己组合运用多媒体信息资源的教学软件系统"，是一个完全开放的软件系统。积件思想的核心就在于"积"，即教师可以根据课堂教学情境，适宜地选用、增删、修改已有的 CAI 软件或方便地制作新的 CAI 软件。通过积件，教师可以在课堂教学中，根据教学的实际需求，面对不同的教学对象，充分利用教学素材，结合教学策略，方便而灵活地调用或制作出适应各种情境的有效课件（或微教学单元）。OLE（对象链接与嵌入）技术是实现积件资源库的交互与共享的核心技术。

课程包是为实现特定目标而设计的相互关联的教学材料（teaching material）。这一定义的主要内涵有：

① 课程包的基本观念是大课程观、学习化课程观，基本立场是以人的学习为本；

② 课程包的本质是课程整合的一种物化形态；

③ 课程包的核心是丰富多样的"学习活动"；

④ 课程包的构成包括学生的学习材料包和教学的辅助性材料包，主体部分是学生的学习材料包；

⑤ 课程包的使用与发展要考虑借助各种媒体的形式予以实现，在当代信息化浪潮中，课程包以基于信息技术的多媒体网络为主流媒体；

⑥ 课程包的主体是学习者，学生是学习者，教师也是学习者，教师的学习为学生的学习服务。

（3）课程包的组成。

现代教育的课程包主要包括电子书包及其支撑资源和技术体系，后者又分为本地（学校或者社区）课程材料库、远程网络课程材料库和课程材料整合技术平台。

电子书包就是师生在教育活动中专门使用的电子化书包，主体是承载着各种主要的数字化课程材料、教学用具及其操作软件体系的微型计算机。

本地课程材料库是将课程材料以信息化形式存储在硬盘、光盘或局域网服务器上，包括多媒体材料库、学习单元库和题库。多媒体材料库是以知识点为基础，按照一定检索和分类规则组织的素材资料库。它是课程包支撑资源体系的主体部分，发展的基本方向是网络化。学习单元库是把多媒体化的课程教学材料按照一定技术进行设计的适用于教师和学生教学活动的程序集，包括微教学单元、学习游戏、程序等。题库包括例题库和试题库。

远程网络课程材料库是将网络上可调用的远程资源作为课程资源库。一所学校、一个地区、全国乃至全世界的教学信息网络资源都可以在教学中利用一台个人计算机通过网络进行检索、下载与重组，也可以将本地课程材料以 HTML 格式上传到 Web 服务器上，供师生们下载使用。

课程材料整合技术平台是教师和学生选取、组合、加工并使用课程材料库展开教学活动的技术支持环境及应用环境，具体体现为技术、手段、方式、方法在课程中的自觉运用。除了诸如投影仪、录像等一些常规的电教手段之外，主要还有基本的软件开发工具、资料呈现方式库、教与学策略库等。

10.2.3 信息技术与课程整合的评价

考察信息技术与课程整合的状况，需要建立一套科学、完善而实用的评价体系。主要应该从两个方面展开：一是对学校整体的考察，这种评价从课程体系的角度去思考信息技术的地位和作用，有助于宏观地评价一个学校的整体情况，主要看学校是否将信息技术很好地融入课程的体系中去，从而改善整个课程体系；二是对课堂教学的考察，这种评价从教师和学生的教学活动的角度出发去看待整合问题，有助于微观地考察教学过程，主要看信息技术是否作为工具、媒介和方法有效地融入教学的各个环节之中，从而提高课堂教学的质量和学生的学习效果。

1. 信息技术与课程整合的评价——学校篇

学校集课程信息化的开发者、建设者和保障者功能于一体，将信息技术作为课程中的一个因素，对课程目标设置、课程环境构建、课程资源建设、课程组织和实施、课程管理以及课程评价等方面进行有力的支持。

（1）课程目标设置。

课程目标是课程教学要实现的任务，它规定了某一教育阶段的学生通过课程学习以后，在发展品德、智力、体质等方面期望达到的程度。课程目标一旦确定，关于课程其他方面工作的开展就有了依据。所以，学校课程目标的设置决定着所培养的学生在未来社会中可能的社会角色和发展方向。在信息社会中，课程目标应该充分考虑学生的信息技术能力的发展需要，同时也要关注信息技术对其他目标的积极作用。

（2）课程环境建构。

学校课程环境建构的问题实际上是一个办学条件问题：创造哪些条件、采取哪些措施实现课程目标，这在很大程度上影响着学校的办学方式和办学质量。课程环境建构要满足课程教学的需要。支持信息技术与课程整合的课程环境少不了多媒体计算机和网络。学校要构建方便于教师教学和学生学习的信息化课程环境。

（3）课程资源建设。

课程资源是实施课程的必要而直接的条件，它在很大程度上决定着课程的实施范围和水平。对学校来讲如何利用好现有的资源，努力开发尚且欠缺的资源是现实的需求。学校要结合自身教学特色，选用适合的课程资源，避免重复开发。

（4）课程组织和实施。

课程组织就是选择和确定课程构成要素、课程内容和课程呈现方式。传统的课程构成要素通常包括教学大纲、教科书、教师用书、练习册和辅助材料，而信息化的课程构成要素则朝着数字化、过程化和资源化的方向发展。课程组织更加具有针对性和灵活性。信息化的课程内容和呈现方式更加具有趣味性和实效性，有助于提高学生的学习积极性和发挥想象力，有助于学生提高解决问题的能力。

（5）课程管理。

学校的课程管理是指学校根据上级教育行政部门有关教育课程的政策规定，结合本校的实际情况，为实现学校的培养目标而进行的一系列与课程相关的管理活动。信息技术与课程整合必然要求课程管理体制以及管理方式发生改变，要在学校层面协调整合国家、地方、学校三类课程的关系，保证国家、地方课程的有效实施和校本课程的合理开发。

（6）课程评价。

课程评价对课程的实施起着重要的导向和质量监控的作用。评价的目的功能、目标体系和方式方法等各方面都直接影响着课程目标的实现。新型的课程评价是一种发展性评价，更注重对被评价者发展过程的评价。

信息技术与课程整合下的课程评价更加关注如何更好地满足学生、教师、学校和课程发展中的需要，突出评价的激励与调控的功能，激发学生、教师、学校和课程的内在发展动力。评价的内容也比较重视学生综合素质的发展，尤其是创新、探究、合作与实践能力的发展。

2. 信息技术与课程整合评价——课堂教学篇

对信息技术与课堂教学整合的评价，主要看信息技术与学科教学的有机结合程度，将技术作为一种工具，提高教与学的效率，改善教与学的效果。课堂教学评价从完整的教学流程这一角度出发，可以从教学目标、教学设计、教学过程和教学评价四个方面考察整合过程。

（1）教学目标。

教学目标是课程目标在微观层次上的体现，是预先确定的、通过教学可以达到并且能够用现有条件或手段测评的教学效果。整合课程的教学目标既要关注学科知识的传授，又要培养学生的综合能力。

（2）教学设计。

教学设计是信息技术与课程整合获得成功的重要保证。理论上只要恰当应用教学设计的系统方法和技术手段，就可以获得更好的教学效果。但是实际应用中却可能没有发挥出所预想的作用。信息技术与课程整合概念的提出，要求教师以信息技术为依托设计课堂教学，充分发挥信息技术的优势，满足师生对信息化教学的共同要求。

（3）教学过程。

教学过程是体现教学设计思想、实现教学目标的关键环节。有了信息技术的支撑，这一过程将更加丰富多彩。教师与学生共同创设信息化学习环境，为师生提供讨论、质疑、探究、合作、交流的机会；教师组织引导推进教学活动的展开，教学流程完整而流畅；师生互动活跃课堂气氛，人人参与到教学过程中来，所有的学生都能获得成功的学习体验。

（4）教学评价。

教学评价是为了更好地促进学习，它不仅是对课堂教学的总结，更是对堂课提出改进意见的依据。教学评价方案的制订和实施是课堂教学流程中一个不可缺少的环节，教师和学生都要提高自身的评价能力，不断地参与对教学的评价。

评价细则如表10-2、表10-3所示。

表10-2　评价细则——信息技术与课程整合（学校篇）

评价指标	评价标准	评价细则
课程目标设置	1. 课程目标体现多种课程类型的需求 2. 确定关注全体学生各方面不断发展的整体课程目标 3. 制定的分科课程目标以学生发展为本位 4. 制定的综合课程目标能促进学生认识整体性发展	1a. 学科课程和经验课程，分科课程和综合课程，必修课程和选修课程，国家课程、地方课程和校本课程等多种不同课程类型相结合 2a. 关注学生知识与技能、过程与方法、情感态度与价值观等方面的不断发展 3a. 分科课程与社会生活的联系加强，学生不仅能学到知识，而且能获得关于现实世界的直接经验和真切体验 4a. 充分挖掘学科之间的内在联系，不同学科之间相互整合
课程环境构建	1. 拥有满足教学需求的环境设施 2. 开发建设多样实用的信息化教与学的工具 3. 建设多样化、共享化的数字资源 4. 搭建实现网上教学活动的软件平台	1a. 校内装配有多媒体计算机，多媒体教室网络、校园网络，校外能连接城域网、Internet 2a. 每个教学环节都有适用的信息化教学工具和学习工具，满足教师进行信息化教学活动和学生自主学习的要求 3a. 为教师和学生提供经数字化处理的多样化、可共享的学习资料 4a. 满足研究性学习、协作性学习等各种教学活动的要求
课程资源建设	1. 善于利用现有的课程资源	1a. 合理利用校内课程资源。根据教与学的需要灵活使用班级课堂、专用教室、实验室、图书馆和课程资源库等 1b. 建立良好的校内校外课程资源转换协调机制。充分利用图书馆、科技馆、博物馆、网络资源、乡土资源等校外课程资源 1c. 课程资源载体形式多样化。重视应用信息化的数字课程资源，包括教科书、多媒体软件、计算机模拟、在线讨论、数据库、网站、电子邮件等 1d. 选用的课程资源体现时代气息、促进学科融合、结合生活经验。关注学科知识的新进展以及学科知识之间的相互渗透和融合，重视与学生生活经验的结合 1e. 提供的课程资源满足多种教学实践活动形式，包括学科内容的课堂教学、研究性学习、社区服务、社会实践以及劳动与技术教育等综合实践活动

续表

评价指标	评价标准	评价细则
	2. 随时开发尚欠缺的课程资源	2a. 课程资源开发主体扩大，层次丰富。课程资源开发团队由学科专家、学校、教师、学生、家长等不同层次、不同学科背景成员组成 2b. 课程资源开发重心倾向于新课程。课程资源开发以新课程为主题，为新课程实施创造环境和条件 2c. 课程资源内容外延范围拓宽，既有学科课程资源的开发，又有综合实践课程资源的开发；既有国家课程资源的开发，又有地方课程、校本课程资源的开发 2d. 课程资源开发形式多样化，包括编写教材、制作电子文稿、制作多媒体课件、开发网络课程等
课程组织和实施	1. 课程构成要素朝着数字化、过程化和资源化的方向发展	1a. 课程构成要素经过数字化处理 1b. 课程构成要素着眼于过程 1c. 课程构成要素定位于资源
	2. 根据设置的课程目标来安排课程内容	2a. 课程内容紧密围绕课程目标。关注学生知识与技能、过程与方法、情感态度与价值观的不断发展 2b. 课程内容范围比较广泛，包含学科的系统研究和不断发展的社会生活 2c. 课程内容具有趣味性和实效性。课程内容的趣味性有助于提高学生的学习积极性和想像力，易于消化学习内容；课程内容的实效性有助于学生解决目前问题和未来问题
	3. 设置多种课程形式	3a. 学科课程与活动课程，分科课程与综合课程，必修课程与选修课程等多种课程呈现形式相结合
	4. 根据不同的课程情境选用不同的价值取向	4a. 关注课程实施的动态过程，而不是一味地追求课程实施的效果
	5. 课程实施主体范围扩大	5a. 教师具备信息技术能力，课程观念更新 5b. 学生具备信息技术能力，成为课程实施主体 5c. 师生在课程实施过程的关系发生了改变，二者进行角色互换，进行相互学习，两大主体间的关系趋于平等
课程管理	1. 课程管理体制进行改革，实现课程的分级管理	1a. 积极响应国家、地方、学校三级课程分级管理这一课程改革目标，及时根据学校特点对课程管理做出调整
	2. 课程管理内容根据学校对课程的理解而定	2a. 包括课程结构的调整，课程研究平台的更新等
	3. 课程管理采用数字化的管理方式	3a. 建立课程管理信息系统
课程评价	1. 评价的目的在于促进被评价者的发展	1a. 评价不是为了选拔和甄别，而是更关注学生、教师、学校和课程发展中的需要
	2. 评价内容综合化，评价指标层次化	2a. 评价重视知识以外的综合素质的发展，关注被评价者的个体差异

续表

评价指标	评价标准	评价细则
课程评价	3. 评价主体多元化 4. 评价方式多样化 5. 评价的重心是关注被评价者的发展过程	3a. 建立学生、教师、家长、管理者、社区和专家等共同参与、交互作用的评价制度 4a. 将量化评价方法与质性评价方法相结合，适应综合评价的需要，如成长记录袋、学习日记、情景测验、行为观察和开放性开始等 5a. 将形成性评价与终结性评价有机地结合起来

表 10-3　　评价细则二——信息技术与课程整合（课堂教学篇）

评价指标	评价标准	评价细则
教学目标	1. 在具体学科体现整体课程目标的要求 2. 体现学科分科学习要求 3. 培养学生的协作精神 4. 培养学生的综合能力	1a. 每门学科都关注学生认知、技能、情感等方面的不断发展 2a. 知识的学习和技能的培养符合具体学科课程标准，反映教学内容的广度和深度 3a. 学生之间经常互相学习、展开讨论，协作完成学习任务 4a. 培养学生技能的同时，关注学生思想方法、行为方式和价值观念的发展
教学设计	1. 根据教学需要选择恰当的课堂教学结构 2. 分析学生的特点，根据教学目标制定单元计划 3. 制订具备指导性和自主性特征的活动策略 4. 设计、选择和利用作为教学支撑的信息技术 5. 形成完整的教学方案和评价方案	1a. 三种课堂教学结构，以教师引导为主，以学生个别化学习为主或者以小组协作学习为主，三种不同的教学结构的选择对课堂教学的设计起着不同的导向作用 2a. 单元计划符合教学目标，符合学生的最近发展区，有知识的学习，有能力的培养，有情感价值观的熏陶 3a. 确定教学内容，提供相应的教学资源，选择合适的教学媒体，安排丰富的教学活动，一切都与学生的精力、兴趣、知识水平、理解力等相适应 4a. 根据环境的构建、资源的获取、知识的获得、技能的培养等的需要选择应用信息技术 5a. 教学方案切实可行，评价方案针对性强，实用性强，便于教师进行自评
教学过程	1. 师生共同营造信息化教学环境，为教学提供必要的时间、空间和资源 2. 在教师的组织引导推进下教学活动完整流畅地展开 3. 教学具有很好的互动性，课堂气氛活跃	1a. 媒体技术应用得当，时机适宜，很好地完成教学内容 1b. 激发学生的学习兴趣和参与课堂活动的欲望 2a. 预先设定的教学任务顺利完成 2b. 技术使用情况良好，不会出现因技术问题而引起的冷场或骚乱 2c. 学生能围绕主题进行有意义的讨论，不会出现教师一言堂或者学生冷场现象 3a. 学生之间存在着差异，但是每个学生都能积极参与教学过程，并能体会到成功的喜悦

续表

评价指标	评价标准	评价细则
教学评价	1. 使用多种评价工具和方法，系统地收集关于学生能力发展的数据	1a. 熟练灵活使用量规、档案袋、概念地图、评估表等评价工具，使用能够准确反映学生成就的预期目标的评价方法
	2. 科学地分析评价数据，促进教学的改进	2a. 熟练使用 Spss 软件分析所采集的数据，以一种公正、公平的态度进行评价，排除任何可能干扰结果的正确性的偏见和歪曲
	3. 师生不断地进行自我评价，提高内省能力	3a. 不仅对教学结果进行评价，还要关注整个教学过程，及时发现过程中出现的一些问题，予以纠正
	4. 向外界公布教学过程和教学效果	4a. 让家长及其他社会成员都了解教学过程和教学成果，提出他们的宝贵意见

10.3　信息技术与课程整合的实践

10.3.1　信息技术与主要课程的整合

1. 信息技术与语文的整合

我国开展的小学语文“四结合”教学改革研究，即“识字教学、阅读理解、作文训练、电脑应用”四者结合，探索把信息技术应用于语文教学的多样化途径。随着研究的深入，四结合逐步拓展到初中和高中语文教学，在改革实践中总结出一些新的教学模式和策略。

（1）信息技术与识字教学的整合。

识字教学是语文教育的一个基础环节，也是一个重要的组成部分。信息技术与识字教学的整合可以通过“看、听、说、写、打、想”六环节展开。在“看”和“听”环节中，教师可以充分利用多媒体识字教学软件演示生字的正确读音、汉字部件、间架结构、笔顺笔画等，还可演示描述生字所表示的意境的图片，从而使识字教学变抽象为具体，变枯燥为新奇，变呆板为活泼。在“打”键盘的环节里要求学生在电脑上用拼音输入法输入汉字，及时巩固教学。整合下的识字教学使学生的眼、耳、口、手等多种感官同时接受刺激，并通过人机交互、立即反馈识字效果，帮助学生读准字音，认清字形，感知字义，掌握汉字的基本规律，增强识字效率。

（2）信息技术与阅读教学的整合。

在信息时代，阅读教学需要培养学生从纸面阅读到屏幕阅读；从线性文本阅读到超文本阅读；从纯文字阅读到多媒体阅读；从单向阅读到互动对话式阅读，以及高效率的信息检索式阅读。

以多媒体和网络为核心的现代信息技术与阅读教学整合，在当前语文教学中应用广泛，取得的教学成效显著，主要有以下三种做法。

① 课文精读。在精读教学过程中，教师可以借助多媒体强化教学内容，突破重点难点，帮助学生理解文章。例如，给文本配上高质量的诵读和合适的图像，会令学生在美的氛围中更能体味文本的内涵和美感，还能提高他们的文化品味和审美情趣。教师还可提供相关网络资源给学生参考，如作家作品介绍、时代背景等，这样不仅便于学生知人论世，加宽加深对

作家的认识、对作品的理解，而且便于学生搞研究性的学习，逐渐培养学生学做学问的良好习惯和善于钻研的科学精神。教师还可用练习型课件对阅读效果进行及时检测。

② 主题阅读。主题阅读指的是学生围绕一定的主题，阅读大量有关文本。它的特点是主题丰富灵活，信息容量大、外延宽，网络上丰富的信息给主题阅读提供了条件。阅读材料可以由教师提供，也可以由学生自己搜索。课堂教学一般可采用以下四环节。

a. 创设情景、提出主题。在阅读前，借助信息技术创设情境，营造特定氛围，激发学生情感，增强学生对美的感受。

b. 自主阅读。学生根据主题，利用网络及多媒体提供的信息资源进行大量的自主阅读，它是整个教学的核心环节。阅读时，可在论坛交流心得。

c. 建构应用，即运用阅读获取的知识，回答主题提出的问题，完成主题要求的任务。

d. 效果测评，即及时把学生的学习结果反馈回来，并通过多媒体、网络对学生学习过程、情感态度等做到有效把握，有针对性地进行指导。

③ 选择阅读。学生在网上快速阅读，然后根据需要选取最有用的文章或段落进行精读，这是一种由“面”及“点”的信息输入方式。选择阅读的结果通过写作表达出来。

（3）信息技术与写作教学整合。

写作教学一直是语文教学的难点问题。与传统写作教学相比，把信息技术引进写作教学后，能够明显提高写作教学的质量：多媒体可以创设作文情境，营造氛围；计算机可以作为写作的舞台；网络可以提供丰富的作文素材。在网络教室开展网上作文教学可以采用如下模式。

① 情境导入——教师展示情境，提出问题。

② 网上选材构思——教师提出学习目标，出示作文题，分析写作思路。学生浏览教师提供的网站，进行网上选材，根据问题进行构思。

③ 网上写作和交流——学生在计算机上写作，对单个学生辅导交流。

④ 网上评改——在教师的指导下，学生在网上对同学的作文提出评改意见。

⑤ 教师总结——引导学生形成知识建构。借助网络可以突破时空的限制，例如可采用E-mail 提交作文。

借助网络工具，还产生了另外两种写作形式：

①互动性写作——将“故事接龙”的样式放到网络上之后，其趣味性、发展的无限性以及作者与作者、作者与读者、读者与读者的交流能达到一个新的高度。

②论辩性写作——将辩论赛搬到网上以文字形式来进行，这种短小而针锋相对的写作使思维不断碰撞，能有效地锻炼学生的思维品质。

10.3.2 信息技术与英语的整合

英语教学中的重点不应是“该教些什么”，而应是“促进英语学习的条件是什么？如何在教学中创造这些条件？”信息技术整合于英语课堂教学，给其注入了新鲜的血液，为课堂上培养学生听、说、读、写四种能力并举的教学模式奠定了资源基础与技术支持。

1. 信息技术与词汇教学的整合

在词汇教学里，信息技术可以通过创设情境帮助学生学习。

① 创设直观情景。当学习西方文化中特有的事物或现象时，可以利用信息技术把这些真人、真物、真事的形象资料记录下来，然后根据教学需要直观地呈现在学生面前。

② 创设联想情境。学习词汇时，可以通过超文本、超媒体的方式提供相关资料，使学生联想到与该词相关的词，如同义词、反义词或由同一词根派生出来的词以及该词组成的合成词和词组等，以达到复习、巩固和提高的目的。

③ 创设语言情境。一个词的语用意义可以是无限的，而且与说话人、听话人，当时的气氛、情感、场合、谈论的话题等随机因素相联系，这给学生理解英语的词义造成了很大的困难。现在可以利用信息技术截取语用意义发生的生活片段，再把这些片段制成课件或存放在相关的多媒体资源库中供教学使用，这样不但可以帮助学生正确理解词的某些典型的语用意义，而且生动形象，易于记忆。

2. 信息技术与口语教学的整合

口语教学是英语教学的关键环节。信息技术整合下的口语教学为学生提供了口语交际的模拟情境，学生能在这一情境中，交流互动，通过给角色配音、自由对话或者分组讨论发言等多种方式，更好地练习口语，真正在“活动”中建立英语思维。在学生练习的过程中，教师可对学生语言表达中不完整、不规范的地方，随时指导纠正，培养学生良好的语言表达习惯。

10.3.3　信息技术与数学的整合

信息技术与数学教学的整合在实践中形成了多种形式。

1. 过程演示式

在数学教学中，利用信息技术向学生展示难以用语言或一般教具表现的过程轨迹，以帮助学生建立直观表象，理解新知识。传统教学过程中的轨迹问题如圆锥曲线概念的引入、圆的摆线、弹道曲线等，教师只通过黑板、教具模型、投影片等媒体展示，这种带有很多说教成分的教学往往让学生感到抽象、乏味、枯燥。整合后的教学可以利用几何画板或其他一些动画软件，演示轨迹的形成过程，大大降低了理解知识的难度。对于平面几何中的全等、相似、轴对称、中心对称等，以及代数中的一些函数问题，也可以设计一些动画，来展示变换过程，揭示数学事实，帮助学生观察性质，理解定理。

2. 自主探究式

解决问题是数学发展的动力，现代数学教育更是强调要进行“问题解决”。信息化教学工具提供了解决问题的空间和探索的场所。整个教学过程表现为教师提出问题，学生利用学习课件或现代教学工具（包括几何画板、图形计算器等）去观察、分析、归纳、总结，去寻求解决问题的方法和途径。在这种学习模式下，教师应注意激发学生学习的积极性，允许他们异想天开，鼓励大胆猜想，提倡创新。教师需要收集学生提出的问题，然后提供给大家去分析论证，进一步质疑，让学生在自主探索、互相启迪中提高分析问题和解决问题的能力，从而磨炼意志，培养创新思维的能力，塑造良好的个性品质。

3. 模拟实践式

数学来源于实践，将数学更好地运用于实践是学习数学的真谛。学校教育的性质决定了实践活动存在一定的局限性。信息技术可以“模拟实践”，用虚拟现实的技术开展实践，使理论知识贴近生活实际。同时，它也克服了现实实践过程中过分耗材或操作难度大的问题。它给学生提供了一个良好的“解决数学问题”的环境。

10.3.4 信息技术与其他课程整合的案例

1. 信息技术课

【案例】

人口问题研究①

教学目标

知识目标：

让学生学会用 Word 制作、调整与美化表格。

能力目标：

以研究人口问题作为例子，培养学生应用表格工具分门别类地处理数据和得出结论的能力。

德育目标：

通过研究人口问题，加深学生对人口危机的了解；同时在小组研究的过程中，培养学生的合作意识。

情感目标：

创设轻松的学习环境，引起学生的学习兴趣，让学生在讨论问题的同时学会主动学习，并通过小组协作，培养与人沟通的能力。

教学过程

（1）介绍主题。

教师引入主题：人口的多少与社会的各方面都有着密切的联系，现今世界人口的迅速增长给我们带来了很多问题，我们应如何解决它们呢？需要我们对人口问题进行研究，今天我们就来制作一份由表格组成的电子宣传稿，帮助人们了解人口危机。

（2）布置任务。

制作电子表格。学生组成小组，小组成员担任不同的角色，制作相关表格。

角色 1 人口和资源专家：调查地球上人口和资源的历史关系，填写表 1

角色 2 人口和经济专家：负责调查世界各国人口和经济关系，填写表 2

角色 3 我国人口问题专家：研究我国人口问题，填写表 3

小组共同研究人口增长带来的问题和解决办法，完成表 4

表 1　地球上人口和资源的纵向调查研究

人口和资源 / 年代	人口总数	草原面积	人均草原面积	森林面积	人均耕地面积	矿产量	人均矿产量	……	结论

①执教：周纯，上海市七宝中学，编者改编。

表 2　　人口和经济横向比较调查研究

国家或地区	总人口	国土面积	人均面积	国民生产总值	人均国民生产总值	反映的问题
发达国家						
中等发达国家						
不发达国家						
中　国						

表 3　　我国人口纵向比较并预测将来

年　代	人口数量（单位：亿）	平均年增长率	增长或减少的原因

表 4　　人口增长带来的问题和解决办法

人口增长带来的问题	解决办法

传授信息技术知识点：

① 表格的作用。

② 制作表格。

③ 调整表格。

- 调整列宽、行宽；表格居中。
- 合并单元格，拆分表格。

④ 美化表格：单击“格式”→“边框和底纹”，选用“边框”、“底纹”选项卡来设置。想一想、试一试：是否可以让一个单元格改变边框和底纹？（美化的目的是让表格清楚、漂亮）

（3）完成任务。

小组讨论确定主题、分配角色。

根据教师提供的参考资源，小组收集、筛选、整理资料。

每个成员在 Word 中分别完成自己制作表格的任务。

小组共同完成表 4。

小组成员共同美化表格。

将各成员的表格链接起来，组成电子宣传稿。

自填小组评价表。

（4）交流反馈。

小组代表上台介绍作品、使用表格的体会、活动的体会。

教师引导学生评价、欣赏他人的作品。

（5）教师总结。

通过本次活动，学生不仅体会到了表格的各种优点，也加深了对人口问题的了解，体会到解决人口问题对人类的重要性。

【点评】

本案例的教学内容是表格创建及其属性的设置，但教师教学时并未单纯地为讲技术而讲技术，而是设计了一个明确、真实的任务——以小组形式研究人口问题，制作电子宣传稿。要完成这个任务，学生必须掌握表格的创建和属性设置等技术。在任务驱动下，学生积极主动地要求学习技术。案例中的教学将技术作为一种工具整合到学习任务，充分体现了学习信息技术是为了有效地解决实际问题的思想。

此外，从时间安排来看：案例注重了活动过程中全方位对学生学习能力的培养；从知识的传授来看：既注重对学生显性知识的传授，更注重学生知识的掌握；从师生角色体现来看：在课堂教学中教师真正做到了“导”而不是“牵”，学生的学习是主动探究而不是被动接受。教学过程达到掌握信息技能的目的，还让学生学会了如何在实际任务中运用这些技能。

2. 地理课

【案例】

环境保护[①]

教学目标

（1）本节课要求学生识记造成环境污染和破坏的主要原因、草原的利用和保护、我国特有的珍贵动植物和濒危的珍贵动植物、自然保护区的概念和我国重要的自然保护区，理解森林在环境保护中的作用和建立自然保护区的目的。通过教学，对学生进行热爱环境科学的教育，培养学生的环境保护意识。

（2）通过网上教学和学生网上冲浪，让学生自主学习，培养他们通过 Internet 获取知识的能力和分析问题、解决问题的能力。

学习资源

教师自制的专题学习网站，包含以下几个内容：学习目标、学习方法、森林知识、草原知识、自然保护区知识、相关链接、在线练习等。

教学过程

步骤	教师行为	学生行为
情景导入	1. 引导学生打开网络课件，访问超链接的一个目标网站：“黄河风情”。 2. 提出问题：为什么古代的黄土高原富饶，孕育了伟大的中华文明，而现在却是千沟万壑，满目疮痍？为什么黄河上游清澈明净，而下游却污秽涝混浊呢？	1. 浏览“黄河风情”站点 2. 思考老师提出的问题，进入学习情境

①执教：黄玮，广州市恒福中学，编者改编。

续表

步骤	教师行为	学生行为
	说明学习目标	明确学习目标
	讲解学习方法	明确学习方法
学生自主探究 教师监控和引导	1. 提出问题让学生思考： a. 森林对保护和改善环境有哪些作用呢？ b. 我们应该怎样来保护森林？ c. 草原的利用主要在哪些方面？ d. 草原的不合理利用，一般表现在哪些方面？我们应该如何合理利用草原？ e. 我国特有的珍贵动植物有哪些？ f. 建立自然保护区有什么意义？ g. 建立自然保护区是否进行自然保护区的唯一手段？为什么？ 2. 引导学生进行学习，并提供适当帮助和指导，对学生学习中碰到的问题，作个别辅导	1. 在学习目标的指引下，根据网络课件的导航，自主地进行不同的知识点的学习 2. 积极思考教师所提出的问题 3. 浏览网络课件超链接的其他网站，并进一步深入思考教师所提出的问题
网上讨论	1. 作为其中的一员参与交流，除对交流起组织作用外，还对交流作点评，保证交流的正确性和有效性 2. 将有代表性的学生学习结果转换到大屏幕上供全体学生交流评价	将各自学习的结果，在网上进行交流。可以根据自己的兴趣，交流室的在线人数、交流对象选择进入不同的专题交流室对问题展开讨论。并采用语言等形式辅助网上交流
归纳小结	1. 在学生交流的基础上，根据所提出的问题，帮助学生理清知识体系 2. 联系所学习的生态平衡的知识：强调自然保护，并不意味着禁止开发和利用，而是反对无计划地开发和利用。遵循生态系统的客观规律，以长远观点和整体观点来综合考虑问题，才能有效地保护自然，更好地为人类服务	1. 认真做好笔记 2. 将知识内化为环保观念 3. 进一步思考教师所提出的问题
反馈讲评	根据计算机反馈的在线练习完成情况，对其中有共性的问题，作适当的评讲	完成在线练习

【点评】

这是一个网络课件教学案例。它的突出特点就是强调学生积极主动的学习态度，自主学习，建构知识。

教师课前的教学准备充分：准确定位教学目标，预先考虑到教学过程中可能出现的问题及其解决办法，围绕这些问题收集信息资料，建立了内容丰富的教学网站。这个网站给学生提供一个开放自由、途径多样、内容丰富、层次有别的学习环境与氛围。师生教和学的活动在这个教学网站的平台上开展。

课堂上，教师以讨论法、谈话法组织教学，按照“教师情景导入→学生网上自主学习→师生网上交流→教师归纳小结→教师反馈评讲”的流程达到教学目标。学生自主学习是教学过程的关键环节，他们的学习对象是丰富的网站资源，因而他们可以根据自己的兴趣决定学习内容的先后，在达到教学目标的基础上还可以决定拓展多少学习内容，这样的教学顾及了个体差异，做到了因材施教。教师在过程中，关注学生的知识技能和态度情感，关注学生在学习中的请求，用问题和任务引导学生质疑、调查、探究，引导他们更主动地、更富有个性和思维活跃地进行学习。

3. 研究型课程

【案例】

登月之旅①

导言

自古人类就幻想能登上月球，早在19世纪，儒勒·凡尔纳就“登陆”了月球，他在科幻小说中描绘用大炮将人类送上月球，这一梦想终于在20个世纪60年代由火箭替代大炮而美梦成真。你知道多少关于登月之旅的信息呢，登上月球需要怎样的历程？是否想过运用所学的点滴知识也来试着扮演一下科学家，设计一次登月之旅。

任务

将课堂中学习到的数学、物理、生物等知识和所了解到的有关于月球探险的信息相结合，设计一次登月旅行。小组需要多人分工负责，建议有下列角色。

“历史学家”：航天登月飞行的资料研究。

“物理学家”：航天登月飞行的原理研究。

“生物学家”：航天登月飞行的生命研究。

“计算机专家”：计算、模拟等。

小组成员在收集数据和资料时，请及时做好自己研究的记录。最终在递交一份小组登月计划的同时，每位“专家”都必须完成有关专题的简要的研究报告。

根据你们所收集与研究的结论，还能提出更有新意的登月方案吗？可以以演示文稿、网页作品、科幻类形式的文学作品、电脑动画作品等形式展示方案。

过程

①确定分组。根据兴趣爱好，学生选择角色。根据角色，学生在自愿的基础上组成探究小组。教师协调小组成员。

②制订探究活动方案。在参考老师的研究方案基础上，各小组针对课题，讨论、制订一份探究方案，明确小组成员的具体任务。

③各小组交流活动方案，互相提出建议，完善探究方案。

①执教：陈美峰，上海市嘉定区李园中学；肖从华，上海市嘉定一中。编者改编。

续表

④分组开展实践探究，每个成员从网上搜集资料，过滤、分析、处理信息，完成自己的任务，然后集合小组成员的成果，经过共同讨论，完成小组课题。在活动中及时与老师联系，或在网上发表自己的困难疑惑，寻求多方位的指导、帮助。在这个过程中，教师组织学生阶段讨论，交流，学生互相探讨课题探究情况，完善探究。 ⑤“专家”们完成研究报告。 ⑥在资料收集研究的基础上，每个小组成员提出自己的登月方案，小组讨论，最终确定小组的登月方案。 ⑦小组根据成果制作媒体展示文件。 ⑧小组利用媒体展示文件向全班同学汇报课题探究情况。全班同学交流，在网上就小组课题相互讨论，互相提问，发表自己观点。 ⑨教师总结学生的工作，引导大家进行自评和互评。	
资源	
网站： 星星天堂 http://www.starparadise.net/ 中国航天网 http://www.spacechina.com/ NASA Home http://www.nasa.gov/ 世界航天 http://www.space.cetin.net.cn/ SEDS http://www.seds.org/ 上海网上天文台 http://www.astron.sh.cn/ 中国国家航天局 http://www.ansa.gov.cn/ 中国运载火箭技术研究院 http://www.calt.com/ 中国空间技术研究院 http://www.cast.ca.cn/ 虚拟玉山天问台 http://vm.rdb.nthu.edu.tw/asp/project/astro/index.html 中山图书馆 http://www.ssreader.com.cn/html/qxb/32/3200a0a.html 上海网上天文台 http://www.astron.sh.cn/ 北京天文馆 http://www.bjp.org.cn/ Apollo13 http://www.spaceflightnow.com/apollo13/index.html soyou 天文 http://www.soyou.com/gxh/newsoyou/tianwen/head/ 魔笛与天狼 http://classical.myrice.com/ 今日天文学 http://www.astronomynow.com/ 星空天文网 http://www.zjonline.com.cn/space/ 核物理研究 http://rsh.nst.pku.edu.cn/mag.php 核物理 http://http://rsh.nst.pku.edu.cn/mag.php 天文探索 http://www.oh100.com/tech/tianwen/yzqg/200202/04030103149.html oh100 天文探索 http://www.oh100.com/tech/tianwen 中国物理教育网 http://www.cpenet.org.cn/ 其他： 报纸、杂志、目录册、私人会晤和其他研究材料	
结论	
通过这次登月之旅，了解了丰富的登月知识，只要继续加强这方面的研究和实践，不久的将来，我们也能实现登月梦想。	

【点评】

这是一种 WebQuest 的教学方法，是一种以探究为取向的学习活动。在这类活动中，部分或所有与学习者互相作用的信息均来自互联网上的资源，因此被称为“网络专题调查”或“网络主题探究”，它的作用一方面架设了从接受性学习向自主学习过渡的桥梁，帮助学生实现学习方式的转变，另一方面通过“脚手架”策略，让学生使用信息而非仅仅收集信息，并帮助学生分析、综合和评价，使学生和老师在以学习为中心的过程中获得体验、内化各种策略。

WebQuest 一般包含六个部分：引言、任务、过程、资源、结论、评价，当然可以根据具体情况对其组成部分进行增减。案例包含了前五个部分。本案例的任务部分选择的是一个具有较强的科学性、思想性和教育性的任务——登月，该任务也是一个学生既感兴趣又比较陌生的主题。它突破了单门学科的界限，涉及了历史、地理、物理、计算机等多门学科的知识，学生可以从多个角度研究它。教学过程以学生面对网络信息自主探究为主，教师的责任不再是传授知识，而是选择研究主题，引导学生开展研究、建构知识，充分体现了教师的主导作用和学生的主体地位。教学中注重将学生独立学习和合作学习有机结合起来。以小组为单位开展探究活动，同时明确每个成员具体责任，保持小组成员之间以及小组间的交流和合作。

从教学效果看，通过教学，学生不仅提高了认知水平，了解了关于登月的诸多知识，激发了热爱科学、积极向上的探究意识，而且提高了对信息的获取、处理、交流等能力。在知识、技能得到发展的同时，这种教学也培养了学生敢于发现问题，勇于在同伴间相互讨论，发表自己的观点，自主探究、主动体验的品质。

思 考 题

1. 信息技术与课程整合有哪些基本特征？
2. 信息技术与课程整合应遵循哪些基本原则？
3. 信息技术与课程整合有哪些基本模式？

第 11 章　现代教育技术实验

实验一　建立和使用数字化教学资源库

一、实验目标

（1）能够高效率地利用网络搜索和下载教学资源。
（2）能够快速上传自己收集或制作的教学素材到素材库合适的子库中。
（3）能够合理地管理个人数字化教学资源。
（4）能够基于多媒体素材库进行教学设计，解决教学重点和难点。

二、实验环境

网络机房、Windows XP 操作系统。

三、实验内容

（1）在本地计算机上建立个人数字化教学资源库。

在本地硬盘如 E 盘建立“课件”、“教案”、“论文资料”、“图像”、“动画”、“视频”、“流媒体”等文件夹，以便分门别类地存放下载的数字化教学资源。

（2）利用搜索引擎搜索资源。

① 利用百度、Google 等搜索引擎搜索“数字化资源建设”的已发表论文情况。

② 下载一篇有关研究型学习的演示文稿。

（3）搜索和浏览专业学科网站。

尝试在百度或 Google 上输入本学科教学网站的名称。点击搜索结果中最匹配的一项，打开网站，然后浏览网站的各主要栏目。

（4）从学科网站下载教学资源。

（5）通过网络搜索并下载多媒体素材。

四、实验步骤

（1）在本地计算机上建立个人数字化教学资源库。

一般机房计算机都采用了硬件保护，学生打开计算机后可以在本地硬盘的最后一个分区（如 F 盘）建立“课件”、“教案”、“论文资料”、“图像”、“动画”、“视频”、“流媒体”等文件夹，以便将下载的数字化教学资源进行分门别类地保存。

（2）利用搜索引擎搜索资源。

通过百度、Google 等搜索引擎，搜索关于研究性学习、信息素养的相关内容。

（3）搜索和浏览专业学科网站。

通过百度、Google 等搜索引擎，在关键词文本域中输入本学科教学网站的名称，点击搜索结果中最匹配的一项（一般是第一项），打开该网站，浏览网站的各主要栏目。

（4）从学科网站下载教学资源。

在专业学科网站上下载网页、图片、课件、教案与论文至少各一项，格式、内容不限，保存在 F 盘相应的文件夹中。

（5）通过网络搜索并下载多媒体素材。

通过不同方式在网上下载多媒体素材，包括图片、音频、视频、Flash 动画，并保存在个人资源库中。

实验二　信息化教学设计案例与分析

一、实验目标

（1）了解信息化教学设计的指导理论、基本原则和步骤。
（2）熟悉网络环境下教学设计的方法和思路。
（3）能够在传统的教学设计基础上进行信息化教学设计。

二、实验环境

网络机房、Windows XP 操作系统、教学资源库。

三、实验内容

信息化教学设计的原则、步骤。

四、实验步骤

（1）根据专业特点选取一节课，结合授课对象，进行自我教学设计，形成信息化教案初稿。

（2）到资源库、资源网站或教育博客的"信息化教案子库"中查找、下载与自己选取内容相关的教案，并对其中的优秀教案进行学习、对比和研究，与自己的教案设计进行整合，形成教案修改稿。

（3）到资源库、资源网站或教育博客的"教学资料参考库"中查找、下载与教学内容有关的教学参考资料。

（4）到资源库、资源网站的"课件库"、"积件"、"素材库"中查找、下载与自己教学内容有关的多媒体课件、网络课件（积件）、学科教学工具，以及动画、音频、视频等素材。

（5）同学之间可以互相评价、试讲、说课，并对方案进行修改。

（6）借助多媒体创作工具组合多媒体素材，形成适合发挥个人教学风格的教学课件。

（7）反思、总结、交流与提高。

实验三　图像素材的获取与加工（一）

一、实验目标

（1）了解常用图片素材的获取方法。

（2）会利用抓图软件截取屏幕上的图片。

（3）会利用数码相机拍摄所需图像。

二、实验环境

网络机房、Windows XP 操作系统、数码相机及连接数据线、Hyper Snap 中文版。

三、实验内容

1. 抓图软件 Hyper Snap 的使用

（1）抓图软件较多，比较流行的有 Hyper Snap，上网查询相关软件的信息，下载 Hyper Snap 的最新版本，并安装该软件。

（2）利用 Hyper Snap 截取屏幕图片：选定区域、全屏幕、活动窗口等。

2. 利用数码相机拍摄图像并保存

利用数码相机拍摄几幅图片，连接计算机下载在指定文件夹。

四、实验步骤

1. 抓图软件 Hyper Snap 的使用

（1）上网查询相关软件的信息，下载 HyperSnap 的最新版本，并安装该软件。

（2）启动 Hyper Snap 软件，选择【捕捉】→【全屏幕】菜单命令，或者按下【Ctrl+Shift+F】组合键，捕捉全屏幕图片。

（3）单击工具栏上的按钮，或者选择【文件】→【另存为】菜单命令，选择保存路径保存图片。

（4）分别选取【捕捉】→【选定区域】、【按钮】、【窗口】等，捕捉并保存图片。

2. 利用数码相机拍摄图像

（1）选取拍摄对象，进行拍摄。

（2）利用数据连接线下载图像到计算机上。

（3）利用图片处理软件对拍摄的图片进行简单处理。

实验四　图像素材的获取与加工（二）

一、实验目标

（1）了解图像处理软件 Photoshop 功能特点。

（2）掌握图片的基本处理：在 Photoshop 中打开图片，并根据需要保存成不同的格式。

（3）能够利用 Photoshop 对图片进行简单的处理：更改大小、裁剪图片、更改背景。

（4）利用 Photoshop 对数码照片进行后期加工：去除红眼、去除污点。

（5）利用 Photoshop 对图片进行特殊处理：为图片添加、去除文字，抠取、合并图片。

二、实验环境

计算机机房、Windows XP 操作系统、Photoshop 中文版。

三、实验内容

（1）利用 Photoshop 对图片进行简单处理：更改图像大小、裁剪图片。

（2）利用 Photoshop 对数码照片进行后期加工：去除照片红眼、去除照片污点。

（3）利用 Photoshop 对图片进行特殊处理：为图片添加文字、去掉图片上不必要的文字、抓取部分图像、合并两幅不同图片。

四、实验步骤

1. 利用 Photoshop 对图片进行简单处理

（1）更改图像大小。

改变图像大小在课件制作中非常有用，是减小文件大小的重要途径，当然有时也需要将尺寸较小的图片进行放大处理。

选择【图像】→【图像大小】菜单命令，弹出【图像大小】对话框。在【像素大小】栏中设定图像的宽度和高度。

如果选取【约束比例】选项，调整后的图像的长宽比例不变。单击【好】完成图像的大小设置。

（2）改变画布大小。

画布是指现有图像周围的工作空间。一般情况下，画布和图像的大小是一致的，可以通过减小画布区域来裁切图像。添加的画布会以与背景相同的颜色或透明度出现。

选择【图像】→【画布大小】菜单命令，弹出【图布大小】对话框。

设置新画布的宽度和高度。

选择图像定位于新设画布的位置，如中间（定位选项是设置原图在改变后的图布中的位置，共有 9 种选择），单击【好】按钮，完成对画布大小的设置。

如果新画布比原来的小，则图像被裁剪，保留的部位由“定位”选项决定，如果在“定位”选项中你选择“位于中间”，那么图像的四周将被裁剪。

如果新画布比原来的大，可在“定位”选项中选择“位于中间”，那么图像的四周将以背景相同的颜色或透明度出现。

（3）裁剪图像。

打开图像文件；选择工具栏中的“裁剪”工具，在图像中按下左键并拖动鼠标选择所需的区域，按回车键确认裁切。

2. 利用 Photoshop 对数码照片、扫描照片进行后期加工

（1）去除照片红眼。

打开需要修复的数码照片，选择红眼工具，在照片红色眼睛处点击一下即可。

（2）去除照片污点。

在打开的图片上，选择修复画笔工具，单击键盘上的【Alt】键，定义一个源点（周围比较好的图片部分）作为复制信息源；设置画笔大小；在需要修复的地方点按鼠标左键并拖动，复制图像区域；切换为箭头工具或任意工具，即可看到修复效果。

（3）扫描图像的综合处理。

对于一幅扫描图像，我们要对它进行一系列的处理才能满足课件制作的要求。

打开要处理的图像，分析一下图像要做哪些处理，如图 11-1 所示。背景中有扫描透射过来的阴影，图像的清晰度也不够，可以对其做如下处理。

图 11-1

用魔棒工具将要去除的扫描透射阴影选中，按【Delete】键将其清除。

选择【滤镜】→【锐化】→【SUM 锐化】菜单命令，弹出 【SUM 锐化】对话框。

拖动“调整”、“半径”、“阈值”选项下的三角形滑块，改变图像的清晰度，直至达到满意程度为止。

删除背景层，使背景透明。

打开一幅适合做背景的图，如蓝天白云图像，将其移动到原图中。

改变蓝天白云和原图的图层叠放次序，将蓝天白云所在图层置于原图所在图层的后面。

3. 利用 Photoshop 对图片进行特殊处理

（1）在图像中加入文字。

打开要加入文字的图像。选择工具箱中的“文字”工具 T，将鼠标移动到要加入文字的图像上单击，弹出“文字工具”对话框。设置好字体、大小、颜色等选项，在下面方框中输入所需文本，单击【好】按钮。

在编辑文字时，有时要对文字的内容、字体、字的颜色进行修改。

打开“图层”调板，将鼠标放在文字图层上双击，屏幕上出现“文字工具”对话框。

在文字框中修改文字内容，或选定文字，然后根据需要重新设置字体、大小、行距等参数。设置完毕后，单击【好】按钮。

（2）抓取部分图像。

打开图像，选择工具栏中的磁性套索工具（或魔棒工具）；将鼠标移到图像中，在需要选取图像的边界上选择起始位置单击；沿图像轮廓拖动鼠标，即可产生一条在图像周围自动附着的套索线。在与起点重合时出现一个小圆圈，单击鼠标，即可选中，完成该部分图像的抓取。

（3）改变图像背景。

为一幅图像的主体更换背景，具体步骤如下：

打开要编辑的图像，在要复制的图像区域创建选区，打开作为背景的图像，并将两幅图像并列于窗口。

调整两幅图像的大小，使图像合成后比例协调。

把第一幅图作为当前文件，单击【选择】→【羽化】菜单命令，调整选区的羽化值。

选择【编辑】→【拷贝】菜单命令，将第一幅图选区内的图像复制到剪贴板上。

把第二幅图作为当前文件，选择【编辑】→【粘贴】菜单命令，将剪贴板上的图像粘贴到第二幅图中，粘贴以后第二幅图增加了一个图层。

选择“移动”工具，移动粘贴后形成的图层以调整图像位置。

实验五　录音及音频素材处理

一、实验目标

（1）了解音频制作软件 Adobe Audition 的功能。

（2）掌握声音的录制和保存方法。

（3）掌握声音的特效处理：淡入、淡出、增益调整、降噪、混音等。

（4）掌握单轨音频的处理及多轨音频的录制、处理、保存及输出。

二、实验环境

计算机房、Windows XP 操作系统、Adobe Audition、耳机（带录音功能）。

三、实验内容

1. Adobe Audition 的下载与安装

音频处理软件较多，比较流行的有 Adobe Audition，网上查询相关软件的信息，并下载 Adobe Audition 的最新版本及几首 wav 格式的音频。

将音频软件安装到 E 盘根目录。

2. 录制语音及处理

音轨状态下录制一段语音（要求有 1 分钟左右），插入背景音乐，添加回声、混响、淡入/淡出等效果，最后保存（wav 及其他格式）并回放。

3. 录制多轨音乐

至少录制两个以上的音轨，进行保存（wav），并输出为完整的音频文件。

四、实验步骤

1. Adobe Audition 的下载与安装

（1）上网查询 Adobe Audition 的相关信息，并下载 Adobe Audition 的最新版本（中文版）。同时下载几首音乐，或一段语音。

（2）将 Adobe Audition 软件进行解压，并安装到 E 盘根目录下，同时进行汉化。

2. 录制语音及处理

（1）启动 Adobe Audition，按【F12】切换为单轨状态。

（2）录制一段语音：【文件】→【新建】，设置采样频率、采样位数及声道数；单击“录音”按钮进行录音（前面最好空一段，以录入环境噪声）；单击“停止”按钮结束录音；执行【文件】→【保存】，输入文件名并选择存放位置（多为 wav 文件）。

（3）打开下载的背景音乐，并选中一段区域复制。

（4）打开录制的语音，选择【编辑】→【混合粘贴】，设置音量、混合方式等。

（5）自行进行淡入、淡出、回声等效果的添加与设置。

（6）进行降噪处理：【效果】→【噪声消除】→【降噪器】，分别进行采样与消除操作。

3. 录制多轨音乐

（1）按【F12】切换为多轨状态。

（2）右击音轨 1 空白处，单击【插入】→【音频文件】，选择合适的文件（稍短背景音乐）。

（3）右击插入的音频→【循环素材副本】，设置重复次数（足够长度）。

（4）单击音轨 2 红色【R】键→单击录音键→录音；单击红色【R】键结束录音，双击进行单轨处理。

（5）采用同样的方法再在音轨 3 中进行录音或导入音频文件。

（6）【文件】→【保存工程】，选择保存位置，分别输入保存的任务文件及音频文件的文件名。

（7）输出完整音频：【编辑】→【混缩到文件】，输入文件名保存。

（8）利用其他软件查看回放效果。

实验六　视频素材的加工与处理

一、实验目标

（1）了解影片制作软件会声会影的功能。

（2）能够利用会声会影软件对视频进行简单的加工与处理。

二、实验环境

计算机房（带有视频采集卡）、Windows XP 操作系统、会声会影中文版、耳机、DV 摄像机。

三、实验内容

（1）视频素材的采集。

（2）视频素材的剪辑。

（3）添加滤镜效果。

（4）视频片段的输出。

四、实验步骤

1. 视频素材的采集

（1）用计算机来编辑数字视频，第一步就是要将 DV 带里所存储的视频素材传输到计算机中，这个过程称为视频素材的采集。视频采集要求计算机中必须配备一块 IEEE 1394 采集卡。通过一条 IEEE 1394 连接线（也称为“火线”），将 IEEE 1394 卡与 DV 连接起来。

（2）进入会声会影，点击【新建项目】，就会弹出一个对话菜单，可以根据自己的需要选择可用的项目模板。DV AVI 模板采集出来的视频是无压缩的，具有极高的画面质量，但是占据的空间比较大；刻录成 VCD 保存的话可以选择 VCD 模板，计算机将会以 MPEG 的压缩格式采集视频素材，这样会节省很大的存储空间。

（3）单击【确定】进入采集面板。可以通过点击预览窗口下方的播放控制钮来控制 DV

的播放。

（4）点击面板左上方“捕获视频”就可以将正在播放的视频素材采集到硬盘中。

2. 视频素材的剪辑

采集完成后，下一步所要做的就是对视频素材进行剪辑。将所拍摄到的视频素材中精彩的部分保留，而剪去琐碎的部分。这个环节就要在“故事板”的面板里完成。

（1）点击菜单栏上的【故事板】，进入【故事板】面板。

（2）先在预览栏里播放素材，在希望保留的素材的起始点暂停，点击预览栏左侧的【开始标记】，这样，素材的开始位置就被确定了。

（3）继续播放素材，当播放到所希望的终止位置时暂停，点击【结束标记】，确定素材的终止位置。

（4）单击【应用】按钮，再单击【保存修整过的视频】，目标素材就被作为一段新的素材保存在故事板中了。

3. 添加滤镜效果

（1）选中时间线上想要添加滤镜效果的视频片段。

（2）在故事板面板右端的文件夹中选择视频滤镜。此时出现了视频滤镜面板，在其中选择自己想要添加的滤镜效果，将其拖到时间线上的目标视频片段上。

（3）在故事板面板左侧显示出所选择滤镜的名称与预设值中，选择一个较为满意的效果应用到目标视频片段上。

（4）如果预设值中的效果都不满意，您还可以单击【选项】，进入一个自定义的界面，在这里可以精确地对视频滤镜的各项参数进行控制，直到满意为止。

4. 视频片段的输出

裁剪完毕，可以将所得视频片段与其他项目或所需的视频一起创建成 VCD、SVCD 或 DVD 格式的文件，并刻录成光盘。

（1）单击【添加视频】。查找视频所在的文件夹，然后选取要添加的一个或多个视频素材，单击【打开】。

（2）同样可以添加“会声会影”项目。

（3）进行参数选择的设置和菜单的设置。

（4）预览影片。

（5）输出影片。可以选择光盘刻录机，并选取用于保存输出视频文件或光盘镜像文件的文件夹。

实验七　运用 Flash 制作简单动画

一、实验目标

（1）了解动画制作软件 Adobe Flash 的功能。

（2）掌握 Flash 逐帧动画的制作方法。

（3）能够利用 Flash 制作形状补间动画和动作补间动画。

（4）掌握 Flash 动画的保存及发布方法。

二、实验环境

计算机房、Windows XP 操作系统、Adobe Flash 中文版、耳机。

三、实验内容

（1）逐帧动画和关键帧动画的制作。

逐帧动画：通过一帧帧地绘制，并按先后顺序排列在时间轴上通过顺序播放达到的动画效果。

关键帧动画制作：先行设计出若干关键性动作的图像画面，然后利用计算机图形技术的算法来自动生成两个关键帧之间的一系列过渡画面。形状、动作补间动画都属于关键帧动画。

（2）运动路径动画：首先确定运动对象的移动轨迹，并设定在移动过程中对象需要改变的旋转方向、色彩及形状等参数，软件将整个运动过程交给计算机来完成。

（3）变形动画：适合模拟形状变化频繁的任务、动物和自然现象，主要用于表现模拟自然或生活中实际的动作，或科幻电影中虚幻、夸张的动作。

（4）遮罩动画：运用遮罩制作而成的动画。遮罩层中的内容在动，而被遮罩层中的内容保持静止。

（5）交互按钮的制作。

（6）综合实例：MTV 的制作。

四、实验步骤

1. 逐帧动画与关键帧动画

（1）逐帧动画制作：书写毛笔字。

新建文件并保存。

按 F6 键插入关键帧，在窗口中输入文字“中”。

按 F6 键插入关键帧，使用橡皮擦工具擦掉文字“中”的最后一笔的一部分。

依次按 F6 键插入关键帧，按书写文字相反的方向逐步擦除文字（擦除多少视需要而定）。

擦除完毕后，选中所有帧，单击鼠标右键选择【翻转帧】。

调试影片，测试效果。

（2）使用关键帧动画的制作：行驶中的小车。

第一步，产生第一帧和最后一帧图片。启动 Flash，将图片复制到第一帧的工作区中，然后调整图片的位置，将图片移动到工作区的左侧位置。第一帧的图片就产生了。在第 15 帧处插入一个关键帧，这是最后一张图片。我们把该帧的图片水平移动到工作区的右边，这时最后一张图片也产生了。

第二步，产生过渡帧。选中第一个关键帧，单击鼠标右键，依次选择【面板】、【帧】，在打开的窗口中，将补间动画设置为移动。

第三步，测试和保存文件。这时可看到一个小车从左向右运动的动画。

2. 运动路径动画

在本实例中，一架飞机在空中做一个大翻身的特技动作。通过本例，掌握制作沿特定路径运动的动画。

（1）首先，新建一个文件，然后执行“插入/新元件”命令，插入一个新的图形组件 Plane。

在该组件中，制作出飞机喷雾的一段动画，它由两个帧组成。

（2）单击场景 1 标签，返回到场景中。单击快速启动工具栏上的显示库按钮，打开库窗口，将 Plane 拖放到场景的适当位置。

（3）单击添加引导层按钮，此时会在图层 1 的上方添加一个参照层。然后使用铅笔工具，在引导层画出一段曲线，它将作为飞机的运动路径。

（4）分别在各图层的第 20 帧处按 F6 键，插入一个关键帧。然后单击选取图层 1，再将飞机拖放到曲线的第 1 个端点上。

（5）同样，单击选取图层 1 的第 20 帧，将该帧内的飞机拖放到曲线的另一个端点上。单击快速启动工具栏上的属性按钮，打开属性面板，然后单击帧标签，选择渐变下拉列表中的动画选项，并勾选调整到路径复选项。

制作完毕。按 Ctrl+Enter 组合键即可预览其效果。

3. 变形动画

制作一段物体由一种形状平滑过渡到另一种形状的动画效果。

（1）新建一个文件，在工具箱中选择直线工具，在场景中制作一个三角形。

（2）单击工具箱中的油漆桶工具，然后单击填充色按钮，选择一种填充色。这里，我们选择一种渐变填充色来填充三角形。

（3）用鼠标分别选中三角形的 3 条边线，将它们删除，由此得到位于第 1 帧的图形。

（4）单击图层 1 的第 20 帧，然后按 F7 键，在此插入一个空白关键帧。在工具箱中选择椭圆工具，单击框线颜色按钮，再单击按钮，将框线设为无色。单击填充色按钮，选择一种渐变填充色，然后绘制一个带渐变填充色的圆形。

（5）单击选取第 1 帧，然后单击快速启动工具栏上的属性按钮，打开属性面板。单击帧标签，选择补间下拉列表中的形状选项。

（6）调试运行。

4. 遮罩动画

使用遮罩命令来制作出遮罩效果。

（1）新建一个文件，然后执行文件/导入命令，打开如屏幕所示的对话框。选择要导入的图形文件，然后单击【打开】按钮。

（2）选中导入的图形文件，然后选择【插入】→【转换为元件】命令，在出现的对话框中输入组件名称，并选择图形单选项，再单击【确定】按钮。

（3）单击第 10 帧，然后按 F6 键，在此插入一个关键帧。选取第 1 帧中的图形，然后将其向左移动一段距离，在第 1 帧与第 10 帧之间建立一段移动动画。

（4）单击【插入图层】按钮，插入一个新层图层 2，然后在该图层栏单击鼠标右键，从弹出的快捷菜单中选择遮罩命令。

（5）单击“图层 2”中的锁标记，取消锁定，然后单击工具箱中的文本工具，在此图层的适当位置输入文字。

全部制作完毕。按 Ctrl+Enter 组合键即可观看遮罩效果。

5. 交互按钮的制作

主要制作交互按钮的常见状态，即鼠标指针移入、按下按钮及松开按钮时可看到不同的按钮效果。

（1）新建一个文件，选择【插入】→【新元件】命令，打开如屏幕所示的对话框。输入组件名称，并将其属性指定为按钮，再单击【OK】按钮。此时，Flash 会自动在按钮的【弹起】帧上插入一个空白帧。

（2）使用绘图工具，在编辑区绘制出如屏幕所示的图形。

（3）在【指针经过】帧上单击鼠标右键，从弹出的快捷菜单中选择插入关键帧选项。单击工具箱中的【油漆桶】按钮，以红色填充按钮。

（4）同样，在【按下】帧上插入一个关键帧，然后用蓝色填充按钮。

（5）单击【插入图层】按钮，添加一个新层，然后输入文字：单击...。

（6）向左拖动帧标记，将多余的过渡帧清除，然后在【指针经过】帧按 F6 键，插入一个关键帧，将前面的单击文字改为指针经过。在【按下】帧上按 F6 键，插入一个关键帧，将文字“指针经过”改为“按下”。

（7）单击【场景 1】标签，返回到场景中。打开库窗口，将按钮组件拖放到场景的适当位置。

（8）单击控制菜单并选择【启用简单按钮】选项。将鼠标指针移到按钮上，按钮会发生变化。至此，本例全部制作完毕。

6. 综合实例：MTV 的制作

尝试制作一个自编自导的 MTV。其中，我们将前面学习过的动画特效统统加进去。当然，大家不要太局限于本例，要发挥自己的想象力，创作出有自己创意的 MTV。

（1）首先，制作一个 Replay 按钮。

（2）接下来的工作就是制作出 MTV 中要用到的图片。

（3）将一个女孩的图片用三种不同的颜色填充。

（4）这里，将 MTV 中的歌词也制作成影片片断。

（5）然后，绘制一灰一黑两个矩形作为影片中要用到的蒙板。

（6）回到场景 1 中，将导入的 Sound 声音文件拖放到 Sound 图层的第 1 帧中。

（7）选中第 1 帧，设置效果为淡入，并将循环设为 1。

（8）在场景上单击右键，选择影片属性命令，按演示设置影片属性。

（9）将 Sound 图层延长到第 165 帧。

（10）加入 Mask 图层。Mask 图层从影片的第 25 帧开始。分别在场景的最上方和最下方放置黑色的矩形，中间放置灰色的矩形，并将灰色矩形的透明度设为 30%。

（11）将 Mask 图层也延长到第 165 帧。

（12）在 Sound 图层和 Mask 图层之间加入 Dance 图层，Dance 图层也从影片的第 25 帧开始。在本图层中，我们要加入三个女孩的舞蹈表演，在此只想简单介绍本人的做法，而你完全可以按照自己的想法为她们安排舞蹈动作。

（13）在第 1 段动画，运用了在运动中减小透明度的效果。

（14）而在第 2 段动画中，将影片的透明度增加以产生由虚到实的效果。

（15）尝试运用亮度效果也是一个不错的想法。

（16）开始制作片头，片头动画由两断动画组成。

（17）在第 1 段动画中，使用淡出的效果，在第 2 段动画中，将影片的标题缩小后移动到屏幕的左上角。

（18）第 2 段动画到第 25 帧结束，然后将 Title 图层的帧延伸到第 165 帧。

(19)加入一个新的图层 Text，在本图层为 MTV 加入歌词，注意歌词出现的位置要与声音合拍。

(20)你可以发挥自己的想像力来制作歌词的显示效果，像淡入效果、文字之间的形状转换以及亮度的变化，恰当地运用这些效果可以使你的 MTV 更炫。

(21)在影片的结尾，加入影片结束的标题。

(22)在 Action 图层的第 165 帧导入 Replay 按钮，并为本帧加入 Stop( )行为。

(23)为 Replay 按钮加入 gotoAndPlay(1)行为，使影片可以重复播放。

(24)调试播放，查看效果。

实验八　运用 PowerPoint 制作课件

一、实验目标

(1)了解课件制作软件 PowerPoint 功能特点。

(2)能够利用 PowerPoint 制作多媒体课件。

二、实验环境

计算机机房、Windows XP 操作系统、PowerPoint 2003。

三、实验内容

利用 PowerPoint 制作多媒体课件：要求的媒体元素有文字、图片、声音、视频、动画中的任意三种。

四、实验步骤

(1)新建一份空白演示文稿，并根据需要插入新的幻灯片。

(2)选择幻灯片的版式。

(3)幻灯片母版的编辑。

(4)输入文字内容。

(5)根据需要插入其他媒体素材：声音、图片、动画、视频。

(6)自定义动画设置。

(7)根据需要，设置超级链接。

(8)幻灯片切换和放映设置。

(9)运行调试。

实验九　网络课程的教学运用

一、实验目标

(1)了解网络课程的一般设计与开发方法。

(2)学会利用优质网络课程支持课程学习和教学。

二、实验环境

网络机房，Windows XP 操作系统。

三、实验内容

（1）网络课程的设计与开发。
（2）利用网络课程进行自主学习。
（3）利用网络课程开展教学。

四、实验步骤

1. 网络课程的开发与设计

（1）网络课程的内容模块。

网络课程的内容模块设计包括以下几方面：

① 教学内容系统：包括课程简介、目标说明、教学计划、知识点内容、典型事例、多媒体素材等。

② 虚拟实验系统：包括实验情景、交互操作、结果呈现、数据分析等。

③ 学生档案系统：包括学生密码、个人账号、个人特征资料、其他相关资料等。

④ 诊断评价系统：包括形成性练习、达标测验、阅卷批改、成绩显示、结果分析等。

⑤ 学习导航系统：包括内容检索、路径指引等。

⑥ 学习工具系统：包括字典、词典、资料库、电子笔记本等。

⑦ 协商交流系统：包括电子邮件、电子公告牌、聊天室、讨论室、教师信箱、问答天地、疑难解答等。

⑧ 开放的教学环境系统：包括相关内容、参考文献、资源、网址的提供等。

（2）网络课程的设计流程。

网络课程的设计流程如图 11-2 所示。

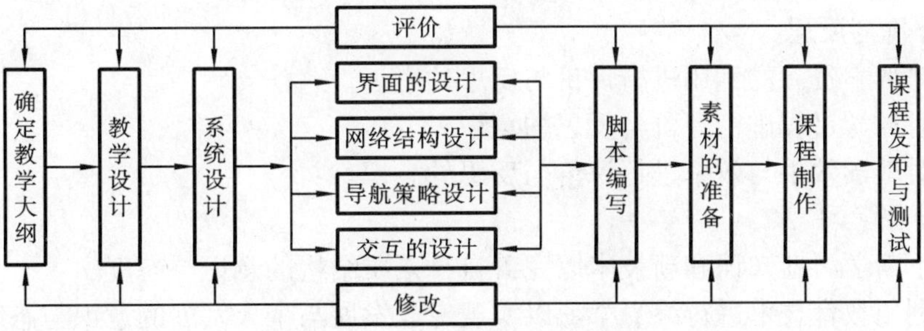

图 11-2　网络课程的设计流程图

2. 学会利用网络课程进行自主学习

登录网络课程学习系统，选择某一问题开展学习。

3. 学会利用网络课程开展教学

上网搜集两个基于网络课堂的教学案例，点评其优劣。

附录 中小学教师教育技术能力标准

为提高中小学教师教育技术能力水平，促进教师专业能力发展，根据《中华人民共和国教师法》和《中小学教师继续教育规定》有关精神，特制定《中小学教师教育技术能力标准》。本标准适用于中小学教学人员、中小学管理人员、中小学技术支持人员教育技术能力的培训与考核。

第一部分 教学人员教育技术能力标准

一、意识与态度

（一）重要性的认识

1. 能够认识到教育技术的有效应用对于推进教育信息化、促进教育改革和实施国家课程标准的重要作用。
2. 能够认识到教育技术能力是教师专业素质的必要组成部分。
3. 能够认识到教育技术的有效应用对于优化教学过程、培养创新型人才的重要作用。

（二）应用意识

1. 具有在教学中应用教育技术的意识。
2. 具有在教学中开展信息技术与课程整合、进行教学改革研究的意识。
3. 具有运用教育技术不断丰富学习资源的意识。
4. 具有关注新技术发展并尝试将新技术应用于教学的意识。

（三）评价与反思

1. 具有对教学资源的利用进行评价与反思的意识。
2. 具有对教学过程进行评价与反思的意识。
3. 具有对教学效果与效率进行评价与反思的意识。

（四）终身学习

1. 具有不断学习新知识和新技术以完善自身素质结构的意识与态度。
2. 具有利用教育技术进行终身学习以实现专业发展与个人发展的意识与态度。

二、知识与技能

（一）基本知识

1. 了解教育技术基本概念。
2. 理解教育技术的主要理论基础。
3. 掌握教育技术理论的基本内容。
4. 了解基本的教育技术研究方法。

（二）基本技能

1. 掌握信息检索、加工与利用的方法。
2. 掌握常见教学媒体选择与开发的方法。
3. 掌握教学系统设计的一般方法。
4. 掌握教学资源管理、教学过程管理和项目管理的方法。
5. 掌握教学媒体、教学资源、教学过程与教学效果的评价方法。

三、应用与创新

（一）教学设计与实施

1. 能够正确地描述教学目标、分析教学内容，并能根据学生特点和教学条件设计有效的教学活动。
2. 积极开展信息技术与课程的整合，探索信息技术与课程整合的有效途径。
3. 能为学生提供各种运用技术进行实践的机会，并进行有针对性的指导。
4. 能应用技术开展对学生的评价和对教学过程的评价。

（二）教学支持与管理

1. 能够收集、甄别、整合、应用与学科相关的教学资源以优化教学环境。
2. 能在教学中对教学资源进行有效管理。
3. 能在教学中对学习活动进行有效管理。
4. 能在教学中对教学过程进行有效管理。

（三）科研与发展

1. 能结合学科教学进行教育技术应用的研究。
2. 能针对学科教学中教育技术应用的效果进行研究。
3. 能充分利用信息技术学习业务知识，发展自身的业务能力。

（四）合作与交流

1. 能利用技术与学生就学习进行交流。
2. 能利用技术与家长就学生情况进行交流。
3. 能利用技术与同事在教学和科研方面广泛开展合作与交流。
4. 能利用技术与教育管理人员就教育管理工作进行沟通。
5. 能利用技术与技术人员在教学资源的设计、选择与开发等方面进行合作与交流。
6. 能利用技术与学科专家、教育技术专家就教育技术的应用进行交流与合作。

四、社会责任

（一）公平利用

努力使不同性别、不同经济状况的学生在学习资源的利用上享有均等的机会。

（二）有效应用

努力使不同背景、不同性格和能力的学生均能利用学习资源得到良好发展。

（三）健康使用

促进学生正确地使用学习资源，以营造良好的学习环境。

（四）规范行为

能向学生示范并传授与技术利用有关的法律法规知识和伦理道德观念。

第二部分　管理人员教育技术能力标准

一、意识与态度

（一）重要性的认识

1. 能够认识到教育技术的有效应用对于推进教育信息化、促进教育改革和实施国家课程标准的重要作用。

2. 能够认识到教育技术能力是教师专业素质的必要组成部分。

3. 能够认识到教育技术的有效应用对于优化教学过程、培养创新型人才的重要作用。

（二）应用意识

1. 具有推动在管理中应用教育技术的意识。

2. 具有推动在教学中开展信息技术与课程整合、促进教育教学改革研究的意识。

3. 具有支持教师运用教育技术不断丰富学习资源的意识。

4. 具有密切关注新技术的价值并不断挖掘其教育应用潜力的意识。

（三）评价与反思

1. 具有促进对教学资源的利用进行评价与反思的意识。

2. 具有促进对教学过程进行评价与反思的意识。

3. 具有促进对教学效果与效率进行评价与反思的意识。

4. 具有对教学管理的效果进行评价与反思的意识。

（四）终身学习

1. 具有不断学习新知识和新技术以提高自身管理水平的意识与态度。

2. 具有利用教育技术进行终身学习以实现管理能力与个人素质不断提高的意识与态度。

3. 具有利用教育技术为教师创造终身学习环境的意识与态度。

二、知识与技能

（一）基本知识

1. 了解教育思想、观念和教育技术的发展趋势。

2. 了解教育技术的基本概念和应用范畴。

3. 了解教育技术的基本理论。

4. 掌握绩效技术、知识管理和课程开发的基本知识。

（二）基本技能

1. 掌握信息检索、加工与利用的方法。

2. 掌握资源管理、过程管理和项目管理的方法。

3. 掌握教学媒体、教学资源、教学过程与教学效果的评价方法。

4. 掌握课程规划、设计、开发、实施与评价的方法。

三、应用与创新

（一）决策与规划

1. 制定并实施教育技术应用计划以及应用技术来促进教育教学改革的条例与法规。

2. 能够根据地区特点和实际教育状况，宏观调配学习资源，规划和设计教育系统。
3. 能够有效应用信息技术和统计数据辅助决策过程。

（二）组织与运用

1. 能组织与协调各种资源，保证教育技术应用计划的贯彻和执行。
2. 能组织与协调各种资源，促进信息化学习环境的创建。
3. 能组织与协调各种资源，支持信息化的教学活动。
4. 能运用技术辅助教学组织和教学实施。

（三）评估与发展

1. 能使用多种方法对教师和管理人员的教育技术应用效果进行评价。
2. 能运用技术辅助对管理体制和运行机制进行评价。
3. 能采取多种措施推动技术体系的不断改进，支持技术的周期性更新。
4. 能充分利用技术手段为教师、学生和管理者的发展提供更多机会。
5. 能充分运用技术改善教育教学条件，并为教师提供教育技术培训的机会。

（四）合作与交流

1. 能利用技术与教学人员就教学工作进行交流。
2. 能利用技术与技术人员就学习支持与服务进行交流。
3. 能利用技术与家长及学生就学生发展与成长进行交流。
4. 能利用技术与同事就管理工作进行合作与交流。

四、社会责任

（一）公平利用

能够在管理制度上保障所有的教师和学生均能利用学习资源得到良好发展。

（二）有效应用

1. 能够促进学习资源的应用潜能得到最大化的发挥。
2. 能够促进技术应用达到预期效果。

（三）安全使用

1. 能确保技术环境的安全性。
2. 能提高技术应用的安全性。

（四）规范行为

1. 努力加强信息道德的宣传与教育。
2. 努力规范技术应用的行为与言论。
3. 具有技术环境下知识产权保护的意识，并能够以实际行动维护这种知识产权。

第三部分　技术人员教育技术能力标准

一、意识与态度

（一）重要性的认识

1. 能够认识到教育技术的有效应用对于推进教育信息化、促进教育改革和实施国家课程标准的重要作用。

2. 能够认识到教育技术应用能力是教师专业素质的重要组成部分。
3. 能够认识到教育技术的有效应用对于优化教学过程、培养创新型人才的重要作用。

（二）应用意识

1. 具有研究与推进信息技术与课程整合的意识。
2. 具有利用技术不断优化学习资源和学习环境的意识。
3. 具有积极辅助与支持教学人员和管理人员应用教育技术的意识。
4. 具有不断尝试应用新技术并探索其应用潜力的意识。

（三）评价与反思

1. 具有对技术及应用方案进行选择和评价的意识。
2. 具有对技术开发进行评价与反思的意识。
3. 具有对技术支持进行评价与反思的意识。
4. 具有对教学资源管理进行评价与反思的意识。

（四）终身学习

1. 具有积极学习新知识与新技术以提高业务水平的意识。
2. 具有利用教育技术进行终身学习以不断提高个人素质的意识。

二、知识与技能

（一）基本知识

1. 了解教育思想、观念和技术的发展趋势。
2. 了解教育技术的基本概念和应用范畴。
3. 掌握现代教学媒体特别是计算机与网络通信的原理与应用。

（二）基本技能

1. 掌握信息检索、加工与利用的方法。
2. 了解教学系统设计与开发的方法。
3. 掌握教学媒体的设计与开发的技术。
4. 掌握教学媒体的维护与管理的方法。
5. 掌握学习资源维护与管理的方法。
6. 掌握对教学媒体、学习资源的评价方法。

三、应用与创新

（一）设计与开发

1. 参与本单位教育信息化建设方案的整体规划与设计。
2. 能够设计与开发本单位的信息化学习环境。
3. 能够收集、整理已有学习资源并设计与开发符合教学需要的学习资源。

（二）应用与管理

1. 能够为教学人员的教学和科研工作提供技术支持与服务。
2. 能够为管理人员的管理和评估工作提供技术支持与服务。
3. 能够对学习资源与学习环境的使用进行有效的管理与维护。

（三）评估与发展

1. 能够对学习资源和学习环境的开发与应用效果进行评估，并提出发展建议。

2. 能够对自身的技术服务和管理工作进行评估，并反省自身的技术服务和业务水平。
3. 能够参与本校教师教育技术应用效果的评估工作，并提出发展建议。
4. 能够参与制定本校教师教育技术培训方案并实施。

（四）合作与交流

1. 能利用技术与教师就教育技术在教学中的应用效果进行交流。
2. 能利用技术与管理人员进行交流。
3. 能利用技术与学生及家长进行交流。
4. 能利用技术与同行及技术专家进行交流。

四、社会责任

（一）公平利用

能够通过有效的统筹安排，保障所有的教师和学生均能利用学习资源得到良好发展。

（二）有效应用

1. 能不断加强信息资源的管理。
2. 能不断提高教育技术应用的有效性。

（三）安全使用

1. 努力提高技术应用环境的信息安全。
2. 能为教师和学生提供安全、可靠的技术服务。

（四）规范行为

1. 努力加强技术环境下信息资源的规范管理。
2. 努力规范技术应用的行为方式。

参 考 文 献

[1] 刘瑞儒，何建武. 现代教育技术：走向信息化教育[M]. 西安：陕西人民出版社，2006.
[2] 李玉斌. 现代教育技术使用教程[M]. 北京：高等教育出版社，2009.
[3] 祝智庭，顾小清. 教学设计和技术的趋势与问题[M]. 上海：华东师范大学出版社，2008.
[4] Adobe 专家委员会.ADOBE AUDITION 3 标准培训教材[M]. 北京：人民邮电出版社，2009.
[5] 陈琳. 现代教育技术[M]. 北京：高等教育出版社，2006.
[6] 缪亮. 会声会影 11 中文版入门与提高[M]. 北京：清华大学出版社，2009.
[7] 蔡铁权. 现代教育技术教程[M]. 第 2 版. 北京：科学出版社，2005.
[8] 何晓萍. 建设与利用数字资源[M]. 南昌：江西科学技术出版社，2006.
[9] 汪基德. 现代教育技术原理与应用[M]. 开封：河南大学出版社，2007.
[10] 王雅丽. 网络信息资源管理[M]. 北京：经济管理出版社，2008.
[11] 秦殿启. 文献检索与信息素养教育[M]. 南京：南京大学出版社，2008.
[12] 刘英华，赵哨军，汪琼. 信息资源检索与利用[M]. 北京：化学工业出版社，2007.
[13] 孙庆华，赵蔚.社会性软件支持师生教与学的研究[M]. 长春：东北师范大学出版社，2008.
[14] 何晓苹. 建设与利用数字资源[M]. 南昌：江西科学技术出版社，2006.
[15] 肖思中，裴穗华. Flash 商业广告设计[M]. 北京：中国铁道出版社，2006.
[16] 邱燕明，周瑜萍. Flash8 宝典[M]. 北京：电子工业出版社，2006.
[17] 青华工作室. Flash 动画制作[M]. 北京：电子工业出版社，2008.
[18] 马九克. PowerPoint 2003 在教学中的深度应用[M]. 上海：华东师范大学出版社，2009.
[19] 刘燕彬. PowerPoint 2003 中文版实用教程[M]. 北京：清华大学出版社，2004.
[20] 张剑平. 现代教育技术——理论与应用[M]. 第 2 版. 北京：高等教育出版社，2006.
[21] 南国农. 信息化教育概论[M]. 北京：高等教育出版社，2004.
[22] 祝智庭，钟志贤. 现代教育技术——促进多元智能发展[M]. 上海：华东师范大学出版社，2003.
[23] 祝智庭. 现代教育技术——走向信息化教育[M]. 北京：教育科学出版社，2002.
[24] 南国农. 电化教育学[M]. 2 版. 北京：高等教育出版社，1998.
[25] 韩蜜叶. 中文 PhotoshopCS3 图像处理[M]. 西安：西北工业大学出版社，2007.